KB263324

대한민국 TEPS 대표강사 Joseph Kim의

THE TOP in TEPS

650 입문편

청 LISTENING 해

By Joseph Kim

랭기지플러스

THE TOP in TEPS 650 청해 입문편

초판발행	2010년 7월 20일
초판 6쇄	2017년 3월 23일
저자	죠셉 킴
펴낸이	엄태상
책임 편집	장은혜, 이효리, 김효은, 정유항
디자인	이건화
마케팅	이상호, 오원택, 이승욱, 전한나, 왕성석
온라인 마케팅	김마선, 심유미, 유근혜
펴낸곳	랭기지플러스
주소	서울시 종로구 자하문로 300 시사빌딩
주문 및 교재 문의	1588-1582
팩스	(02)3671-0500
홈페이지	http://www.sisabooks.com
이메일	sisabooks@naver.com
등록일자	2000년 8월 17일
등록번호	1-2718호

ISBN 978-89-5518-189-0 18740

THE
대한민국 TEPS 대표강사 Joseph Kim의
TOP in
TEPS
650
입문편
청 해
LISTENING

대한민국 TEPS 대표강사 Joseph Kim의

대한민국 대표 공인 영어시험 TEPS를 준비하는 수험자들을 위해 국내 어학교육의 핵심 역할을 하고있는 랭귀지 플러스와 대한민국 대표 TEPS 강사 죠셉킴이 오랜시간의 노력과 연구를 통해 단기간 안에 최대 점수를 올려놓을수 있는 텝스 학습교재 시리즈 – The TOP in TEPS 시리즈 12권을 출간하게 되었습니다.

The TOP in TEPS 시리즈 12권은 단순한 참고서들이 아니라 처음으로 텝스를 시작하는 학생들을 위한 입문 시리즈 4권, 800점 이상을 목표로 하는 중급레벨 학생들을 위한 기본 시리즈 4권, 그리고 실제 시험장과 같은 환경에서 본인의 실력을 최종 점검할 수 있는 실전 시리즈 4권으로 구성된 시리즈입니다.

본 교재의 출간 목표는 역대 기출문제를 99% 활용하여 실전 테스트를 통해 실질적인 전략을 키워서 가장 빠른 시간 안에 점수를 획득할 수 있게 하는 것이고, 서울대 언어교육원의 출제 경향의 토대 위에서 실전 레벨의 수준으로 가장 양질의 문제들만을 엄선했다고 자부하는 바입니다. 본 시리즈를 통해 '이것이 바로 TEPS다!'라는 것을 느끼실 수 있으실 것이며, 본 시리즈의 구성에 따라 지속적인 학습을 하면서 990점 만점의 꿈을 키워가시기 바랍니다.

최근 TEPS가 많이 어려워졌고, 이런 상황에서 고득점을 위해서는 모의고사를 스스로 많이 풀어서 문제 푸는 능력과 시간 활용 능력을 키우는 것이 상당히 중요합니다. 특히 TEPS는 다른 시험들과 다른 점들이 많기 때문에 모의고사를 보지 않고 곧바로 시험장으로 향할 경우 예상치 못한 상황들 때문에 많이 당황할 수 있으므로 각별히 유의해야 합니다.

본 시리즈는 실제로 TEPS를 수험생들과 함께 보며 문제 유형을 100% 정확히 파악하고 있는 현직 TEPS 전문강사가 집필했다는 점에서 양질의 TEPS 문제집에 갈급한 수험자들에게 좋은 학습 길잡이가 될 수 있으리라고 믿습니다. 아무쪼록 이 문제집들을 통해서 좋은 결과 얻으시길 바랍니다.

이 책이 나오기까지 정말 많은 기도와 격려로 가장 큰 힘이 되어준 아내, 그리고 나의 모든 것 되신 좋으신 하나님께 이 책을 바칩니다.

2010년 7월
서초동에서
Joseph Kim

CONTENTS

01 Pattern Practice

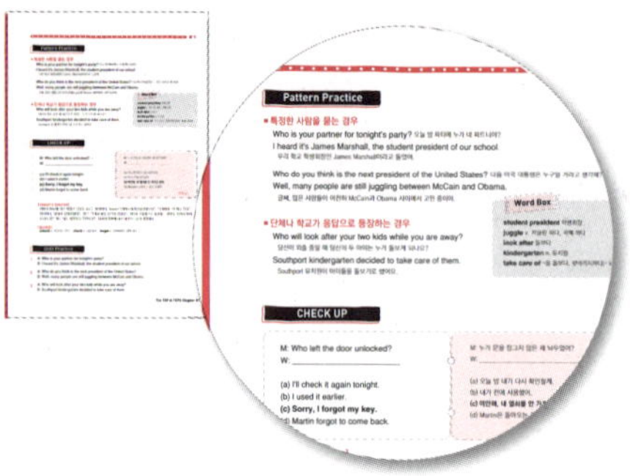

TEPS 청해의 질문 유형에 따라서 구성하였습니다. 각 유형에 따라, 자주 출제되는 질문과 답변을 근거로 구성하였기 때문에, 미리 숙지하면 시험장에서 많은 도움이 될 것입니다. Pattern Practice를 통해서 TEPS 청해의 기본을 완성하세요.

02 Check up

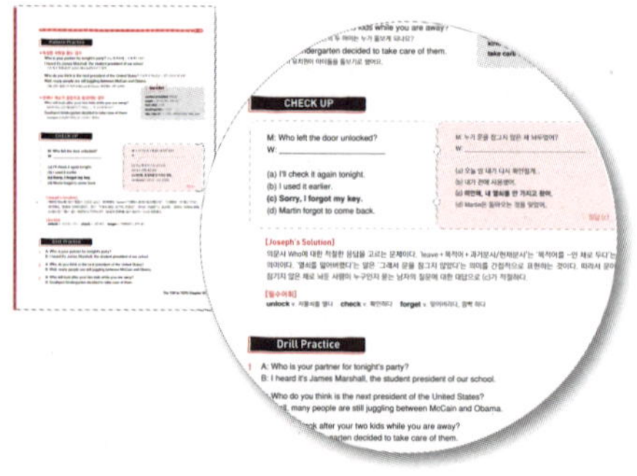

앞에서 연습한 Pattern Practice를 실제 시험의 유형을 통해서 연습해 볼 수 있습니다. 문제를 통해서 배운 내용을 연습해 보면서, 실제 시험 유형을 익혀보세요.

03 Drill Practice

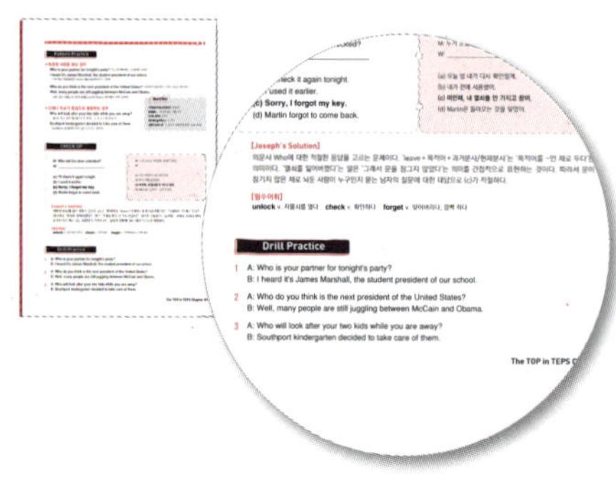

각 Unit에서 필요한 질문과 답변으로 이루어진 대화를 다시 한번 연습하는 기회를 제공합니다. 듣는 연습만으로 부족합니다. 제시된 문장을 여러 번 읽어보며, 실제 문제로 제시되는 TEPS 청해 Part I과 II에 관한 실전감각을 키워보세요.

04 Practice TEST

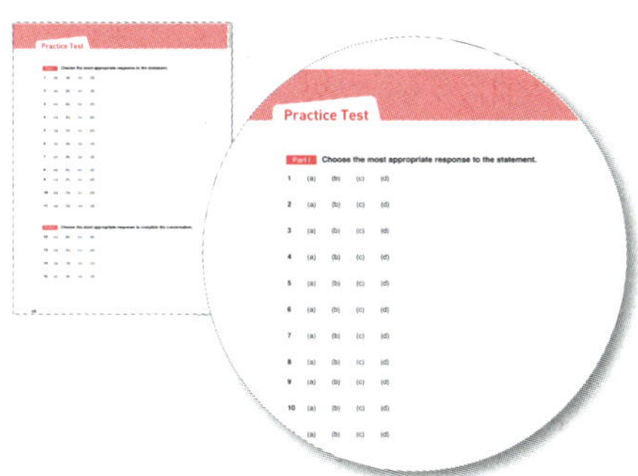

실제 시험과 유사한 난이도로 문제를 구성했습니다. 앞에서 학습한 내용을 바탕으로 실제 TEPS 청해 문제를 통해 실전 감각을 높이며, 자신의 실력을 확인해보세요.

05 Dictation Note

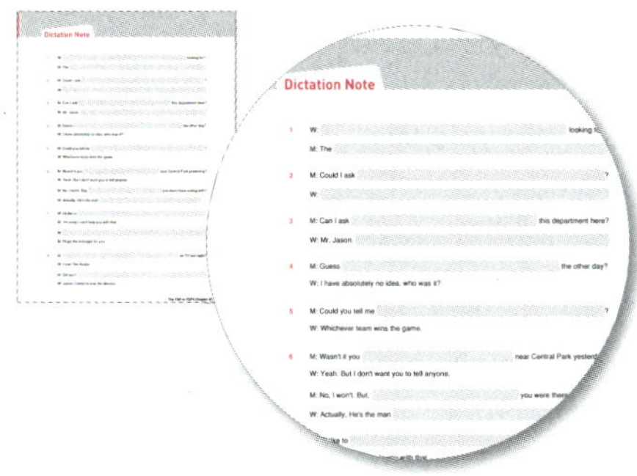

Practice TEST에서 학습한 내용을 다시 한번 복습하는 공간입니다. Dictation 파트를 통해서 보다 세부적인 듣기 연습을 할 수 있으며, 이러한 연습이 쌓여가면 실제 시험장에서 보다 정확하게 듣기가 가능해 질 것이라 확신합니다. 반드시, Dictation Note를 통해서 배운 내용을 복습해 보세요.

06 Vocabulary list

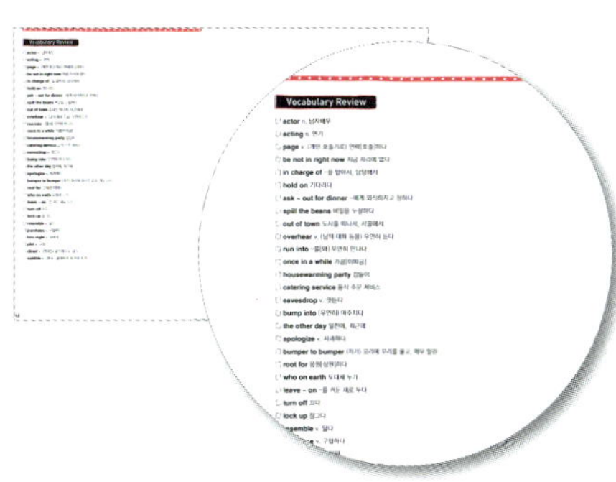

Practice TEST에서 사용된 어휘들을 다시 한번 정리해서 실었습니다. 어휘 실력이 바탕이 되지 않으면 TEPS 청해 영역에서 고득점은 기대하기 힘듭니다. 각 Unit마다 제시한 어휘 목록으로 꾸준하게 여러분의 어휘 실력을 높여 가세요.

Joseph's Tip for TEPS Listening

TEPS 청해영역은 55분 동안 60문제를 풀어야 하며 네 부분으로 구성되어 있다.

1분당 150-200 단어의 속도로 흘러나오는 Native Speaker의 음성을 들으면서 곧 바로 이해해야 하며 정답 표시에 주어지는 시간은 각 문제당 약 2-3초 정도이다. 또한 청해 영역은 문제지에 인쇄된 내용이 전혀 없이 온전히 청취 능력에만 의존해야 하며 60문제가 모두 상황이 다르고 서로 아무런 관련도 없는 만큼 수험시 피로감도 상당히 크다.

따라서 청해 영역에서 고득점을 얻기 위해서는 속도 적응력과 빠른 판단력을 키워야 하는데, 이를 위해서 가장 좋은 방법은 평소에 영화나 CNN 뉴스, 뉴스 해설, 그리고 특집 테마 프로그램 등을 자주 듣고 내용을 정리해 보는 것이다. 실제로 시험을 볼 때에는 청취 도중에 익숙하지 않은 단어나 어구, 표현이 나오더라도 당황하지 말고, 계속 문맥을 따라 청취하면서 전체의 뜻을 파악하려는 노력을 해야 한다. 전체의 뜻을 제대로 파악하면 부분적으로 모르는 표현이 있더라도 유추로 해석을 할 수 있고 정답을 찾는 것이 가능하기 때문이다.

TEPS 청해영역은 응시자들의 경향에 따라서 두려운 부분이 되기도 한다. 최근 시험결과 응시자들이 가장 까다롭다고 느끼고 있는 영역이 바로 청해 영역이었다. 그러나 실제 평균점수에서는 같은 400점 만점인 독해영역보다 청해영역의 평균점수가 조금 더 높게 나왔다.
정리해서 말한다면 문제의 내용이 느끼는 것만큼 어렵지 않다는 것인데, 그럼에도 불구하고 응시자들이 실제 시험에서는 청해 영역이 어렵다고 생각하고 더 긴장한다는 의미가 된다. 과연 그 이유는 무엇일까?

TEPS의 청해영역은 우선 낯설게 느껴진다는 것이 응시자들의 공통된 의견이다. 그 이유는 크게 두 가지로 볼 수 있다. 첫째, native speaker들의 말하는 속도가 다른 시험과 비교할 때 특히 빠르다는 것이고, 둘째, 선택지가 시험지에 인쇄되어 있지 않고 들려만 주기 때문에 당황하는 일이 많다는 것이다. 이런 이유가 주된 것이라면 바람직한 대책방법은 시험을 자주 보는 방법 밖에 없다. 즉, TEPS의 청해영역 출제경향에 익숙해져야 한다는 것이다. 그러나 이 방법은 어딘가 불확실하게 느껴진다. 어느 단계에서 한계에 부딪힐 것 같기 때문이다. 꾸준하고 영구적인 방법에는 어떤 것이 있을까? 당장은 효과가 없더라도 언젠가는 청해 영역을 정복할 수 있는 비결은 없을까?

그 방법으로는 TEPS 청해영역의 방식답게 듣기연습을 하라는 것이다. 지금 우리의 일반적인 듣기공부 방법은 어떤가? CD이든 MP3 파일이건, 혹은 영화 DVD이건, 대부분 인쇄된 원본을 보면서 듣는 방법을 취하고 있는 것이 현실이다. 우리는 이미 쓰여진 글에 대해서는 익숙하다. 따라서 독해에 대해서는 어느 정도 자신 있어한다. 우리의 영어 공부 방법이 처음부터 그래왔기 때문에 어쩌면 당연한 것인지도 모른다. 영화의 경우도 화면을 보면서 들으면 한결 잘 들린다. 그러나 흰 백지를 주고 음성으로만 들어보라고 한다면… 당연히 잘 들리지 않는다. 글로 써 놓으면 쉽게 알아볼 수 있겠지만 그것을 native speaker가 읽으면 쉽게 들리지 않는다는 것이다. 청해 시험에서도 기존의 시험처럼 선택지를 종이에 제시해주고 문제를 읽어주면 한결 편하게 느껴질 수 있겠지만, TEPS의 청해영역이 그렇지 않다는 것이 문제. 원인은 거기서 찾아야 한다. 원인이 그렇다면, 우리는 우리의 듣기학습을 과감하게 바꾸어 보는 노력이 필요하다. 즉, 원본 없이 듣는 연습을 해야 한다. 어떤 상황도 없고, 그림도 없는 조건에서 잘 들을 수 있는 방법을 강구해 보아야 한다.

우선은 우리가 알고 있는 듣기 학습의 유용한 방법, 즉 처음에는 대본이나 주어진 상황에 맞추어 듣고, 다음에는 대본 없이 듣는 방법을 거꾸로 해보는 것이다. 처음에는 그냥 대본 없이 듣고(몇 번을 들어보고), 다음에 대본을 보면서 들어보는 것이다. 이 방법은 처음 시도할 때 아주 어렵게 느껴질 수도 있다. 경우에 따라서는 무슨 뜻인지 모르는 대화를 계속 들어야 하므로 굉장한 인내력을 필요로 할지도 모른다. 그러나 꾸준히 이 방법을 지속한다면 그 효과를 충분히 얻을 수 있을 것이다. 대화의 원본을 확인할 수 있는 MP3 파일을 가지고 대본 없이 듣고 확인하는 방법으로 연습하다가 점점 방송이나 기타 매체들을 이용하여 듣기 능력을 키우는 방법이다. 여기서 주의할 점은 듣기 학습에서 단순히 맹목적으로 듣기만 한다고 듣기 능력이 향상되지 않는다는 점이다. 대화문일 경우 주요 구어적 표현들을 그때그때 익혀두고, 비대화문일 경우 특히 시사적인 분야에서 자주 언급되는 전문적인 용어들은 미리 숙지하고 있어야 한다. 이 방법이 듣기 학습의 최선책이라고 할 수는 없겠지만, 적어도 TEPS 청해영역에서는 자신감을 가질 수 있는 방법이 될 것이다. 계속 이 방법으로 접근해 본다면 처음 듣는 대화에 대한, 즉 어떤 환경이 주어지지 않는 대화에 대한 두려움은 어느 정도 사라지게 될 것이다.

그런 접근 방법에 이어 다음으로 필요한 것은 TEPS 청해영역의 출제경향을 비롯한 시험의 구성내용을 잘 알고 있어야 한다. Part에 따라 한번 들려주는지 두 번 들려주는지, Part별 문항 수가 어떻게 구성되어 있는지, Part별 문제의 형태가 어떻게 나누어지며 대화의 길이가 어느 정도인지 등을 미리 짐작하고 시험에 임하는 것이 당황하지 않고 자신의 능력을 충분히 발휘할 수 있는 여건이 된다는 것이다.

Joseph's TEPS Listening 알아보기

▶ Part I 한 문장을 듣고 이어질 대화 고르기 : 15문항

Part I 은 짧은 대화를 모델로 만들어진 유형으로서, 수험자가 질문의 자극에 해당하는 문장을 듣고 단 한번에 상황을 정확하게 파악하여 가장 적절한 반응을 순간적으로 찾아낼 수 있는 능력을 측정하는데 그 목적이 있기 때문에 문제를 한번만 들려준다. 단 한번의 자극에 대해서 즉각적인 반응을 하게 함으로써 완전히 내재화되어 자유롭게 구사할 수 있는 회화능력을 평가한다고 할 수 있다. 두 사람이 A-B 순서로 대화하는 형식에서 B의 응답을 고르는 문제로서 총 15문항이다. 내용은 기본적이고 단순한 생활 영어 표현이 대부분이지만, 분석적인 지식 능력보다는 빠른 판단력과 속도 적응력이 요구된다.

대체적으로 Part I 은 일상생활과 관련된 대화들로 이루어지며, 사용되는 단어들도 비교적 평이한 수준이다. 하지만 2010년 이후 최근 시험에서는 점차 그 동안 등장하지 않던 관용표현들이 많이 등장하였고, 대화의 내용들은 학교생활, 가족, 친구, 사무실 위치 묻기, 전화대화, 안부, propose, 기구를 다루는 방법에 이르기까지 광범위 하다. TEPS는 성우들의 발음속도가 현지 native들의 말하는 속도와 동일하다는 점에서 다른 시험에 비하여 빠르게 들리므로 이 점을 충분히 감안해야 하며, 한 번만 들려준다는 점도 미리 알고 있어야 한다.

▶ Part II 3문장의 대화를 듣고 이어질 대화 고르기 : 15문항

Part II 는 Part I 과 마찬가지로 짧은 대화로 이루어지며, 수험자가 질문의 자극에 해당하는 문장을 듣고 단 한번에 상황을 정확하게 파악하여 가장 적절한 반응을 순간적으로 찾아낼 수 있는 능력을 측정하는데 그 목적이 있기 때문에 문제를 한번만 들려준다.

단 한 번의 자극에 대해서 즉각적인 반응을 하게 함으로써 완전히 내재화되어 자유롭게 구사할 수 있는 회화능력을 평가한다고 할 수 있다. 두 사람이 A-B-A-B 순서로 대화하는 형식에서 마지막 B의 응답을 고르는 문제로서 총 15문항이다. 주로 가정생활, 직장생활, 일반 사회생활에서 있을 수 있는 생활 영어 표현이 대부분이다. 단지 대화가 Part I 보다 길기 때문에 문제를 푸는데 한편으로 더 여유가 있으나, 구어체 표현에 익숙하지 못하고 청취능력이 미숙하다면 Part I 과 마찬가지로 어려움을 겪을 수밖에 없다. 일상회화와 관련된 어휘력과 청취능력을 꾸준히 키운다면 Part I 보다 오히려 더 쉬운 부분이 될 수도 있다.

▶ Part III 6~8문장의 대화를 듣고 질문에 해당하는 답 고르기 : 15문항

Part III는 지문과 질문을 두 번 들려주는데, 이는 보통 사람들이 음성 정보를 듣고 인지하는 과정을 반영한 것이다. 일반적으로 사람은 새로운 음성 정보를 접했을 때 아무런 선입견 없이 주어지는 정보의 내용을 듣다가, 그 정보에 대해 질문이 주어지거나 궁금한 것이 생기면, 정보의 내용을 한 번 더 듣고 검토하게 된다. 따라서 TEPS는 수험자의 영어능력과 관계없는 단기기억능력의 측정을 피하고 순수하게 영어로 된 대화를 듣고 이해하는 능력을 알아보기 위하여 Part III에서는 대화문으로 구성된 지문과 질문을 두 번 들려준다. 그러나 대답을 할 때에는 이미 듣고 이해한 내용을 바탕으로 한 번에 답을 해야 하며, 선택지 (a), (b), (c), (d)의 내용은 한번만 듣게 된다. 6개에서 8개의 문장으로 이루어진 대화와 이 대화에 관한 질문을 듣고 질문의 답으로 가장 적절한 선택지를 고르는 문제로서 총 15문항이다.

등장하는 주제로는 직장을 배경으로 한 대화는 물론 제품 발송과 관련된 전문적인 무역 용어 외에 학교생활, 축하인사, 직장상사와의 대화, 공항안내, 친구와의 대화와 같은 일상생활과 관계된 내용들과 무역업무, 환경문제, 미국과 한국의 수사공조체제 등 다소 까다로운 내용의 문제들도 상당수 포함되어 있다. Part III 부분은 전체적인 내용뿐만 아니라 문제에 따라 대화의 세부적인 내용까지 묻는 문제도 출제되기 때문에 특히 두 번째 들을 때는 질문과 관련하여 정신을 집중해서 듣는 자세가 필요하다. 예를 들어보면, 아기를 낳아 축하인사를 건네는 대화에서 아기의 성별이 대명사(he)로 한 번 밖에 언급이 안되기 때문에 들리는 경우에 따라 혼동할 수도 있었고, 가족 중 누굴 닮았느냐는 대화에서는 구체적으로 어디를 어떻게 닮았는지를 묻는 등 주의해서 듣지 않으면 놓치기 쉬운 문제들이 많이 출제되었다. 또한 발음상 혼동을 유도하여 전체적인 대화 내용을 제대로 이해하지 못하면 자칫 다른 답을 고를 수 있는 문제들도 출제되었다.

▶ Part IV 단문의 내용을 듣고 질문에 해당하는 답 고르기 : 15문항

Part IV는 Part III와 마찬가지로 지문과 질문을 두 번 들려주는데, 이는 보통 사람들이 음성 정보를 듣고 인지하는 과정을 반영한 것이다. 일반적으로 사람들은 새로운 음성 정보를 접했을 때 아무런 선입견 없이 주어지는 정보의 내용을 듣다가, 그 정보에 대해 질문이 주어지거나 궁금한 것이 생기면, 정보의 내용을 한 번 더 듣고 검토하게 된다.

따라서 TEPS는 수험자의 영어능력과 관계없는 단기기억능력의 측정을 피하고 순수하게 영어로 된 담화를 듣고 이해하는 능력을 알아보기 위하여 Part IV에서는 담화문으로 구성된 지문과 질문을 두 번 들려준다. 그러나 대답을 해야 하는 것이므로, 선택지 (a), (b), (c), (d)의 내용은 한번만 들려준다. Part IV는 담화문과 이에 관한 질문을 듣고 질문의 답으로 가장 적절한 선택지를 고르는 문제로서 총 15문항이다.

참고로 2010년 이후로 지문의 길이가 이전 시험에 비해 조금씩 짧아지는 경향이 있다.

비대화문으로 정치, 사회, 문화, 역사, 환경, 신변잡기 등 다양한 주제를 다루고 있으며, 질문 또한 글의 요지나 목적, 추론문제, 사실여부, 세부적인 사항을 묻는 등 다양하게 주어지기 때문에 청해 영역의 다른 Part에 비해서 가장 까다롭다고 볼 수 있다. 게다가 PartⅣ에 와서는 집중력도 많이 떨어지게 되고, 내용도 기사체 중심의 비대화문으로 이루어져 있기 때문에 심적 부담감을 가지기 쉽다. 무엇보다 차분한 마음으로 집중하는 자세가 필요하다.

출제된 내용들을 세부적으로 살펴보면 한국문화를 배우려는 외국인을 위한 캠프안내, 휴식의 목적, 직업학교 광고, 미래의 에너지 자원으로서의 원자력, 미국의 정치 스캔들, 20세기 대표적인 현대미술 작품들을 전시하는 뉴욕의 미술관 소개, 어린 시절 여름을 보냈던 섬에 대한 추억, 산업폐기물 처리 문제 등 다양한 분야에서 출제되었다.

비대화문으로 이루어진 PartⅣ의 경우는 단순히 청취능력뿐만 아니라 정치, 경제, 사회, 문화 등 다양한 분야에 대한 독해능력을 어느 정도 요구하고 있기 때문에 중간 정도의 청취능력을 가진 응시자에게는 부담스러울 수밖에 없을 것이다. 이러한 점은 어느 정도의 실력이 있는 응시자들의 청취능력을 정확하게 평가할 수 있다는 장점은 있으나, 한편으로 중간 정도의 실력을 가진 응시자들에게는 다른 시험의 L/C 영역 점수와 비교해 볼 때 TEPS 자체를 기피하는 원인이 되기도 한다. 그러나 TEPS가 진정한 실용영어능력 평가시험이라는 점을 반드시 기억하고 정복할 수 있다는 자신감을 가진다면 어렵지 않게 접근이 가능할 것이다. TEPS 청해영역에 자신감을 갖는다는 것이 곧바로 영어 듣기에 자신감을 갖는다는 의미임을 인식하고 조급하지 않게 꾸준히 준비했으면 하는 바램이다.

▶청해 Listening

청해시험의 경우 두 가지 정도 기존의 시험과 비교되는 다른 점이 있는데 첫째는, 화자들의 말하는 속도가 좀 빨라진 느낌이고, 둘째는 Part III와 Part IV가 분량 면에서 좀 짧아졌다는 점이다. 따라서 문제의 유형이 반드시 동일하지 않을 수도 있으므로 어떤 내용이든 소화해 낼 수 있는 능력을 갖추는 것이 중요하다. 내용면에서는 길 묻기, 전화 통화, 공항의 안내방송 등 이전 시험에서 다루었던 내용과 큰 차이는 없다.

청해영역의 학습은 다른 영역에 비해 많은 시간과 노력이 요구되기 때문에 일단 조급한 마음을 갖지 말고 확실히 대비하는 것이 가장 중요하다. 청해를 처음 시작하는 사람들은 자연히 의미보다는 개별적인 소리에 정신을 집중하게 되는데, 이러한 단계에서 벗어나서 의미에 주의를 기울이는 수준에 이르면 청해가 재미있어질 것이다.

청해영역을 공부할 때 가장 나쁜 방법은 일방적으로 듣기만 하는 것인데, 반드시 큰 소리로 직접, 그리고 감정을 실어서 발음하는 연습을 꾸준히 하다보면 이것이 아주 효과적인 방법임을 스스로 깨닫게 될 것이다. 그리고 청해 실력을 기르기 위해서는 CD 나 MP3를 자주 듣고 따라하는 것도 중요하지만, 표현 자체를 모르면 소리가 들린다 하더라도 의미를 이해할 수 없으므로 유용한 표현과 구문을 평소에 많이 학습해 두어야 한다. 이러한 방법이 결과적으로 문법영역이나 어휘영역에도 많은 도움이 된다는 사실을 여러분 스스로 느낄 것이다.

●● 세부적인 청해분석과 공부법

1. Listening

청해 영역은 55분 동안 들려주는 문제를 들으면서 60문제를 공략해야하며, 정답표시에 주어지는 시간은 문제당 2~3 초에 불과하다.

즉 Native Speaker의 음성은 1분당 150~200단어의 속도로 방송되며, 수험자는 그 내용을 들으면서 곧바로 해석하는 능력이 요구된다.

또한 청해영역은 문제지에 인쇄된 문구가 전혀 없으므로 청각에만 의존해야하며, 60문제 전체가 상황이 다르고 서로 아무런 관련도 없는 만큼 피로감도 대단히 크게 느끼게 될것이다.

속도 적응력과 재빠른 판단을 요구하는 것은 회화문제와 설명문 문제에 모두 공통된다. 설명문 문제에 대비하는 가장 좋은 방법은 서로 관련이 없는 단문, 대화문, 설명문 등을 반복해서 듣는 부단한 연습이다.

회화 문제도 마찬가지이지만 또 하나 중요한 점은 영어의 음을 식별하는 능력이다.

예를 들면 club/glove, coffee/copy, seat/sit 등을 구분할 수 있는 능력을 길러야 하며, 이것은 발음과 청취 모두 해당되는 것이므로 훈련을 게을리하지 말아야한다.

회화문제와 설명문 문제 모두 영화, 뉴스해설, AFKN, 특집 프로그램을 적극적으로 활용하도록 하고, 특히 날짜나 숫자가 나오면 문제지 여백에 빠르게 메모해 두는 습관을 기르는게 좋다.

출제자의 의도를 미리 파악해서 예측해보는것도 좋은 방법이다. 또한 중간에 모르는 단어나 표현이 나와도 당황하지말고, 계속해서 성우의 음성을 따라가면서 문맥 속에서 뜻을 유추해 전체의 뜻을 파악하도록 해야한다.

또한 지문에 나온 단어와 발음이 비슷한 단어가 있을 때는 무턱대고 반가운 마음에 답으로 고르지 말고, 다시 한번 생각해 보아야한다. 이러한 단어들은 혼동을 유발하기 위한 함정일 가능성이 크기 때문이다. 단, 주의할 것은 단어들을 단독으로 익히는 것으로 끝내서는 안되고 이에 대한 기본 지식을 습득한 후에 문맥 속에서 그 의미를 파악하는일이 무엇보다 중요하다.

TEPS LC는 영어를 수동적으로만 학습하는 사람에겐 어렵게 느껴질 수 있다. 지금까지 우리는 생각하는 영어보다 받아들이는 영어에 익숙해왔기 때문이다. 모두가 적혀 있거나 흘러나오는 영어만 수동적으로 접하였고 영어를 사용할 일이 없었을뿐더러 적극적으로 활용하려 하지도 않았다. 사실 실생활에서 주고받는 대화에 정답이 있을까? 답이 한 두가지로 결판날 수 없는 상황이 많다는 것이 TEPS 청해 시험의 요점이다. 그렇다면 어떻게 대비해야 할까? 여기에 대응하려면 문장을 대화 단위로 암기하는 것 외엔 다른 방법이 없다는 것이다. 이제부터는 한문장을 암기했다고 만족하지 말고 대화 가능한 대답을 모두 알아두어야 한다.

Part 1

1. 기본 정답 숙어, 표현들을 익힌다.
2. 절대로 답이 될 수 없는 것을 꼭 체크한다.
3. 제일 정답률이 낮은 파트로 문제내용보다는 문제의도를 파악하는 훈련이 필요하다.
4. 항상 나오는 상황과 표현들을 미리 숙지해야 한다.
5. 문제와 답을 항상 같이 외운다.

Part 2

1. 첫 문장에서 전체 흐름을 파악하고 듣는다.
2. 두 번째 화자의 어투로 답을 짐작한다. (긍정적 또는 부정적)
3. 세 번째 문장이 답의 80%를 좌우한다. (첫 문장을 이해해야 되는 문제들이 많다.)
4. 항상 나오는 상황표현들을 익혀 둔다.

Part 3

1. 상당수가 답을 결정하므로, 처음에 나오는 첫 두 문장을 놓치지 않는다.
2. 평소에 항상 듣고 난 후 대화의 Main Idea를 찾는 훈련을 한다.
3. 처음 들을 때는 하나하나 들으려고 하지 말고 전체내용의 핵심을 파악한다. 대화의 주인공이 누구인지 파악하고 그 화자의 말에 초점을 맞춘다.
4. 두 번째 들을 때는 중요한 내용은 메모를 한다.
5. 질문 유형은 Main idea 고르기, 사실부분 찾기, 의문사로 시작되는 질문, 화자의 어투, 유추하는 문제 등이 있다.

Part 4

1. 첫 한, 두 문장이 제일 중요하다.
2. 전체 내용을 파악하는 훈련을 평소에 한다.
3. 주제별 어휘를 습득한다.
4. 질문의 대부분은 핵심을 묻는다.
5. 자주 등장하는 내용에 익숙해 있어야 한다.

TEPS는 어떤 시험인가?

● ● TEPS를 알아보다!

TEPS는 Test of English Proficiency developed by Seoul National University의 약자로 서울대학교 언어교육원이 오랜 시간에 걸쳐 집중적인 연구를 통해 개발한 한국인의 실용 영어능력 평가시험이다. Proficiency는 '숙달도'라는 뜻으로서 그 사람의 영어 실력이 얼마나 몸에 배어 있고 익숙한가를 측정한다. 따라서 단순한 암기와 요령만으로 고득점을 얻게 되는 시험이 아니라 꾸준히 폭넓은 학습을 통하여 영어에 대한 전체적인 이해력이 바탕이 되어야 하는 시험이다. 또한 TEPS는 한국인들의 살아 있는 영어 실력을 가장 효과적이고 정확하게 측정해주며, 변별력에 있어서 수험자의 정확한 실력 파악에 실제적인 도움이 된다. TEPS 성적표는 수험생의 영어 능력을 파트별로 세분화하여 평가, 첨삭하여 주기 때문에 수험자에게 있어 어느 부분이 강하고 약한지를 쉽게 파악할 수 있게 해줄 뿐 아니라 효과적인 영어공부 방향을 제시해주기도 한다. TEPS는 다양하고 일반적인 영어능력을 평가하는 시험으로 시험기관인 서울대 진학뿐만 아니라 최근에는 신대원, 사관학교, 유학시험, 공무원시험, 인사고과등 다양한 목적으로 사용되고 있다.

● ● TEPS의 특징을 살펴보다!

✚ 편법과 눈속임이 통하지 않는 시험

개인의 어학능력은 결코 단기간에 급속도로 향상되지 않는다. 그런데도 실력배양은 아랑곳하지 않고 영어성적만을 올리기 위해 요령과 편법을 가르치는 교육기관이 현재 난무하고 있는 현실이다. TEPS는 수험자의 영어능력을 있는 그대로 정확하게 판단하기 위해 다양한 테스트 방법을 적용했다. 듣기시험에서 인쇄된 질문지를 주지 않고 방송으로 직접 들려주기 때문에 미리 문제를 보고 감을 잡는 편법과 요령이 통하지 않는다. 독해시험에서도 1지문 1문항 원칙을 지켜 한 문제의 답을 알면 그 뒤에 연결된 문제들의 답을 유추할 수 있는 가능성을 원천적으로 배제하였다.

✚ 속도화 시험

TEPS는 기존의 다른 시험에 비해 많은 지문을 주고 이를 짧은 시간 내에 이해하여 풀어낼 수 있는지를 측정한다. 이는 실제 생활에서 활용할 수 없는 단순암기 위주의 영어가 아니라 완벽히 습득하여 자유롭게 구사할 수 있는 "살아있는" 영어실력을 평가하기 위한 것이다.

✚ 첨단 테스팅 기법 도입

TEPS는 첨단 어학능력 검증기법인 문항반응 이론 『IRT: Item Response Theory』을 도입했다. 문항반응 이론은 문항을 개발할 때 각 문항별로 1차 난이도를 정의하고 다시 시험 시행 후 전체 수험자들이 각각의 문항에 대해 맞고 틀린 것을 종합해 그 문항의 난이도를 2차로 재조정해 이를 근거로 다시 한 번 채점해 성적을 내게 된다. 이 과정에서 최고점은 990점, 최하점은 10점으로 조정된다. 특히 문항반응 이론은 맞은 개수의 합을 총점으로 하는 고전적인 평가방식과는 달리, 각 문항의 난이도와 변별력에 대한 수험자의 반응 패턴을 근거로 영어 능력을 추정하는 확률 이론이다. 결국 같은 개수의 정답을 맞추더라도 난이도가 높은 문제를 많이 맞춘 수험자가 좋은 점수를 취득하게 되어 있다. 문항반응 이론을 적용할 경우, 낮은 난이도의 문제를 많이 틀린 수험자가 높은 난이도의 문제를 맞출 경우 실력에 관계없이 추측(Guessing)이나 우연히 맞출 가능성이 높다고 판단하여 감점처리를 한다. 이러한 문항반응 이론은 가장 선진적인 검정방식으로서 TEPS는 이 이론에 기초한 국내 최초의 영어능력 평가시험이다.

● ● TEPS 시험 진행에 관한 사항 『서울대학교 TEPS 관리위원회 홈페이지 기준』

TEPS 정기시험은 주로 일요일에 시행되지만 매년 1월, 5월, 7월, 10월에는 토요일(오후 3시)에 시행된다. 매년 11월 중에 다음 해 응시 일정이 발표되는데 시험은 일요일의 경우, 오전 9시30분에 치르게 되며, 대개 9시까지 고사실에 입실하여야 한다. 오전 9시30분부터 치르는 일요일 시험이 진행되는 과정을 정리하면 다음과 같다.

AM 09:20	입실 완료
AM 09:30~09:50	답안지 오리엔테이션 『각종 기재사항 기재』
AM 09:50~10:00	10분간 휴식 『시험 중간에 휴식시간 없음』
AM 10:00~10:05	문제지 배포
AM 10:05	시험 시작
AM 12:25	시험 종료

※ 시험 당일 사정에 따라 분 단위로 조금씩 변동이 있을 수 있다.

✚ 시험 시간

영역	파트	내용	문항 수	시간	배점
청해 Listening Comprehension	Part I	질의 응답	15	55분	400점
	Part II	짧은 대화	15		
	Part III	긴 대화	15		
	Part IV	담화문	15		
문법 Grammar	Part I	구어체	20	55분	100점
	Part II	문어체	20		
	Part III	대화문	5		
	Part IV	담화문	5		
어휘 Vocabulary	Part I	구어체	25	15분	100점
	Part II	문어체	25		
독해 Reading Comprehension	Part I	빈칸 채우기	16	45분	400점
	Part II	내용 이해	21		
	Part III	흐름 찾기	3		
			200문항	140분	990점

+ TEPS 원서 접수

인터넷 접수	www.teps.or.kr 접속 후 '온라인 접수'메뉴 이용 (사진파일, 응시료를 결제 할 신용카드 및 인터넷 뱅킹 계좌)
방문 접수	가까운 접수처 이용 (3×4cm 사진 한 장, 응시료) *일반 접수 응시료: 일반 33,000원 / 군인 17,000원 (대상: 현역 간부, 군무원, 육사 / 해사 / 간호사관 생도) *추가접수 응시료: 일반 36,000원
정기 시험	연 12회

+ 환불규정

접수 후 개인적인 사정으로 시험에 응시할 수 없는 경우, 접수를 취소할 수 있다.
(차기 회차로 연기는 불가능함)

+ 취소신청 방법

- 인터넷 취소신청: 회원만 가능하며 비회원은 회원가입 후 취소신청이 가능하다.
- 접수처 취소신청: 수험표와 신분증을 소지하고 가까운 접수처를 방문하여 취소신청을 할 수 있다.
  (접수처 취소는 TEPS 접수 취소만 가능)
- 시험별 취소 환불금

『정기접수자』

- 정기접수기간 내: 33,000원 환불
- 익일 ~ 1주: 23,000원 환불
- 익일 ~ 시험 전일 15시 (토요일 시험: 전일 24시): 11,000원 환불

『추가접수자』

- 추가접수기간 내: 36,000원 환불
- 익일 ~ 시험 전일 15시(토요일 시험: 전일 24시): 11,000원 환불

+ 성적 확인

정기시험의 성적은 시험일로부터 15일 이후 텝스 홈페이지(www.teps.or.kr)에서 확인이 가능하다. 정기시험 성적표는 시험일로부터 대략 20일 안에 우편으로 발송되고, 특별시험 성적표는 시험일로부터 7일 이내에 해당 기관이나 단체로 통보된다. 정기시험 응시자 중 텝스 성적표가 급히 필요한 사람은 텝스 사업본부(02- 886-3330)를 방문하여 성적표를 직접 수령해 갈 수 있다. 방문하여 성적표를 수령해 가고자 하는 경우 응시일로부터 12~13일이 지난 후 추가 수수료 2,000원과 신분증을 준비하여 방문하면 된다. 경우에 따라 성적 처리가 늦어지는 경우도 있으므로 방문 전에 성적표 수령 가능 여부를 전화로 확인하고 방문해야 한다.

✚ 시험 전날 점검 사항

TEPS는 보안이 철저히 유지되고 잘 유출되지 않는다. TEPS시험을 여러 번 보다 보면 대략적으로 그 방향과 성격을 어느 정도 파악할 수 있을 것이다. 실제로 시험을 본 사람만이 정확히 어떤 문제가 나오는지 체감할 수 있다. 그러므로 실제 시험에 응시하여 어느 정도의 유형과 경향, 분위기 등을 체험해보는 것이 도움이 된다. 하지만 여러 가지 사정으로 상황이 여의치 않을 경우 실제 출제경향에 맞춘 적중률 높은 실전문제를 가능한 한 많이 풀어는 것도 시간을 절약하고, 심리적인 부담감을 줄일 수 있는 한 방법이다. 실전문제를 풀 때는 실제 시험을 볼 때와 똑같은 긴장감과 똑같은 시간으로 집중하여 문제를 풀어야 한다. 오히려 실제 시험의 120% 정도의 긴장감과 120% 정도의 집중력으로 문제를 풀라고 권하고 싶다. 실제 시험에서는 더욱 더 긴장되고 예기치 않은 여러 변수가 작용할 수 있기 때문이다. 또한 청해 시험을 보는 동안은 "내가 어떤 방법으로 청취를 해야겠다"는 생각조차 잡념이 된다는 사실을 명심해야 한다. TEPS 청해는 어떠한 내용도 주어지지 않는다. 자칫하여 한 마디를 놓치게 되면 결국 그 문제뿐만 아니라 전반적인 시험에 영향을 끼치게 된다. 마음을 완전히 비우고 한 문제 한 문제에 대해 순간순간 정확한 판단을 하면서 최선을 다해 풀어야 할 것이다.

✚ 시험 당일

TEPS는 청해, 문법, 어휘, 독해 네 가지 영역으로 구성되어 있다. 시험은 청해 55분, 문법 25분, 어휘 15분, 독해 45분으로 진행된다. TEPS는 다른 영어시험과 달리 각 영역별로 주어진 시간에 그 영역의 문제만 풀도록 규정되어 있다. 정해진 시간 안에 정확하게 문제를 풀어내는 능력을 테스트하는 속도 시험이기 때문이다. 이 때문에 한 영역의 문제를 모두 끝냈다 하더라도 다른 영역의 문제를 풀 수 없다. 각 영역별 시간이 바뀔 때마다 방송이 나오고, 또 감독관이 칠판에 시간을 써놓기 때문에 수험생 본인이 시간 안배를 잘 해야 한다. 감독관 몰래 다른 영역의 시험을 풀어볼 수 있겠지만, 이 행위는 TEPS 규정에 따르면 명백한 부정행위이다. 참고할 것은 TEPS 시험 시 수정 테이프 사용이 가능하므로, 답안지를 바꾸지 않고 감독관에게 요청해 수정 테이프로 수정해도 아무런 문제가 없다.

시험에 들어가기 전 영문 이름, 주민등록번호, 주소 등 개인 신상에 관한 정보를 OCR 답안지에 입력할 때 실수하지 않도록 침착하고 정확하게 표기해야 한다. 만약 실수를 했을 경우엔 감독관에게 답안지를 바꾸어 달라고 요청하여 모든 정보를 새로 입력하면 된다. 실제 시험 전에는 모든 것이 불필요하게 긴장을 유발하는 요인이 될 수 있으므로 시험장에 여유 있게 도착하여 최상의 컨디션을 유지할 수 있도록 철저한 자기관리가 필요하다.

✚ 시간 안배

LC의 경우에는 TOEIC처럼 사진이나 문제가 미리 주어지지 않고 문자 그대로 들려주기만 하기 때문에 듣는 그 순간순간 내용포착을 잘 하는 것이 중요하다. 어휘의 경우 50문제를 15분에 풀어내야 하므로 한 문제당 15초 정도 이상을 할애하면 안 된다. 문법과 독해의 경우 뒤에 있는 문제부터 풀어나가는 것이 중요하다. 문법의 경우 50문제를 15분에 풀어내야 하므로 한 문제당 25초를 넘기면 안 된다. 특히 독해의 경우 38, 39, 40번 문제(파트 3)가 배점이 가장 높기 때문에 먼저 풀고, 그 다음 빈칸 채우기 형식의 파트 1(1-16번)을 푼 다음 파트 2(17-37)를 마지막으로 푸는 순서로 하는 것이 고득점을 얻을 수 있는 한 방법이다.

TEPS는 청해, 문법, 어휘, 독해 4개 영역에 걸쳐 총 200문항으로 구성되어 있으며 시험시간은 140분이다. 만점은 문항반응이론(IRT)에 따라 채점하기 때문에 전부 맞아도 990점이고 모두 틀려도 10점은 나온다.

✚ 청해 (Listening Comprehension) 60문항

정확한 청해 능력을 측정하기 위하여 문제와 보기문항을 문제지에 인쇄하지 않고 들려줌으로써 자연스러운 의사소통의 인지과정을 최대한 반영하였다. 다양한 의사소통 기능(Communicative Functions)의 대화와 다양한 상황(공고, 방송, 일상 업무 상황, 대학 교양수준의 강의 등)을 이해하는 데 필요한 전반적인 청해력을 측정하기 위해 대화문(Dialogue)과 담화문(Monologue)의 소재를 균형 있게 다루었다.

PART 1 (15문항)

Choose the most appropriate response to the statement. (1-15)

M: Do you think you could turn down the volume on the television?

W: ____

  (a) I certainly didn't mean anything by it.
  (b) I can't believe that you turned down the offer.
  (c) I didn't realize it was disturbing you.
  (d) No, I don't think he'll mind at all.

해석
남: TV의 볼륨을 좀 내려주실 수 있으세요?
여: ____

(a) 전 분명히 아무런 뜻도 없었어요.
(b) 당신이 제 제안을 거절 했다니 믿을 수 없어요.
(c) 당신을 방해하고 있는지 몰랐어요.
(d) 아니요, 그는 개의치 않아 할 것 같아요.

Part 1은 질의응답 문제를 다루며 한 번만 들려준다. 내용 자체는 단순하고 기본적인 수준의 생활 영어 표현으로 구성되어 있지만 교과서적인 지식보다는 재빠른 상황 판단 능력을 요구한다. 따라서 이 파트에서는 속도 적응 능력뿐만 아니라 순발력 있는 상황 판단 능력이 요구된다.

PART 2 (15문항)

Choose the most appropriate response to complete the conversation. (16-30)

W: Hello, I have an appointment with Dr. Summers.
M: OK. You must be Kate. I need you to fill out this form on your medical history.
W: All right. Here you go.
M: ____

  (a) Have you ever had these symptoms before?
  (b) I keep sneezing and my nose is runny all day.
  (c) Stay warm and drink plenty of water.
  (d) Please have a seat and the nurse will call your name soon.

해석
여: 안녕하세요, Summers선생님과 진료 예약을 했는데요.
남: 네, Kate맞으시죠? 병력에 대해 이 양식을 작성해주시겠어요?
여: 알겠어요. 여기 있어요.
남: ____

(a) 이런 증세가 이전에도 있었나요?
(b) 계속 재채기가 나고 하루 종일 콧물이 흘러요.
(c) 몸을 따뜻하게 하시고 물을 충분히 마시세요.
(d) 자리에 앉아 계시면 간호사가 곧 호명할 거예요.

Part 2는 짧은 대화 문제로서 두 사람이 A-B-A-B 순으로 보통 속도로 대화하는 형식이며, 소요 시간은 약 12초 전후로 짧게 구성되어 있다. Part 1과 마찬가지로 한 번만 들려주는 부분이다.

Choose the option that best answers the question. (31-45)

W: Have you decided what you're going to buy for your mother's birthday?
M: Not yet. She's very picky, so it's very hard to shop for her.
W: Well, you'd better decide soon. You only have a week.
M: I'm thinking about getting her this vase she saw in the mall the other day.
W: That's a good idea. Since she already saw it, you know she will like it.
M: The only problem is, they're out of stock in the store and will have to special order it.
W: Oh. Will it get here in time?
M: They said it shouldn't take any longer than three days, but maybe I'll find something else.

Q: Which is correct according to the dialogue?
  (a) The man wants the gift to be a surprise.
  (b) The man isn't sure what he's going to buy.
  (c) The woman wants to buy the man a gift.
  (d) The vase will take a week to arrive.

해석
여: 엄마 생일 선물로 뭘 살지 결정했니?
남: 아직. 우리 엄마는 아주 까다롭거든 그래서 엄마 선물을 사는 건 아주 어려워.
여: 빨리 결정을 해야 할 거야. 일 주일 밖에 안 남았잖아.
남: 지난 번에 엄마가 쇼핑 몰에서 본 꽃병을 살까 생각 중이야.
여: 그거 좋은 생각이네. 엄마가 보셨으니까 좋아하실 거라는 걸 알잖아.
남: 문제는 가게에 재고가 없어서 특별 주문을 해야 한다는 거야.
여: 그러면 제 시간에 도착할까?
남: 3일 이상은 안 걸릴 거라고 했는데, 아마도 다른 걸 찾아야겠지.

문제: 대화의 내용과 일치하는 것은?
(a) 남자는 선물이 깜짝 선물이 되길 바란다.
(b) 남자는 무엇을 살 지 잘 모른다.
(c) 여자는 남자에게 선물을 사 주고 싶어한다.
(d) 꽃병은 도착하는데 일주일이 걸릴 것이다.

Part 3은 앞의 두 파트에 비해 다소 긴 대화를 들려준다. 대신 대화 부분과 질문을 들려준 뒤 다시 한 번 대화 부분을 들려주기 때문에 대화의 길이가 길어진 것에 비하여 많이 어렵다고 할 수 없다.

Choose the option that best answers the question. (46-60)

Thanks for your interest in Happy Times Foods, a leading manufacturer of custom-made food products. Our main goal is to make sure you're always satisfied with our service and the selection we provide. We understand that the restaurant industry is highly competitive and that's why our premium breads, sauces, desserts, and other specialty items are prepared with you in mind. We even tailor our recipes and ingredients to your company's needs. So

해석
일류 주문 생산 식품 제조업체인 Happy Times Foods에 관심을 가져 주셔서 감사합니다. 저희의 주요 목표는 귀하께서 저희가 제공하는 서비스와 선택에 확실히 만족하도록 하는 것입니다. 저희는 식당 업계가 매우 경쟁이 심하다는 것을 알고 있기 때문에 저희의 고급 빵, 소스, 후식과 다른 별미 제품들은 귀하를 염두 하여 준비되고 있습니다. 저희는 귀사의 필요에 맞도록 저희 조리법과 재료들을 맞춤 제공하기도 합니다. 귀사의 식당이 성공을 이루도록 Happy Times Foods에 한 번 기회를 주시면 어떨까요?

why not give Happy Times Foods a chance to make your eatery a success?

Q: What is the announcement about?
(a) an inquiry about an order
(b) a complaint about a product
(c) a follow-up to a potential customer
(d) a proposal for an advertisement

Part 4는 담화문을 다룬다. 영어권 나라에서 영어로 뉴스를 듣거나 강의를 들을 때와 비슷한 상황을 설정하여 얼마나 잘 이해하는지를 측정하는 부분이다. 이야기의 주제, 목적, 화제, 세부 사항 및 이를 근거로 한 추론의 문제들이 출제된다. 직청 직해 실력, 즉 들으면서 곧바로 내용을 이해할 수 있는지를 잘 평가하는 부분이다.

✚ 문법 (Grammar) 50문항

밑줄 친 부분 중 오류를 식별하는 유형 등의 단편적이며 기계적인 문법지식 학습을 조장할 우려가 있는 분리식 시험 유형을 배제하고, 의미 있는 문맥을 근거로 오류를 식별하는 유형을 통하여 진정한 의사소통 능력의 바탕이 되는 살아 있는 문법, 어법능력을 문어체와 구어체를 통하여 측정한다.

PART 1 (20문항)

Choose the best answer for the blank. (1-20)

A: How was Felicia when you went to visit her yesterday?
B: I could tell she _________________ although she tried to pretend that everything was OK.

(a) have cried
(b) had been crying
(c) was crying
(d) would be crying

Part 1은 A, B 두 사람의 짧은 대화를 통해 전치사 표현력, 구문 이해력, 품사 이해도, 시제, 접속사 등 문법에 대한 이해력을 묻는 형태로 되어 있다. 주로 후자(B)의 대화 중에 빈칸이 있으며, 이에 적절한 표현을 고르는 형식의 문제이다.

PART 2 (20문항)

Choose the best answer for the blank. (21-40)

_________________ performed some of the most popular songs in the history of music, the Beatles are still one of the most celebrated bands in the world.

(a) As
(b) Have
(c) Had
(d) Having

Part 2는 문어체 질문을 다룬다. 서술문 속의 빈칸을 채우는 문제로 총 20문항으로 되어 있다. 이 파트에서는 문법 자체에 대한 이해도는 물론 구문에 대한 이해력이 중요하다.

PART 3 (5문항)

Identify the option that contains an awkward expression or an error in grammar. (41-45)

(a) A: I'm really bored. How about going out and seeing a movie or something?
(b) B: I don't know about that. Why do we always have to go out lately at night?
(c) A: Oh, come on. It's only 10:30 and the night is still young.
(d) B: Well, I guess it is Saturday and I feel kind of restless myself.

해석
(a) A: 정말 지루해. 나가서 영화를 보든지 하는 게 어때?
(b) B: 좋은 생각이 아닌 것 같아. 왜 꼭 밤 늦게 외출을 해야 하는데?
(c) A: 그러지 말고 가자. 이제 겨우 10시 30분이고 아직 이른 시간 이잖아.
(d) B: 하긴, 토요일이고 나도 잠이 안 오니까 괜찮겠지.

Answer
(b) lately → late

Part 3은 대화문에서 어법상 틀리거나 어색한 부분이 있는 문장을 고르는 문제로 구성 되어 있다. 이 영역 역시 문법뿐만 아니라 정확한 구문 파악, 회화 내용의 식별능력이 대단히 중요하다.

PART 4 (5문항)

Identify the option that contains an awkward expression or an error in grammar. (46-50)

(a) There is a widespread misconception that it is necessary to exercise for long periods of time every day in order to stay fit. **(b) Some people would be surprising to find that this is not necessarily the case.** (c) Many studies have shown that exercising for just thirty minutes a day, three times a week has significant health benefits. (d) The most important thing is to be faithful to a routine, rather than only hitting the gym sporadically.

해석
건강을 유지하기 위해서 매일 오랜 시간 동안 운동을 하는 것이 필요하다는 보편적인 오해가 있다. (b) 어떤 사람들은 이것이 사실이 아니라는 것을 알고 놀랄 것이다. (c) 많은 연구들에 의하면 하루에 30분 동안, 일주일에 세 번 운동을 하는 것이 상당한 건강상의 혜택이 있다는 것을 보여준다. (d) 가장 중요한 것은 어쩌다 한 번씩 체육관에 가는 것 보다는 꾸준한 일상을 유지하는 것이다.

Answer
(b) surprising → surprised

Part 4는 한 문단을 주고 그 가운데 문법적으로 틀리거나 어색한 문장을 고르는 다섯 문항으로 되어 있다. 틀린 부분을 신속하게 골라야 하므로 속독 능력도 굉장히 중요하다.

✚ 어휘 (Vocabulary) 50문항

문맥 없이 단순한 동의어 및 반의어를 선택하는 시험 유형을 배제하고 의미 있는 문맥을 근거로 가장 적절한 어휘를 선택하는 유형을 문어체와 구어체로 나누어 측정한다.

PART 1 (25문항)

Choose the best answer for the blank. (1-25)

A: So I hear the tightrope walker is performing here tonight.
B: Yeah, his name is "Amazing Sam" and he's going to walk between two ten-_________________ buildings.

(a) story
(b) degree
(c) level
(d) layer

해석
A: 줄타기 꾼이 오늘 여기서 공연을 한다고 들었어.
B: 맞아. 그 사람의 이름은 "놀라운 Sam"인데 두 개의 **10층** 건물 사이를 걸을 거야.

Part 1은 구어체로 되어 있는 A, B의 대화 중 빈칸에 가장 적절한 단어를 넣는 25문항으로 구성되어 있다. 단어의 단편적인 의미보다는 문맥에서 쓰인 상대적인 의미를 더 중요시 한다.

PART 2 (25문항)

Choose the best answer for the blank. (26-50)

After stealing money from the company over the past five years, the accountant was arrested on a charge of _________________ , and if convicted, he could face serious jail time.

(a) deception
(b) embezzlement
(c) entrapment
(d) transmission

해석
지난 5년 동안 회사로부터 돈을 훔치고 나서 회계사는 **횡령** 혐의로 구속되었고 만일 유죄 판결을 받을 경우에 심각한 실형을 받게 될 수도 있다.

Part 2는 하나 또는 두 개의 문장으로 구성된 글 속의 빈칸에 들어갈 가장 적당한 단어를 선택하는 문제로 구성되어 있다. 어휘를 늘릴 때 한 개씩 단편적으로 암기하는 것보다는 하나의 표현으로, 즉 의미구로 알아 놓는 것이 15분이라는 제한된 시간 내에 어휘 시험을 정확히 푸는 데 많은 도움이 될 것이다.

➕ 독해 (Reading Comprehension) 50문항

교양 있는 수준의 글(신문, 잡지, 대학 교양과목 개론 등)과 실용적인 글(서신, 광고, 홍보, 지시문, 설명문, 도표, 양식 등)을 이해하는 데 요구되는 총체적인 독해력을 측정하기 위해서 실용문 및 비전문적 학술문과 같은 독해 지문의 소재를 균형 있게 다루었다.

PART 1 (16문항)

Read the passage. Then choose the option that best completes the passage. (1-16)

It's common knowledge that smoking, eating the wrong foods, and failing to get enough exercise are all contributors to poor health. But not many people truly understand that one of the most serious threats to well-being is stress. Medical professionals have known for years that stress can lead to serious physical and mental disorders. Research has shown that individuals who experience high levels of stress have high blood pressure, which affects cardiovascular health. In addition, stress not only worsens preexisting medical conditions, such as diabetes, but it may also suppress the body's ability to fight off illness. ________________ , it is important to understand the risks associated with life's pressures.

(a) Likewise
(b) In contrast
(c) Therefore
(d) However

해석

흡연과 나쁜 음식을 먹는 것, 그리고 충분한 운동을 하지 않는 것은 모두 건강을 해치는데 기여하는 요인들이라는 것은 상식이다. 그러나 건강에 가장 심각한 위협중의 하나는 스트레스라는 것을 진정으로 이해하는 사람들은 많지 않다. 의학 전문가들은 수 년 동안 스트레스가 심각한 신체적 정신적 장애를 일으킬 수 있다는 것을 알고 있었다. 연구에 의하면 높은 스트레스를 경험하는 사람들은 혈압이 높은 것으로 나타났는데 높은 혈압은 심장혈관 질환에 영향을 끼친다. 게다가 스트레스는 당뇨병과 같은 기존의 질병을 악화시킬 뿐만 아니라 질병을 물리치는 신체의 능력을 억제시킬 수도 있다. **그러므로** 삶의 압박감과 연관된 위험들을 이해하는 것이 중요하다.

(a) 이와 같이
(b) 대조적으로
(c) 그러므로
(d) 하지만

Part 1은 빈칸 넣기 유형이다. 한 단락의 글을 주고 그 안에 빈칸을 넣어 알맞은 표현을 고르는 16문항으로 이루어져 있다. 글 전체의 흐름을 파악하여 문맥상 빈칸에 들어갈 내용을 찾는 문제이다.

PART 2 (21문항)

Read the passage. Then choose the option that best answers the question. (17-37)

Even if the rest of your body is lean and mean, researchers now say that extra fat around the middle often referred to as "love handles" increases the risk of early death. Just two inches of excess flesh around the waist increased the chance of dying sooner by thirteen to seventeen percent. While the link between fat around the middle and health problems is not a

해석

당신 몸이 군살 없고 말랐어도, 현재 연구자들은 흔히 "러브 핸들"이라고 불리는 허리 부분의 군살이 조기 사망의 위험을 증가시킨다고 주장한다. 허리 둘레가 평균보다 2인치 초과하는 것만으로도 일찍 사망할 가능성이 13에서 17퍼센트까지 증가한다. 허리 둘레의 지방과 건강 문제간의 관련성이 새로운 것은 아니지만 가장 최근의 연구는 의사들에게 단순히 일반적인 체질량 지수를 사용하는 것이 심장질환과 같은 건강상의 위험을 평가하는데 있어 꼭 최고의 방법은 아니

new one, the newest study gives doctors much more evidence that simply using the standard body mass index (BMI) is not necessarily the best way to assess health risks such as cardiovascular disease. In fact, the study showed that adults with a healthy BMI but larger than average waists were still candidates for early deaths.

Q: Which of the following can be inferred from the passage?

(a) The group involved in the study was composed of male adults.

(b) Cardiovascular disease does not just affect the overweight.

(c) Doctors still need to study how body mass affects longevity.

(d) Losing excess fat around your waist can add years to your life.

라는 많은 증거를 제공한다. 실제로 연구에 의하면 건강한 체질량 지수를 가졌지만 평균 이상의 허리 둘레를 가진 성인들이 여전히 조기 사망을 할 수 있는 후보자들이라는 것을 보여주었다.

문제: 위 글의 내용에서 유추할 수 있는 것은?

(a) 연구에 참가한 집단은 남자 성인들로 구성되어 있었다.

(b) 심장 질환은 반드시 과체중인 사람에게만 발생하지 않는다.

(c) 의사들은 어떻게 체질량 지수가 수명에 영향을 끼치는지 연구할 필요가 있다.

(d) 허리 둘레의 과 지방을 없애는 것이 수명을 연장시킬 수 있다.

Part 2는 글의 내용 이해를 측정하는 문제로 21문항으로 구성되어 있다. 주제나 대의 혹은 전반적 논조 파악, 세부내용 파악, 논리적 추론 등이 있다.

PART 3 (3문항)

Read the passage. Then identify the option that does NOT belong. (38-40)

A breakthrough scientific discovery made in Germany may one day offer hope to millions of people affected by HIV. (a) Doctors say that a man who received a bone marrow transplant from a donor who had a genetic resistance to the virus appears to have been cured. **(b) HIV first came to the public's attention in the 1980s after French and American scientists discovered the infection.** (c) Although the patient's response to the transplant was highly unusual, doctors believe it may increase interest in gene therapy for the disease. (d) However, experts still maintain that to suggest that this case will lead to a cure would be a dangerous stretch.

해석

독일에서의 획기적인 과학적 발견은 HIV에 감염된 수백만명의 사람들에게 희망을 제공해 줄지도 모른다. (a) 의사들은 이 바이러스에 유전적인 항체를 지니고 있는 기부자로부터 골수 이식을 받은 한 남자가 완치된 것으로 보인다고 말한다. **(b) HIV는 1980년대 프랑스와 미국 과학자들이 감염을 발견한 후 대중의 이목을 받게 되었다.** (c) 이식에 대한 환자의 반응이 매우 특이하긴 했지만 의사들은 이것이 에이즈에 대한 유전자 치료법에 대한 관심을 증가시킬 것이라고 믿는다. (d) 그러나 전문가들은 여전히 이 경우가 치료법에 이르게 될 것이라고 주장하는 것은 위험하다는 입장을 고수한다.

Part 3은 한 문단의 글에서 내용의 흐름상 어색한 곳을 고르는 문제로 3문항으로 구성되어 있다. 전체 흐름을 파악하여 흐름상 필요 없는 내용을 고르는 문제이다. 이런 유형의 문제는 응집력 있는 영작문 실력을 간접적으로 측정한다.

등급	점수	영역	능력검정기준
1+급	901-990	전반	교양있는 원어민에 버금가는 정도로 의사소통이 가능하고 전문분야 업무에 대처할 수 있음.
	361-400	청해	교양있는 원어민에 버금가는 수준의 청해력
		독해	교양있는 원어민에 버금가는 수준의 독해력
	91-100	문법	교양있는 원어민에 버금가는 수준으로 내재화된 문법능력
		어휘	교양있는 원어민에 버금가는 수준으로 내재화된 어휘력
1급	801-900	전반	단기간 집중 교육을 받으면 대부분의 의사소통이 가능하고 전문분야 업무에 별 무리 없이 대처할 수 있음.
	321-360	청해 독해	다양한 상황의 수준 높은 내용을 별 무리 없이 이해할 수 있는 정도의 청해, 독해력
	81-90	문법 어휘	다양한 구문을 별 무리 없이 신속하게 이해할 수 있을 정도로 내재화된 문법, 어휘 능력
2+급	701-800	전반	단기간 집중 교육을 받으면 일반 분야업무를 큰 어려움 없이 수행할 수 있음.
	281-320	청해 독해	일반적 소재에 보통수준의 내용을 별 무리 없이 이해하는 정도의 청해력과 독해력
	71-80	문법 어휘	일반적인 구문을 별 무리 없이 이해하는 정도의 문법능력, 어휘력
2급	601-700	전반	중장기간 집중 교육을 받으면 일반분야 업무를 큰 어려움 없이 수행할 수 있음.
	241-280	청해 독해	일반적 상황에 보통수준의 내용을 대체로 이해하는 정도의 청해력과 독해력
	61-70	문법	일반적인 구문을 대체로 이해하는 정도의 문법 능력
		어휘	일반적인 표현을 대체로 이해하는 정도의 어휘력
3+급	501-600	전반	중장기간 집중 교육을 받으면 한정된 분야의 업무를 큰 어려움 없이 수행할 수 있음
	201-240	청해	일반적 상황에 보통 수준의 내용을 다소 이해하는 정도의 청해력
		독해	일반적 소재에 보통 수준의 내용을 다소 이해하는 정도의 독해력
	51-60	문법	일반적인 구문에 대한 의미파악이 어느 정도 가능한 문법 능력
		어휘	일반적인 표현에 대한 의미파악이 어느 정도 가능한 어휘력
3급	401-500	전반	중장기간 집중 교육을 받으면 한정된 분야의 업무를 다소 미흡하지만 큰 지장없이 수행할 수 있음.
	161-200	청해 독해	일반적인 상황에 보통수준의 내용을 이해하기 다소 어려운 정도의 청해력과 독해력
	41-50	문법	일반적인 구문에 대한 신속한 의미파악이 다소 어려운 정도의 문법능력
		어휘	일반적인 표현에 대한 신속한 의미파악이 다소 어려운 정도의 어휘력
4+급	301-400 201-300	전반	장기간의 집중 교육을 받으면 한정된 분야의 업무를 대체로 어렵게 수행 할 수 있음.
5+급	101-200 10-100	전반	단편적인 지식만을 갖추고 있어 의사소통이 거의 불가능함.

● ● TEPS 관련시험 소개

1. i-TEPS (Integrated Test of English Proficiency developed by Seoul national University)

i-TEPS는 서울대학교 언어교육원에서 출제하고 서울대학교 TEPS관리위원회에서 주관, 시행하는 통합 영어능력평가 시험이다. i-TEPS는 별도로 시행되며 기존 TEPS와 TEPS-Speaking & Writing 시험은 현행과 같이 유지된다. 듣기, 읽기, 말하기, 쓰기 능력은 서로 밀접한 관계를 가진 요소로 듣기, 읽기 능력 혹은 말하기, 쓰기 능력의 측정만으로는 정확한 영어능력을 평가하기 어려우므로 i-TEPS는 유기적인 연관성을 지닌 이 네 가지 의사소통능력을 통합적으로 측정하여 수험자의 영어능력에 대한 정확한 평가를 하는 것을 목적으로 한다. i-TEPS는 국내 최고 권위의 영어능력평가로 듣기, 읽기 분야에서 탁월한 변별력을 인정받은 TEPS와 국내 최초 CBT방식의 영어 말하기, 쓰기 시험인 TEPS-Speaking & Writing의 성공 노하우를 바탕으로 개발되었다. 실전 영어능력을 보다 정밀하게 측정할 수 있도록 세분화된 채점 요소를 적용하고 있으며, 출제자와 채점자를 어학분야의 최고 전문가들로 선정하여 높은 신뢰도와 탁월한 변별력을 지니고 있다. 한번의 시험으로 듣기, 말하기, 읽기, 쓰기 능력을 종합적으로 평가함으로써 각각의 영역을 별도로 평가해야 하는 여타 시험과 비교하여도 응시료 부담이 적다. i-TEPS는 최소의 시간과 비용으로 수험자의 영어능력을 정확히 측정하는 효율성이 높은 시험이다.

i-TEPS는 Listening, Grammar & Vocabulary, Reading, Speaking, Writing의 5개 영역에 걸쳐 총 143문항으로 구성되어 있으며 시험시간은 약 2시간 45분이다. 총점은 각 영역의 점수를 합산하여 400점 만점으로 채점된다.

＊ I-TEPS 에 관한 더 자세한 정보는 TEPS 관리위원회 홈페이지 (www.teps.or.kr)에서 얻을 수 있다.

2. TEPS Speaking & Writing

TEPS-Speaking & Writing 은 서울대학교 언어교육원에서 출제하고 서울대학교 TEPS관리위원회가 주관, 시행하는 영어 말하기, 쓰기 시험이다. 대규모로 치러지는 영어능력검정에서 평가하기 어려운 말하기, 쓰기 능력을 보다 정밀하게 측정하기 위해 세분화된 채점 요소를 적용하고 있으며, 출제자와 채점자 모두 어학분야의 최고 전문가로 구성되어 탁월한 변별력을 지니고 있다. 보다 객관적인 채점을 위해 분석적 채점과 종합적 채점이 포함된 5 단계 채점체계와 문항별 채점방식을 채택하였다. TEPS-Speaking & Writing 은 컴퓨터 모니터를 통해 지문과 그림이 제시되면 수험자가 이에 대해 답변을 하는 CBT 방식으로 시행된다. 편리한 인터페이스와 화면구성을 개선하고 테스트의 전 과정을 자동화하여 수험자의 편의를 증대시켰다. 한국수출입은행, 외교통상부 등의 기관에서 신입사원 모집 및 해외파견직원 선발시험에 TEPS-Speaking & Writing을 채택하고 있다.

3. SNULT

SNULT는 Seoul National University Language Test의 약자로, 서울대학교 언어교육원에서 개발하여 TEPS 관리위원회에서 시행하는 시험이다. SNULT 정기시험은 7개 언어(영어, 일본어, 중국어, 프랑스어, 독일어, 스페인어, 러시아어)로 구성되어 있다. 완벽한 보안 속에서 해당 언어의 박사 학위를 소지한 연구원, 원어민, 교수 등 최고의 전문가들이 출제와 검토 후 녹음과 인쇄를 거쳐 시행하고 있으며, 지난 30여 년

간의 시험 데이터와 성과를 바탕으로 한 신뢰도와 타당도가 매우 높은 시험이다.

근래에는 신입사원 선발과 각급 기관 단체의 직원 인사 고과를 위한 교육훈련, 성적평가 등의 용도로 어학능력 평가에 대한 요구가 증가하여 연간 200,000명 정도가 외국어 능력을 검정 받고 있다.

＊ i-TEPS 및 SNULT 에 관한 더 자세한 정보는 TEPS 관리위원회 홈페이지 (www.teps.or.kr)에서 얻을 수 있다.

TEPS! 이렇게 변하고 있습니다!

전문강사가 알려드리는 변화하는 TEPS 시험의 올바른 이해

TEPS는 수험자의 영어능력을 있는 그대로 정확하게 판단하기 위해 다양한 테스트 방법을 적용했습니다. 예를 들어 듣기시험에서 인쇄된 질문지를 주지 않고 방송으로 직접 들려주기 때문에 미리 문제를 보고 감을 잡는 요령이 통하지 않으며 독해 시험도 1 지문 1 문항 원칙을 지켜 한 문제의 답을 알면 그 뒤에 연결된 문제들의 답을 유추할 수 있는 가능성을 원천적으로 배제했습니다.

TEPS의 채점기준은 상대평가이며 해당 시험의 난이도, 응시인원에 따라 채점기준이 달라질 수 있습니다. 작년 10월 부터 새로운 텝스시험인 i-TEPS가 시작되었는데, 기존 텝스시험과는 별도로 시행됩니다. 이 시험은 Intergrated Test of English Proficiency developed by Seoul National University의 약자로 듣기, 읽기, 말하기, 쓰기능력을 종합적으로 측정하는 통합영어능력평가 시험입니다. i-TEPS는 영어능력평가로 듣기, 읽기 분야에서 탁월한 변별력을 인정받은 TEPS와 국내 최초 CBT방식의 영어 말하기, 쓰기 시험인 TEPS-Speaking & Writing 를 기본으로 구성이 되어있으며 기존의 TEPS와 TEPS - Speaking & Writing을 통합하여 한번에 보는 것이라고 생각하시면 됩니다.

최근들어 중고생들 사이에서 특히 TEPS에 대한 관심이 높아지면서 TEPS 인지도가 예전보다 크게 높아졌음을 느낄 수 있습니다. 하지만, 정작 TEPS가 어떤 의미를 가진 시험인지는 TEPS 학습자들 상당수가 올바로 이해하고 있지 못한 것이 현실입니다. 따라서 TEPS 공부를 TOEFL-TOEIC 공부할 때처럼 그냥 단어장 암기하고, 시중 참고서 한번 죽 훑어보고, 실전모의고사 문제집 한 두권 풀어서 틀린 문제 정리하는 식으로 하며, 거의 대부분의 학습자들이 몇 개월 동안 성적 향상이 안 돼서 매우 스트레스를 받습니다. "지피지기(知彼知己)면 백전백승(百戰百勝)"이라고 했습니다. TEPS를 올바로 이해하는 것이 TEPS 고득점을 위한 첩경이 아닐 수 없습니다.

TEPS의 P는 proficiency이며, 이것은 "숙달"이라는 뜻입니다. proficiency와 상대적인 개념이 knowledge(지식) 입니다. TOEFL-TOEIC처럼 지식을 측정하는 시험의 특징은 문제의 양은 적고 제한시간이 넉넉해서 충분히 사고(思考)할 시간을 주는 것입니다. 이에 비해, TEPS처럼 '숙달'을 측정하는 시험은 문제의 양은 많고 제한시간이 적어서 사고(思考)할 시간을 주지 않습니다. 따라서, TEPS는 제한시간 내에 모두 풀어야 하는 개념이 아니라, 제한시간 내에 얼마만큼 풀 수 있는가를 측정하는 시험인 것입니다. 이런 개념에 익숙지 않은 수험자들은 자신의 능력 범위를 넘어 TEPS의 모든 문제를 풀려고 무작정 서두르다가 문제를 다 풀지도 못하고 푼 문제마저도 틀리는 최악의 경우를 경험하게 됩니다. TEPS처럼 '숙달'을 측정하는 시험에서 과욕은 금물입니다. 풀 수 있는 만큼만 여유 있게 풀겠다는 마음가짐이 더 좋은 결과를 가져옵니다.

정형화된 문제와 반복 출제되는 문제들이 많아서 모의고사 문제풀이를 많이 할수록 유리한 TOEFL, TOEIC 시험들과는 달리 생활영어 및 시사영어 시험인 TEPS는 청해 속도가 TOEFL,TOEIC보다 2배 이상 빠르고, 시사영어를 다루는 시험답게 TEPS RC에서 다루는 주제는 '정치, 경제, 사회, 문화, 건강, 예술, 종교, 환경' 등 상당히 다양하고 포괄적입니다.

이러한 특징의 TEPS를 준비하는 데 있어서 가장 중요한 학습법은 다독입니다. 평소에 다양한 주제의 영어를 읽은 사람들은 시험문제의 RC 지문 내용을 모두 읽지 않고도 첫 문장만 가지고 정답을 찾을 수 있는 문제들이 의외로 많기 때문에 시간이 전혀 모자라지 않습니다. 적어도 글을 빨리 읽을 수 있는 능력이 생기게 됩니다. 예를 들어, 지구 온난화와 이상 기온 문제, 국제 분쟁 상황이나 세계의 고대, 근대 역사등에 대해 평소에 영자신문의 시사적인 내용을 관심 있게 읽은 사람들은 그에 관한 독해 혹은 청해 문제를 아주 수월하게 풀 수 있습니다.

파트3,4의 경우 대화나 지문은 그리 어렵지 않은데 선택지에 등장하는 어휘가 난이도가 있어서 힘들게 푸는 문제도 등장했고 또 앞으로도 등장할것이기 때문에 평소에 어휘 공부를 틈틈이 해두는 것이 도움이 될 것입니다. 그리고 기존의 TOEIC이나 TOEFL시험에서 편법에 의존하지 않고 착실히 청해능력을 쌓아 온 응시자라면 크게 걱정할 수준은 아닐 것입니다.

내용면에서 있어서 Listening을 공부할 때 지나치게 TEPS라는 점에 얽매이지 말고, 꾸준히 관심을 갖고 착실하게 준비하면 충분히 고득점이 가능한 영역이 청해입니다. TOEIC이 실무 영어에 편중되어 있고, TOEFL이 학술 영어에 치중하고 있다는 한계를 극복하기 위해 TEPS가 개발되었다는 점을 상기하면서 학습에 임하면 좋은 효과를 거둘 수 있을 것입니다.

청해영역 에 대해서 살펴보면 Part Ⅰ 에서 Part Ⅲ 까지는 까다로운 관용표현들을 제외하면 큰 무리가 없다고 하겠으나 Part Ⅳ에 자주 등장하는 기사체의 문장에 까다로움을 느끼는 응시자들이 의외로 많은 것으로 보입니다. 이 Part는 특별한 준비 방법보다는 평소에 영자신문을 자주 접하고 빠른 속도로 의미를 생각하면서 읽는 훈련을 꾸준히 하면 좋은 성과를 얻을 수 있을 것입니다.

청해의 비법이란 다름이 아니라 모국어 화자가 말하는 속도에 버금가는 독해 속도를 연마하는 것입니다. 최소한 1분에 160자 정도를 읽고 이해할 수 있으면 여러분의 영어청취 정복은 시간문제라고 해도 과언이 아닙니다. 독해력이 뒷받침이 되지 않은 상태에서 한두 달, 또는 서너 달 만에 청해를 정복할 수 있다는 순진한 생각은 빨리 버리는 것이 좋을 것입니다.

문법영역 의 경우 50문제에 25분이 주어지므로 계산상으로는 문제당 25초를 쓸 수 있지만, 답을 기입하는 시간 등을 감안하면 한 문제를 약 20초 이내에 해결할 수 있어야 합니다.
따라서, 문장의 구조를 분석하려 하기 보다는 직감적으로 표현의 옳고 그름을 파악할 수 있는 수준에 이르도록 노력해야 합니다. 또한 TEPS의 문법영역은 기존의 TOEIC이나 TOEFL과는 크게 다른 형식을 취하고 있습니다. 밑줄 친 부분의 오류 파악과 같은 문제는 출제되지 않는다는 점에 유의해야 합니다. 그렇다고 지금까지의 문법지식이 전혀 필요 없다는 것은 아니며, 상당부분 일치하기 때문에 단편적으로 알고 있었던 문법적 내용을 체계화 할 필요가 있습니다. 반드시 활용할 수 있는 문장과 연결해서 학습하도록 해야 합니다.

그리고 TEPS 문법영역에서는 반드시 실용문법에 숙달되어 있어야 좋은 점수를 기대할 수 있습니다. 여기서 실용문법이라고 하는 것은 독해는 물론 의사소통 능력에 직결되는 문법을 말합니다.

분야별로 보면 TEPS 문법영역에서 중요하게 다루어지는 내용 중 한 가지가 화법에 대한 이해문제입니다. 지금까지 치러진 TEPS시험에서 화법 문제가 빠진 적이 거의 없었습니다. 화법문제는 관용표현과 겹쳐서 출제가 되므로 평소에 청해나 어휘표현을 암기할 때 각 상황과 표현에 대한 명확한 이해가 필요합니다.

그리고 수동분사구문과 능동분사구문을 직감적으로 파악할 수 있는 수준에 도달하도록 많은 예문을 접하고, 능동적으로 활용해 보아야 합니다. 수동 구문에 대한 이해는 관계사와 더불어 영어를 공부하는 데 있어 가장 기본적인 사항이므로, 반드시 숙지하고 넘어가야 합니다.
다음으로 부정사, 동명사의 쓰임에도 눈여겨 볼 필요가 있습니다. 이 부분도 TEPS 문법영역에서 자주 출제되는데, 단편적으로 to부정사를 목적어로 취하는 동사 내지는 동명사를 목적어로 취하는 동사를 암기하기 보다는 다양한 표현을 접하면서 to부정사나 동명사가 나올 때마다 관심을 갖고 하나씩 익혀 나가는 것이 효과적입니다.

지금까지 치러진 일반 시험의 내용을 토대로 TEPS 문법영역의 문제의 성격을 분석해본 결과, 수동표현과 능동표현의 이해를 묻는 문제도 여러 형식으로 출제된 것으로 파악됩니다. 이 부분은 능동태와 수동태에 대한 이해를 철저히 한 다음, 준동사 구문에서도 이를 자유롭게 활용할 수 있느냐 하는 것이 관건이 됩니다.

어휘영역에서는 쉬운 단어에 특히 주목할 필요가 있습니다. 우리가 익숙하다고 주의를 기울이지 않지만, 실상은 정확한 쓰임을 몰라서 실수할 수 있는 단어들이 TEPS 어휘영역의 주요 출제 대상이 됩니다. 그리고 철자가 비슷한 단어들이나 모양이 비슷한 단어들을 구별하는 문제들도 매회 거의 빠지지 않고 출제되고 있습니다. 흔히 동의어라고 생각되지만, 쓰임이 각각 다른 단어들이 많이 있으므로, 양적인 면에서 너무 집착하지 말고 개별단어의 정확한 쓰임을 의미 있는 문장을 통해 착실히 익혀두는 습관이 필요합니다.

중고생들의 경우 가급적이면 예문이 풍부한 영영사전을 이용하는 것이 좋고, 이러한 실용영어능력에 추가하여 SAT나 TOEFL 수준의 어휘력으로 보강한다면 TEPS 어휘영역에서 큰 어려움은 없을 것입니다.

개인적인 목적이 있다면 모르겠지만, 몇 년이 가도 한 번 볼까 말까한 난해한 어휘를 공부하는데 더 이상 시간을 낭비하지 않는 것이 좋습니다. TEPS에서는 실제 영어에서 활용 빈도가 낮은 표현이나 구문은 출제를 꺼리는 경향이 있다는 점을 명심해 두기를 바랍니다.

지금까지 TEPS 어휘영역에서 출제된 단어의 수준은 기존의 다른 영어 시험들과 비교할 때 결코 어렵다고 할 수는 없으나, 한 문제당 주어지는 시간이 총 15초 밖에 안되므로 기본적으로 속도 감각이 뒷받침 되어야 좋은 점수를 얻을 수 있습니다. 신속한 문제 해결 능력을 위해서는 정확한 표현이 내재화되어 있어야 하므로, 쉬운 의미라고 하더라도 반복적으로 활용하는 습관이 중요합니다.

그리고 informal한 영어 표현들에도 익숙해져야 합니다. 여기서 informal이라는 말은 경의 없이 일반 구어체에서 빈번하게 사용되는 표현으로, 저속한 표현과는 다른 개념입니다.

문어체 표현과 관련해서는 기존의 다른 시험과 큰 차이를 나타내지 않고 있습니다.

TEPS 어휘영역에서는 문제를 빠른 속도로 해석하지 못하면 정답을 맞출 수 없습니다. 개별적인 단어의 뜻을 아는 것만으로는 부족합니다. 따라서 이 영역은 독해와 청해의 기초를 쌓는다는 마음으로 접근하기를 바랍니다.

독해영역에서는 한 문제의 길이는 평균적으로 6~7줄 정도이고, 단어수도 100단어를 넘지 않는 것이 보통입니다. 그렇지만 여기에 질문을 읽는 시간과 문제를 푸는 시간을 더한다면 기본적으로 1분에 200단어 이상을 소화해낼 수 있어야 합니다. 내용면에서 볼 때, 전문적인 학술문은 출제되지 않고 있는데, 앞으로도 이러한 경향은 지속되리라고 판단됩니다.

실무적인 내용의 문제로는 상품판매, 예약편지, 광고 등을 소재로 한 것들이 있고, 시사적인 내용과 관련해서는 유럽의 금융 관련 기사, UN의 위상 약화에 대해 언급한 글 등이 있습니다. 글의 수준은 영자신문을 무리 없이 읽을 수 있는 정도면 된다고 봅니다. 영자신문은 꼭 시사적인 내용에 익숙해진다는 차원보다는 일반적인 교양을 위해서도 가까이할 만합니다.

최근 독해시험 영역에서는 정보를 전달하는 목적의 글이 자주 등장하는 편입니다. 하지만 명심하실 것은 회를 거듭하면서 한 분야에 치중된 내용의 출제는 가급적 피할 것으로 예상되기 때문에, 특정 분야의 글이나 문체에 편중된 독서를 하지 말고 가급적 다양한 내용의 글을 접하는 것이 좋습니다.

여전히 과학 및 의학 분야의 글도 꾸준히 등장하고 있으므로, 지구 이상기후나 나 인간 복제 등과 같은 시사성이 있는 내용들에도 관심을 가지고 읽어두면 좋고, 상업서한 부분도 3-4문제 정도 출제가 되고 있는데, 서식 자체에 대한 이해뿐만 아니라, 편지의 내용에 대한 것도 이해하고 있어야 원활하게 문제를 풀어 나갈 수 있습니다.

독해영역에서 좋은 점수를 얻으려면 글의 대의 파악 능력이 절대적으로 요구됩니다. 이를 위해서는, 영어로 된 책이나 신문 등을 읽을 때, Paragraph별로 요지를 파악해보는 연습을 하는 것이 좋습니다. 글을 읽고 내용을 요약할 수 없다면, 사실상 글을 제대로 읽었다고 할 수 없지요. 대의 파악 능력 자체가 바로 독해능력이고, 실질적인 자신의 영어 실력인 것입니다.

아무쪼록 대한민국 제1의 출판사 랭귀지 플러스와 TEPS 1등 강사 저 죠셉킴과 함께 최선을 다하셔서 최고의 결과를 얻으시길 바랍니다.

Joseph Kim

Chapter 01

의문사 있는 의문문

통상 5W1H 로 분류되는 의문사 있는 의문문은 TEPS 입문자들이 청취 학습을 할 때 가장 먼저 접하는 유형이다. 전체적으로 보았을 때 what, where, when, how, who, why를 기본으로 묻는 의문문이 있으며, 이 외에 which, how long, how often, why don't you 등의 표현도 이 유형에서 출제된다. 문제를 풀 때 핵심은 각 의문사를 정확히 듣는 것이다. what은 명사, where는 장소, when은 시간, 때, 시점, who는 사람, why는 이유를 묻는 것이며 how long은 기간, how often은 빈도, 횟수, why don't you는 청유를 나타낸다는 점을 숙지해야 한다. 따라서 의문사를 제대로 듣는 것이 이 유형을 풀 수 있는 첫 번째 열쇠이다.

▶ **사람이나 단체를 묻는 who**

Who is this present for?
Who will take care of your kids while you are away?

▶ **상대방의 근황을 묻거나 구체적 정보를 묻는 what**

What have you been up to?
What kind of TV program do you normally watch?

▶ **현재, 과거, 미래를 묻는 when**

When does your restaurant close?
When did you come back from Los Angeles?

▶ **장소를 묻는 where**

Where can I catch the plane to Melbourne?

▶ **이유를 묻거나 제안의 의문문을 만드는 why**

Why is this laptop computer so expensive?
Why don't you come over my place this weekend?

▶ **상대방의 안부를 묻거나 제안을 하는 How**

How's life, Jerry?
How about going swimming this afternoon?

Unit 01
Who 의문문

Listening Focus 경향 파악하기

일반적으로 시험에서 직업, 직책, 신분을 묻는 Who의문문은 매 시험 2-3 문제씩 출제된다. 각 문장에서 주어로 등장했는지 목적어로 등장했는지에 따라 응답이 달라질 수 있으므로 주의해야 한다. 명심할 것은 대부분의 문제들이 Who를 주어로 배치시키므로 각 문장의 동사를 잘 들어야 한다는 것이다. Who에 대한 응답은 대부분 사람이지만, 경우에 따라서 단체나 학교가 등장할 수도 있다. 또한 Who가 묻는 것은 행위의 주체로 고정되어 있으므로, 어떤 행위를 하는지를 주의 깊게 들어야 한다. 이에 대한 답변으로 사람 이름이나 직책이 가장 기본적인 답변 유형이며 대명사, 친분 관계, 회사명으로 답하는 경우도 있다.

Pattern Practice

■ 특정한 사람을 묻는 경우

Who is your partner for tonight's party? 오늘 밤 파티에 누가 네 파트너야?

I heard it's James Marshall, the student president of our school.
우리 학교 학생회장인 James Marshall이라고 들었어.

Who do you think is the next president of the United States? 다음 미국 대통령은 누구일 거라고 생각해?

Well, many people are still juggling between McCain and Obama.
글쎄, 많은 사람들이 여전히 McCain과 Obama 사이에서 고민 중이야.

■ 단체나 학교가 응답으로 등장하는 경우

Who will look after your two kids while you are away?
당신이 외출 중일 때 당신의 두 아이는 누가 돌보게 되나요?

Southport kindergarten decided to take care of them.
Southport 유치원이 아이들을 돌보기로 했어요.

Word Box

student president 학생회장

juggle v. 저글링 하다, 곡예 하다

look after 돌보다

kindergarten n. 유치원

take care of ~을 돌보다, 뒷바라지하다(= look after)

CHECK UP

M: Who left the door unlocked?

W: ___________________________

(a) I'll check it again tonight.
(b) I used it earlier.
(c) Sorry, I forgot my key.
(d) Martin forgot to come back.

M: 누가 문을 잠그지 않은 채 놔두었어?

W: ___________________________

(a) 오늘 밤 내가 다시 확인할게.
(b) 내가 전에 사용했어.
(c) 미안해, 내 열쇠를 안 가지고 왔어.
(d) Martin은 돌아오는 것을 잊었어.

정답 (c)

[Joseph's Solution]

의문사 Who에 대한 적절한 응답을 고르는 문제이다. 'leave + 목적어 + 과거분사/현재분사'는 '목적어를 ~인 채로 두다'는 의미이다. '열쇠를 잃어버렸다'는 말은 '그래서 문을 잠그지 않았다'는 의미를 간접적으로 표현하는 것이다. 따라서 문이 잠기지 않은 채로 놔둔 사람이 누구인지 묻는 남자의 질문에 대한 대답으로 (c)가 적절하다.

[필수어휘]

unlock v. 자물쇠를 열다   **check** v. 확인하다   **forget** v. 잊어버리다, 깜빡 하다

Drill Practice

1 A: Who is your partner for tonight's party?
B: I heard it's James Marshall, the student president of our school.

2 A: Who do you think is the next president of the United States?
B: Well, many people are still juggling between McCain and Obama.

3 A: Who will look after your two kids while you are away?
B: Southport kindergarten decided to take care of them.

Practice Test

Part I Choose the most appropriate response to the statement.

1   (a)   (b)   (c)   (d)

2   (a)   (b)   (c)   (d)

3   (a)   (b)   (c)   (d)

4   (a)   (b)   (c)   (d)

5   (a)   (b)   (c)   (d)

6   (a)   (b)   (c)   (d)

7   (a)   (b)   (c)   (d)

8   (a)   (b)   (c)   (d)

9   (a)   (b)   (c)   (d)

10   (a)   (b)   (c)   (d)

11   (a)   (b)   (c)   (d)

Part II Choose the most appropriate response to complete the conversation.

12   (a)   (b)   (c)   (d)

13   (a)   (b)   (c)   (d)

14   (a)   (b)   (c)   (d)

15   (a)   (b)   (c)   (d)

1   W: looking for?

      M: The   .

2   M: Could I ask   ?

      W:

3   M: Can I ask   this department here?

      W: Mr. Jason.

4   M: Guess   the other day?

      W: I have absolutely no idea. who was it?

5   M: Could you tell me   ?

      W: Whichever team wins the game.

6   M: Wasn't it you   near Central Park yesterday?

      W: Yeah. But I don't want you to tell anyone.

      M: No, I won't. But,   you were there eating with?

      W: Actually, He's the man   .

7   W: I'd like to   .

      M: I'm sorry I can't help you with that.

      W:

      M: I'll get the manager for you.

8   M: on TV last night?

      W: I saw The Avatar.

      M: Did you?

      W: James Cameron was the director.

☐ **actor** n. 남자배우

☐ **acting** n. 연기

☐ **page** v. (개인 호출기로) 연락[호출]하다

☐ **be not in right now** 지금 자리에 없다

☐ **in charge of** ~을 맡아서, 담당해서

☐ **hold on** 기다리다

☐ **ask ~ out for dinner** ~에게 외식하자고 청하다

☐ **spill the beans** 비밀을 누설하다

☐ **out of town** 도시를 떠나서, 시골에서

☐ **overhear** v. (남의 대화 등을) 우연히 듣다

☐ **run into** ~를[와] 우연히 만나다

☐ **once in a while** 가끔[이따금]

☐ **housewarming party** 집들이

☐ **catering service** 음식 주문 서비스

☐ **eavesdrop** v. 엿듣다

☐ **bump into** (우연히) 마주치다

☐ **the other day** 일전에, 최근에

☐ **apologize** v. 사과하다

☐ **bumper to bumper** (차가) 꼬리에 꼬리를 물고, 매우 밀린

☐ **root for** 응원[성원]하다

☐ **who on earth** 도대체 누가

☐ **leave ~ on** ~를 켜둔 채로 두다

☐ **turn off** 끄다

☐ **lock up** 잠그다

☐ **resemble** v. 닮다

☐ **purchase** v. 구입하다

☐ **late-night** a. 심야의

☐ **plot** n. 구성

☐ **direct** v. (영화를) 감독하다 n. 감독

☐ **subtitle** n. (영화 · 텔레비전 화면의) 자막

Unit 02
What (Which) 의문문

Listening Focus ▶ 경향 파악하기

What 의문문은 파트 1,2에서 평균 3-4문항 정도 출제되며, 의문사 있는 의문문 중에서 가장 보편적으로 출제되는 의문사라고 볼 수 있다. What 의문문은 의문사를 포함한 처음 2~3 단어를 잘 듣는 것이 핵심이다. 그러나 What이라고 해서 무조건 '무엇' 이라는 뜻으로 생각하면 곤란하다. 왜냐하면 What으로 질문할 수 있는 범위자체가 광범위하기 때문에 단순히 What만 듣고서는 정답을 고를 수 없기 때문이다. 따라서 질문으로 주어지는 문장 안에서 What과 연결되는 핵심 명사를 유의해서 들어야만 정확하게 정답을 고를 수 있다. 시험에 빈출되는 질문 유형으로는 What do you think of~?(의견), What made~?(이유), What kind of~?(종류), What should I do~?(방법), What's it like~?(상태) 등이 있다.

Pattern Practice

■ 특정한 사람을 묻는 경우

What is your favorite hobby, Mr. Anderson? Anderson씨, 좋아하는 취미가 뭐예요?

Basketball. I've been playing it since I was a little child. 농구요. 전 어렸을 때부터 농구를 해왔어요.

■ 이유를 묻는 경우

What brought you here, ma'am? 부인, 여기에는 무슨 일이신가요?

I'm here on business. 저는 업무차 왔습니다.

■ 의견을 묻는 경우

What would you do if you have a million dollars, Jason?
Jason, 만약 너한테 백만 달러가 있다면 뭘 할 거야?

I will donate half of it to charity, and then put the rest in my account.
나는 자선단체에 절반을 기부하고, 그 다음에 내 계좌에 나머지를 넣어둘 거야.

Word Box

on business 사업 차, 업무 차
donate v. 기부하다
charity n. 자선, 자선단체
account n. 계좌, (회계) 장부

CHECK UP

M: What do you want to do with your life?
W: _______________________.

(a) I'd very much like to be a pilot.
(b) I can never forget it in my lifetime.
(c) There are other ways to improve your life.
(d) I don't want to take any chances with my
life.

M: 무슨 일을 하고 싶니?
W: _______________________

(a) 나는 비행기 조종사가 너무 되고 싶어.
(b) 내 평생 절대로 그 일을 잊을 수 없어.
(c) 네 삶을 향상시키기 위한 다른 방법들이 있어.
(d) 내 인생을 운명에 맡기고 싶지 않아.

정답 (a)

[Joseph's Solution]

life는 '생활, 생계 수단' 이란 뜻으 명사로 남자는 여자에게 어떤 직업을 갖고 싶은지 묻고 있다. 따라서 '조종사가 되고 싶다'는 (a)가 정답이다. (b)나 (d)는 life를 언급하여 혼동을 일으키는 오답이므로 함정에 빠지지 않도록 하자.

[필수어휘]

life n. 생활, 생계 수단   **pilot** n. 조종사   **improve** v. 향상시키다, 개선하다

Drill Practice

1 A: What is your favorite hobby, Mr. Anderson?
   B: Basketball. I've been playing it since I was a little child.

2 A: What brought you here, ma'am?
   B: I'm here on business.

3 A: What would you do if you have a million dollars, Jason?
   B: I will donate half of it to charity, and then put the rest in my account.

Practice Test

 Choose the most appropriate response to the statement.

1   (a)   (b)   (c)   (d)

2   (a)   (b)   (c)   (d)

3   (a)   (b)   (c)   (d)

4   (a)   (b)   (c)   (d)

5   (a)   (b)   (c)   (d)

6   (a)   (b)   (c)   (d)

7   (a)   (b)   (c)   (d)

8   (a)   (b)   (c)   (d)

Part II **Choose the most appropriate response to complete the conversation.**

9   (a)   (b)   (c)   (d)

10   (a)   (b)   (c)   (d)

11   (a)   (b)   (c)   (d)

12   (a)   (b)   (c)   (d)

13   (a)   (b)   (c)   (d)

14   (a)   (b)   (c)   (d)

15   (a)   (b)   (c)   (d)

1   W: _______________________________ on your shirt?

    M: I am not sure, but it's probably coffee I spilled.

2   M: What's all that noise upstairs?

    W: Maybe, _______________________________ .

3   W: _______________________________ with my composition?

    M: You made too many _______________________________ .

4   M: _______________________________ in Mexico?

    W: I'm not quite sure, but maybe it's the peso.

5   M: _______________________________ this weekend?

    W: The forecast says it will be _______________________________ .

6   M: Oh, my goodness! I guess I've missed an important appointment.

    W: _______________________________

    M: At 7 p.m.

    W: _______________________________ if they're still waiting?

7   M: _______________________________ this place?

    W: I guess it's much better than the last one.

    M: _______________________________

    W: The house faces the ocean.

8   W: Can you give me some information _______________________________ ?

    M: Sure. What information would you like?

    W: _______________________________

    M: It depends on _______________________________ you open.

Vocabulary Review

- ☐ **flavor** n. 풍미, 향미, 맛
- ☐ **spill** v. 흘리다, 쏟다
- ☐ **get dressed** 차려 입다, 옷을 입다
- ☐ **do not sleep a wink** 한숨도 못 자다
- ☐ **throw a party** 파티하다
- ☐ **make it** (자기 분야에서) 성공하다, (어떤 곳에 간신히) 시간 맞춰 가다, (모임 등에) 가다[참석하다]
- ☐ **composition** n. 작문, 짧은 에세이
- ☐ **so-so** a. 그저 그런, 평범한
- ☐ **intolerant** a. 너그럽지 못한, 편협한
- ☐ **grammatical** a. 문법의
- ☐ **currency** n. 통화
- ☐ **currently** adv. 현재
- ☐ **No offense.** 악의는 아니었다.
- ☐ **reasonably** adv. 상당히, 꽤
- ☐ **price** v. 값[가격]을 매기다[정하다]
- ☐ **forecast** n. 예측, 예보
- ☐ **let up** (강도가) 약해지다[누그러지다]
- ☐ **Let bygones be bygones.** 지난 일은 잊어버리자.
- ☐ **sales clerk** 점원, 판매원
- ☐ **get paid by the day** 일당을 받다
- ☐ **view** n. 전망
- ☐ **lot** n. 지역[부지]
- ☐ **face** v. ~을 마주하다(향하다)
- ☐ **post office** 우체국
- ☐ **in the immediate vicinity** 바로 가까이에
- ☐ **cut off** 중단하다, 자르다
- ☐ **credit** n. 융자
- ☐ **delinquent** a. 채무를 이행하지 않은, 연체[체납]된
- ☐ **interest rate** 금리, 이율
- ☐ **depend on** ~에 의해 결정되다, ~에 의존하다
- ☐ **way behind** 훨씬 늦어서
- ☐ **foreign currency** 외화

Unit 03

When 의문문

Listening Focus　경향 파악하기

When으로 시작하는 의문문은 미래시점에 대한 질문이 자주 출제되는 부분이다. 따라서 문제를 들을 때 시간을 나타내는 부사나 부사구를 정확하게 듣는 것이 가장 중요하다.
문제를 풀기 전에 기본적으로 알아야 할 것은 When 의문문의 경우 현재, 과거, 미래의 한 시점을 묻는 문제이며 최근에는 시제를 틀리게 하거나 기간 (How long) 에 대한 답변으로 혼동을 유도하는 선택지가 눈에 띄게 많은 편이라는 것이다. 따라서 When 의문문에서는 동사를 주의해서 들어야 하며 여러 유형의 오답들을 철저히 분석하는 것이 중요하다.

■ 현재시제로 묻는 경우

When is your wedding anniversary, Sam? Sam, 결혼기념일이 언제지?
It's 16th of October. 10월 16일이야.

■ 과거시제로 묻는 경우

When did you meet your boyfriend? 남자친구 언제 만났어?
During the summer vacation. 여름 휴가기간에.

■ 미래시제로 묻는 경우

When are you going to see your family? 가족을 보러 언제 갈 거야?
Probably sometime next week. 아마도 다음 주 언젠가.

Word Box

anniversary n. 기념일
vacation n. 방학, 휴가
probably adv. 아마, 아마도

CHECK UP

M: When shall I come to see you?
W: ________________________.

(a) It's been a long time since I saw you last.
(b) Tuesday morning is open.
(c) You'll never guess.
(d) Just slow down a little bit.

M: 언제 찾아 뵈면 될까요?
W: ________________________.

(a) 제가 당신을 마지막으로 본 이후로 오랜 시간이 지났네요.
(b) 화요일 아침에 한가합니다.
(c) 상상도 못하실 거예요.
(d) 그저 조금만 속도를 줄이세요.

정답 (b)

[Joseph's Solution]

When을 이용하여 남자가 여자에게 찾아가도 좋은 시간을 묻고 있다. 따라서 날짜나 시간에 대한 언급이 이어지는 것이 적당하다. '화요일 아침에 한가합니다.'는 '그때 찾아오라'는 의미를 우회적으로 표현하고 있는 것이므로 (b)가 적절하다.

[필수어휘]

open a. 시간이 비어있는, 공석인   **guess** v. 추측하다, 암시하다   **slow down** 느긋해지다, (속도를) 늦추다

Drill Practice

1 A: When is your wedding anniversary, Sam?
   B: It's 16th of October.

2 A: When did you meet your boyfriend?
   B: During the summer vacation.

3 A: When are you going to see your family?
   B: Probably sometime next week.

Practice Test

Part I Choose the most appropriate response to the statement.

1   (a)   (b)   (c)   (d)

2   (a)   (b)   (c)   (d)

3   (a)   (b)   (c)   (d)

4   (a)   (b)   (c)   (d)

5   (a)   (b)   (c)   (d)

Part II Choose the most appropriate response to complete the conversation.

6   (a)   (b)   (c)   (d)

7   (a)   (b)   (c)   (d)

8   (a)   (b)   (c)   (d)

9   (a)   (b)   (c)   (d)

10   (a)   (b)   (c)   (d)

Dictation Note

1 W: When are you   ?

M: , I will let you know.

2 M: my security deposit?

W: I'll send it   .

3 W:

M: Not until the end of this month.

4 W: doing?

M: She's getting fatter and fatter.

W:

M: In just two weeks.

5 W: in New York?

M: For two months.

W: to Seoul?

M: On the 21st of June.

6 M: Hi, I'm Joseph Kim. I'd like to   Mr. Conrad.

W: Well, Mr. kim, Wait a moment, please.

Today he's

M: So when's his first opening next month then?
W: On the 3rd of next month.

7 M: what Jason is up to?

W: I heard   .

M: Really? When was it that you heard it?

W:

Vocabulary Review

- ☐ **pretty** adv. 아주, 매우
- ☐ **furniture** n. 가구
- ☐ **security deposit** 임대 보증금
- ☐ **landlord** n. 주인, 임대주
- ☐ **refuse** v. (요청·부탁 등을) 거절하다
- ☐ **right away** 즉시, 곧바로
- ☐ **appointment** n. 약속
- ☐ **be supposed to** ~하기로 되어 있다
- ☐ **I bet** 틀림없이 ~이다
- ☐ **public transport** 대중교통
- ☐ **be in labor** 분만 중이다, 산고를 겪고 있다
- ☐ **thrilled** a. 황홀해 하는, 아주 흥분한
- ☐ **squeeze in** (몹시 바쁜데도 불구하고) ~을 위한 짬을 내다
- ☐ **happen to** (어떤 일이) ~에게 일어나다[생기다]
- ☐ **be up to** ~가 할[결정할] 일이다
- ☐ **convenience store** 편의점

Unit 04

Where 의문문

Listening Focus 경향 파악하기

Where 의문문은 문제의 90%가 장소 및 건물에 관련된 문제들이다. 장소나 위치를 나타내려면 명사를 사용할 수밖에 없으므로, 각 선택지의 명사에 주의를 기울여 듣는 것이 중요하다. 한 가지 참고할 것은, 최근 들어서 When으로 시작하는 질문에 Where에 대한 답변을 넣거나, Where 질문에 대한 선택지에 When에 대한 답변을 넣어서 혼동을 유발하는 경우가 많다는 것이다. 따라서 When과 Where에 대한 오답 선택지에 유의하자.

Pattern Practice

■ 특정장소를 묻는 경우

Where can I find the restroom? 화장실이 어디죠?
Go straight and turn left at the restaurant. 곧장 가서 레스토랑에서 왼쪽으로 도세요.

Where is the nearest post office located? 가장 가까운 우체국이 어디죠?
It's on 7th avenue right next to Boxhill community college.
Boxhill 커뮤니티 칼리지 바로 옆 7번가에 있습니다.

Where do you think I can find my suitcase?
제 여행 가방을 어디서 찾을 수 있나요?
Try asking at the Lost and Found center over there.
저쪽 너머 분실물 취급소에서 문의하세요.

Word Box

restroom n. 화장실
post office 우체국
locate v. 위치하다, 위치시키다
avenue n. 거리, 가(街)
suitcase n. 여행 가방
Lost and Found center 분실물 취급소

CHECK UP

M: Where do you usually spend your leisure time?

W: _______________________.

(a) In September.
(b) At the department store shopping.
(c) I'm planning to go to Bali Island.
(d) I don't do anything in my leisure time.

M: 여가를 주로 어디에서 보내나요?

W: _______________________

(a) 9월이요.
(b) 백화점에서 쇼핑하면서요.
(c) 발리 섬에 갈 예정이에요.
(d) 여가시간에 아무것도 하지 않아요.

정답 (b)

[Joseph's Solution]

Where를 이용하여 여가 시간에 주로 시간을 보내는 장소에 대해 묻고 있다. 따라서 '백화점에서 쇼핑하며 보낸다'는 (b) 가 여자의 대답으로 적절하다. (c) 발리에 갈 예정이라는 것은 'usually(보통, 일반적으로)' 하는 것이 아니며 'What will you do for vacation?'과 같은 질문에 대한 응답으로 적절하다.

[필수어휘]

leisure time 여가　**department store** 백화점　**plan to** ~할 계획이다, 예정이다

Drill Practice

1　A: Where can I find the restroom?
　　B: Go straight and turn left at the restaurant.

2　A: Where is the nearest post office located?
　　B: It's on 7th avenue right next to Boxhill community college.

3　A: Where do you think I can find my suitcase?
　　B: Try asking at the Lost and Found center over there.

Practice Test

Part I   **Choose the most appropriate response to the statement.**

1   (a)   (b)   (c)   (d)

2   (a)   (b)   (c)   (d)

3   (a)   (b)   (c)   (d)

4   (a)   (b)   (c)   (d)

5   (a)   (b)   (c)   (d)

6   (a)   (b)   (c)   (d)

7   (a)   (b)   (c)   (d)

8   (a)   (b)   (c)   (d)

Part II   **Choose the most appropriate response to complete the conversation.**

9   (a)   (b)   (c)   (d)

10   (a)   (b)   (c)   (d)

11   (a)   (b)   (c)   (d)

12   (a)   (b)   (c)   (d)

13   (a)   (b)   (c)   (d)

14   (a)   (b)   (c)   (d)

15   (a)   (b)   (c)   (d)

Dictation Note

1   W: Where can I   ?

     M: over there.

2   W: Where is   located?

     M: Why don't you visit their web-site?

3   M: Hey, where have you been hiding yourself?

     W: I was actually   .

4   W: I don't   . What do you say to eating out?

     M: I'd like to have some Chinese food.

     W: Where should we go?

     M: around the corner?

5   M: Where did you   ?

     W: You like it? I bought it at a clearance sale.

     M: .

     W: Just around the corner.

6   M: Can I   with this ATM?

     W: Sorry, it's only a cash dispenser.

     M: then?

     W: at the end of the hall.

7   M: Your suitcase is over 60 kilograms. That's why you   .

     W: How much do I have to pay, then?

     M: An additional 10 dollars, please. And where would you like to sit?

     W:

☐ **photocopier** n. 복사기

☐ **out of toner** 토너가 없는

☐ **repair person** 수리공

☐ **closet** n. 벽장

☐ **take off** 이륙하다, 출발하다

☐ **direction** n. 방향[쪽], 위치

☐ **men's room** (남성용 공중) 화장실

☐ **put through** (전화로) 연결해 주다

☐ **make room for** ~을 위해 자리[장소, 길]를 비키다[만들다]

☐ **hospitalize** v. 입원시키다

☐ **personnel office** 인사 관리부

☐ **transfer** v. 송금하다, 이체하다

☐ **feel like ~ing** ~하고 싶다

☐ **tag along** (~를) 따라가다[따라붙다]

☐ **suit** v. (~에게) 편리하다[맞다, 괜찮다]

☐ **on vacation** 휴가 중인

☐ **be sick in bed** 아파서 침대에 누워있다

☐ **gorgeous** a. 아주 멋진, 훌륭한

☐ **clearance sale** 창고 정리 판매, 염가 처분 판매

☐ **locate** v. 위치시키다, ~의 정확한 위치를 찾아내다

☐ **make a deposit** 입금하다

☐ **cash dispenser** 현금 자동 지급기

☐ **security deposit** 전세 보증금

☐ **bond** n. 채권

☐ **additional** a. 추가의, 추가적인

☐ **be seated** 앉다, 앉아 있다

☐ **root for** 응원[성원]하다

☐ **take place** 개최되다, 발생하다

Unit 05
Why 의문문

Listening Focus　경향 파악하기

Why로 시작하는 의문문은 매회 2~3문항이 출제된다. 각 질문 상황에 맞는 원인과 이유를 답으로 골라야 한다. 대표적인 질문 내용은 지각이나 논문을 늦게 낸 이유, 누가 화가 났거나 사이가 멀어진 경우, 연락을 하지 못한 이유 등이다. 우리가 흔히 알고 있는 의문문의 공식으로 본다면 Why 의문문에 대한 적절한 응답으로 Because로 시작하는 선택지가 정답이 되어야 하겠지만, TEPS 출제자들은 반대로 이것을 오답으로 이용하고 있다. 따라서 선택지가 Because로 시작하는 경우 일단 의심을 하고 의미가 질문에 자연스럽게 이어질 수 있는지 확인해야 한다. 또한 Why는 이유를 묻는 반면, Why don't you는 권유를 나타낸다는 것을 명심하고 혼동하지 않도록 한다.

Pattern Practice

■ 이유를 뜻하는 Why

Why did you cancel our appointment without prior notice? 왜 사전에 알리지 않고 약속을 취소했어?
Because I received an urgent call. Sorry. 왜냐하면 긴급 전화를 받았기 때문이야, 미안해.

■ 제안의 Why don't you & Why not

Why don't you take a break? 잠깐 쉬는 게 어때?
That sounds like a good idea. 좋은 생각이야.

Why not join me for a night of bowling?
밤에 볼링 치러 함께 가는 게 어때?
Sure. That sounds like fun. 좋아. 재미있을 것 같다.

Word Box

cancel v. 취소하다
prior a. 이전의, 사전의
appointment n. 약속
receive v. 받다
urgent a. 긴급한
take a break 휴식을 취하다, 잠시 쉬다
join v. 참여하다
fun n. 재미

CHECK UP

W: Why was the baseball game canceled?
M: ____________________________.

(a) We missed the game.
(b) They gave a rain check.
(c) It was called off because of rain.
(d) The tickets were sold out.

W: 왜 야구 경기가 취소됐죠?
M: ____________________________

(a) 우리는 그 경기를 못 봤어요.
(b) 그들이 다음으로 미뤘어요.
(c) 비 때문에 취소됐어요.
(d) 표가 매진되었어요.

정답 (c)

[Joseph's Solution]
여자는 Why 의문문으로 야구 경기가 취소된 이유를 묻고 있으므로, 이에 대한 직접적인 이유가 이어지는 것이 자연스럽다. 따라서 '비 때문에'라고 대답하고 있는 (c)가 정답이다. rain check은 '다음으로 미룬다'는 의미로 사용되며, rain으로 혼동을 주는 오답이다.

[필수어휘]
rain check 우천 시 다음 기회에 경기 관람을 허용하는 입장권   **call off** 취소하다
be sold out (표가) 매진되다, (물건 등이) 다 팔리다

Drill Practice

1 A: Why did you cancel our appointment without prior notice?
  B: Because I received an urgent call. Sorry.

2 A: Why don't you take a break?
  B: That sounds like a good idea.

3 A: Why not join me for a night of bowling?
  B: Sure. That sounds like fun.

Practice Test

Part I   Choose the most appropriate response to the statement.

1   (a)   (b)   (c)   (d)

2   (a)   (b)   (c)   (d)

3   (a)   (b)   (c)   (d)

4   (a)   (b)   (c)   (d)

5   (a)   (b)   (c)   (d)

6   (a)   (b)   (c)   (d)

7   (a)   (b)   (c)   (d)

8   (a)   (b)   (c)   (d)

Part II   Choose the most appropriate response to complete the conversation.

9   (a)   (b)   (c)   (d)

10   (a)   (b)   (c)   (d)

11   (a)   (b)   (c)   (d)

12   (a)   (b)   (c)   (d)

13   (a)   (b)   (c)   (d)

14   (a)   (b)   (c)   (d)

15   (a)   (b)   (c)   (d)

1 M: Why do you ______?

W: Oh, I'm sorry. I didn't ______.

2 M: Why didn't you go out yesterday?

W: ______.

3 W: ______ with us on Friday?

M: I'd love to, but ______.

4 M: You're going somewhere for your summer vacation, aren't you?

W: Yes, I'm ______ on a beach on the East Sea.

M: ______ all that time there?

W: I want to ______ there.

5 M: ______

W: I can't get this mp3 player to work.

M: ______

W: I've already checked them.

6 M: ______ How about you?

W: I prefer the red one and ______

M: Then, why don't you get that one?

W: I'd love to, but I think ______.

7 M: Sarah, ______? Let's hurry.

W: Uh, Joseph, ______.

M: Why not?

W: I've got ______.

Vocabulary Review

- **bother** v. 신경 쓰다, 괴롭히다
- **phrase** v. (말, 글을 특정한 방식으로) 표현하다
- **annoying** a. 짜증스러운
- **grab a bite** 간단히 먹다
- **have a cold** 감기 걸리다
- **prefer** v. 선호하다, 더 좋아하다
- **get stood up** 바람 맞다
- **get a pay raise** 봉급 인상 받다
- **get through** 연결하다
- **ball park** 야구장
- **take a break** 휴식을 취하다
- **give ~ a ball-park figure** 대충 어림잡아 말해주다
- **ball-park figure** 야구장에 모인 관중의 숫자
- **prior engagement** 선약
- **booklet** n. 작은 책자, 소책자
- **tourist attraction** 관광 명소
- **expensive** a. 값 비싼
- **wake ~ up** ~를 깨우다
- **vase** n. 꽃병, 화병
- **suggestion** n. 제안
- **have an eye for style** 스타일에 대한 안목이 있다
- **be into** ~에 관심이 있다, ~를 좋아하다
- **out of style** 유행에 뒤떨어진 듯한
- **be all set** 시작할 준비가 되다
- **get(have) a butterfly in one's stomach** 긴장되어 속이 울렁거리다
- **That makes two of us.** 나도 마찬가지이야.

Unit 06

How 의문문

Listening Focus 경향 파악하기

How로 시작하는 의문문은 그 의미가 다양하게 전개될 수 있으며 매월 3-4문제 정도 출제된다. 질문에 따라 다양한 답이 나올 수 있으므로 문장의 첫마디를 들을 때 어떤 상황인지 재빨리 파악하는 순발력이 고득점을 좌우한다.

대표적인 질문 유형은 다음과 같으므로 모두 외워두자.

How long (기간) How many (수)

How much (양) How soon (시간)

How often (빈도, 횟수) How do you like[find] (소감, 평가)

How come (이유) How would you like (제안)

Pattern Practice

■ 방법을 의미하는 How

How do you keep yourself looking so fit? 어떻게 그렇게 몸매를 유지하니?
I run every day after work. 나는 퇴근 후에 매일 달리기를 해.

■ 가격이나 양을 의미하는 How much

How much do houses of that size generally go for in that area?
그 지역에 일반적으로 어느 정도 크기의 집들이 선호되니?

It depends on if they have a view. 전망이 좋은 가에 따라 달라.

■ 소감, 평가의 How do you like

How do you like my steak, darling? 자기, 내가 만든 스테이크 어때?
Well, it's very nice and juicy, thanks. 매우 맛있고 육즙이 가득해, 고마워.

Word Box

fit a. 건강한, 탄탄한
generally adv. 일반적으로
go for 선호하다
depend on ~에 달려 있다
view n. 전망
juicy a. 즙[물기]이 많은

CHECK UP

W: How many days of the week are you working out of town?
M: _________________________.

(a) It's usually four days out, three days in.
(b) I don't work on the weekends.
(c) I often pull long shifts.
(d) I don't get any time off this month.

W: 일주일 중 며칠을 지방에서 일하고 계십니까?
M: _________________________

(a) 보통 나흘은 지방에서, 사흘은 시내에서 일을 하고 있습니다.
(b) 저는 주말에는 일하지 않습니다.
(c) 저는 종종 장시간으로 일합니다.
(d) 이번 달에는 휴일이 없어요.

정답 (a)

[Joseph's Solution]

질문으로 "How many~?"가 나오면 대답으로는 일반적으로 수에 관련된 어구가 나온다는 것을 알아두자. 따라서 four days out, three days in으로 구체적인 숫자를 명시하여 근무 날짜를 명시한 (a)가 주어진 보기 중에서 가장 적절하다.

[필수어휘]

out of town 시외(지방)의, 다른 마을[도시]의   **pull long shifts** 오랜 시간을 교대하지 않고 일하다

Drill Practice

1 A: How do you keep yourself looking so fit?
B: I run every day after work.

2 A: How much do houses of that size generally go for in that area?
B: It depends on if they have a view.

3 A: How do you like my steak, darling?
B: Well, it's very nice and juicy, thanks.

Part I   Choose the most appropriate response to the statement.

1   (a)   (b)   (c)   (d)

2   (a)   (b)   (c)   (d)

3   (a)   (b)   (c)   (d)

4   (a)   (b)   (c)   (d)

5   (a)   (b)   (c)   (d)

6   (a)   (b)   (c)   (d)

7   (a)   (b)   (c)   (d)

8   (a)   (b)   (c)   (d)

9   (a)   (b)   (c)   (d)

Part II   Choose the most appropriate response to complete the conversation.

10   (a)   (b)   (c)   (d)

11   (a)   (b)   (c)   (d)

12   (a)   (b)   (c)   (d)

13   (a)   (b)   (c)   (d)

14   (a)   (b)   (c)   (d)

15   (a)   (b)   (c)   (d)

Dictation Note

1 W: ____________________ from Tokyo?

M: A little long and boring, but ____________________ .

2 W: ____________________ with you and Mary?

M: Not so well, I'm afraid.

3 M: ____________________ last night?

W: It was a disaster. Three actors didn't show up.

4 W: ____________________ for less than a hundred dollars?

M: Well, there aren't many but ____________________ .

W: How about that black pair over there?

M: That's a good buy but I'm afraid that ____________________ , ma'am.

5 M: Oh my god! ____________________

W: I'm really sorry. ____________________

M: What? How could you be so careless?

W: I'm sorry. ____________________

6 W: Excuse me, ____________________ ?

M: We accept cash or credit card.

W: ____________________

M: Sorry, we don't accept them.

7 W: ____________________ , sir?

M: No, I'd like to order the steak.

W: ____________________

M: Well-done, please.

☐ **give ~ a ride to** ~를 ~로 태워주다

☐ **book** v. 예약하다

☐ **graduation** n. 졸업

☐ **nuisance** n. 성가신 사람, 골칫거리

☐ **roomy** a. 널찍한

☐ **favorite** n. 가장 좋아하는 것(사람)

☐ **come back** 돌아오다[가다]

☐ **musical performance** 연주

☐ **disaster** n. 엄청난 불행, 재앙

☐ **mid-term exam** 중간고사

☐ **so so** 좋지도 않고 나쁘지도 않은, 그저 그만한

☐ **spell** v. 철자를 쓰다

☐ **dress shoe** 예복용 구두

☐ **leather** n. 가죽

☐ **steep** a. 너무 비싼, 터무니없는

☐ **resistant** a. 저항력 있는, ~에 잘 견디는

☐ **material** n. 직물, 천

☐ **animation** n. 만화 영화, 동영상

☐ **rent** v. 임대하다

☐ **utility** n. 공과금

☐ **reasonable** a. 타당한, 사리에 맞는

☐ **affordable** a. (가격이) 알맞은

☐ **spill** v. 흐르다, 쏟다

☐ **careless** a. 부주의한, 조심성 없는

☐ **Not that I know of.** 내가 알기에는 그렇지 않다.

☐ **hotel rates** 호텔 요금

☐ **traveler's check** 여행자 수표

☐ **plastic** n. 신용카드

☐ **well-done** a. 잘 익은[구워진], 충분히 요리된

☐ **sunny-side up** 한쪽만 익힌

Pattern Practice

■ 만났을 때와 헤어질 때

- ☐ **How are you?** 안녕하세요?
- ☐ **How are you getting along?** 안녕하세요.
- ☐ **How's everything going?** 어떻게 지내세요?
- ☐ **How's everything with you?** 어떻게 지내세요?
- ☐ **Quite well, thanks. Yourself?** 아주 좋아요, 감사합니다. 당신은요?
- ☐ **Keeping busy!** 바빠요!
- ☐ **Couldn't be better!** 더 말할 나위 없이 좋습니다.
- ☐ **Could be worse!** 그런 대로 괜찮아요!
- ☐ **Same old thing!** 예나 지금이나 다름없습니다!
- ☐ **Same as usual!** 늘 그렇죠 뭐!
- ☐ **What's up?** 무슨 일 있어요?
- ☐ **What's new?** 무슨 새로운 일 있어요?
- ☐ **What's happening?** 무슨 일이에요?
- ☐ **What's cooking?** 무슨 일이에요?
- ☐ **Nothing much.** 별 일 없어요.
- ☐ **Nothing particular.** 특별한 것 없어요.
- ☐ **Nothing new.** 새로운 것 없어요.
- ☐ **It's been a long time!** 오랜만이야!
- ☐ **It's been ages!** 오랜만이야!
- ☐ **You are quite a stranger!** 너 정말 오랜만이다!
- ☐ **I am glad I bumped into you.** 이렇게 우연히 만나게 되다니 반갑다.
- ☐ **I'm glad to run into you here!** 이렇게 우연히 만나게 되다니 반갑다!
- ☐ **I missed you so badly.** 정말 보고 싶었어요.
- ☐ **I've gotta hit the road.** 이제 가야 해요.
- ☐ **I'd better get going.** 이제 가는 것이 좋겠어요.
- ☐ **I'm afraid I'd better be leaving.** 이제 가는 것이 좋을 것 같아요.
- ☐ **I have to run.** 서둘러야 해요.
- ☐ **Take care of yourself!** 몸조심하세요!
- ☐ **Sweet dreams!** 좋은 꿈 꿔라!
- ☐ **Take it easy!** 살펴가세요!/무리하지 마세요!
- ☐ **It was nice talking to you.** 대화 즐거웠어요.
- ☐ **I really enjoyed your company.** 함께 보낸 시간 정말 즐거웠습니다.

Chapter 02

기타 의문문

5W1H 의문사 대신 조동사나 be 동사로 시작하는 문장들을 기타의문문으로 분류할 수 있는데 부가의문문, 부정의문문, 선택의문문 등이 등장하며 그 종류의 다양함 때문에 의문사의문문보다 출제율이 월등히 높다. 흔히 기타 의문문들은 의문사의문문과는 달리 Yes/No 로 대답이 시작되는 것이 일반적이지만 그렇지 않은 답이 상당수이므로 신중히 생각하고 결정해야 한다. 또한 본 chapter 에서는 파트1,2의 상당수를 차지하는 평서문도 같이 다루기로 한다.

▶ 우리말과 정반대로 답해야 하는 부정의문문과 부가의문문

Would you mind if I lend your dictionary?
Not at all. Go ahead.
Actually, yes. I have to use it, too.
Sam doesn't like his father, does he?
No. He isn't good terms with his father.

▶ Yes 나 No 로 답하지 않는 선택의문문

James, would you like to have pork or fish?
Well, I don't mind both.

▶ 사실가부 형태를 많이 묻는 Do 와 Have 의문문

Do you like my sister?
Of course. I wish I married her.
Have you ever been to Australia?
Yes, about three times.

▶ 가능성과 의지를 나타내는 Can 과 will 의문문

Can you help me with this assignment, please?
Sure, what do you need to know?
Will you be my partner during the ceremony?
Certainly I will.

▶ 관용표현이 많이 등장하는 평서문

I feel under the weather these days.
You must take care of yourself.
James popped the question yesterday.
Congratulations! Did you say yes?
William and I don't have any chemistry.
Perhaps you two need to go see a counselor.

Unit 01

부정의문문/부가의문문

Listening Focus   경향 파악하기

부정 의문문의 형태는 부정으로 시작하지만 긍정의 의미를 강조하는 의문문의 형태로서 상대방에게 무언가를 확인하거나 놀라움을 표현하고 싶을 때 사용한다. 일단 질문이 긍정문이라고 생각하고 선택지에서 적절한 의미의 응답을 찾는 것이 정답을 고르는 요령이다. 부가 의문문은 일반 의문문이 강조된 형태로서 한국과 미국의 의사소통 상의 차이 때문에 질문이 부정일 경우 학생들이 혼란을 겪기도 한다. 부가 의문문에 강해지기 위해서는 동사를 중심으로 한 핵심어를 파악하는 훈련을 해야하며 선택지의 정답을 보며 질문과 답변과의 관계에 적응하는 훈련을 하는 것이 필수이다. 명심할 점은, 질문에 관계없이 긍정으로 대답할 경우 Yes, 부정으로 대답할 경우는 No로 답한다는 것이다. 상당수 답변에서 Yes/No는 생략되기도 한다.

■ **긍정의 답변을 기대하는 부정의문문**

Aren't you starving? 배고프지 않아?
Surely I am. Let's grab a bite! 물론 배고파. 간단히 먹으러 가자!

Shouldn't you tell Mark what you are thinking? Mark에게 네가 무슨 생각을 하고 있는 지 말해야 되는거 아니야?
Nope, it would be little more than a waste of time. 아니, 그건 그저 시간낭비일 뿐이야.

■ **앞 문장과 긍정/부정을 반대로 표현하는 부가의문문**

Jack! This is the books that you ordered, isn't it?
Jack! 이건 네가 주문한 책이지, 그렇지?

Yes, but I expected them to arrive days ago.
응, 그렇지만 난 며칠 전에 도착할 거라고 예상했었어.

The prices for entry have increased, haven't they?
입장료가 올랐네요, 그렇지 않나요?

Yeah. We are now charging some extra fee.
네, 저희는 지금 추가 비용을 부과 중이에요.

Word Box

starve v. 굶주리다, 굶어 죽다
grab a bite 간단히 먹다
a waste of time 시간낭비
order v. 주문하다
expect v. 기대하다, 예상하다
entry n. 입장, 등장
charge v. (비용을)부과하다, 징수하다
extra a. 추가의, 그외의

CHECK UP

M: Haven't we met before?
W: ______________________.

(a) You took the words right out of my mouth.
(b) No, I have never been there before.
(c) Yeah, I think I know you from somewhere.
(d) I'm so happy to meet you.

M: 우리 전에 만난 적 있죠?
W: ______________________

(a) 내가 그 말을 하려던 참이에요.
(b) 아니요, 전에 그곳에 간 적이 없는데요.
(c) 네, 어디선가 만났던 것 같아요.
(d) 당신을 만나서 너무 기뻐요.

정답 (c)

[Joseph's Solution]

서로 만난 적이 있지 않은지 묻는 질문에 대한 적절한 응답으로 '그런 거 같다'는 (c)가 자연스럽다. (a) You can say that again은 '그 말 한번 잘했다'라는 뜻으로 상대방의 말에 동의할 때 쓰이는 표현이다.

[필수어휘]
somewhere adv. 어딘가에

Drill Practice

1 A: Shouldn't you tell Mark what you are thinking?
   B: Nope, it would be little more than a waste of time.

2 A: Jack! This is the books that you ordered, isn't it?
   B: Yes, but I expected them to arrive days ago.

3 A: The prices for entry have increased, haven't they?
   B: Yeah. We are now charging some extra fee.

Practice Test

 Choose the most appropriate response to the statement.

1   (a)   (b)   (c)   (d)

2   (a)   (b)   (c)   (d)

3   (a)   (b)   (c)   (d)

4   (a)   (b)   (c)   (d)

5   (a)   (b)   (c)   (d)

6   (a)   (b)   (c)   (d)

7   (a)   (b)   (c)   (d)

8   (a)   (b)   (c)   (d)

 Choose the most appropriate response to complete the conversation.

9   (a)   (b)   (c)   (d)

10   (a)   (b)   (c)   (d)

11   (a)   (b)   (c)   (d)

12   (a)   (b)   (c)   (d)

13   (a)   (b)   (c)   (d)

14   (a)   (b)   (c)   (d)

15   (a)   (b)   (c)   (d)

1   W: Don't you think Sarah is   ?

     M: That makes two of us. She is   .

2   M: Isn't that Joseph's car   ?

     W: That's impossible. His car is   .

3   M: Isn't Terry back from his vacation yet?

     W: No,   .

4   M: Excuse me.

     W: No, it's not occupied.

     M: here?

     W: Of course not.

5   M:

     W: I have no idea

     M: Don't you have a watch?

     W: Yes, I do.

6   W: Hey, Martin.

     M: Oh, Sarah, you really frightened me!

     W: Didn't you   ?

     M: No, I was   you were working late today.

7   W:

     M: Uh… Would you like me to be frank?

     W: Yeah. Don't you like it?

     M:

- [ ] **have an ear for music** 음악을 알다
- [ ] **pushy** a. 지나치게 밀어붙이는
- [ ] **busybody** n. 참견하기 좋아하는 사람
- [ ] **push one's buttons** 화나게 하다
- [ ] **blinker** n. 깜빡이
- [ ] **blink** v. 깜빡이다
- [ ] **arrive** v. 도착하다
- [ ] **performance** n. 공연, 연주회
- [ ] **upside down** (아래위가) 거꾸로[뒤집혀]
- [ ] **somewhere** adv. 어딘가에
- [ ] **pants** n. 팬티, 바지
- [ ] **take ~ in** (옷을) 줄이다
- [ ] **lengthen** v. 길게 하다, 늘이다
- [ ] **overcharge** v. (금액을 너무) 많이 청구하다
- [ ] **regular price** 정가
- [ ] **absolutely** adv. 절대적으로, 완전히, 매우
- [ ] **be in no position to** ~를 논할 만한 위치에 있지 않다
- [ ] **trustworthy** a. 신뢰할 만한
- [ ] **out of order** 고장 난
- [ ] **refrigerator** n. 냉장고
- [ ] **pull into** ~에 도착하다
- [ ] **driveway** n. 차도
- [ ] **be under the impression** ~라고 믿고 있다
- [ ] **interrupt** v. 방해하다
- [ ] **frank** a. 솔직한, 노골적인

Listening Focus   경향 파악하기

선택의문문이란 A or B ~? 형태로 등장해서 질문에서 주어진 두 개의 선택사항 중 하나를 골라 답하는 유형으로, TEPS 기출 유형을 분석해보면 (1)A나 B 중 하나로 대답하는 경우, (2)A, B가 아닌 제 3의 선택사항이나 다른 것들이 답이 되는 경우가 있다. 최근 문제들은 비교적 이전 문제들보다 평이하게 출제되며, 상당수 A나 B를 선택해서 대답할 때 질문에서 사용된 단어가 그대로 사용된다. 이는 TEPS가 아무리 예외를 좋아하는 실용영어능력 평가라 할지라도 질문 자체가 둘 중 하나를 선택해야 하는 제한적 특성 때문에 발생하는 당연한 현상이다. 다른 의문문 유형에서는 질문에 등장했던 단어나 어구가 선택지에 다시 나오는 경우 오답일 확률이 많지만 선택의문문 유형에서는 그렇지 않다는 점에 유의한다. 원칙적으로 선택의문문의 경우 답변을 Yes/No로 할 수 없다는 것도 숙지하도록 하자.

Pattern Practice

■ 등위접속사 or 를 통해서 문장 두 개중 하나의 선택을 유도

Would you rather go to the movie theater or watch a movie at home next Friday?
다음주 금요일에 영화관에 갈래, 아니면 집에서 영화를 볼래?

Well, It's up to you. I'll let you decide.
글쎄, 네가 정해. 네가 정하도록 해줄게.

Do you feel like eating Italian, Thai or Greek?
이탈리아 요리, 태국 요리, 그리스 요리 중 어느 것이 좋니?

I feel like Italian today.
오늘은 이탈리아 요리를 먹고 싶은데.

Word Box

rather adv. 오히려, 차라리
be up to ~에 달려 있다
decide v. 결정하다
feel like ~ing ~하고 싶다

CHECK UP

M: I'd like to rent a bicycle. Do you charge by the hour or by the day?
W: ___________________________.

(a) Yes, but there's a small charge.
(b) Yes, we rent bicycles.
(c) You need to rent a helmet.
(d) Whatever you prefer.

M: 자전거를 빌리고 싶어요. 시간당으로 요금을 부과하나요, 날짜로 부과하나요?
W: ___________________________

(a) 네, 약간의 요금이 부과됩니다.
(b) 네, 우리는 자전거를 임대합니다.
(c) 당신은 헬멧을 빌려야 해요.
(d) 당신이 원하는 대로요.

정답 (d)

[Joseph's Solution]

저전거를 빌리는 요금을 묻는 선택 의문문이다. rent a bicycle, charge만을 듣고 (a)나 (b)를 답으로 혼동하지 않도록 주의해야 한다. 요금 부과를 어떤 방법(기준)으로 하는지를 묻고 있으므로 남자가 원하는 방법이 무엇이든지 그것으로 하겠다는 (d)가 정답이다.

[필수어휘]

charge v. (요금을)부과하다 n. 요금   **rent** v. 빌리다   **prefer** v. 선호하다

Drill Practice

1 A: Would you rather go to the movie theater or watch a movie at home next Friday?
   B: Well, It's up to you. I'll let you decide.

2 A: Do you feel like eating Italian, Thai or Greek?
   B: I feel like Italian today.

Part I Choose the most appropriate response to the statement.

1 (a) (b) (c) (d)

2 (a) (b) (c) (d)

3 (a) (b) (c) (d)

4 (a) (b) (c) (d)

5 (a) (b) (c) (d)

6 (a) (b) (c) (d)

7 (a) (b) (c) (d)

8 (a) (b) (c) (d)

9 (a) (b) (c) (d)

Part II Choose the most appropriate response to complete the conversation.

10 (a) (b) (c) (d)

11 (a) (b) (c) (d)

12 (a) (b) (c) (d)

13 (a) (b) (c) (d)

14 (a) (b) (c) (d)

15 (a) (b) (c) (d)

1   M: Would you ________________ or ________________ next Friday?

W: Well, It's up to you. ________________

2   M: Do you have to ________________, or can you ________________?

W: Sorry, I just have too much work to do.

3   M: ________________ or eat out tomorrow?

W: ________________ to have it delivered.

4   M: What do you usually do in your free time?

W: ________________, especially landscapes.

M: ________________, oil or acrylic?

W: ________________ with the acrylic.

5   W: ________________

M: I need a new shirt.

W: All right. Which one do you prefer, blue or gray?

M: ________________

6   M: Sarah, do you happen to know ________________?

W: You can take either the number 5, or the number 12.

M: ________________

W: They ________________

7   W: I'd love to ________________, Ben.

M: Sure. Do you have a restaurant in mind?

W: Well, do you feel like Italian, Mexican or Greek?

M: ________________, I'll let you decide.

☐ **be up to** ~에게 달려 있다, ~마음대로 하다

☐ **additional** a. 추가의

☐ **work late** 야근하다

☐ **good for health** 건강에 좋은(= healthy)

☐ **strong** a. 진한

☐ **pick up** ~을 집다[들어 올리다]

☐ **mail** v. (우편으로) 보내다[부치다], 우편물을 발송하다

☐ **stop by** 잠시 들리다

☐ **look up** 찾아보다

☐ **address book** 주소록

☐ **pack lunch** 도시락을 싸다

☐ **brown bag** 갈색 종이봉투

☐ **applicant** n. 지원자

☐ **application** 지원[신청](서)

☐ **receptionist** n. 접수 담당자

☐ **landscape** n. 풍경(화)

☐ **portrait** n. 초상화, 인물 사진

☐ **acrylic** n. 아크릴(페인트)

☐ **greasy** a. 기름투성이의, 기름이 많이 묻은

☐ **either** pron. (둘 중) 어느 하나(의)

☐ **follow** v. 따라가다[오다]

☐ **route** n. (버스, 기차, 수송품 등의) 노선

☐ **fare** n. 요금

☐ **have in mind** ~을 염두에 두다, 생각하다

☐ **feel like** ~하고 싶다

☐ **spicy** a. 양념 맛이 강한

☐ **preferable** a. 더 좋은, 나은

Unit 03
조동사 의문문 (Do, Have)

Listening Focus   경향 파악하기

Do와 Have 의문문 중 상당수가 문장 중간에 등장하는 간접 의문문의 형태로 출제된다. 이것은 기본적으로 직접 의문문을 명사절로 만들기 위해 사용한다. 다른 시험들에 비해 TEPS에서 출제율이 비교적 높은 편으로서 간접 의문문에 대한 답변은 의문사가 있는 의문문(5W, 1H)의 답변과 동일하다고 보면 된다. 따라서 간접 의문문의 중간에 들어가는 의문사를 잘 듣고 무엇을 묻는지 그 의도를 파악하는 것이 필수이다. 첫마디가 Do you, Can you 등으로 시작하므로 Yes, No로 답변할 수 있다는 점에도 유의한다.

Pattern Practice

■ 간접의문문의 경우 중간에 등장하는 의문사에 집중하라

Do you know who played the starring role? 누가 주연으로 연기했는지 알아?
I'm not sure. I've never seen the show. 확실히 몰라. 그 쇼를 본 적이 없거든.

Do you know where I could park? 어디에 주차해야 하는지 알아?
Well, there's always space in the underground parkade.
글쎄, 지하 주차장에 항상 공간이 있어.

Have you decided what you are going to do today?
오늘 무엇을 할지 결정했어?
I want to see my family and go to the theater afterwards.
가족을 만나서 그 이후에 영화관에 가고 싶어.

Word Box

starring role 주연
park v. 주차하다
space n. 장소, 공간
underground a. 지하의
parkade n. 주차공간, 주차장
afterwards adv. 나중에, 그 뒤에

CHECK UP

W: Can you recommend a very good used car?
M: ___________________________.

(a) No, I can't take you there.
(b) Yes, I remember you telling me about it.
(c) Yes, my friend is selling his.
(d) No, I'm not used to the situation.

W: 상태가 아주 좋은 중고차 추천해 줄래?
M: ___________________________

(a) 아니, 나는 널 그곳에 데려다 줄 수가 없어.
(b) 그래, 난 그것에 대해 네가 말한 것을 기억해.
(c) 응, 내 친구가 차를 팔고 있어.
(d) 아니, 난 그런 상황에 익숙하지 않아.

정답 (c)

[Joseph's Solution]
여자가 중고차에 대한 정보를 묻고 있다. 따라서 이에 대해 자신이 아는 중고차 정보로, '친구가 차를 팔고 있다'는 내용의 (c)가 가장 자연스럽다.

[필수어휘]
recommend v. 추천하다　**used car** 중고차　**be used to** +명사/동명사 ~에 익숙해져 있다

Drill Practice

1　A: Do you know who played the starring role?
　　B: I'm not sure. I've never seen the show.

2　A: Do you know where I could park?
　　B: Well, there's always space in the underground parkade.

3　A: Have you decided what you are going to do today?
　　B: I want to see my family and go to the theater afterwards.

Practice Test

 Choose the most appropriate response to the statement.

1   (a)   (b)   (c)   (d)

2   (a)   (b)   (c)   (d)

3   (a)   (b)   (c)   (d)

4   (a)   (b)   (c)   (d)

5   (a)   (b)   (c)   (d)

6   (a)   (b)   (c)   (d)

7   (a)   (b)   (c)   (d)

8   (a)   (b)   (c)   (d)

Part II **Choose the most appropriate response to complete the conversation.**

9   (a)   (b)   (c)   (d)

10   (a)   (b)   (c)   (d)

11   (a)   (b)   (c)   (d)

12   (a)   (b)   (c)   (d)

13   (a)   (b)   (c)   (d)

14   (a)   (b)   (c)   (d)

15   (a)   (b)   (c)   (d)

1 M: Have you decided ________________________?

W: I haven't ________________________.

2 M: Do you know ________________________?

W: It'll be turned on ________________ on the panel.

3 W: Do you think ________________ this afternoon?

M: Yeah, or we'll ________________.

4 W: ________________________

M: In June, according to the doctor.
W: Do you know the sex of the baby?

M: Yes, ________________.

5 M: Wow, where did you ________________?

W: ________________ in high school.

M: Really? Do you happen to play any other sports?

W: Yes, I also ________________.

6 M: When are you planning to ________________?

W: Probably ________________.

M: Do you want me to take care of your plants then?

W: Yes, ________________.

7 M: You're ________________, aren't you?

W: Yeah. I am quiet busy ________________.

M: Did you find the photographer?

W: No thanks. A friend of mine ________________.

- ☐ **vote for** ~에 투표하다
- ☐ **make up one's mind** 결심하다, 정하다
- ☐ **candidate** n. 입후보자, 출마자
- ☐ **panel** n. 판, 금속판
- ☐ **neighborhood** n. 근처, 인근, 이웃
- ☐ **go for a walk** 산책가다
- ☐ **resemble** v. 닮다
- ☐ **let up** (강도가) 약해지다, 누그러지다
- ☐ **confident** a. (전적으로) 확신하는
- ☐ **give it a shot** 시도하다
- ☐ **field trip** 현장학습, 견학
- ☐ **for the rainy days** 만일의 경우에 대비하여
- ☐ **front desk** 안내 데스크
- ☐ **seating preference** 선호하는 좌석
- ☐ **unborn** a. 아직 태어나지 않은, 태중의
- ☐ **sonogram** n. 초음파를 이용한 검사도
- ☐ **expire** v. 만기되다
- ☐ **business card** 명함
- ☐ **be into** ~를 좋아하다, ~에 관심이 있다
- ☐ **repair** v. 수리하다
- ☐ **labor** n. 노동 , 근로
- ☐ **approximately** adv. 약, 대략
- ☐ **poor** a. (질적으로) 좋지 못한
- ☐ **take care of** 돌보다
- ☐ **botanist** n. 식물학자
- ☐ **reservation** n. 예약
- ☐ **photographer** n. 사진사
- ☐ **interrupt** v. 방해하다

Unit 04
조동사 의문문 (Be, Will)

Listening Focus 경향 파악하기

일반적으로 사실 가부를 묻는 Be 동사 의문문이 상대방의 의지를 묻는 Will 의문문의 경우 시제, 인칭에 대한 정보가 들어 있는 문장의 첫 부분을 반드시 잘 들어야 정답을 제대로 고를 수 있다. 뒤에 이어지는 목적어 이하 핵심 부분 역시 놓쳐서는 안 된다. 최근 시험에서 Yes/No 응답은 많이 등장하지 않고 있으며 그 대신 긍정이나 부정을 전제로 한 채 다른 말로 답변한 것이 정답인 경우가 많다.

Pattern Practice

■ Yes/No 응답이 상대적으로 많이 등장하는 be / will 의문문

Are you using this pen? 이 펜 사용 중이니?
Not at all. It's all yours. 아니 전혀. 마음대로 써.

Isn't it in the back shed among the gardening tools?
정원 연장 중 뒤쪽 헛간에 그것이 없니?
No, I looked there. 없어. 난 그곳을 찾아봤어.

Will it be OK if I ask you to come over here by 9 o'clock?
9시까지 이곳에 오라고 말해도 될까?
Yes, that shouldn't be a problem at all. 응, 전혀 문제 안돼.

Word Box

not at all 전혀 ~ 아닌
shed n. 헛간
gardening n. 원예
tool n. 연장, 도구
come over 방문하다

CHECK UP

M: Are you eating out with anyone this evening?
W: ______________________.

(a) Where are you taking me for dinner?
(b) I don't feel like eating tonight.
(c) I'll meet you at the restaurant.
(d) No, I'm eating in with my family. What about you?

M: 오늘 저녁식사 약속 있니?
W: ______________________

(a) 저녁 먹으러 날 어디로 데리고 갈 거야?
(b) 오늘 저녁 먹고 싶지 않아.
(c) 레스토랑에서 만나자.
(d) 아니, 가족이랑 집에서 식사할거야. 너는?

정답 (d)

[Joseph's Solution]
남자는 여자에게 저녁식사 약속이 있는지 묻고 있다. 'Yes/No Question'유형이므로, 'No'라고 대답하고 있는 (d)가 정답이다.

[필수어휘]
eat out 외식하다　**feel like ~ing** ~을 하고 싶다

Drill Practice

1　A: Are you using this pen?
　　B: Not at all. It's all yours.

2　A: Isn't it in the back shed among the gardening tools?
　　B: No, I looked there.

3　A: Will it be OK if I ask you to come over here by 9 o'clock?
　　B: Yes, that shouldn't be a problem at all.

Part I Choose the most appropriate response to the statement.

1 (a) (b) (c) (d)

2 (a) (b) (c) (d)

3 (a) (b) (c) (d)

4 (a) (b) (c) (d)

5 (a) (b) (c) (d)

6 (a) (b) (c) (d)

7 (a) (b) (c) (d)

8 (a) (b) (c) (d)

Part II Choose the most appropriate response to complete the conversation.

9 (a) (b) (c) (d)

10 (a) (b) (c) (d)

11 (a) (b) (c) (d)

12 (a) (b) (c) (d)

13 (a) (b) (c) (d)

14 (a) (b) (c) (d)

15 (a) (b) (c) (d)

1 W: Are there   on the Internet?

   M: There are only   .

2 M: Are you done   ?

   W: Almost,   .

3 W:

   M: No, I don't have one.

4 M: Excuse me, but is this the Joseph's residence?

   W: No, but it   .

5 W: How many more stops are there till Seoul Station?

   M: Oh, it looks like   .

   W: Oh, my. Is there   ?

   M: and just walk a block in the opposite direction.

6 M: Sarah,   before the game starts.

   W: Really? I just need five more minutes   .

   M: Would you like me to wait for you?

   W: . You go first.

7 M:

   W: Actually, I'd just like a trim.

   M:

   W: Yes, just a little bit and taper the back, please.

- **menial** a. 하찮은, 천한
- **sales** a. 영업의, 판매(상)의
- **position** n. 자리
- **browse** v. 둘러보다, 인터넷을 돌아다니다
- **break down** 고장 나다
- **composition** n. 작문, 글쓰기
- **cell phone** 휴대폰
- **on the house** 무료의
- **sensational** a. 매우 훌륭한, 환상적인
- **overcharge** v. 많이 청구하다, 바가지를 씌우다
- **residence** n. 주택, 거주지
- **permanent** a. 영구[영속]적인
- **confident** a. 자신감 있는, 확신하는
- **go in the right direction** 올바른 방향으로 나아가다
- **trig** n. 바퀴 멈추개
- **relax** v. 안심하다, 안심시키다
- **get off** 내리다
- **opposite** a. 반대의, 다른 편의
- **direction** n. 방향
- **severe** a. 심한
- **toothache** n. 치통
- **occupied** a. 바쁜
- **put on makeup** 화장하다
- **tag along** (~를) 따라가다[따라붙다]
- **take a rain check (on)** 다음을 기약하다
- **prior engagement** 선약
- **trim** n. (특히 머리를) 다듬기[약간 자르기] v. 다듬다
- **taper** v. (폭이) 점점 가늘어지다
- **relative** n. 친척
- **make sense** 의미가 통하다[이해가 되다]

Unit 05

평서문

Listening Focus   경향 파악하기

평서문은 의문문과는 달라서 문장의 앞부분을 듣는 것은 별 의미가 없고 문장 전체의 의미와 상황을 파악하는 것이 관건이다. 따라서 문장 전체를 읽고 대화의 주제가 무엇인지를 빠르게 파악하는 것이 고득점의 비결이다. 기출 평서문 유형들로는 인사, 소개, 축하, 감사, 제안, 불만, 의견 교환 및 정보 교류 등 여러 가지가 있으며 여기에서는 개괄적인 출제 유형 위주로 학습하고 뒤에 이어지는 주제별 분석편에서 여러 가지 주제별로 자세히 다룰 것이다.

또한 평서문 유형은 특히 관용표현이 가장 많이 나오는 부분이라고 할 수 있다. 관용표현이란, 그 문장을 구성하는 단어 하나하나가 주는 직접적인 의미만으로는 절대로 그 뜻을 이해할 수 없는 어구들로서, 보통 영영사전이나 드라마, 시트콤 등 여러 실용매체에서 다루는 표현들을 말한다. 의문문에서보다 평서문 쪽에서 상당수 등장하므로 평소에 TEPS 교재 말고도 일반 청취 교재들이나 회화교재들을 가지고 병행 학습하는 습관을 기르는 것이 효과적일 것이다.

■ **대화의 주제를 파악하라!**

I think my mom prefers my sister over me. 내 생각에 엄마는 나보다 우리 언니를 더 좋아하는 것 같아.

No way, she loves you both the same. 말도 안 돼, 그녀는 너희 둘 다 똑같이 사랑하셔.

I'm feeling very hurt over this. This isn't the only thing you've forgotten lately, is it?
이 문제에 매우 상처를 받았어. 최근에 잊어버린 것이 이번 한번뿐이 아니잖아. 그렇지?

You have every right to be upset with me. 네가 나에게 화낼 만 해.

■ **관용표현이 가장 많이 나오는 유형!**

James Marshall is like a square peg in a round hole.
James Marshall은 적합하지 않은 사람 같아.

I know. He doesn't fit it well. 나도 알아. 그는 잘 맞지 않아.

I think Mary is perfect for the job. Mary는 그 직업에 완벽하다고 생각해.
You can say that again. 동감이야.

Word Box

prefer A over B A보다 B를 더 선호하다
hurt v. 마음을 아프게 하다, 다치게 하다
over prep. ~에 대해, ~에 관해
lately adv. 최근에
be upset with ~에 화가 나다
a square peg in a round hole
    부적임자, 적합하지 않은 사람

CHECK UP

M: Sarah was looking for you.
W: ___________________________.

(a) No, thanks, I'm just looking around.
(b) Oh really? I wonder why.
(c) Well, I'm not that easy to catch, you know.
(d) Fancy meeting you here!

M: Sarah가 너를 찾고 있었어.
W: ___________________________

(a) 아니, 괜찮아. 그냥 둘러보고 있는 중이야.
(b) 아 그래? 이유가 궁금하네.
(c) 글쎄, 너도 알다시피 내가 그렇게 쉽게 잡힐 사람은 아니지.
(d) 이곳에서 만나다니 멋진데!

정답 (b)

[Joseph's Solution]
'Sarah가 너를 찾고 있다'고 했으므로 그 이유를 궁금해 하는 내용이 이어지는 것이 자연스럽다. 따라서 주어진 보기 중에서 가장 적절한 것은 (b)이다. look for는 '~을 찾다'이고, look around는 '~을 둘러보다'라는 의미이다.

[필수어휘]
look for 찾다   **look around** 둘러보다

Drill Practice

1 A: I think my mom prefers my sister over me.
  B: No way, she loves you both the same.

2 A: I'm feeling very hurt over this. This isn't the only thing you've forgotten lately, is it?
  B: You have every right to be upset with me.

3 A: James Marshall is like a square peg in a round hole.
  B: I know. He doesn't fit it well.

4 A: I think Mary is perfect for the job.
  B: You can say that again.

Part I   Choose the most appropriate response to the statement.

1   (a)   (b)   (c)   (d)

2   (a)   (b)   (c)   (d)

3   (a)   (b)   (c)   (d)

4   (a)   (b)   (c)   (d)

5   (a)   (b)   (c)   (d)

6   (a)   (b)   (c)   (d)

7   (a)   (b)   (c)   (d)

8   (a)   (b)   (c)   (d)

Part II   Choose the most appropriate response to complete the conversation.

9   (a)   (b)   (c)   (d)

10   (a)   (b)   (c)   (d)

11   (a)   (b)   (c)   (d)

12   (a)   (b)   (c)   (d)

13   (a)   (b)   (c)   (d)

14   (a)   (b)   (c)   (d)

15   (a)   (b)   (c)   (d)

1   W: This vacuum cleaner doesn't ____________.

M: Maybe you need to ____________.

2   M: I'd really like to go to the concert, but ____________.

W: Oh, come on! All work and ____________.

3   M: I ____________ to finish the report.

W: If you ____________ at both ends, you are ____________.

4   M: I couldn't reach you on your cell phone.

W: ____________

5   M: I think ____________ immediately.

W: Is anything wrong?

M: ____________

W: What? ____________ it up earlier.

6   W: Hello, I'd like to see Dr. Martin ____________.

M: Did you make an appointment?

W: Of course, ____________.

M: ____________

7   M: ____________, ma'am?

W: I'm here to open a new account.

M: ____________ you'd like to open.

W: I'd like to ____________.

8   W: Is there a chance that ____________?

M: No, she has a fat chance.

W: But she has ____________.

M: ____________

Vocabulary Review

- □ **vacuum cleaner** 진공청소기
- □ **dust bag** 먼지 주머니
- □ **vacuum** v. 진공청소기로 청소하다
- □ **be up to one's ears in work** 일하느라 너무 바쁘다
- □ **crumble** v. 바스러지다, 바스러뜨리다
- □ **go backpacking** 배낭여행을 가다
- □ **backache** n. 요통
- □ **keep burning the candle at both ends** 기진맥진하다, 녹초가 되다
- □ **at the tip of one's tongue** 하마터면 말이 나올 뻔하여, 말이 혀끝에서 뱅뱅 돌며
- □ **dead** a. 작동을 안 하는, 수명이 다 된
- □ **green tea** 녹차
- □ **properly** adv. 제대로, 적절히
- □ **abruptly** adv. 갑자기, 불쑥
- □ **break up with** 결별하다
- □ **replace** v. 교체하다
- □ **take a message** 메시지를 받다
- □ **opening** n. 빈자리[공석/결원]
- □ **gas station** 주유소
- □ **immediately** adv. 즉각, 즉시
- □ **run out of** ~이 다 떨어지다
- □ **fill up** 채우다
- □ **examine** v. 검사하다
- □ **specify** v. (구체적으로) 명시하다
- □ **major in** 전공하다
- □ **savings account** 보통 예금 (계좌)
- □ **activated** a. 활성화된
- □ **rigorous** a. 철저한, 엄격한
- □ **altogether** adv. 완전히, 전적으로
- □ **ban** v. 금지하다
- □ **educational** a. 교육적인
- □ **elect** v. 선출하다, 선택하다
- □ **have a fat chance** ~할 가망이 전혀 없다
- □ **access** v. 접속하다

Pattern Practice

■ 자기소개

☐ **Let me introduce myself.** 제 소개를 하겠습니다.

☐ **You can call me Billy.** 저를 Billy라고 부르셔도 됩니다.

☐ **Miss Page, I want you to meet Mr. Kim.** Page양, Kim씨와 인사하세요.

☐ **How do you do?** 처음 뵙겠습니다.

☐ **Nice to meet you.** 만나서 반갑습니다.

☐ **Don't I know you from somewhere?** 전에 우리 어디선가 만난 적이 없나요?

☐ **I've been looking forward to meeting you.** 만나 뵙기를 학수고대 했어요.

☐ **I've been eager to see you for a long time.** 진작부터 뵙고 싶었어요.

☐ **It's a small world!** 세상 참 좁군요!

■ 감사

☐ **I'm indebted a lot to you.** 당신께 신세 많이 졌습니다.

☐ **I'm indebted to you for my success.** 저의 성공은 당신 덕분입니다.

☐ **I owe you a lot.** 당신께 신세 많이 졌습니다.

☐ **Thank you in advance.** 미리 감사드리겠습니다.

☐ **How can I express my gratitude!** 어떻게 감사를 드려야 할지 모르겠군요!

☐ **I don't know how to repay you.** 어떻게 보답을 해야 할지 모르겠군요.

☐ **I appreciate your consideration.** 배려해 주셔서 감사합니다.

☐ **Thank you for your cooperation.** 협조해 주셔서 감사합니다.

☐ **Don't mention it.** 그런 말씀 안 하셔도 돼요.

☐ **It's such a wonderful gift.** 정말 멋진 선물이네요.

■ 사과

☐ **I feel sorry for that.** 그 점에 대해서 죄송하게 느낍니다.

☐ **I owe you an apology.** 사과드려야겠습니다.

☐ **Pardon me for breaking my words.** 약속을 지키지 못해 죄송합니다.

☐ **Forgive my rude remarks.** 무례한 언사를 용서하십시오.

☐ **It just slipped my mind.** 그걸 깜빡 잊었어요.

☐ **I couldn't help it.** 어쩔 수가 없었어요.

☐ **There was nothing I could do.** 전 아무것도 할 수 없었어요.

☐ **I had no choice.** 선택의 여지가 없었어요.

Chapter 03

주제별 분류

TEPS는 미국인들의 실생활에서 흔하게 등장할 수 있는 인생의 희노애락을 모두 다루고 있으며 바로 이러한 이유 때문에 청해에서는 수많은 토픽들이 등장한다. 따라서 어느 한쪽의 주제에 치우치지 말고 되도록 많은 자료를 통해 다양한 표현들을 숙지하도록 해야 한다.

또한 TEPS는 문제 은행식 시험이 정규시험이다 보니 자주 등장하는 표현들과 유형들이 있다. 짧은 안부 인사에서부터 개인의 다양한 감정(축하, 사과, 불평, 감사, 위로) 등을 나타내는 표현을 묻는 유형의 답으로, 우리가 흔히 알고 있는 표현들 이외에 예상치 못한 답들이 등장할 수 있다는 것을 명심하자. 최근 TEPS경향은 여러 가지 뜻으로 쓰이는 단어나 표현을 등장시키는 것이다. 또한 오답으로 나온 표현들을 정답으로 바꾸기도 한다. 따라서 단어를 학습할 때 한 가지 뜻만 기억하지 않도록 하자. 제2, 제3의 뜻과 파생어까지 같이 외우도록 한다. 대다수 수험생들의 경우 청취, 문법, 어휘, 독해를 따로 생각하는 경우가 있다. 이 분류는 시험 유형의 분리이지 학습의 분리는 아니다. 청취에 등장했던 표현들이 문법이나 어휘, 독해 지문에 등장할 수 있다. 어휘, 문법, 독해의 3박자가 모두 잘 어우러져야만 청해파트의 실력을 향상시킬수 있다.

▶ **인사, 안부, 소개, 작별**

How have you been?
Couldn't be better, yourself?

▶ **제안, 충고, 제의, 권고**

May I suggest a few things on your report?
Sure. I'm all ears.

▶ **허락, 요청, 승낙, 거절**

Mom, can I go outside and play?
Only if you are back by dinner time, honey.

▶ **축하, 칭찬, 사과, 감사**

Congratulations on your promotion. You must be proud of yourself.
Thanks, but my associates deserve all the credit.

▶ **위로, 격려, 유감, 안도**

Keep your chin up. These things are bound to happen.
Thanks, I'll try again.

I think the capital punishment must be abolished.
That makes two of us.

 Make sure buckle up. It'll save your life.
That'll be the least thing that I forget.

May I speak with Johnson please?
He's stepped out for a moment, sorry.

Can I make a reservation for two on 16th of January?
Certainly, sir. What type of room are you interested in?

Unit 01
인사, 안부, 소개, 작별

Listening Focus 경향 파악하기

사회적 교류라고 부르는 인사, 안부, 소개, 작별의 토픽들은 시험 볼 때 처음 시작하는 문제들에 등장한다. 한국이든 미국이든 일상 대화들은 모두 인사로 시작하고 작별의 말로 끝나는 만큼 인사 관련 대화들은 모든 회화의 가장 기본이 된다. 인사말의 경우 정형화된 표현들이 많이 등장하는데, 정형화된 표현이란 특정 상황에 쓰이는 표현들을 말한다. 파트 1, 2의 경우 특히 인사말에서 문장들이 길지 않고 짧게 주어지므로 신속히 판단하여 선택지 정답으로 이어갈 수 있도록 한다.

소개관련 문제를 풀 때 가장 중요한 것은, 응답을 하는 상대와 질문하는 화자의 관계를 고려해 봤을 때 어떤 선택지를 골라야 응답이 올바르게 배치되는가 하는 것이다. 소개를 받는 상황이므로 서로 알고 지내던 사람이 다시 만날 때 쓰는 표현 등은 정답으로 나올 수 없다.

작별 상황은 사실상 인사 유형에 포함된다고 볼 수 있지만, 보통 만나는 상황이 주를 이루는 인사 유형에서 작별 유형은 또 다른 유형의 답들을 만들어내므로 별도로 정리할 필요가 있다. 처음 만난 사이에 헤어지는 상황, 알고 지내던 친구가 재회했다가 헤어지는 상황, 사업차 만난 사람들끼리 헤어지는 상황, 다른 곳으로 이주하거나 학교에 입학해서, 또는 전학해서 서로의 안부 교환을 약속하며 헤어지는 상황들이 많이 출제되었다.

■ **인사**

Jason, what's new? Jason, 새로운 일 있어?
Nothing special. 특별한 건 없어.

■ **안부**

Please give my best regards to Sam Anderson. Sam Anderson에게 안부를 전해주세요.
I surely will. 꼭 그럴게요.

■ **소개**

Nice to meet you. My name is Tom Green. 만나서 반갑습니다. 제 이름은 Tom Green입니다.
I'm Sally Watson. Nice to meet you, too.
제 이름은 Sally Watson입니다. 저도 만나서 반갑습니다.

■ **작별**

Please keep me posted while you are in New York.
뉴욕에 있는 동안 편지 계속 보내줘.
OK, Take care of yourself. 알겠어. 몸 조심해.

Word Box

regard n. 안부
surely adv. 확실히, 꼭
post v. 발송[우송]하다,
　올리다[게시하다]

CHECK UP

M: Is it true that you're moving closer to your parents?

W: ______________________.

(a) Well, that's exactly why I'm moving.
(b) Yes, they wanted us to live in their neighborhood.
(c) Yes, I just need to unpack my things.
(d) Yes, it has become much harder to see my parents.

M: 부모님 댁과 더 가까운 곳으로 이사한다는 거 사실이야?

W: ______________________

(a) 음, 그것이 바로 내가 이사 가는 이유야.
(b) 응, 부모님이 우리가 이웃에 사는 것을 원하셨어.
(c) 응, 내 물건들을 다시 풀어놓을 필요가 있어.
(d) 응, 부모님을 만나는 것이 훨씬 더 어려워지고 있어.

정답 (b)

[Joseph's Solution]

여자가 그녀의 부모님 집 근처로 이사를 한다는 사실을 남자가 언급하고 있는 상황이다. 이에 이어지는 적절한 응답으로 이사에 대한 구체적인 내용이 적절하다. 따라서 '부모님이 이웃에 사는 것을 원해서'라고 대답하고 있는 (b)가 정답이다.

[필수어휘]
in neighborhood 이웃에　**unpack** v. 풀다, 개봉하다

Practice Test

 Choose the most appropriate response to the statement.

1   (a)   (b)   (c)   (d)

2   (a)   (b)   (c)   (d)

3   (a)   (b)   (c)   (d)

4   (a)   (b)   (c)   (d)

5   (a)   (b)   (c)   (d)

6   (a)   (b)   (c)   (d)

7   (a)   (b)   (c)   (d)

8   (a)   (b)   (c)   (d)

Part II   **Choose the most appropriate response to complete the conversation.**

9   (a)   (b)   (c)   (d)

10   (a)   (b)   (c)   (d)

11   (a)   (b)   (c)   (d)

12   (a)   (b)   (c)   (d)

13   (a)   (b)   (c)   (d)

14   (a)   (b)   (c)   (d)

15   (a)   (b)   (c)   (d)

1   M:

     W: I'm a veterinarian.

2   M: Hi, Sarah,

     W: Well, Nothing special.

3   M: I heard Sarah auditioned   , Cats' Forever.

     W: Yes, and she's got the role.

4   W: You look down.

     M: have come out.

     W: Uh oh, tell me what the doctor said.

     M: My blood-sugar is   .

5   W: permanently?

     M: No. It's   .

     W: I hope you have a good trip then.

     M: Thanks.

6   W: Hi, Charlie.

     M: Oh, hi, Susan. So so. What's up?

     W: in the country.

     M:

7   W: Have you seen Martin lately?

     M: Yeah.   He looked down.

     W:

     M: I guess he is worried about   .

Vocabulary Review

- [ ] **veterinarian** n. 수의사
- [ ] **concern** n. 걱정, 염려
- [ ] **You tell me.** 당연히 맞는 이야기야.
- [ ] **be stuck in** 박히다
- [ ] **mention** v. 언급하다, 말하다
- [ ] **wrong** a. 잘못된
- [ ] **long** adv. 오랫동안
- [ ] **audition** v. 오디션을 보다[오디션에 참가하다]
- [ ] **main role** 주연
- [ ] **medical checkup** 건강검진
- [ ] **high-fat** a. 고지방의
- [ ] **high-sodium** a. 고염분의
- [ ] **in good health** 건강한
- [ ] **blood-sugar** n. 혈당
- [ ] **permanently** adv. 영구적으로, 영원히
- [ ] **keep in touch with** ~와 지속적으로 연락하다
- [ ] **fill in** 대신하다(자리를 메우다)
- [ ] **cashier** n. 출납원
- [ ] **emergency room** 응급실
- [ ] **backache** n. 요통
- [ ] **final** n. 결승전
- [ ] **look forward to ~ing** ~을 고대하다
- [ ] **bump into** 마주치다
- [ ] **be allergic to** ~에 알레르기가 있다
- [ ] **be bumper to bumper** 교통체증이 심하다

Unit 02
제안, 충고, 제의, 권고

Listening Focus　경향 파악하기

미국인들이 하고자 하는 말은 대부분 문장의 첫 부분에 의도가 담겨 있다. 특히 권유나 제안 유형의 문제들은 특정한 패턴으로 시작하는 경우가 일반적이므로, 첫 부분을 잘 듣고 화자의 의도를 빠르게 파악하는 것이 중요하다. 가장 대표적인 유형은 Why don't you[we]+동사원형, Let's+동사원형, Why not+동사원형, How about ~ing, What about ~ing 등이며 특히 Why로 시작하는 문장들은 이유를 묻는 것이지만, Why don't you[we]로 시작하는 경우는 제안을 하는 유형이므로 특히 조심하도록 한다.
응답은 수락과 거절 두 가지로 볼 수 있는데, 무조건 Yes/No라고만 답하지 않고 다양한 유형의 응답이 나올 수 있으므로 항상 주의하며 들도록 한다.
상대방에게 제의나 부탁을 하는 유형의 경우 아주 친한 친구가 아니면 대부분 첫마디가 Would you ~, Could you ~ 등으로 정중하게 묻는 경우가 많으며, Do you mind if ~, I'm wondering if you can ~ 등으로 등장할 수 있다. 부탁의 질문이라고 해서 '무조건 해주겠다'는 응답은 등장하지 않을 수 있으며, '들어주고 싶지만 바빠서, 또는 사정이 생겨서 힘들겠다'는 거절의 답도 등장할 수 있으므로 항상 유의해서 질문과 선택지를 파악할 수 있도록 한다.

Pattern Practice

■ 제안

Why don't you attend Kathy's birthday party next Friday?
다음 주 금요일 Kathy의 생일 파티에 가는 거 어때?

I don't see why not. 안될 이유가 없지.

■ 충고

You need to be careful with your arm. I don't want you to hurt yourself further.
팔을 주의해야 할 필요가 있어. 더 이상 네가 자신을 다치게 하는 걸 원치 않아.

Thanks for your consideration. 염려해줘서 고마워.

■ 제의

We have three projects that are due on next year. Would you join us?
우리는 내년이 마감인 프로젝트가 3개야. 우리와 같이 할래?

Well, let me sleep on it. 글쎄, 생각해 볼게.

■ 권고

James, please go back to Linda. She is such a sweetheart.
James, Linda에게 돌아가. 그녀는 정말 좋은 여자야.

I know, but we don't have any chemistry. 알아, 그렇지만 우리는 서로 끌리지 않아.

Word Box

careful a. 조심하는, 주의 깊은
further adv. 더 깊게
consideration n. 사려, 숙고
due a. ~하기로 되어 있는[예정된]
chemistry n. 화학 반응
(남녀 사이에 강하게 끌리는 것)

CHECK UP

W: I'm making a cheese cake for our Saturday night home-coming party.
M: I really like pies better than cakes.
W: If you want me to bake a pie, will you go grocery shopping for me?
M: _______________________.

(a) I'll come along.
(b) Why didn't you ask your family to help out?
(c) Sure. What would you like me to pick up?
(d) Is there anything else you want me to get?

W: 토요일 동창회 모임에 쓸 치즈 케이크를 만들고 있어.
M: 난 케이크보다는 파이가 훨씬 좋은데.
W: 파이를 만들어 주길 원한다면, 나대신 식료품 가게에 가서 사다 줄래?
M: _______________________

(a) 내가 같이 갈게.
(b) 가족에게 도와달라고 부탁하지 그랬어?
(c) 문제없어. 뭐 사오면 돼?
(d) 내가 가져와야 할 또 다른 거 있어?

정답 (c)

[Joseph's Solution]

'파이를 만들려면, 가게에 가서 뭔가를 사올 수 있겠느냐'는 여자의 말에 남자는 승낙 혹은 거부의 의사를 이야기하는 것이 자연스럽다. 따라서 주어진 보기 중에서 Sure이라는 적극적인 대답과 함께 무엇을 사올지 다시 묻고 있는 (c)가 정답이다.

[필수어휘]

home-coming n. 귀향, 동창회 **bake** v. (오븐 등의 열로) 굽다, 익히다 **grocery** n. 식료품 **along** adv. 함께, 같이

Part I Choose the most appropriate response to the statement.

1 (a) (b) (c) (d)

2 (a) (b) (c) (d)

3 (a) (b) (c) (d)

4 (a) (b) (c) (d)

5 (a) (b) (c) (d)

6 (a) (b) (c) (d)

7 (a) (b) (c) (d)

8 (a) (b) (c) (d)

Part II Choose the most appropriate response to complete the conversation.

9 (a) (b) (c) (d)

10 (a) (b) (c) (d)

11 (a) (b) (c) (d)

12 (a) (b) (c) (d)

13 (a) (b) (c) (d)

14 (a) (b) (c) (d)

15 (a) (b) (c) (d)

Dictation Note

1   M:

    W: Thank you so much.

2   W: I forgot to wish Joseph a happy birthday yesterday.

    M: Oh, my.

3   W: It might be   to fix this leaky pipe.

    M: You took

4   M: What's wrong, Joan?

    W: I think

    M: Did you go see a doctor?

    W: Not yet, but   .

5   W: Haven't you seen my purse?

    M: No,

    W: Yes, but I couldn't find it.

    M: Well,

6   M: Is the computer in your office   ?

    W: Yes, why do you ask?

    M: Yes, mine keeps rebooting for some reason.

    W: That's too bad.   and get it serviced?

7   W: Honey,   that much.

    M: But the car didn't   .

    W: But   .

    M: All right. I will try to be a nice driver.

Vocabulary Review

☐ **wasted** a. 술에 찌든, 쇠약한

☐ **nonsmoking section** 금연석, 금연구역

☐ **would rather** ~하기 보다는 차라리 ~하겠다[하고 싶다]

☐ **come over** (특히 누구의 집에) 들르다

☐ **omelette** n. 오믈렛

☐ **be mad at** 화가 나다

☐ **get stood up** 바람 맞추다

☐ **apologize** v. 사과하다

☐ **be disappointed with** ~에 실망하다

☐ **have got to** ~해야 한다

☐ **leaky** a. 새는, 구멍이 난

☐ **plumber** n. 배관공

☐ **be coming down with** ~병이 걸릴 것 같다

☐ **exhausted** a. 몹시 지친, 피곤한

☐ **backpack** n. 배낭, 가방

☐ **semester** n. 학기

☐ **painkiller** n. 진통제

☐ **take a nap** 낮잠 자다

☐ **get a butterfly in one's stomach** 긴장하다

☐ **service** v. 점검[정비]하다

☐ **rain cats and dogs** 비가 억수같이 쏟아지다

☐ **honk** v. 울리다[빵빵거리다]

☐ **yield** v. 양보하다

☐ **tailgate** v. 바짝 따라 붙다

☐ **reckless** a. 무모한, 신중하지 못한

Unit 03
허락, 요청, 승낙, 거절

Listening Focus 경향 파악하기

허락, 요청, 승낙, 거절 등의 주제는 어려운 이디엄들이나 복잡한 상황들까지는 등장하지 않으나 가끔씩 LC를 처음 시작하는 사람들이 조심해야 할 함정들이 등장하기도 한다. 첫 번째 등장하는 선택지가 정답같이 들리더라도 나머지 선택지를 모두 들어본 후 가장 적절한 선택지를 정답으로 골라야 하며, Yes, No로 시작하는 선택지들의 경우 앞 부분(Yes/No)은 적절하지만 뒷 부분의 내용이 어색한 경우가 많으므로 주의깊게 잘 들어야 한다. 대화에 한 번 등장했던 어휘가 선택지에 다시 나오는 경우에 주의를 기울여야 하는데, 특히 파트 2의 경우 마지막 말에 등장한 어휘가 다시 반복되는 선택지가 많으므로 주의해서 잘 듣도록 한다.

Pattern Practice

■ 허락

Please let me go outside and play, mom. 엄마, 밖에 나가서 놀게 해주세요.
As soon as you have finished your homework. 숙제를 끝나면 바로 가도 된다.

■ 요청

Would you assist me with some more fund? 더 많은 기금으로 나를 도와줄래요?
That depends on our management's decision. 우리 경영진의 결정이 무엇인지에 따라 달려있죠.

■ 승낙

Kathy, you are my only sweetheart. Please marry me.
  Kathy, 당신은 나의 유일한 사랑이야. 나와 결혼해줘.

Alright, darling. But you must make me happy all the time.
  알았어, 자기. 그렇지만 나를 항상 행복하게 만들어 줘야 해.

■ 거절

Why the long face, Luke? Luke, 왜 그렇게 우울한 얼굴이야?
Jane turned me down again. Jane이 또 나를 거절했어.

Word Box

assist v. 돕다, 조력하다
fund n. 기금, 자금
management n. 경영진
long face 시무룩한(우울한) 얼굴
turn down 거절하다

CHECK UP

M: Mom, can I go play soccer in the park?
W: ___________________________.

(a) What did you do wrong?
(b) Only after you finish your homework.
(c) No, it's going to clear up this afternoon.
(d) Dinner is ready. Wash your hands first.

M: 엄마, 공원에 가서 축구해도 되요?
W: ___________________________

(a) 무슨 일을 잘못했는데?
(b) 숙제를 끝낸 이후라면 그렇게 해.
(c) 아니, 오늘 오후에 깨끗이 정리할 거야.
(d) 저녁식사가 준비되었어. 손부터 씻도록 해.

정답 (b)

[Joseph's Solution]

"Can I ~?"는 허락을 구하는 질문이므로 승낙 또는 거절의 대답이 이어지는 것이 적절하다. (b)의 only if는 '~의 경우에만'의 뜻으로 조건부 허락의 표현이다. 따라서 '숙제를 끝내면 축구해도 좋다'고 말하는 (b)가 정답이다.

[필수어휘]

finish v. 끝내다   **clear up** 정리하다, 치우다

Part I   Choose the most appropriate response to the statement.

1   (a)   (b)   (c)   (d)

2   (a)   (b)   (c)   (d)

3   (a)   (b)   (c)   (d)

4   (a)   (b)   (c)   (d)

5   (a)   (b)   (c)   (d)

6   (a)   (b)   (c)   (d)

7   (a)   (b)   (c)   (d)

8   (a)   (b)   (c)   (d)

Part II   Choose the most appropriate response to complete the conversation.

9   (a)   (b)   (c)   (d)

10   (a)   (b)   (c)   (d)

11   (a)   (b)   (c)   (d)

12   (a)   (b)   (c)   (d)

13   (a)   (b)   (c)   (d)

14   (a)   (b)   (c)   (d)

15   (a)   (b)   (c)   (d)

Dictation Note

1   W: Could you help me   ?

   M: I'd love to, but

2   M: I'd like to make a phone call.

   W:

3   M: Excuse me, but is anyone sitting here?

   W: Yes,

4   M: I'd like to   , please.

   W: How much would you like to cash?

   M: , please.

   W: Sure,   ?

5   M: I was wondering   .

   W: Sorry, you can't. You can just read it here in the library.

   M: Then is it possible   ?

   W: Of course, it is.

6   M: I'd like you   .

   W: No problem. To where?

   M: I want to go to   .

   W: That shouldn't be a problem.

7   W: Is it about time that   ?

   M: I think so. Lunch is already ready and it's getting cold.

   W: Then   and pick up later after lunch?

   M: Sounds like a good idea. Let's wrap things up.

- **be up to one's ears oneself** 너무 바쁘다
- **in a long time** 오랫동안
- **reschedule** v. (일정을) 새로 잡다
- **permanent** n. 파마
- **pressure** v. 압력을 가하다
- **turn in** 제출하다
- **product manual** 제품 설명서
- **refund** n. 환불
- **be not much of** 대단한 ~이 아니다
- **have a drink** 마시다
- **coincidence** n. 우연의 일치
- **make a phone call** 전화 걸다
- **stay over night** 일박하다
- **interrupt** v. 방해하다
- **cash** v. 현금화 하다
- **traveler's check** 여행자 수표
- **quarter** n. 25센트짜리 동전
- **garbage** n. 쓰레기
- **garbage disposal** 음식 찌꺼기 처리기
- **junk food** 불량식품
- **photocopy** v. (복사기로) 복사하다
- **newly** adv. 새롭게
- **pick up** 다시 시작하다, 계속하다
- **text message** (휴대전화로 보내는) 문자 메시지
- **drop by** 들리다, 잠깐 방문하다

Unit 04
축하, 칭찬, 사과, 감사

Listening Focus 경향 파악하기

TEPS의 LC는 학교에서 이루어지는 대화(campus talk) 위주로 이루어져 있는 TOEFL이나 비즈니스 관련 대화가 많은 TOEIC과는 달리 미국인들의 일상 대화, 즉 일상의 희로애락을 다루는 상당히 광범위한 토픽들을 다룬다. 그 중 상당 부분을 차지하며 TEPS 정기시험에서 거의 안 빠지고 등장하는 유형이 칭찬과 축하의 상황인데 상대방 외모에 대한 칭찬, 승진이나 시험 합격 축하, 제3자에 대한 칭찬 등이 주로 출제된다. 가끔 사과, 불평에 대한 응답이 선택지에 나와서 수험자들을 혼동하게 만드는 경우도 많으므로 조심해야 한다.

누가 사과를 했을 때에는 '그래, 너 잘못한 거 알지?'라는 응답보다는 '괜찮아', 또는 '그럴 수도 있지, 힘내라' 등의 격려성 답변들이 정답으로 등장한다는 것을 알아두자.

Pattern Practice

■ 축하

Mark aced his university entrance exam. Mark가 대학교 입학시험에서 좋은 성적을 거뒀어.

Way to go! He must be proud of himself. 잘했어! 그는 스스로를 자랑스러워할 거야.

■ 칭찬

Your son Joseph is the kindest student in our school.
당신의 아들 Joseph은 우리 학교에서 가장 친절한 학생입니다.

Thank you so much for your compliment. 칭찬해 주셔서 너무 고맙습니다.

■ 사과

I must apologize for what I have done to you.
내가 당신에게 한 일에 대해 사과해야겠어요.

That's alright. 괜찮아요.

■ 감사

I really appreciate your kind hospitality.
난 당신의 친절한 환대에 정말 감사 드립니다.

It was my pleasure. 제 기쁨이었는걸요.

> **Word Box**
>
> **entrance exam** 입학시험
> **be proud of** ~를 자랑스러워하다
> **compliment** n. 칭찬
> **apologize** v. 사과하다
> **appreciate** v. 감사하다, 감상하다
> **hospitality** n. 환대, 친절

CHECK UP

M: Sarah, I'm so sorry to have to tell you that it was I that broke your favorite vase the other day.

W: ________________________.

(a) I'm glad you found it.
(b) I'd like to get a refund.
(c) That's all right. Thanks for telling me honestly anyway.
(d) I bought the vase at 100 dollars. I'd like a replacement.

M: Sarah, 너무 미안하게도 전날 당신이 제일 아끼는 꽃병을 깬 사람이 나라는 사실을 말해야 할 것 같아요.

W: ________________________

(a) 당신이 그것을 찾았다니 기뻐요.
(b) 환불하고 싶어요.
(c) 괜찮아요. 어쨌든 솔직하게 말해 줘서 고마워요.
(d) 난 그 꽃병을 100달러에 구입했어요. 대체할 것이 필요해요.

정답 (c)

[Joseph's Solution]

남자가 여자의 아끼는 꽃병을 자신이 깼다고 이야기하는 상황이다. 따라서 이에 적절한 응답으로 솔직하게 이야기를 한 용기를 칭찬해 주거나 수리를 어떻게 해 줄 것인지를 묻는 내용이 이어지는 것이 자연스럽다. 따라서 (c)가 정답이다.

[필수어휘]

vase n. 꽃병　　**refund** n. 환불　　**honestly** adv. 정직하게　　**replacement** n. 대체품, 대체할 것

Part I Choose the most appropriate response to the statement.

1 (a) (b) (c) (d)

2 (a) (b) (c) (d)

3 (a) (b) (c) (d)

4 (a) (b) (c) (d)

5 (a) (b) (c) (d)

6 (a) (b) (c) (d)

7 (a) (b) (c) (d)

8 (a) (b) (c) (d)

Part II Choose the most appropriate response to complete the conversation.

9 (a) (b) (c) (d)

10 (a) (b) (c) (d)

11 (a) (b) (c) (d)

12 (a) (b) (c) (d)

13 (a) (b) (c) (d)

14 (a) (b) (c) (d)

15 (a) (b) (c) (d)

1 W:

M: It was my pleasure.

2 M: Look! I just got   .

W: Wow. Congratulations!

3 W:

M: Well done.

4 W: Did you hear the news about my husband John?

M: No,

W: to assistant manager!

M: You must be happy   as your husband.

5 W:

M: Come on in and have a seat.

W:

M: Make yourself at home.

6 M:

W: Well, thanks for noticing it.

M:

W: Thanks, it cost an arm and a leg.

7 M: I was wondering if you   tonight.

W: Sorry I can't.

M: That's okay. I can take a taxi home.

W: Sorry about that,

☐ **take one's time** (서두르지 않고) 천천히 하다, 늑장을 부리다

☐ **apologize** v. 사과하다

☐ **have an extension** 연장근무를 하다

☐ **mention** v. 언급하다

☐ **You're telling me.** 내 말이 바로 그 말이에요.

☐ **meal** n. 식사

☐ **admittedly** adv. 인정하건대

☐ **pay off** 성공하다, 성과를 올리다

☐ **bridegroom** n. 신랑

☐ **shame** n. 수치심, 창피

☐ **work** v. 작동하다

☐ **assistant manager** 부지배인

☐ **hard-working** a. 근면한

☐ **snug** a. 아늑한, 포근한

☐ **check out** ~을 확인[조사]하다

☐ **hairdo** n. 머리 모양, 머리 스타일

☐ **mean** a. 못된

☐ **give ~ a lift(ride)** ~를 태워주다

☐ **You had it coming.** 자업자득이다.

Unit 05
위로, 격려, 유감, 안도

Listening Focus   경향 파악하기

TEPS에서는 누가 사과를 했을 때 그 말에 대한 위로를 하거나 격려를 하는 응답으로 '괜찮아', 또는 '그럴 수도 있지, 힘내라' 등의 격려성 답변들이 정답으로 등장한다. 특히 최근 시험에서는 누가 아프거나 일이 잘못되었을 때 '쌤통이다', '그럼 그렇지'의 의미를 갖는 표현은 절대 등장하지 않으며 '참 안 됐다', '잘되길 빈다' 식의 공감을 표현하고 격려를 하는 응답들이 정답으로 많이 등장한다는 사실을 기억하자.

또한 누군가에게 유감을 표현하거나 불평을 늘어놓는 유형에서는 반드시 상대방에게 무엇인가 조언이나 동감을 구하는 상황이라고 볼 수 있으므로 선택지의 정답 역시 상대에게 위로를 하거나 조언을 하는 내용을 정답으로 고르면 된다. 이 유형 역시 의문문보다는 평서문으로 제시하는 경우가 많으므로 문장 전체의 의미와 선택지와의 논리성을 따져보는 것이 중요하다.

Pattern Practice

■ 위로

My mother has been diagnosed with breast cancer.
어머니께서 유방암 판명을 받으셨어.

I'm so sorry. She will definitely get better in no time.
정말 안타깝다. 어머니께서는 꼭 곧 좋아지실 거야.

■ 격려

Keep up the good work. You will be the top in your class. 계속해서 수고해. 너는 너의 반에서 일등을 할거야.
Thanks for encouraging me. 격려해줘서 고마워.

■ 유감

I flunked my math final. 나 수학 기말고사에서 낙제했어.
I feel sorry to you. 정말 안됐다.

■ 안도

I lost my cell phone last night but I just found it.
지난밤에 휴대폰을 잃어버렸지만 방금 찾았어.

That's a relief, isn't it? 안심이네, 그렇지?

Word Box

diagnose v. (병/질환) 진단하다, 진단 내리다
breast cancer 유방암
encourage v. 격려하다, 북돋우다
flunk v. 낙제하다, (시험에) 떨어지다
relief n. 안심, 안도

CHECK UP

W: My sister has been diagnosed with a heart disorder.
M: ___________________________.

(a) You might want to go see a doctor.
(b) Why don't you ask her to go see a doctor?
(c) You must be infected with the disease.
(d) You must be quite anxious about her.

W: 제 여동생이 심장병이라는 진단을 받았어요.
M: ___________________________.

(a) 당신은 아마도 병원에 가보셔야 겠네요.
(b) 동생에게 병원에 가보라고 하는 건 어때요?
(c) 당신은 그 병에 전염되었음이 틀림없어요.
(d) 동생에 대해 매우 걱정되겠어요.

정답 (d)

[Joseph's Solution]

'여동생이 심장병이라는 진단을 받았다'는 여자의 말에 대한 남자의 응답으로 놀라거나 걱정해 주는 표현이 이어지는 것이 자연스럽다. 따라서 '매우 걱정이 되겠다'고 안쓰러워하는 (d)가 남자의 대답으로 적절하다. (b)의 다른 의사선생님을 만나보라고 하는 조언은 위로의 말 다음에 이어지는 내용으로 적절하다. must be는 '~임에 틀림없다'라는 의미이다.

[필수어휘]

be diagnosed with ~로 진단받다   **heart disorder** 심장병   **infect** v. 전염시키다   **anxious** a. 걱정스러운

Part I   Choose the most appropriate response to the statement.

1   (a)   (b)   (c)   (d)

2   (a)   (b)   (c)   (d)

3   (a)   (b)   (c)   (d)

4   (a)   (b)   (c)   (d)

5   (a)   (b)   (c)   (d)

6   (a)   (b)   (c)   (d)

7   (a)   (b)   (c)   (d)

8   (a)   (b)   (c)   (d)

Part II   Choose the most appropriate response to complete the conversation.

9   (a)   (b)   (c)   (d)

10   (a)   (b)   (c)   (d)

11   (a)   (b)   (c)   (d)

12   (a)   (b)   (c)   (d)

13   (a)   (b)   (c)   (d)

14   (a)   (b)   (c)   (d)

15   (a)   (b)   (c)   (d)

Dictation Note

1   W:

    M: Sorry to hear that. I thought   .

2   M: I can't solve this problem. It's too difficult.

    W: Come on,   .

3   W: Oh, no! I seem   .

    M: Don't worry.

4   M: to Europe.

    W: Really? How did you like it?

    M: It was terrible.

    W: Really? Oh,

5   M: Sorry I'm late.

    W: Why?

    M: I'm so sorry again.

    W: That's okay. That happens to everyone.

6   M: Did you hear about Sarah   ?

    W: Why? What happened to her?

    M:

    W: But I think she had it coming.

7   M: I'm afraid

    W: I realized that now.

    M: What are you going to do?

    W:

- ☐ **get in one's way** ~를 방해하다
- ☐ **mess up** 망치다
- ☐ **fault** n. 결점
- ☐ **break up with** ~와 헤어지다
- ☐ **breast cancer** 유방암
- ☐ **seek** v. (~을 발견하기 위해) 찾다, 구하다
- ☐ **second opinion** 다른 의사의 의견[진단]
- ☐ **solve** v. 풀다, 해결하다
- ☐ **call it a day** ~을 그만하기로 하다
- ☐ **rain cats and dogs** 비가 세차게 내리다
- ☐ **don't ring a bell** 기억나지 않다
- ☐ **have the flu** (유행성) 감기에 걸리다
- ☐ **concentrate on** ~에 집중하다
- ☐ **midterm exam** 중간고사
- ☐ **terrible** a. 심한, 지독한
- ☐ **disappointed** a. 실망한, 낙담한
- ☐ **go off** (경보기 등이) 울리다
- ☐ **on purpose** 고의로, 일부러
- ☐ **spill** v. 흘리다, 쏟다
- ☐ **accounting department** 회계 부서
- ☐ **negligence** n. 부주의, 태만
- ☐ **break out** 발발하다, 일어나다
- ☐ **get to** v. 도착하다

Unit 06

의견교환, 동의, 반대

Pattern Practice

■ 의견교환

How did you find the movie last night? 지난 밤 영화 어땠어?
It was the best film that I've ever seen. 지금까지 본 영화 중 최고였어.

■ 동의

I think I'd better hit the sack. 잠자리에 드는 게 좋을 것 같아.
So do I. 나도 그래.

■ 반대

I'm against what you have suggested today.
나는 오늘 네가 제안한 것에 반대하는 입장이야.
Do you have a better idea? 더 좋은 생각이 있어?

■ 맞장구

Mr. Densen is an absolute headache. Densen씨는 완전히 골칫거리야.
You said it. 동감이야.

Word Box

against prep. ~에 반대하여[맞서]
suggest v. 제안하다, 제시하다
absolute a. 절대적인, 완전한
headache n. 두통, 골칫거리

CHECK UP

M: Living downtown is really exciting but noisy.
W: ___________________________.

(a) That sounds unbelievable.
(b) Yes, I've been there too.
(c) Yeah, I couldn't agree with you more.
(d) This bus doesn't go downtown.

M: 이런 시내에 사는 건 정말 흥미롭지만 시끄러워.
W: ___________________________

(a) 믿을 수 없는 일인데.
(b) 그래, 나도 거기에 갔었어.
(c) 그래, 너의 말에 전적으로 동의해.
(d) 이 버스는 시내로 가지 않아.

정답 (c)

[Joseph's Solution]

남자는 '시내에 사는 것이 재미는 있지만 소란스럽다'고 하고 있다. 따라서 여자의 응답으로 남자의 말에 적극적으로 동의하는 (c)가 적절하다. (d)는 downtown을 반복 언급하여 혼동을 주는 오답지이다.

[필수어휘]

unbelievable a. 믿을 수 없는   **agree (with)** v. ~에게 동의하다

Part I **Choose the most appropriate response to the statement.**

1   (a)   (b)   (c)   (d)

2   (a)   (b)   (c)   (d)

3   (a)   (b)   (c)   (d)

4   (a)   (b)   (c)   (d)

5   (a)   (b)   (c)   (d)

6   (a)   (b)   (c)   (d)

7   (a)   (b)   (c)   (d)

8   (a)   (b)   (c)   (d)

Part II **Choose the most appropriate response to complete the conversation.**

9   (a)   (b)   (c)   (d)

10   (a)   (b)   (c)   (d)

11   (a)   (b)   (c)   (d)

12   (a)   (b)   (c)   (d)

13   (a)   (b)   (c)   (d)

14   (a)   (b)   (c)   (d)

15   (a)   (b)   (c)   (d)

Dictation Note

1 M: I'd like to ____________________ at your company.

  W: You'll just need to ____________________.

2 W: ____________________ I've ever watched on TV.

  M: ____________________

3 M: I heard ____________________. I'm so sorry.

  W: Thanks, we're ____________________.

4 M: What do you think ____________________?

  W: How about an iPhone?

  M: ____________________ iPhones are ____________________.

  W: Yeah, almost everyone seems to want to have one.

5 M: What do you think of the musical?

  W: ____________________

  M: Really? For me, ____________________

  W: Sorry to hear that. ____________________

6 W: ____________________ I bought it online a week ago.

  M: I think it has ____________________ with the price.

  W: But my brother complained ____________________.

  M: No, you didn't.

7 M: I hear you ____________________.

  W: That's just a getaway from my mundane everyday life.

  M: That's surprising! ____________________

  W: ____________________ Are you saying you buy them as well?

- [ ] **inbound** a. (어떤 장소로) 오는, 귀항하는
- [ ] **receptionist** n. (호텔 · 사무실 · 병원 등의) 접수 담당자
- [ ] **apply for** 지원하다
- [ ] **fill out** 채우다
- [ ] **application form** 지원서 양식
- [ ] **complain about** ~에 대해 불평하다
- [ ] **be cut out for** ~에 적임자이다
- [ ] **weird** a. 기이한, 기묘한
- [ ] **be on sale** 할인 판매하다
- [ ] **be sold out** 다 팔리다, 품절되다
- [ ] **bargain sale** 염가 대매출
- [ ] **take a break** 휴식을 취하다
- [ ] **greasy** a. 기름투성이의, 기름이 많이 묻은
- [ ] **crowded** a. 붐비는, 복잡한
- [ ] **be full of** ~로 가득하다
- [ ] **pass away** 사망하다, 죽다
- [ ] **take a trip to** ~로 여행가다
- [ ] **fad** n. (일시적인) 유행
- [ ] **get a wink of sleep** 한숨도 못 자다
- [ ] **do not sleep a wink** 뜬눈으로 지새우다
- [ ] **taste** n. 취향
- [ ] **get around** 돌아다니다
- [ ] **compared with** ~와 비교하여
- [ ] **performance** n. 성능
- [ ] **lottery ticket** 복권
- [ ] **mundane** a. 재미없는, 일상적인

Unit 07
주의, 경고, 소망, 의지

주의나 경고 관련 문제들은 Make sure to buckle up (벨트 매는 것 잊지마.), Don't forget to stamp your feet before enter the house (집에 들어오기 전 발의 흙을 터는 것 잊지마.), Watch out! The floor is slippery (조심해! 바닥이 미끄러워.) 등 우리 일상생활에서 흔히 등장할 수 있는 내용에 대한 부모나 친구의 주의나 경고가 대다수를 이룬다.

이밖에도 소망이나 의지 등 평서문 문제들은 의문사에서 힌트를 찾을 수 있는 의문문 문제들과는 달리 문장 자체에서는 별다른 힌트를 찾을 수 없다. 따라서 평서문 유형을 풀려면 한 문장을 암기했다고 만족하지 말고 대화 가능한 대답을 모두 알아두자. 또한 문장을 대화 단위로 암기하고 한 문장에 대한 다양한 응답 표현을 외우고, 특히 출제되었던 관용 표현들을 많이 암기한다.

이를 위해서는 주의, 경고, 소망, 의지 등의 토픽들을 정리하고 그 토픽들에 자주 등장하는 표현을 파악한다. 이때 중요한 것은 단어나 구 단위가 아니라, 반드시 문장 단위로 끊어서 들은 뒤에, 그 문장을 그대로 받아 적어야 한다는 것이다. 그래야 나중에 실제로 듣기를 할 때, 홍수처럼 쏟아져 나오는 단어들을 의미별 덩어리로 인식하여, 아이디어의 가장 기본단위인 문장으로 이해할 수 있다.

■ **주의**

Is everyone buckled up? I don't want to pay the fine. 모두 안전벨트 맸니? 나는 벌금을 내고 싶지 않아.

We are ready whenever you are. 언제라도 우리는 준비가 되었어.

■ **경고**

You'd better watch your feet when walking on the floor. Somebody spilt water.
바닥을 걸을 때 발을 살피는 게 좋아. 누군가 물을 쏟았어.

Thanks for reminding me. 상기시켜줘서 고마워.

■ **소망**

I wish I were rich like Bill Gates. Bill Gates 만큼 부자였으면 좋겠어.

You will definitely be if you do your best.
열심히만 한다면 너는 분명이 그렇게 될 수 있어.

■ **의지**

I'll put all my effort into this dieting program.
이 다이어트 프로그램에 내 모든 노력을 쏟을 거야.

Sounds like a big decision. 대단한 결심으로 들리는구나.

Word Box

buckle up 벨트의 버클을 채우다, 안전 띠를 매다
fine n. 벌금
spill v. 흐르다, 쏟아지다
effort n. 노력, 시도
decision n. 결정, 결심

CHECK UP

W: I wish you could join us for dinner.
M: _________________________.

(a) I can't wait to get together with you for dinner.
(b) The dinner is on the house.
(c) Yes, I wish I could, but I have a prior engagement.
(d) Neither do I.

W: 저녁을 함께 먹을 수 있다면 좋을텐데요.
M: _________________________

(a) 당신과의 저녁식사가 고대되고 있어요.
(b) 저녁은 무료입니다.
(c) 네, 그럴 수 있으면 좋겠지만, 선약이 있어요.
(d) 나 또한 그렇지 않아.

정답 (c)

[Joseph's Solution]

I wish 가정법으로 아쉬움을 표현하고 있다. 여자가 '저녁을 함께 할 수 있으면 좋겠다'고 하고 있으므로, 저녁 식사 초대에 대한 거절이나 수락의 대답이 이어지는 것이 적절하다. 따라서 'I wish I could'라고 하면서 선약이 있다고 거절하는 (c)가 정답이다. (d)의 경우 부정문에 대한 동의의 표현이므로, 정답이 될 수 없다.

[필수어휘]

on the house 무료의   **prior engagement** 선약

Practice Test

<table>
<tr><td>**Part I**</td><td colspan="4">**Choose the most appropriate response to the statement.**</td></tr>
</table>

Part I   **Choose the most appropriate response to the statement.**

1   (a)   (b)   (c)   (d)

2   (a)   (b)   (c)   (d)

3   (a)   (b)   (c)   (d)

4   (a)   (b)   (c)   (d)

5   (a)   (b)   (c)   (d)

6   (a)   (b)   (c)   (d)

7   (a)   (b)   (c)   (d)

8   (a)   (b)   (c)   (d)

Part II   **Choose the most appropriate response to complete the conversation.**

9   (a)   (b)   (c)   (d)

10   (a)   (b)   (c)   (d)

11   (a)   (b)   (c)   (d)

12   (a)   (b)   (c)   (d)

13   (a)   (b)   (c)   (d)

14   (a)   (b)   (c)   (d)

15   (a)   (b)   (c)   (d)

Dictation Note

1 W: Excuse me, sir,   not to smoke here.

    M:

2 M:

    W: I'm sorry, but it's sold out.

3 W: I wish   for lunch.

    M:

4 M: Have you   ?

    W: No, Not yet.

    M: before you go on a vacation.

    W: Of course,

5 M: I can't

    W: Look, there's one over there.

    M: But

    W: Well, then

6 W: I can't believe

    M: I'm terribly sorry.

    W:

    M: You have every reason to be.

7 M:

    W: At 5.

    M: But it's already

    W: Maybe

- ☐ **continual** a. 거듭되는
- ☐ **absence** n. 결석, 결근
- ☐ **be sick and tired of** ~에 완전히 질리다
- ☐ **excuse** n. 변명
- ☐ **make-up test** 재(추가)시험
- ☐ **cordially** adv. 진심으로, 몹시
- ☐ **stand ~ up** 바람 맞추다, 기다리게 하다
- ☐ **heater** n. 난방기, 히터
- ☐ **be low on** ~이 부족하다, 얼마 안 남다
- ☐ **think twice** 재고하다, 숙고하다
- ☐ **pay attention to** ~에 주의를 집중하다
- ☐ **stand a chance (of doing something)** (~을 할) 가능성이 있다
- ☐ **practice** v. 실행(실천)하다, 연습하다
- ☐ **Don't get me wrong.** 내 말을 꼬아서 듣지 마라.
- ☐ **smuggler** n. 밀수범, 밀수업자
- ☐ **go on a vacation** 휴가가다
- ☐ **swear** v. 맹세하다
- ☐ **take off** (옷 등을) 벗다[벗기다], (공공 서비스 · 텔레비전 프로그램 · 공연 등을) 중단하다
- ☐ **parking spot** 주차구역
- ☐ **staff** n. (전체) 직원
- ☐ **make a reservation** 예약하다
- ☐ **slip one's mind** 잊어버리다
- ☐ **be disappointed in** ~에 실망하다
- ☐ **keep someone posted** 사정에 정통케 하다, 정보를 알리다
- ☐ **plumber** n. 배관공
- ☐ **quarter** n. (매 정시 앞 · 뒤의) 15분
- ☐ **get caught in traffic** 차가 밀리다 (=get stuck in traffic)
- ☐ **rearrange** v. (행사 시간 · 날짜 · 장소 등을) 재조정하다
- ☐ **have a word with** 잠깐 이야기를 하다
- ☐ **reference letter** 추천서

Unit 08

감정, 기분, 건강, 전화

Listening Focus 경향 파악하기

감정, 기분에 관련된 문제들의 경우, 우리말의 경우에도 그 표현방법이 한 두 개로 단순화 되어 있는 것이 아닌 것처럼 영어에서도 다양한 표현이 등장한다. 따라서 일단 출제되었던 표현은 반복 암기하는 것이 중요하며 건강관련 문제들의 경우 먼저 대화가 이루어지는 장소가 병원인지, 약국인지, 의사의 전문 분야가 무엇인지, 무슨 증상 때문에 대화가 이루어지고 있는지 등 문제의 상황을 파악하는 것이 중요하다.

건강, 병원관련 유형에서는 여러 가지 증상의 명칭이 중요한데 단순히 cold, flu 정도만 나오는 경우도 있지만 pneumonia(폐렴), tuberculosis(결핵), hypochondriac(우울증 환자) 등 난이도가 있는 단어가 등장하는 경우도 많기 때문에 주제별로 단어 정리를 확실하게 해두는 것이 좋다.

전화 통화관련 문제들은 난이도는 그리 높지 않지만 가끔씩 시제와 인칭을 혼동시킨 함정이 등장하고 출제율이 상당히 높은 토픽이므로 절대 소홀히 공부해서는 안 되는 유형이라고 볼 수 있다. 전화 통화관련 표현들의 상당수는 한 가지 상황에도 다양한 표현이 등장할 수 있으므로 가능한 표현들을 한꺼번에 외워두는 것이 현명한 공부방법일 것이다. 상대방을 찾는 표현은 [May I speak to ~?, Is ~ in?, Is ~ available?, I'm trying to reach ~.] 등이 있다.

■ 감정

Don't lose heart! Life is full of ups and downs. 용기를 잃지 마! 삶이란 잘될 때도 있고 안 될 때도 있는 거지.

Thank you for saying that. 그렇게 말해줘서 고마워.

■ 기분

I can't help forgetting my stupid mistake. 내가 한 멍청한 실수를 잊어버릴 수가 없어.

Don't be discouraged! That's what we all do. 좌절하지 마! 우리 모두가 하는 실수야.

■ 건강

My doctor said that I might have a stomachache.
의사 선생님 말로는 내가 복통이 있을지도 모른데.

Oh, why don't you ask for a second opinion?
어머, 다른 의사의 의견을 물어보는 건 어때?

■ 전화

Hi, this is Judy Sanders calling and I am returning Ms. Lee's call.
여보세요, 저는 Judy Sanders입니다만 Lee씨가 전화했다고 해서요.

Please hold while I transfer the call.
전화를 돌려드리는 동안 기다려주세요.

Word Box

lose heart 용기를 잃다
ups and downs 잘될 때와 안될 때
stupid a. 멍청한, 어리석은
discouraged a. 좌절한, 낙담한
stomachache n. 복통
second opinion 다른 의사의 의견
transfer v. 전화를 돌리다, 이동하다

CHECK UP

M: I'm feeling better today.
W: ___________________________.

(a) The painkiller must be working.
(b) Congratulations.
(c) Think nothing of it.
(d) I suggest you take a break.

M: 오늘은 좀 나아진것 같아요.
W: ___________________________

(a) 진통제가 효과가 있는 게 틀림없어요.
(b) 축하합니다.
(c) 그 생각은 하지 말아요.
(d) 휴식을 취하도록 권합니다.

정답 (a)

[Joseph's Solution]

'아팠던 것이 오늘은 좀 나아진것 같다'는 남자의 말에 대한 적절한 반응으로 '잘됐다'며 동조를 해 주거나, 덜 아픈 이유를 추측해 보는 것이다. 따라서 '진통제가 효과가 있는 것 같다'는 (a)가 대답으로 적절하다. must be는 '~임에 틀림없다'는 강한 추측을 표현할 때 쓰인다.

[필수어휘]

painkiller n. 진통제　**take a break** 휴식을 취하다

Practice Test

Part I Choose the most appropriate response to the statement.

1   (a)   (b)   (c)   (d)

2   (a)   (b)   (c)   (d)

3   (a)   (b)   (c)   (d)

4   (a)   (b)   (c)   (d)

5   (a)   (b)   (c)   (d)

6   (a)   (b)   (c)   (d)

7   (a)   (b)   (c)   (d)

8   (a)   (b)   (c)   (d)

9   (a)   (b)   (c)   (d)

Part II Choose the most appropriate response to complete the conversation.

10   (a)   (b)   (c)   (d)

11   (a)   (b)   (c)   (d)

12   (a)   (b)   (c)   (d)

13   (a)   (b)   (c)   (d)

14   (a)   (b)   (c)   (d)

15   (a)   (b)   (c)   (d)

16   (a)   (b)   (c)   (d)

1   M: Hello. I'm calling about   .

    W: What do you want to know about it?

2   W:

    M: Please drop me a line.

3   W:

    M: Actually I've gained 3 pounds.

4   W: I'm spending   .

    M: Why don't you   ?

5   W: Why do you   ?

    M: if I went home early?

    W: I don't think so, but why do you need to leave early?

    M:

6   W: What's the matter?

    M: My stomach is killing me.

    W: I think it's from   .

    M: I don't think so. I think it's   .

7   M: Sarah looks rather upset today. What's the problem?

    W: Actually,   about her present job.

    M:

    W: Yeah, I guess   .

8   W: So,   , Tony?

    M: I'm   . I don't like it, though.

    W: That's too bad, why not?

    M: Well,   .

☐ **studio** n. 원룸 (아파트), 스튜디오, 영화사

☐ **photo studio** 사진관

☐ **career** n. 직업, 경력

☐ **I bet (that)** ~를 확신하다 (= I am certain (that~))

☐ **drop a line** ~에게 편지를 보내다

☐ **have a talk** 말하다

☐ **peel** v. 벗기다, 벗겨내다

☐ **look like** ~처럼 생기다, ~를 닮다

☐ **make up one's mind** 결심하다, 결정하다

☐ **lose weight** 몸무게가 줄다, 살 빠지다

☐ **lose one's temper** 버럭 화를 내다

☐ **weight** v. 가중치를 주다

☐ **favor** n. 지지, 인정, 인기

☐ **lend[give] a person a (helping) hand** ~을 도와주다

☐ **keep ~ing** 계속해서 ~하다

☐ **seriously** adv. 진지하게, 진심으로

☐ **head strong** 고집불통의

☐ **considerate** a. 사려 깊은, (남을) 배려하는

☐ **boss around** (이래라 저래라) 명령하다

☐ **part time job** 파트타임 일자리, 시간제 일

☐ **be committed to** 헌신적으로 ~하다

☐ **depressed** a. (기분이) 우울한, 활기가 없는

☐ **have the wrong number** 전화 잘못 걸다

☐ **premium** n. 할증료

☐ **colleague** n. 동료

Unit 09
호텔, 공항, 쇼핑, 길안내

Listening Focus 경향 파악하기

호텔관련 문제들은 기출 경향을 볼 때 숙박 기간과 원하는 방의 스타일 및 개수, 숙박 요금, 방이 없을 때의 상황, 예약 확인과 변경, 취소, 호텔이나 리조트의 시설 물어보기, 귀중품 보관 및 체크아웃 등으로 나누어진다. 따라서 이와 관련된 어휘들을 꼼꼼하게 정리하는 것이 중요하다. [vacancy(빈방), rate(숙박요금), valuables(귀중품), wake-up call(기상 서비스), locked out of the room(방에 열쇠를 두고 나옴), booked up(빈방 없음), porter, concierge(안내원), laundry(세탁물 서비스)] 등이 최근 출제 되었던 필수 어휘들이다.

쇼핑관련 대화들은 백화점, 레스토랑에서 서비스를 제공하는 사람과 서비스를 받는 사람과의 대화가 주제로 많이 출제된다. 따라서 선택지를 고를 때, 이 질문이 손님에게 한 것인가 아니면 웨이터에게 한 것인가 등을 정확히 파악하고 정답에 접근해야 한다.

매번 시험에 빠지지 않고 등장하는 길 안내(direction)는 특정 장소나 정류장 등 공공시설에 가는 방법 뿐만 아니라 걸리는 시간, 거리 등을 묻는 경우로서, 선택지 정답이 대부분 동사원형으로 시작하는 경우가 일반적이다. 보통 질문할 때 [Can you give me directions?, Could you show me the way?, Where can I find ~?, Would you show me the way ~? 등으로 시작하며 Just follow the nose.(그냥 앞으로 쭉 가세요.), It's a stone's throw away.(엎어지면 코 닿을 거리다.)] 등의 관용 표현들로 종종 출제 가능하므로 주의하면서 듣도록 하자.

Pattern Practice

■ 호텔

Do you have a reservation, sir? 예약하셨습니까, 손님?

No, I don't, but I'd like a single room, please. 아니요, 그렇지만 싱글 룸으로 하고 싶어요.

■ 공항

I have a reservation for flight 20 to Los Angeles. 로스앤젤레스로 20편 항공을 예약했어요.

May I have your name, sir? 성함이 어떻게 되시죠, 손님?

■ 쇼핑

Sir, how about this? This style is in fashion these days.
손님, 이것은 어떠세요? 이 스타일이 요즘 유행인데요.

Well, it's too tight. I'd like a bigger size.
글쎄요, 그것은 너무 꼭 끼어요. 저는 더 큰 사이즈가 좋겠어요.

■ 길안내

Excuse me. How can I get to city hall?
실례합니다. 시청으로 어떻게 가야 하나요?

Go straight and turn left. 곧장 가셔서 왼쪽으로 도세요.

> **Word Box**
>
> **have a reservation** 예약되어 있다
> **in fashion** 유행인
> **tight** a. 꼭 끼는, 타이트 한

CHECK UP

M: What time are we expected to arrive in
　 New York?

W: ____________________________.

(a) I've been expecting you.
(b) We're due to arrive in two hours.
(c) It's a quarter to five in New York now.
(d) Finally we arrived in New York.

M: 뉴욕에 몇 시에 도착하기로 되어 있나요?

W: ____________________________

(a) 나는 당신을 기다리고 있었어요.
(b) 2시간 후에 도착 예정이에요.
(c) 이제 뉴욕은 4시 45분이에요.
(d) 마침내 뉴욕에 도착했어요.

정답 (b)

[Joseph's Solution]

What time으로 뉴욕의 도착할 시간을 묻고 있다. 지금을 기준으로 '~후에'라고 할 때는 'in two hours'처럼 'in+시간'으로 나타낸다는 것도 기억하자.

[필수어휘]
expect v. 기대하다, 기다리다　**quarter** n. 15분, 1/4, 25센트　**arrive** v. 도착하다

Part I Choose the most appropriate response to the statement.

1   (a)   (b)   (c)   (d)

2   (a)   (b)   (c)   (d)

3   (a)   (b)   (c)   (d)

4   (a)   (b)   (c)   (d)

5   (a)   (b)   (c)   (d)

6   (a)   (b)   (c)   (d)

7   (a)   (b)   (c)   (d)

8   (a)   (b)   (c)   (d)

Part II Choose the most appropriate response to complete the conversation.

9   (a)   (b)   (c)   (d)

10   (a)   (b)   (c)   (d)

11   (a)   (b)   (c)   (d)

12   (a)   (b)   (c)   (d)

13   (a)   (b)   (c)   (d)

14   (a)   (b)   (c)   (d)

15   (a)   (b)   (c)   (d)

1   M: I'd like to   this weekend.

   W: Sorry,   .

2   W: I'm looking for   .

   M: Would you   here?

3   M: for tonight's concert?

   W: You're lucky.

4   M: If you don't mind,   ?

   W: What's the matter, sir?

   M: I think   , but this ticket   .

   W: Let me see if I can find you any open seat on the aisle.

5   M: Can you tell me how to get to Seoul World Cup Stadium?

   W:

   M: By subway.

   W: Then,

6   W: May I help you?

   M: , but there's only white flour.

   W: Is there?

   M: Yes,

7   W: May we have a table for two?

   M: If you haven't reserved,   .

   W: That's fine with us. We can wait.

   M: Thanks. I'll call you   .

Vocabulary Review

- ☐ **catch the plane** 비행기 시간에 대다, 비행기를 잡아타다
- ☐ **supply** n. 물품 (cf. school supplies 학용품)
- ☐ **supply the demand** ~의 수요를 충족시키다
- ☐ **water supply** 상수도
- ☐ **copying paper** 복사용지
- ☐ **vacancy** n. (호텔 등의) 빈 방
- ☐ **reservation in the name of** ~라는 이름으로 된 예약
- ☐ **take off** 이륙하다
- ☐ **folk remedy** 민간요법
- ☐ **look up** 찾아보다
- ☐ **check out** (도서관 등에서) 대출받다
- ☐ **bookkeeper** n. 회계 장부 담당자
- ☐ **stranger** n. 낯선 사람, 모르는 사람
- ☐ **reservation fee** 예약 수수료
- ☐ **bill** n. 고지서, 청구서
- ☐ **aisle** n. 복도
- ☐ **indicate** v. (조짐·가능성을) 나타내다
- ☐ **reserve** v. 예약하다
- ☐ **head** v. (특정 방향으로) 가다[향하다]
- ☐ **tights** n. 팬티스타킹
- ☐ **duty-free shop** 면세점
- ☐ **interval** n. 간격
- ☐ **whole grain flour** 통 밀가루
- ☐ **reserve** v. 예약하다
- ☐ **vacancy** n. 공석, 빈 자리
- ☐ **expect** v. (오기로 되어 있는 대상을) 기다리다

■ **부탁할 때**

- **Can I have a minute with you?** 잠시 시간 좀 내주시겠어요?
- **May I talk to you for a minute?** 잠시 이야기 좀 나눌 수 있을까요?
- **Could you spare me a minute?** 잠시 시간 좀 내주시겠어요?
- **Would you give me a hand?** 좀 도와주시겠습니까?
- **May I ask you a favor?** 부탁을 드려도 될까요?
- **Could you save my place?** 제 자리 좀 지켜주실 수 있으세요?
- **Would you give me a rain check?** 다음 기회로 미뤄도 될까요?
- **I'd rather you didn't.** 그러시지 않으면 좋겠는데.
- **Will you drop me off at the library?** 도서관에서 내려 주시겠어요?
- **Will you cash this check?** 이 수표를 현금으로 바꿔주시겠어요?
- **Will you pick up the laundry?** 세탁물 좀 찾아다 주시겠어요?
- **Would you give me a ride?** 차 좀 태워 줄래요?
- **May I have a loan?** 대출 좀 받을 수 있나요?
- **May I have your telephone number?** 전화번호를 가르쳐 주시겠어요?
- **Let me borrow your talent.** 당신 재주 좀 빌립시다.
- **Let me see your ID.** 신분증 좀 보여 주세요.
- **Let me drink some water.** 물 좀 주세요.

■ **제안할 때**

- **Why don't we go for a walk?** 산책하러 갈까요?
- **How about a beer tonight?** 오늘밤 맥주 한 잔 어때요?
- **What do you say to going now?** 지금 가는 게 어때요?
- **I would recommend this.** 저라면 이걸 권하겠습니다.
- **Would you like a refill?** 한 잔 더 드릴까요?
- **Please, be my guest**. 마음껏 사용하세요.
- **Let's make it some other time.** 다음 기회에 하죠.
- **Sorry, I have a previous appointment.** 죄송합니다, 선약이 있어서요.
- **Let me give you a piece of advice.** 제가 충고 한 마디 하겠습니다.
- **Take your time.** 서두르실 필요 없어요.
- **Follow your instincts.** 하고 싶은 대로 하세요.
- **Whatever you say.** 말씀대로 하세요.
- **Whatever you want.** 원하시는 대로 하세요.
- **If you insist.** 정이 그러시겠다면 그렇게 하세요.
- **If you would insist**. 굳이 그러시겠다면 그렇게 하세요.
- **It's up to you**. 그건 당신 하기 나름이에요.

Chapter 04

질문유형별 분류

파트 3,4의 유형 상당수는 첫 문장에 주제가 있는 형식으로 시작하여 중간 부분에서 이러한 주제를 뒷받침할 만한 구체적인 예들이 전개되다가 대화나 글의 마지막 부분에서 주제를 다시 한 번 재진술하거나 재강조하는 문제들이 주로 출제된다. 어떤 유형들은 대화나 지문의 상단에서 문제의 핵심이 정확하게 밝혀지지 않고 대략적인 서론으로 시작하다가 중간 이하에서 본격적으로 주제를 제시하는 경우도 있다. 이런 경우에는 대화나 지문에 반복적으로 강조되는 관련어구들에 집중해야한다. 왜냐하면 그 관련어구가 선택지에 등장하면 정답인 경우가 많기 때문이다.

파트 3, 4에는 여러 가지 상황과 토픽에 관련된 주제들이 등장하는데, 그 중에서도 가장 까다로운 부분이 바로 세부 유형이라 할 수 있다. 대의 파악 유형들은 어느 특정 부분을 놓치더라도 전반적인 대화나 글의 분위기로 정답을 고를 수 있는 반면에 세부 내용을 묻는 문제들의 경우 질문에서 묻는 세부 내용을 놓칠 경우 정답을 고르기 힘들기 때문이다. 따라서 첫 번째 들을 때에는 대화나 지문의 전체적인 내용을 파악하고 두 번째 들을 때에는 그 지문 내용에 맞는 세부적인 내용 파악에 유의하며 듣도록 하자.

TEPS를 준비하는 수험자들 입장에서, 들은 내용만으로 추측 가능한 선택지를 고르는 추론 유형이 세부 내용을 묻는 유형보다는 훨씬 난해하다고 느낄 수 있다. 그러나 추론 역시 전체 내용을 이해한다면 큰 함정이 등장하지 않는 한, 정답을 고르는 것이 크게 어렵게 느껴지지 않을 것이다. 파트 3의 경우 인사, 소개, 감정 교환, 건강, 학교 등 우리가 흔히 접할 수 있는 일상 생활 내용을 크게 벗어나지 않으므로 평소에 어휘 학습을 틈틈이 해두어 독해 지문을 많이 읽어본 학생들에게는 절대로 어려운 파트가 아니라고 볼 수 있다.

▶ 대의파악 (주제 찾기)

What is the talk mainly about?
What is the main focus of the conversation?
What is the main idea of the conversation?
What are the speakers mainly doing in the conversation?

▶ 세부정보 파악

How much will the man have to pay altogether for his trip?
Who would most likely benefit from this advice?

▶ 진위파악 (사실 확인)

Which is correct about the conversation?
What is correct according to the announcement?
Which statement is true according to the passage?

▶ 추론

What can be inferred from the message?
What can be inferred from the dialogue?
What can be inferred from the conversation?

Unit 01
대의파악 (주제 찾기)

대의 파악문제들은 주어를 찾는 능력을 묻는 유형이라고 할 수 있다. 대부분의 문제에서 도입 부분에 앞으로 나올 내용이 무엇인지 그리고 어떤 스타일의 지문인지에 대한 정보가 들어 있으므로 첫 부분을 잘 들어야 한다. 영어 시험에 나오는 대부분의 지문은 두괄식 전개의 형태를 갖추고 있다. 그리고 부사절과 주절로 이루어진 복문인 경우, 주절의 내용에 들어간 키워드가 선택지에 답으로 다시 등장하는 경우가 많다. 또한 Part 4의 경우 대화나 지문의 중간쯤에 갑자기 등장하는 역접의 어구들(but, however, nevertheless, although, while, still)이 이끄는 문장 뒷부분이 주제문이 되는 경우가 많으므로, 이에 유의하여 전체적인 글의 흐름을 파악하는 데 주력하도록 하자.

■ Pattern 1) 두 사람 대화의 주제를 묻는 유형

M: Hey there, Veronica. Why the down face?

W: I was humiliated in front of everyone in gym class.

M: Really? How come?

W: I tried to do pull-ups but I couldn't finish one.

M: That's no big deal. Only really strong people can do those exercises.

W: Oh yeah? Then how come everyone else was able to do it except me?

Q: What are the two speakers talking about?

(a) Tips on doing proper pull-ups

(b) The girl's embarrassment of her weakness

(c) The other students' impressive athletic ability

(d) The girl's mean physical education teacher

M: 이봐, Veronica. 왜 우울한 얼굴이야?

W: 체육 수업시간에 모든 사람들 앞에서 창피를 당했어.

M: 정말? 왜?

W: 턱걸이를 하려고 했는데, 하나도 못했어.

M: 별일 아니야. 아주 강한 사람만이 그런 운동을 할 수 있거든.

W: 오 그래? 그러면 나 빼고 왜 모든 다른 사람들은 턱걸이를 할 수 있었던 거야?

질문: 두 화자가 이야기하고 있는 것은?

(a) 제대로 턱걸이하는 비법

(b) 자신의 나약함에 대한 여자의 당황스러움

(c) 다른 학생들의 인상적인 운동 실력

(d) 여자의 못된 체육선생님

정답 (b)

[Joseph's Solution]

자신을 제외한 모든 사람들이 턱걸이를 할 수 있다는 점에 대해 부끄러워하고 있는 여자를 남자가 위로해주고 있는 상황이다. 따라서 대화는 턱걸이를 못한 여자의 체력적인 약함에 대한 내용이므로 (b)가 정답으로 적절하다.

[필수어휘]

humiliate v. 굴욕감을 주다 **do pull-ups** 턱걸이를 하다 **That's no big deal.** 그런 일은 아무것도 아니다.
embarrassment n. 곤란한 상황, 당황스러움 **impressive** a. 인상적인 **athletic** a. 경기의, 육상의
mean a. 못된, 심술궂은

M: Can I help you?

W: Yes, I had my six-month tune-up last week, and it says here you checked the tire pressure.

M: Yes, that's what it says.

W: Well, the tire pressure maintenance light went on, and this morning I had a flat.

M: I'm sorry to hear that. We'll take a look at it and find out what happened.

W: The auto club came out and changed the tire, so it's riding on the small spare.

M: Well, we want to keep you as a customer. So, we'll fix the tire at no charge, give you a coupon for a free rotation, and throw in an oil change. Will that make up for it?

W: Yes, it will. Thank you!

Q: What is the main idea of this conversation?

(a) Why the tire pressure maintenance light went on

(b) What the repair shop did to fix the woman's car problem

(c) Where the woman can get a tire rotation and oil change

(d) When the woman should bring her car in for a tune-up

M: 도와드릴까요?

W: 네, 지난 주 제가 6개월짜리 자동차 점검을 했는데요, 여기에 타이어 압력을 확인했다고 적혀 있네요.

M: 네, 그렇게 적혀 있습니다.

W: 흠, 타이어 압력 정비 램프가 계속 켜져 있었고, 오늘 아침에 타이어 바람이 빠졌어요.

M: 그 말을 들으니 유감이네요. 확인해보고 무슨 일이 일어났는지 확인하겠습니다.

W: 차량정비 서비스가 와서 타이어를 교체했고 그래서 스페어 타이어를 끼워둔 상태에요.

M: 저희들은 손님을 계속해서 고객으로 모시고 싶습니다. 그래서 그 타이어를 무료로 고쳐드리는 쿠폰도 드립니다. 그리고 엔진 오일 교환도 해드리고요. 그러면 좀 만회가 되실까요?

W: 그러겠네요, 감사합니다!

질문: 대화의 주제는 무엇인가?

(a) 타이어 압력 정비 경고등이 계속 켜져 있던 이유

(b) 수리점에서 여자의 자동차 문제를 해결하기 위해 한 행동

(c) 여자가 타이어 회전과 오일 교환을 할 수 있는 장소

(d) 여자가 자동차를 정비를 위해 가져온 때

정답 (b)

[Joseph's Solution]

여자는 자동차 정비를 받은 지 오래 되지 않았는데, 타이어에 문제가 생겼다고 이야기하고 있다. 이에 대해 남자는 'we'll fix the tire at no charge ~'라고 이에 대한 해결책을 제시하고 있는 상황이다. 따라서 대화의 주제는 여자의 자동차 문제와 이에 대한 남자의 해결책 제시라고 할 수 있으므로 정답은 (b)이다

[필수어휘]

tire pressure 타이어 압력　**maintenance** n. 유지　**come out** 생산[출간]되다　**make up for** 만회하다　**ride on** ~를 타다, ~에 달려 있다　**small** a. 작은 (치수의)　**spare** n. 예비품 (특히 자동차 타이어)

Pattern Practice

W: To hold one's dreams up to the harsh scrutiny of reality will fill many people with self-doubt, and cause many to abandon their ambitions for a safer and pragmatic course. How many brilliant scientists, artists, and activists were never fully realized, having decided that their dreams were too improbable to pursue? Confronting failure, rather than fearing it, will liberate you from the constraints of social conventions. Unbridled by caution and conformity, indifference to success strips away the inessential, and allows one to face the future boldly. If you act upon your fear, and do not risk failure by pursuing your dreams, then you have failed by default.

Q: What is the topic of the speaker's address?
 (a) How most ambitions are doomed to fail
 (b) How accepting failure can help one succeed
 (c) The wisdom of being practical
 (d) Scrutinizing a harsh reality full of risk

W: 자신의 꿈을 냉혹한 현실을 기준으로 검토하는 것은 많은 사람들을 자기의심으로 가득차게 만들고, 자신의 야망을 더 안전하면서도 실용적인 과정을 위해 버리도록 만들것입니다. 현실적으로는 너무나 불가능할 것 같아서 추구하지 않겠다고 결정해버린 채 꿈을 결코 완전하게 실현시키지도 못한 뛰어난 과학자와 예술가, 그리고 활동가들이 얼마나 많은가요? 실패를 두려워 하는 대신 실패에 당당히 맞선다면, 당신은 사회적 관습과 제약으로부터 스스로를 해방시킬 수 있습니다. 관습에 순응하고 주의하는 것으로부터 구속받지 않고 성공에 대한 무관심은 불필요한 것들을 벗겨내여 당신이 당당히 미래를 직시할 수 있도록 해줍니다. 만약 두려움에 따라 행동하고 자신의 꿈을 쫓음으로 인한 실패의 위험을 감당하지 않는다면, 나중에는 실천하지 않음으로 인해 실패할 것입니다.

질문: 화자의 연설 주제는 무엇인가?
(a) 어떻게 대다수의 야망은 실패하게 되어 있는가
(b) 실패를 인정하는 것은 성공을 도울 수 있다.
(c) 현실성 있다는 것의 현명함
(d) 위험성으로 가득한 혹독한 현실을 철저히 검토하기

정답 (a)

[Joseph's Solution]

'How many brilliant scientists, artists, ~?'에서 많은 위대한 사람들조차도 실현 가능성을 의심하며 자신의 꿈을 결코 완성하지 못했다고 하면서, 현실을 기준으로 한 혹독한 검토가 그 이유라고 설명하고 있는 내용이다. 따라서 화자가 담화를 통해 이야기하고 있는 주제는 '야망이나 꿈이 실현되지 못하는 이유나 배경'에 대한 설명이므로 정답은 (a)이다.

[필수어휘]

hold up ~을 떠받치다, 견디다   **scrutiny** n. 정밀 조사, 철저한 검토   **self-doubt** 자기 회의   **pragmatic** a. 실용적인
activist n. 운동가, 활동가   **improbable** a. 사실[있을 것] 같지 않은   **unbridle** v. 구속에서 풀다, 해방하다
confront v. 직면하다   **constraint** n. 제약(이 되는 것)   **convention** n. 관습, 관례   **be doomed to** ~하기로 되어 있다
conformity n. (규칙, 관습 등에) 따름, 순응   **strip** v. 다 들어[뜯어]내다, 분해[해체]하다   **inessential** a. 불필요한
default n. 불이행   **harsh** a. 잔혹한, 매서운

M: Good evening, ladies and gentlemen, and welcome to another Collins Forum on World Affairs. Tonight's guest speaker is Chief Justice Harold Philips. Justice Philips has been sitting on the bench of the International Criminal Court for five years, and has passed judgment on some very prominent cases that have had a worldwide impact. Tonight, he will tell us about the history of the International Criminal Court and the role he believes it can play in the future.

Q: What is the announcement about?
 (a) Passing judgment on a case
 (b) Introducing an upcoming speaker
 (c) Recounting the history of the court
 (d) Predicting the court's future

M: 안녕하십니까, 신사 숙녀 여러분, 세계 정세에 관한 또 한번의 Collins 포럼에 참여하신 것을 환영합니다. 오늘 모신 연사는 Harold Philips 수석 재판관님입니다. Philips 재판관님은 5년 동안 국제형사재판소에서 근무했고, 전세계적으로 영향을 미치는 매우 중요한 사건들에 대해 판결을 내리셨습니다. 오늘 밤, 재판관님은 저희들에게 국제형사재판소의 역사와 앞으로 국제형사재판소가 행할 수 있다고 믿고 있는 역할에 대해 이야기해주실 것입니다.

질문: 발표는 무엇에 관한 것인가?
 (a) 사건에 판결 내리기
 (b) 앞으로 할 연설자에 대한 소개
 (c) 재판소의 역사를 이야기하기
 (d) 재판소의 미래를 예측하기

정답 (b)

[Joseph's Solution]

'Tonight's guest speaker ~'를 시작으로 발표문은 연설자로 나올 Harold Philips의 지난 업적과 연설에서 다룰 주제에 대한 소개의 내용이다. 따라서 주된 내용으로 적절한 것은 (b)연설자에 대한 소개이다. (c)와 (d)는 남자의 설명 이후에 연설에서 이야기할 내용이므로 적절하지 않다.

[필수어휘]

guest speaker 연사   **Chief Justice** (특히 미국 최고 법원의) 수석재판관   **prominent** a. 중요한, 유명한
pass judgment on ~에 대해 판결을 내리다   **impact** n. 영향, 충격   **recount** v. 다시 세다, 이야기하다
prectict v. 예측하다, 예언하다

Part III Choose the option that best answers the question.

1 (a)   (b)   (c)   (d)

2 (a)   (b)   (c)   (d)

Part IV Choose the option that best answers the question.

3 (a)   (b)   (c)   (d)

4 (a)   (b)   (c)   (d)

5 (a)   (b)   (c)   (d)

1   W: __________ to do to sell your house.

M: But I've __________ .

W: I know, but to show it, you need to __________ .

M: What is that, and why is it necessary?

W: __________ to look more appealing. It'll get you __________ .

M: That sounds good, but is it guaranteed?

W: No, but __________ .

M: Great, when do we start?

Q: What is the main idea the woman wants to get across?

(a) __________ than paperwork.

(b) Staging will __________ .

(c) __________ will help it sell.

(d) __________ will probably not pay off.

2   W: Mr. Murphy, this is Magarette Sampson from Sampson Construction. I'm calling to tell you that we will __________ . Recent reports __________ indicate that you and your employees are __________ for us to continue our business dealings. __________ if you wish to discuss this, but please know now __________ .

Q: What is the phone message about?

(a) __________

(b) Providing a new subcontract

(c) __________

(d) __________

3   M: [blank] has increased Hurricane Daniel's rating from a Category 4 to a Category 5 hurricane. [blank] in Miami at 5:35 a.m. [blank]. Category 5 hurricanes are [blank], featuring incredibly strong winds, [blank], and very high surf. This is a serious and very dangerous situation, and no one should be in Miami [blank].

Q: What is true according to the announcement?

(a) [blank] between Category 4 and 5 hurricanes.

(b) The [blank].

(c) There has never been such a strong hurricane in Miami.

(d) The people of Miami should [blank].

- [ ] **house** n. 관객석, 관람석
- [ ] **fill out** 기입하다
- [ ] **paperwork** n. 서류 작업, 문서 업무
- [ ] **clutter** n. 잡동사니, 어수선함
- [ ] **stage** n. 무대
- [ ] **staging** n. 상연, 발판(비계)
- [ ] **indicate** v. 나타나다, 보여 주다
- [ ] **pay off** 성공하다, 성과를 올리다
- [ ] **get across** (~에게) 전달[이해]되다
- [ ] **produce** n. 생산물, 상품, 제품
- [ ] **green** n. 푸른색 채소
- [ ] **selection** n. 선택 가능한 것들(의 집합)
- [ ] **subcontract** v. 하도급을 주다
- [ ] **disrespectful** a. 무례한, 실례되는, 경멸하는
- [ ] **dispute** v. 반박하다, 이의를 제기하다
- [ ] **seemingly** adv. 외견상으로, 겉보기에는
- [ ] **unrelated** a. 관련[관계] 없는
- [ ] **tapestry** n. 태피스트리 (여러 가지 색실로 그림을 짜 넣은 직물. 또는 그런 직물을 제작하는 기술)
- [ ] **exquisite** a. 매우 아름다운, 정교한
- [ ] **detail** n. 세부 사항[세목]
- [ ] **prose** n. 산문(체)
- [ ] **duplicate** v. 복사[복제]하다, 사본을 만들다
- [ ] **intertwine** v. 밀접하게 관련되다
- [ ] **landfall** n. 산사태 (= landslide)
- [ ] **remendously** adv. 엄청나게, 굉장히
- [ ] **destructive** a. 파괴적인
- [ ] **evacuate** v. 떠나다, 피난하다

Unit 02
세부정보 파악

한 번 들려주는 Part 1, 2와는 달리 Part 3, 4는 두 번 들려주므로 전략적으로 들을 필요가 있다. 처음 들을 때에는 전체적으로 대략적인 분위기와 토픽만을 파악하고 두 번째 들을 때는 청취의 목적을 염두에 두고 질문에서 요구하는 세부 정보를 찾아내는 훈련을 미리 해두도록 한다.

잘 모르는 표현이 나와도 당황하거나 절망하지 말고 뒤에 등장하는 단어나 표현들을 통해 그 의미를 유추하자.

LC를 잘 하려면 세세한 10%에 매달려 정작 중요한 90%를 놓치는 것이 아니라, 안 들리는 부분은 과감히 잊고 들리는 표현들 위주로 의미의 연결고리를 만들어, 전체 내용을 파악할 줄 알아야 한다.

Pattern Practice

▪ Pattern 1) 질문에서 원하는 부분을 정확히 파악하자.

M: Where do you want to eat tonight?
W: I'd like to make something here at home.
M: I didn't know you could cook.
W: Well, I haven't had much disposable cash these days.
M: Yeah. I guess eating out all the time will put a dent in your wallet.
W: It's time to cut back on some of the luxuries in my life.

Q: Why does the woman want to make her own dinner according to the conversation?
(a) Because she needs to save money.
(b) Because she's trying to eat healthier.
(c) Because she is interested in cooking.
(d) Because she's sick of eating out.

M: 오늘 밤 어디서 식사하고 싶어?
W: 집에서 뭐가 먹고 싶어.
M: 난 당신이 요리할 줄 아는 지 몰랐는걸.
W: 글쎄, 요즘은 쓸 돈이 많지 않거든.
M: 그래. 내가 생각하기에 항상 외식을 하면 지갑에 구멍 좀 날 거야.
W: 내 인생에 사치 중 몇 몇을 줄여야 할 때가 온 것 같아.

질문: 대화에 따르면 여자가 저녁식사를 만들어 먹고 싶어하는 이유는?
(a) 돈을 절약할 필요가 있어서
(b) 여자는 더 몸에 좋은 식생활을 하려고 노력 중이라서
(c) 여자는 요리하는 데 흥미가 있어서
(d) 여자는 외식하는 데 질려서

정답 (a)

[Joseph's Solution]
'요리하는 것을 좋아하는 지 몰랐다'는 남자의 질문에 대해 여자는 'I haven't had much disposable cash these days'와 'It's time to cut back on some of the luxuries in my life'라는 말로 '돈을 줄여야 하고 쓸 돈이 많지 않다'는 이야기를 하고 있다. 따라서 여자가 저녁식사를 만들고 싶어하는 이유는 (a) 돈을 절약하기 위해서이다.

[필수어휘]
disposable a. 이용 가능한   **dent** n. 함몰, 들어간 곳   **cut back** 줄이다   **luxuries** n. 사치품   **be sick of** ~에 싫증나다

W: By my count, we don't have enough tables.

M: We used all we have except for these two.

W: What's wrong with them?

M: The legs won't lock in place, and I'm afraid they might collapse.

W: Oh dear, we need to get two more!

M: Well, if you don't mind a different shape, there are two in the library we can borrow.

W: Do we have the same color tablecloths that will fit?

M: Yes, I'll get those tables and set them right away.

Q: What does the woman want?

(a) She wants the man to stop setting up the tables.

(b) She wants the tablecloths to be the same shape.

(c) She wants the room to have two more tables.

(d) She wants to move some tables into the library.

W: 내 생각에 우리는 충분한 테이블이 없습니다.

M: 우리는 이 두 개의 테이블을 제외하고는 모두 사용했어요.

W: 그 테이블에는 무슨 문제가 있나요?

M: 다리가 제자리에 고정되지 않고, 저는 그 테이블들이 주저앉지 않을까 걱정이 되요.

W: 맙소사, 2개를 더 가져와야 하겠군요.

M: 만약 다른 모양도 상관없으시다면, 도서관에서 두 개를 빌려올 수 있는데요.

W: 어울릴 만한 동일한 색의 식탁보도 구비하고 있나요?

M: 네, 제가 테이블을 가져와서 지금 당장 정리할게요.

질문: 여자가 원하는 것은 무엇인가?

(a) 여자는 남자가 테이블 설치를 그만두길 원한다.

(b) 여자는 식탁보가 같은 형태이기를 원한다.

(c) 여자는 방에 2개의 테이블을 더 갖추길 원한다.

(d) 여자는 도서관으로 테이블들을 이동하길 원한다.

정답 (c)

[Joseph's Solution]

대화에서 여자의 'we need to get two more!'라는 말에서 정답의 단서를 찾을 수 있다. 남자는 2개의 테이블에 문제가 있어 사용하지 못한다고 설명하고 있고, 이에 도서관에서 2개의 테이블을 더 가져와야겠다고 말하고 있는 상황이다. 따라서 여자가 원하는 것은 (c)이다.

[필수어휘]

lock v. (위치에 단단히) 고정되다   **in place** 제자리에   **collapse** v. 주저앉다, 드러눕다   **fit** v. 어울이다

Pattern Practice

■ Pattern 2) 지문을 읽은 후 결론을 묻는 유형

W: Good afternoon, class. I have some exciting news to announce. While it is well known that Beethoven suffered from a chronic illness for the majority of his adult life, what disease it was that killed him has long remained a mystery. Last week, through the analysis of Beethoven's bone and hair fragments with an advanced photon x-ray machine, scientists discovered a very high level of lead concentration. It is theorized that Beethoven was exposed to lead in the environment, and that his body lacked the ability to rid itself of the toxin, thus his long, slow poisoning.

Q: According to the lecture, what was the cause of Beethoven's death?
(a) Assassination
(b) Mysterious illness
(c) Missing bone fragments
(d) Lead poisoning

W: 안녕하세요, 여러분. 저는 흥미로운 소식을 전해드리겠습니다. 베토벤이 그의 성인기 대부분을 지병으로 고통 받았다는 사실은 매우 널리 알려져 있지만, 어떤 병이 그를 죽음으로 몰고 갔는지에 대해서는 오랫동안 의문으로 남겨져 있었습니다. 지난 주 향상된 광자 엑스레이 기계를 통해 베토벤의 뼈와 머리카락 파편들을 분석한 결과, 과학자들은 매우 높은 납 수치를 발견했습니다. 베토벤이 환경상 납에 노출되어 있다는 점을 이론화한 것이며, 그의 신체는 스스로 이 독소를 제거할 능력이 부족했기 때문에 오랫동안 서서히 독살 된 것입니다.

질문: 강의에 따르면 베토벤 죽음의 원인은 무엇이었는가?
(a) 암살
(b) 기이한 병
(c) 뼈 조각의 분실
(d) 납 중독

정답 (d)

[Joseph's Solution]

지문의 'scientists discovered a very high level of lead concentration'에서 정답의 단서를 찾을 수 있다. 연설 마지막에서 그의 몸은 납을 제거할 능력이 없었기 때문에, 서서히 죽음에 이르렀다고 설명하고 있다. 따라서 '중독(poisoning)'이라는 말이 직접적으로 언급되지 않았지만 베토벤 죽음의 원인은 (d)임을 유추할 수 있다. (c)bone fragments는 베토벤 죽음의 원인을 파악하기 위해 조사한 것일 뿐이므로 정답으로 혼동하지 않도록 한다.

[필수어휘]

chronic illness 지병   **fragment** n. 조각, 파편   **concentration** n. 농도   **theorize** v. 이론을 세우다
expose v. 노출시키다   **lack** v. ~이 없다, 부족하다   **toxin** n. 독소   **poison** v. 독살하다   **assassination** n. 암살, 훼손

M: Actually, we just had our first child. It's been a really exciting ride. Every trip to the doctor to get the little guy checked up on were a mix of excitement and fear, though excitement because we got to learn more about our son, but fear that the doctors might find something wrong before he was born. Thankfully, he's perfectly healthy. The delivery went really well, too, and right now, we're just loving every minute we have with him.

Q: Why was the man afraid of going to get checkups for the baby?
(a) He didn't think the baby was going to be perfectly healthy.
(b) He was not excited to learn more about his son.
(c) He thought the delivery would not go very well.
(d) He was afraid the doctors would find something wrong.

M: 실제로, 저희는 이제 막 첫 아이를 낳았습니다. 그 일은 정말로 흥미로운 여정이었습니다. 그 작은 사내아이의 건강진단을 위해 의사 선생님께 가는 길은 흥분과 두려움의 복합체였습니다. 저희는 아들에 대해 더 많은 것을 알기 시작했기에 흥미진진했지만, 또한 의사 선생님들이 아이가 태어나기 전에 무엇인가 잘못된 점을 발견할까봐 두렵기도 했습니다. 감사하게도 아들은 완벽하게 건강합니다. 분만 역시 정말 순조로웠고 지금 이순간 저희들은 아들과 함께하는 매 순간이 그저 좋을 뿐입니다.

질문: 남자는 아이 건강을 진단받으러 갈 때 왜 두려웠나?
(a) 남자는 완벽하게 건강할 거라고 생각하지 않았다.
(b) 남자는 아들에 대해 더 많은 것을 알게 되는데 흥미가 없었다.
(c) 남자는 분만이 매우 잘 진행되지 않을 거라고 생각했다.
(d) 남자는 의사선생님들이 무엇인가 잘못된 점을 발견할까 봐 걱정이 되었다.

정답 (d)

[Joseph's Solution]

지문의 'fear that the doctors might find something wrong before he was born'라는 마지막 부분에서 정답의 단서를 찾을 수 있다. 남자는 아들에 대해 더 많은 것을 알게 되는 즐거움만큼, 의사선생님이 혹시 잘못된 점을 발견하게 될까봐 두렵다고 설명하고 있다. 따라서 주어진 보기중에서 이러한 내용을 담고있는 (d)가 정답이다.

[필수어휘]

check up 건강 진단하   **excitement** n. 흥분   **healthy** a. 건강한   **delivery** n. 출산, 분만

Part III Choose the option that best answers the question.

1 (a) (b) (c) (d)

2 (a) (b) (c) (d)

3 (a) (b) (c) (d)

Part IV Choose the option that best answers the question.

4 (a) (b) (c) (d)

5 (a) (b) (c) (d)

Dictation Note

1   M: I don't know   .

W: How about jewelry?

M: . I need something new this year.

W: Does she like perfume? I saw   .

M: That's a good idea,   .

W: I know a new car!

M: Ha!

W: Well... does she like to travel? You could take her to Paris for the weekend.

M: No, but I can   . I'll take her to   !

Q: What is the man going to do for his wife's birthday?

(a)

(b) Buy her a bottle of perfume

(c)

(d)

2   M: Welcome to Classy Cleaners.

W: Yes,   last week, but   . Here is the receipt.

M: It says here, that you requested   .

W Yes, I wanted   .

M: I'm sorry, but   . Those spots are probably

                                    .

W: It doesn't say that   .

M: if I had been here,   . I'll clean it again, no charge.

W: Thank you,   .

Q: What does the woman want?

(a) She wants   .

(b) She wants   .

(c) She wants to   .

(d) She wants to   .

3 W: I'd like to   . When my family and I

visited one of your stores

last Saturday,   . Not only

as we browsed through your merchandise, but,   , we were

met   . I absolutely could not

           .

We will   .

Q: Why is the woman upset?

(a) The store employees were   .

(b)   by the employees.

(c) The store's merchandise was   .

(d)   towards her.

- [ ] **allergic** a. (~에 대해) 알레르기가 있는
- [ ] **afford** v. (…을 할 금전적, 시간적) 여유[형편]가 되다
- [ ] **policy** n. 정책
- [ ] **return** v. 돌려주다, 반납하다, 돌려보내다
- [ ] **defective** a. 결함이 있는
- [ ] **put on** ~을 특별 공급하다
- [ ] **refund** n. 환불(금)
- [ ] **similar** a. 비슷한
- [ ] **stain** n. 얼룩
- [ ] **waterproof** v. 방수 처리[가공]을 하다
- [ ] **material** n. 직물, 천
- [ ] **cleaners** n. 세탁소
- [ ] **lodge** v. 제기[제출]하다
- [ ] **formal** a. 공식적인, 정식의
- [ ] **complaint** n. 불평 (거리); 고소
- [ ] **browse** v. 둘러보다[훑어보다]
- [ ] **merchandise** n. 상품, 물품
- [ ] **disrespectful** a. 무례한, 실례되는, 경멸하는
- [ ] **assist** v. 돕다
- [ ] **pioneering** a. 개척[선구]적인
- [ ] **influence** v. 영향을 미치다
- [ ] **thinker** n. 사상가
- [ ] **communism** n. 공산주의
- [ ] **Communist Manifesto** 공산당 선언

Unit 03
진위파악 (사실 확인)

Listening Focus 경향 파악하기

Which is correct according to the conversation? 으로 주로 등장하며 Part 3,4의 문제들 중 가장 많은 수를 차지하는 진위파악유형의 경우 질문 그대로 대화나 지문을 잘 듣고 선택지를 하나씩 들어보면서 대화나 지문의 내용과 일치하는 답을 고르는 유형이다. 다만 정답으로 등장하는 선택지의 어구들은 대화나 지문에 등장했던 표현과 의미는 같지만 표현을 다르게 한 Paraphrase형이 많기 때문에, 동의어와 유사어를 가능한 한 많이 암기해야 한다. 한 단어 동사와 의미가 같은 이어동사(숙어형태)는 TEPS에서 즐겨 나오는 부분이므로 그때그때 숙지하도록 하자. 대화나 지문의 모든 단어를 듣겠다는 욕심을 버리고, 훑어 듣기(Skimming Listening)를 해야한다. 대화나 담화문의 장소, 대상, 화자의 직업 등을 먼저 파악한다.

Pattern Practice

■ Pattern 1) 대화의 하단 쪽에 힌트가 숨어있는 경우가 상당수!

M: I just watched a very interesting film at Mike's house.

W: Oh yeah?

M: It's called Bitter Moon.

W: I saw that. Hugh Grant is in it, right?

M: Yes, Hugh Grant played Nigel.

W: He did a good job in that role.

M: I agree. But I was most impressed with the woman who played Mimi.

W: Yes. She was amazing. I can't remember the actress's name.

Q: Which is correct according to the conversation?

  (a) The character Mimi was portrayed by Hugh Grant.

  (b) The woman was unable to recall the actress's name.

  (c) The man downloaded the movie Bitter Moon.

  (d) The two were critical of the acting in the film.

M: Mike의 집에서 매우 재미있는 영화를 방금 봤어.

W: 오, 그래?

M: Bitter Moon이라는 영화야.

W: 나도 봤어, Hugh Grant가 나오는 거 맞지?

M: 맞아, Hugh Grant가 Nigel 역을 맡았지.

W: 그 역할을 잘 했어.

M: 맞아. 그렇지만 Mimi 역을 맡은 여자에게 가장 큰 감동을 받았어.

W: 그래, 그녀는 놀라웠어. 그 여배우의 이름을 기억할 수가 없는 걸.

질문: 대화에 대한 내용으로 옳은 것은?

(a) Mimi 역은 Hugh Grant가 연기했다.

(b) 여자는 그 여배우의 이름을 기억해낼 수가 없었다.

(c) 남자는 Bitter Moon이라는 영화를 다운로드 받았다.

(d) 그 두 사람은 영화 속 연기에 대해 비평했다.

정답 (b)

[Joseph's Solution]

여자의 마지막 말 'I can't remember the actress's name'에 정답이 있다. 남자는 Mimi역을 한 여배우의 연기에 깊은 인상을 받았고, 이에 여자는 여배우의 이름이 기억나지 않는다고 답하고 있는 상황이다. Hugh Grant는 Nigel역을 맡았기 때문에 (a)는 정답이 될수 없고, 남자는 친구 집에서 영화를 봤지만 다운로드 받았다는 (c)의 내용은 알 수 없다.

[필수어휘]

be portrayed by ~가 연기하다　　**be impressed with** 감동을 받다　　**recall** v. 기억하다, 회상하다　　**be critical of** ~에 대하여 비판하다, 비평하다

M: Good morning, can I help you?

W: Yes, thanks. Is the sale advertised in the weekend paper still happening?

M: Let me check the computer. Yes, those prices are good until Friday.

W: Wonderful! Where can I find appliances?

M: All the way down aisle 3 on the left.

W: How about curtain rods, drapes and outdoor lighting?

M: Draperies are on aisle 5. And the lighting would be outside in the garden shop.

W: Thanks! I had better get started. I have a lot to buy!

Q: **Which is correct according to this dialogue?**

(a) The appliances are not on sale until Friday.

(b) **The sale prices are only good for limited time.**

(c) The appliances and outdoor lights are in the same aisle.

(d) The sale does not apply to items in the garden shop.

M: 안녕하세요, 도와드릴까요?

W: 네, 감사합니다. 주말 신문에 광고했던 할인판매가 여전히 진행중인가요?

M: 컴퓨터로 확인해보겠습니다. 네, 그 할인가격들은 금요일까지 유효할 거에요.

W: 훌륭하군요! 가정용 기기들은 어디서 찾을 수 있을까요?

M: 3번 통로를 따라 가시면 왼쪽에 있습니다.

W: 커튼 로드, 휘장, 실외 조명은 어디에 있죠?

M: 휘장은 5번 통로에 있습니다. 그리고 조명은 외부 정원에 있는 상점에 있을 거에요.

W: 감사합니다! 쇼핑을 시작하는 게 좋겠군요. 살 것이 많이 있거든요!

질문: 대화의 내용과 일치하는 것은 무엇인가?

(a) 가정용 기기는 금요일까지 할인판매 되지 않는다.

(b) **할인 판매가격은 제한된 기간 동안만 해당된다.**

(c) 가정용 기기와 실외 조명은 같은 통로에 있다.

(d) 정원에 있는 상점의 물품은 할인이 적용되지 않는다.

정답 (b)

[Joseph's Solution]

대화에서 남자의 두 번째 말, 'those prices are good until Friday'에서 정답의 단서를 찾을 수 있다. 할인판매는 금요일까지 진행되는 한정된 행사이며, 가정용 기기뿐만 아니라 커튼로드, 휘장, 실외조명도 포함되어 있음을 대화를 통해 추론할 수 있다. 따라서 대화의 내용으로 사실인 것은 (b)이다.

[필수어휘]

advertise v. 광고하다   **appliance** n. (가정용) 기기   **all the way down** ~를 계속 따라가다가   **curtain rod** 커튼 로드 (커튼을 거는 막대)   **on sale** 판매중인   **outdoor** a. 실외의   **apply** v. 적용하다, 지원하다   **drape** n. 휘장

■ Pattern 2) 지문에 등장한 어구를 paraphrase 해서 정답이 등장하는 경우

M: Did you know that students, seniors, and frequent travelers of any nationality are eligible for discount travel cards with the German national railway company? These travel cards give discounts of up to 50% of the rail ticket price, and can be used repeatedly without restriction. Particularly useful for tourists who wish to travel to many spots around Germany or for business travelers who make frequent trips to the country, the discount travel card can also be used in certain bus and airline tickets. Go to the national railway company's website for details.

Q: Which is correct according to the travel offer?
(a) Discount travel cards are restricted to German travelers.
(b) Senior citizens are eligible for the highest discounts.
(c) The travel card discounts apply throughout Europe.
(d) The ticket fare discounts are not limited to rail travel.

M: 학생들이나 어르신들, 잦은 여행을 다니는 사람들이 독일 국립철도회사의 할인여행 카드를 받을 자격이 있다는 것을 알고 계시나요? 이 여행카드는 철도티켓 가격의 최대 50%까지 할인해드리고, 제한 없이 반복적으로 사용될 수 있습니다. 부분적으로 독일 전역의 많은 곳에 여행을 하시길 원하는 여행자들이나 독일로 자주 여행하시는 출장 여행자들에게도 유용한 이 할인여행카드는 특정 버스나 항공 티켓에서도 사용될 수 있습니다. 국립철도회사의 웹 사이트를 방문하셔서 더 자세한 사항을 찾아보세요.

질문: 여행 제안에 따르면 일치하는 내용은 무엇인가?
(a) 할인여행카드는 독일 여행자들에게만 제한되어 있다.
(b) 노인 분들은 가장 크게 할인 받을 자격이 있다.
(c) 여행카드할인은 전 유럽에 걸쳐 적용된다.
(d) 티켓요금할인은 철도여행만 확정된 것은 아니다.

정답 (d)

[Joseph's Solution]

'the discount travel card can also be used in certain bus and airline tickets'라는 부분에서 독일 국립철도회사의 할인여행카드는 철도뿐만 아니라 버스나 항공 티켓에서도 사용될 수 있음을 알 수 있다. 따라서 정답은 (d)이다. 'around Germany'라는 말로 유럽 전역이 아니라 독일에 한해 할인이 제한되어 있음을 알 수 있으므로, (c)는 사실이 아니다.

[필수어휘]

senior n. 연장자, 손윗사람   **frequent** a. 빈번한   **restriction** n. 제한, 제약   **spot** n. 장소, 얼룩   **nationality** n. 국적
be eligible for 받을 자격이 있다   **restrict** v. 제한하다, 한정하다

W: Welcome to Merritt Stadium. As you all know, security issues are a part of the modern world. In order to ensure the safety of both the players and the spectators, we ask that everyone entering the stadium consent to both a search of their purse or backpack and a metal detector scan. We also ask that large items such as coolers or umbrellas not be taken into the stadium under any circumstances. Thank you for your cooperation and enjoy the game.

Q: What is correct according to the announcement?
  (a) **Stadium security is concerned that there may be a security issue.**
  (b) Spectators are not allowed to bring purses into the stadium.
  (c) Most spectators will not be asked to walk through metal detectors.
  (d) Coolers and umbrellas are allowed in the stadium if they are searched.

W: Merritt경기장에 오신 것을 환영합니다. 여러분 모두 알고 계시다시피 안보 문제가 요즘 우리 삶의 한 부분이 되었습니다. 선수들이나 관중들 모두의 안전을 공고히 하기 위해 저희들은 모든 경기장에 입장하시는 분들로 하여금 지갑이나 가방의 검색과 금속 탐지기에 동의하시기를 요청하고 있습니다. 저희는 또한 냉장박스나 우산과 같이 크기가 큰 물품은 그 어떤 경우에도 경기장에 반입하지 않도록 요청하고 있습니다. 협조해 주셔서 감사합니다. 즐거운 경기관람 되세요.

질문: 안내에 대한 내용으로 옳은 것은?
(a) 경기장 보안담당팀은 안전문제가 있을지도 모른다는 것을 염려하고 있다.
(b) 관중들은 경기장 안으로 지갑을 반입하지 못하도록 되어 있다.
(c) 대다수의 관중들은 금속 탐지기를 통과해 걷도록 요청 받고 있지 않다.
(d) 냉장박스와 우산은 검색을 받았을 경우 경기장 안으로의 반입이 허용된다.

정답 (a)

[Joseph's Solution]

'security issues are a part of the modern world'라는 말을 통해 보안문제들은 현재 매우 중요한 문제이며, 경기장에 입장하는 관중들이 지켜야 할 안전 수칙들을 준수해주길 요청하고 있음을 알 수 있다. 따라서 안내에 대한 내용으로 옳은 것은 (a) 만약에 발생할 지도 모르는 안전상의 문제에 대해 경기장 보안팀은 염려하고 있다는 것이다.

[필수어휘]

security n. 보안, 경비 담당 부서   **ensure** v. 확실하게 하다   **spectator** n. 관중   **consent** v. 동의하다   **detector** n. 탐지기   **cooler** n. 냉장고, 냉장박스   **cooperation** n. 협력

Part III **Choose the option that best answers the question.**

1 (a) (b) (c) (d)

2 (a) (b) (c) (d)

Part IV **Choose the option that best answers the question.**

3 (a) (b) (c) (d)

4 (a) (b) (c) (d)

5 (a) (b) (c) (d)

1   W: I'm looking for   . Do you have anything from Pablo Picasso?

M: Well,   . But I do have

      .

W: Can I see some?

M: Sure. I have some really   . Perhaps you'd like to see those?

W: Well,   . Do you have anything like that?

M: I have a few.   Here's what I have.

W: No,   .

   Do you think   ?

M: Sure!   you want and   .

Q: What is correct according to this conversation?

(a) The store does not   .

(b) The store orders   .

(c) The store is having   .

(d) The store sells   .

Dictation Note

2   M: Welcome, class. ______________________, we will be talking about

______________________. There are many things ______________________,

including the subject matter, ______________________, ______________________.

______________________, however, is light. Light is the most important thing to

consider ______________________, as it can ______________________.

Q: What is correct according to the lecture?
(a) It does not take much thought to take a good photo.

(b) It is impossible ______________________.

(c) It is important to ______________________ for a good shot.

(d) It does ______________________.

☐ **bank statement** 입출금 내역서

☐ **charge** n. 요금

☐ **fee** n. 요금, 수수료

☐ **account** n. 계좌, 장부

☐ **take off** (표시된 금액 등에서) ~을 빼다[깎다]

☐ **poster** n. 대형 그림[사진]

☐ **landscape** n. 풍경

☐ **print** n. 판화; (사진으로 찍어 만든) 복제화

☐ **request** n. 요청

☐ **advent** n. 도래, 출현

☐ **stunning** a. 굉장히 아름다운[멋진]

☐ **picture quality** 화질

☐ **controller** n. 조종[제어] 장치

☐ **settle for** (꼭 원하는 건 아니지만) ~에 만족하다

☐ **specifically** adv. 특히

☐ **come with** ~이 딸려 있다

☐ **complimentary** a. 무료의

☐ **lecture** n. 강의, 수업

☐ **consider** v. 고려하다

☐ **set up** 세우다, 설치하다

☐ **composition** n. 구성 요소들, 구성

☐ **paramount** a. 다른 무엇보다 중요한

Unit 04

추론

Listening Focus　　경향 파악하기

추론 문제의 경우 일단 배점이 높으며, 대화나 글의 전체적인 상황 파악도 중요하면서 동시에 대화나 글의 공간적 배경이나 묘사되는 사건이 무엇인지 머릿속으로 그리면서 청취하는 능력이 요구된다. 따라서 부분적인 사실 묘사에 치중하지 말고 전체의 흐름을 종합적으로 판단하고, 대화나 글의 중간에 상황이 갑자기 바뀌는 경우가 많으므로 주의하면서 들어야 한다. 또한 시간, 장소 등의 세부 정보와 같은 중요한 정보는 들으면서 노트테이킹(note-taking)을 하는 것이 좋다.

진위파악유형과 마찬가지로 대의 파악 유형들과 비교해볼 때 추론 문제들의 경우 첫 문장부터 중간 문장까지는 대부분 서론인 반면, 중간 이하에서 질문에서 원하는 힌트가 숨어 있는 경우가 많다. 다른 유형의 문제들과 비교해 봤을 때, 주제가 무겁고 전문적인 것들이 많으므로 단순히 첫 문장에 주제 문장이 언급되고 지지 단락(supporting paragraph)이 이어지는 스타일은 드물게 등장하기 때문에 이점을 유의해서 들도록 하자.

■ Pattern 1) 대화에서 주어진 정보를 가지고 유추를 하는 유형

M: Has a brown glasses case been spotted here by chance?

W: I haven't seen anything like that, sorry.

M: I took the glasses off after getting my eyes examined, and I can't remember where I last had them.

W: Have you bought anything here at this clothing store?

M: I tried some clothes on but I didn't purchase them.

W: Try to retrace your steps. I'll keep an eye out for them.

Q: What can be inferred from the conversation?
(a) The man is unsatisfied with his purchase.
(b) The pants were forgotten in the glasses shop.
(c) The man needs to change his lens prescription.
(d) The glasses case may be in the changing room.

M: 여기서 우연히 갈색 안경집 발견하셨나요?

W: 죄송합니다, 그런 것은 본 적이 없는데요.

M: 제 눈을 진찰 받은 후 벗어두었는데, 마지막으로 안경을 어디에다 두었는지 기억할 수가 없네요.

W: 여기 의류점에서 물건을 사셨나요?

M: 제가 옷을 몇 개 입어보았지만 구입은 하지 않았어요.

W: 가셨던 곳을 되짚어 보세요. 저도 지켜볼게요.

질문: 대화로부터 추론할 수 있는 것은?
(a) 남자는 자신의 구매에 만족하지 않는다.
(b) 바지는 안경점에서 잊혀졌다.
(c) 남자는 안경 도수를 바꿀 필요가 있다.
(d) 안경집은 탈의실에 있을지도 모른다.

정답 (d)

[Joseph's Solution]

남자의 마지막 말 'I tried some clothes on but I didn't purchase them'에서 정답의 단서를 찾을 수 있다. 내용을 보면 옷을 구매하지는 않았지만 옷을 입는 과정에서 안경을 잃어버릴 수 있었음을 짐작할 수 있다. 따라서 담화를 통해 추론할 수 있는 내용은 (d)이다.

[필수어휘]

glasses case 안경 케이스, 안경집   **spot** v. 발견하다   **by chance** 우연히, 뜻밖에   **take off** 벗다   **clothing store** 옷 상점
purchase v. 구입하다   **retrace** v. 되짚어 가다   **keep an eye out for** ~을 감시[경계]하고 있다
lens prescription 안경 도수

W: This report isn't even half way done and it's due first thing tomorrow.

M: I know. I can't believe Mr. Jones gave us this assignment at the last minute.

W: Maybe we should divide the work in half. It might go quicker that way.

M: That's a good idea. If it's OK with you, I'll do the expense reports.

W: That's fine. I'll do the summary of next year's budget.

M: We should probably finish these by 6:00 p.m. Then we should look over each other's work.

W: OK. That'll take at least a few hours. I guess we'll have to have our dinners delivered to the office!

Q: **What can be inferred from this conversation?**

(a) The man and woman often do assignments together.

(b) The woman is not good at doing expense reports.

(c) **The man and woman will be working after hours.**

(d) The man works as the woman's supervisor.

W: 이 보고서는 절반 정도도 끝나지 않았어요, 그리고 내일 아침 오자마자 마감이에요.

M: 알아요. Jones씨가 저희들에게 마지막 순간에 이 과제를 준 것을 믿을 수가 없어요.

W: 아무래도 그 작업을 반으로 나눠야 할 것 같은데요. 그러한 방식으로 더 빨리 할 것 같아요.

M: 좋은 생각이에요. 괜찮다면 제가 경비 보고서를 작성할게요.

W: 좋아요. 전 내년 예산 개요를 작성할게요.

M: 아무래도 이 작업을 6시까지는 끝내야 할 것 같아요. 그런 다음에 서로의 작업을 검토해야죠.

W: 좋아요. 최소 몇 시간은 걸릴 거에요. 사무실로 저녁식사를 배달시켜야 할 것 같은데요.

질문: 이 대화를 통해 추론할 수 있는 것은?

(a) 남자와 여자는 종종 과제를 함께 한다.

(b) 여자는 경비 보고서 작성을 잘 하지 못한다.

(c) **남자와 여자는 야근을 할 것이다.**

(d) 남자는 여자의 상사로 근무한다.

정답 (c)

[Joseph's Solution]

대화에서 남자의 마지막 말 'We should probably finish these by 6:00 p.m. Then we should look over each other's work'에서 정답의 단서를 찾을 수 있다. 내용을 보면, 6시까지 일하고 그 이후에 서로의 일을 검토하고 저녁식사도 사무실로 배달해 먹기로 했으므로, 남자와 여자는 보고서 작성으로 인해 (c)야근할 것임을 추측할 수 있다.

[필수어휘]

summary n. 요약, 개요   **budget** n. 예산, (지출 예상) 비용   **look over** ~을 살펴보다   **supervisor** n. 감독관, 관리자
expense report 경비 보고서   **work after hours** 야근을 하다

■ **Pattern 2) 충분한 동의어학습이 되어야만 지문내용과 선택지 정답이 연결된다!**

M: While it is difficult to define what makes poetry powerful or appealing, one common factor of good poetry is its ability to make the reader see the world through a different perspective. By use of metaphor, word choice, and perspective, the poet can allude to events and ideas in a way more profound than any literal representation. Take, for example, Langston Hughes Poem, *Dreams Deferred.* This poem manages to capture the feelings of oppression and the desire for social change among early 20th century African Americans: *What happens to a dream deferred? Does it dry up like a raisin in the sun? Maybe it just sags like a heavy load. Or does it explode?* In my opinion, no social commentary, no factual documentation could so succinctly express the simmering rage that underlay African American's dream of equality as does this short poem.

Q: **What can be inferred about poetry from the talk?**
(a) It is a key medium for the documenting of historical events and issues.
(b) It can communicate certain ideas more effectively than factual description.
(c) There are precise criteria for measuring a poem's power or appeal.
(d) There are difficulties in assessing the true intentions of the poet.

M: 시를 강력하고 매력적으로 만드는 것이 무엇인지 정의 내리는 일은 어렵지만 좋은 시가 지닌 공통된 요인은 독자로 하여금 세계를 다른 관점으로 보도록 하는 능력입니다. 은유, 단어의 선택, 관점의 사용으로 시인은 문자 그대로 제시하기보다 좀 더 심오한 방식으로 사건과 사고를 암시할 수 있습니다. Langston Hughes의 시 '지연된 꿈'을 예로 들어봅시다. 이 시는 '지연된 꿈에 어떤 일이 일어나는가? 태양 속에 건포도처럼 메말라 버리는가? / 그저 무거운 짐처럼 축 처지는가? 아니면 폭발해 버리는가?'와 같이 20세기 초반 아프리카 계 미국인들 사이에서 사회적 변화를 위한 압박감과 욕망의 감정을 정확히 포착하고 있습니다. 제 의견으로는 어떠한 사회적 해설이나 사실을 담은 기록도 이러한 짧은 시에서만큼 아프리카 계 미국인들의 평등에 대한 꿈의 기저를 이루는 당장에라도 폭발할 것 같은 분노를 그렇게 간단명료하게 표현하지 못합니다.

질문: 담화를 통해 시에 관하여 추론할 수 있는 것은?
(a) 시는 역사적 사건이나 사안들의 기록을 위한 주요 매체이다.
(b) 시는 사실에 기반을 둔 기록보다는 좀 더 효과적으로 특정 생각을 전달할 수 있다.
(c) 시의 힘이나 매력을 측정하기 위한 정밀한 기준이 존재한다.
(d) 시인의 사실적인 의도를 가늠하는 데는 어려움이 있다.

정답 (b)

[Joseph's Solution]

'By use of metaphor, word choice, ~ than any literal representation.'라는 부분에서 정답의 단서를 찾을 수 있다. 시인은 문자 그대로의 제시보다 더 심오한 방식으로 사건과 생각을 암시할 수 있다고 표현하고 있으므로, 담화를 통해 (b) 사실의 기록보다 특정 생각을 더 효과적으로 전달할 수 있음을 추측할 수 있다.

[필수어휘]

define v. 정의하다 **factor** n. 요인, 인자 **perspective** n. 관점, 시각 **metaphor** n. 은유, 비유 **profound** a. 깊은, 심오한 **literal** a. 문자 그대로의 **representation** n. 나타낸[묘사한] 것 **allude** v. 암시하다 **oppression** n. 압박, 압제, 억압 **sag** v. 축 처지다[늘어지다] **commentary** n. 해설 **factual** a. 사실에 기반을 둔, 사실을 담은 **documentation** n. 기록, 문서화 **succinctly** adv. 간단명료하게, 간결하게 **simmering** a. 당장에라도 폭발할 것 같은 **underlie** v. (…의) 기저를 이루다 **precise** a. 정확한, 정밀한 **criteria** n. 기준 **assess** v. (특성, 자질 등을) 재다[가늠하다]

W: Good evening, I'm Dana Marsh. We begin by talking about the spate of jewelry thefts that has plagued the northeast over the last two weeks. Over five million dollars' worth of jewelry has been stolen, and there seems to be no end in sight. The thefts seem to be related to one another, but this has yet to be proven. Police have warned that more thefts will probably occur in the future, as the thieves have not yet been apprehended.

Q: What can be inferred from the news report?
(a) The thieves have been arrested by police in the past.
(b) The thieves are mostly targeting homes.
(c) The police think jewelry stores are the biggest targets.
(d) The police do not know who the thieves are.

W: 안녕하세요, Dana Marsh입니다. 지난 2주에 걸쳐 북동부 지역을 괴롭히고 있는 보석 강도의 빈발 사건에 대한 이야기로 시작하겠습니다. 5백만 달러 이상의 가치를 지닌 보석류가 도난 당했고, 끝없이 계속될 것처럼 보이고 있습니다. 도난 사건은 서로 관련이 되어 있는 것처럼 보이지만 아직 증명된 바는 없습니다. 도둑들이 체포되지 않았기 때문에 경찰은 더 많은 도난 사건이 앞으로 발생될 것이라고 경고해 왔습니다

질문: 뉴스 보도로부터 추론할 수 있는 것은?
(a) 도둑들은 이전에 경찰들에 의해 체포되었다.
(b) 도둑들은 대부분 가정집을 목표로 삼고 있다.
(c) 경찰들은 보석 가계들이 가장 큰 표적이라고 생각한다.
(d) 경찰들은 도둑들이 누구인지 알지 못한다.

정답 (d)

[Joseph's Solution]
강도사건들은 서로 연관이 있어 보이지만 아직 증명된 바가 없고, 'as the thieves have not been apprehended' 라는 말을 통해 경찰들은 도둑을 잡지 못한 상태임을 알 수 있다. 따라서 뉴스 보도를 통해 추론할 수 있는 내용은 (d)경찰이 범인을 알지 못한다는 점이다.

[필수어휘]
spate n. (보통 불쾌한 일의) 빈발   **plague** v. 괴롭히다   **be no end in sight** 끝없이 펼쳐지다   **apprehend** v. 체포하다

Practice Test

Part III   **Choose the option that best answers the question.**

1   (a)   (b)   (c)   (d)

2   (a)   (b)   (c)   (d)

Part IV   **Choose the option that best answers the question.**

3   (a)   (b)   (c)   (d)

4   (a)   (b)   (c)   (d)

5   (a)   (b)   (c)   (d)

1

M: Would you ?

W: Yes, it's served with rice and .

M: That sounds good. today?

W: It's $10.95 a pound.

M: Not bad. What's ?

W: It's $25.95 .

M: , the price of the side dishes is ?

   That's ridiculous!

W: I'm sorry, sir. That's .

Q: What can be inferred from this conversation?

(a) The man thinks .

(b) The man's favorite dish is fresh water trout.

(c) The man wants .

(d) The man's bill has .

2

M: Hello, Mr. Jones. This is Ron Maser from Maser and Love Funeral Home. We have

 that you ordered. Apparently,

does not carry , so we will be

 . If you would like , please

 . We will

because of .

Thank you.

Q: What can be inferred from the announcement?

(a) Mr. Jones is who passed away.

(b) The funeral home did not .

Dictation Note

(c) The flower company is   .

(d) Mr. Jones has   in the past.

3   W: The safety issues   are shocking. Not only

during testing, but we have also seen

as a result of   .

We definitely couldn't sell these computers as they are.

need to be made to their design   .

Q: What is the speaker likely to talk about next?

(a) What changes are needed to make the computers safer

(b) Why the testing is

(c) Where the computers

(d) Who is in charge of

☐ **downtown** a. 시내에[로]

☐ **courthouse** n. 주 정부 청사

☐ **make a loop** 고리를 만들다, 돌다 (loop n. 고리)

☐ **know your way around** (장소 · 주제 등에 대해) 잘 알다

☐ **get off** 하차하다

☐ **fresh water** 민물

☐ **trout** n. 송어

☐ **market price** 시장가격

☐ **entree** n. 앙트레, 주요리(서양요리의 정찬에서 식단의 중심이 되는 요리)

☐ **side dish** 곁들임 요리

☐ **clarify** v. 명확하게 하다, 분명히 말하다

☐ **overcharge** v. 많이 청구하다, 바가지를 씌우다

☐ **funeral home** 장례식장

☐ **apparently** adv. 듣자[보아] 하니

☐ **procure** v. 구하다[입수하다]

☐ **alternate arrangement** 대체 방법

☐ **at somebody's convenience** ~가 편리한 때에

☐ **pass away** 사망하다, 돌아가시다

☐ **order of business** 의제의 순서, (처리해야 할) 문제, 과제

☐ **treatment plant** 처리장

☐ **economic downturn** 경기의 내리막

☐ **tax revenue** 세수(입)

☐ **improvement** n. 향상, 개선

☐ **account** n. (회계) 장부

☐ **make up** 채우다

☐ **be associated with** ~와 연관이 있다

☐ **numerous** a. 많은

☐ **spontaneous** a. 즉흥적인

☐ **casing** n. 싸개, 포장

☐ **melt** v. 녹다[녹이다]

☐ **cooling fan** 냉각팬

☐ **unexpectedly** adv. 갑자기, 돌연

☐ **definitely** adv. 분명히

☐ **substantial** a. 상당한

☐ **in charge of** ~를 맡아서, 대신해서

■ 축하할 때

☐ **Congratulations on your promotion!** 승진을 축하합니다!

☐ **Congratulations on your new job!** 취직을 축하합니다!

☐ **Bless you!** 당신께 축복이!

☐ **God bless you!** 당신께 신의 축복이!

☐ **Best of luck to you!** 최고의 행운이 찾아오길!

☐ **I wish you best of luck**. 최고의 행운이 따르길 빌어요.

☐ **Let me keep my fingers crossed for you.** 당신의 행운을 빌겠습니다.

■ 격려할 때

☐ **Take a chance!** 모험을 해!

☐ **Do it your own way**! 너의 방식대로 해!

☐ **Don't give up!** 포기하지 마!

☐ **Give it a second try!** 다시 한 번 해봐!

☐ **I bet you can make it.** 틀림없이 넌 할 수 있어.

☐ **You're cut out for that.** 넌 그 일이 제격이야.

☐ **You can count on me.** 나를 믿어.

☐ **You have nothing to worry about.** 넌 하나도 걱정할 것 없어.

☐ **Pull yourself together!** 힘을 내세요!

☐ **Brace up yourself!** 힘을 내세요!

☐ **Keep your chin up!** 기운을 내세요!

■ 초대할 때

☐ **Please, come to my birthday party.** 제 생일 파티에 꼭 와주세요.

☐ **There is my son's wedding feast.** 제 아들의 결혼식 피로연이 있어요.

☐ **There's a Bridal Shower for Mary.** Mary를 위한 예비신부 파티가 있어요.

☐ **We're giving a Baby Shower to Hellen.** Hellen의 아기를 위한 파티를 열거예요.

☐ **There is a farewell party for Jane.** Jane을 위한 환송회가 있어요.

☐ **Would you please come to my place?** 저희 집에 와주시겠습니까?

☐ **Come to the farewell party for John, please.** John을 위한 환송회에 와주세요.

☐ **Just come over in your casuals.** 그냥 평상복을 입고 오세요.

☐ **Let me treat you to dinner today.** 오늘 저녁은 내가 한턱 낼게요.

☐ **I'm afraid I have a previous engagement.** 죄송하지만, 선약이 있는 것 같네요.

☐ **I'll arrange my schedule to fit yours.** 제가 당신의 스케줄에 맞출게요.

Day 1

- ☐ **perennially** adv. 계속해서
- ☐ **quake** n. 지진
- ☐ **respiratory problem** 호흡기 질환
- ☐ **scourge** n. 역병
- ☐ **seismology** n. 지진학
- ☐ **strand** v. 오도가도 못하게 되다
- ☐ **tornado** n. 토네이도
- ☐ **volunteer** v. 자원하다, n. 자원자
- ☐ **active volcano** 활화산
- ☐ **apathy** n. 냉담, 무관심
- ☐ **calamity** n. 재난, 불행
- ☐ **cold front** 한파
- ☐ **cut the red tape** 관료적인 절차를 줄이다
- ☐ **disaster area** n. 재난 지역
- ☐ **epicenter** n. 진원지

- ☐ **famine** n. 기근
- ☐ **fire drill** 소방훈련
- ☐ **fraught with** ~로 가득한
- ☐ **landslide** n. 산사태
- ☐ **measure** v. 측정하다
- ☐ **available** a. 시간이 있는
- ☐ **noisy** a. 시끄러운
- ☐ **fabulous** a. 아주 멋진
- ☐ **search** v.찾다
- ☐ **afford** v. ~할 형편이 되다
- ☐ **appointment** n. 진료 예약
- ☐ **application** n. 지원서, 지원서
- ☐ **qualified** a. 자격을 갖춘
- ☐ **keep in touch** 연락을 유지하다
- ☐ **anxious** a. 염려하는

Day 2

- ☐ **payment** n. 지불
- ☐ **call in sick** 전화로 결근을 알리다
- ☐ **sick leave** 병가
- ☐ **strict** a. 엄격한
- ☐ **deal with** 상대하다
- ☐ **be used to** 익숙하다
- ☐ **can't wait** 기다릴 수 없을 만큼 기대가 되다
- ☐ **count the days** 손꼽아 기다리다
- ☐ **get together** 모이다
- ☐ **client** n. 고객
- ☐ **furious** a. 매우 화가 난
- ☐ **get past** 통과하다
- ☐ **drive someone crazy** …을 짜증나게 하다
- ☐ **interrupt** v. 중단하다
- ☐ **endeavor** v. 노력

- ☐ **evacuate** v. 철수하다
- ☐ **fire fighter** 소방관
- ☐ **flurry** n. 돌풍
- ☐ **inundation** n. 범람
- ☐ **mudslide** n. 진흙 사태
- ☐ **outbreak** n. 발발, 발생
- ☐ **aftershock** n. 여진, 여파
- ☐ **avalanche** n. 눈사태
- ☐ **blizzard** n. 눈보라
- ☐ **cataclysm** n. 대홍수, 지각 변동
- ☐ **crater** n. 분화구
- ☐ **designate** v. 지정하다
- ☐ **drought** n. 가뭄
- ☐ **earthquake** n. 지진
- ☐ **refugee** n. 피난민

- ☐ **rife with** ~로 가득한
- ☐ **tremor** n. 전율
- ☐ **tide** n. 조수
- ☐ **typhoon** n. 태풍
- ☐ **security check** 보안 검사
- ☐ **impress** v. 좋은 인상을 주다
- ☐ **grade** v. 성적을 매기다
- ☐ **nod off** 졸다
- ☐ **dull** a. 무딘, 지루한
- ☐ **come in** (색상/사이즈)로 나오다
- ☐ **gorgeous** a. 멋진
- ☐ **occasion** n. 때, 경우
- ☐ **fancy** a. 화려한
- ☐ **horrible** a. 끔찍한
- ☐ **recommend** v. 추천하다

- ☐ **extremely** adv. 극단적으로
- ☐ **more than welcome to** 얼마든지~해도 좋은
- ☐ **get along** 사이좋게 지내다
- ☐ **considerate** a. 사려깊은
- ☐ **property damage** 재산 피해
- ☐ **restoration operation** 복구작업
- ☐ **spew** v. 뿜어내다
- ☐ **storm** n. 폭풍우
- ☐ **torrent** n. 급류
- ☐ **tsunami** n. 해일
- ☐ **casualties** n. 사상자
- ☐ **catastrophe** n. 대 재난, 참사
- ☐ **collapse** v. 붕괴되다
- ☐ **death toll** 사망자수
- ☐ **deluge** n. 대홍수

Day 4

- ☐ **erupt** v. 폭발하다
- ☐ **flood** n. 홍수
- ☐ **gust** n. 돌풍, 강풍
- ☐ **inflict** v. 가하다
- ☐ **isolated** a. 고립된
- ☐ **lava** n. 용암
- ☐ **marsh** n. 늪, 습지
- ☐ **mobilize** v. 동원하다
- ☐ **water shortage** 물 부족
- ☐ **resourceful** a. 기지가 있는
- ☐ **consensus** n. 의견 일치
- ☐ **tear down** 허물다
- ☐ **a string of** 일련의
- ☐ **boundaries** n. 제한
- ☐ **risk-taking** 위험을 무릅쓰는

- ☐ **be prone to** ~하는 경향이 있는
- ☐ **leading** a. 주도하는
- ☐ **burden** n. 부담
- ☐ **overall** a. 전반적으로
- ☐ **competitive edge** 경쟁적 우위
- ☐ **discouraged** a. 낙담한
- ☐ **leave behind** 남기다
- ☐ **come up with** 생각해내다
- ☐ **fit** a. 건강한
- ☐ **eugenics** n. 우생학
- ☐ **homosexual** n. 동성애자
- ☐ **genocide** n. 대량학살
- ☐ **impartial** a. 편파적이지 않은
- ☐ **multi-culturalism** 다문화주의
- ☐ **pick on** ~를 괴롭히다

Day 5

- ☐ **abuse** n. 학대
- ☐ **Affirmative Action** 차별철폐 조처
- ☐ **apartheid** n. 인종 격리 정책
- ☐ **bias** n. 선입견
- ☐ **bully** n. 약한 자를 괴롭히는 사람
- ☐ **chauvinist** n. 맹목적 애국주의자
- ☐ **concentration camp** 강제 수용소
- ☐ **detention center** 구치소, 구류소
- ☐ **diversity** n. 다양성
- ☐ **racism** n. 인종차별주의
- ☐ **reverse discrimination** 역차별
- ☐ **separatist** n. 분리주의자
- ☐ **side with** ~의 편을 들다
- ☐ **adjourn** v. 휴회하다
- ☐ **allegation** n. 혐의

- ☐ **indication** n. 징후, 증거
- ☐ **grouchy** a. 기분이 좋지 않은
- ☐ **in a huff** 발끈 화를 내며
- ☐ **setback** n. 좌절, 곤란
- ☐ **abject poverty** 극빈
- ☐ **meaningful** a. 의미있는
- ☐ **composure** n. 침착
- ☐ **radical** a. 극단적인
- ☐ **impoverished** a.(= very poor) 매우 빈곤한
- ☐ **battery** n. 구타
- ☐ **desegregation** n. 인종 차별 폐지
- ☐ **ethnic** a. 민족의
- ☐ **handicapped** a. 장애의
- ☐ **feminism** n. 여성주의
- ☐ **minority** n. 소수 민족

Day 6

- ☐ **sexism** n. 성차별주의
- ☐ **segregation** n. 차별, 분리
- ☐ **race** n. 인종
- ☐ **the Holocaust** 대량학살
- ☐ **prejudice** n. 편견
- ☐ **prejudgement** n. 선입견
- ☐ **bigotry** n. 편협한 신념
- ☐ **discrimination** n. 차별
- ☐ **gender(sex)** n. 성
- ☐ **the disabled** 장애인
- ☐ **child abuse** 아동학대
- ☐ **hate crime** 증오에 의한 범죄
- ☐ **male dominated** 남성 우월적인
- ☐ **pick up (= buy)** v. 사다
- ☐ **get tied up** (일 등에 묶여) 꼼짝할 수 없다

- ☐ **put on** 입다
- ☐ **make an exception** 예외로 하다
- ☐ **give someone notice** 알리다
- ☐ **in advance** 미리
- ☐ **at short/a moment's notice** 당장/곧
- ☐ **until further notice** 추후 통지가 있을 때까지
- ☐ **take notice** 주목하다
- ☐ **admiring** a. 존경하는
- ☐ **drive** n. 동기, 충동
- ☐ **extrovert** n. 외향적인 사람
- ☐ **identity** n. 자아, 동질성
- ☐ **lyrical** a. 서정적인
- ☐ **hilarious** a. 아주 웃긴
- ☐ **nonfiction** n. 비소설
- ☐ **stereotype** n. 고정관념

Day 7

- □ **universal** a. 보편적인
- □ **tragedy** n. 비극
- □ **resistance** n. 반감
- □ **piece** n. 작품
- □ **identity crisis** 자기상실
- □ **conscious** a. 의식하는
- □ **awareness** n. 자각
- □ **inconsistency** n. 모순
- □ **motivation** n. 동기, 주기
- □ **soap opera** 여성용 드라마
- □ **protagonist** n. 주역
- □ **stimulus** n. 자극
- □ **fill out** 작성하다
- □ **customs** n. 세관
- □ **try out for** 자격을 얻기 위해 겨루다

- □ **happen to (= do something)** 혹시 …하다
- □ **have something in mind** ~을 속으로 생각하고 있다
- □ **browse** v. 둘러보다
- □ **be into** ~에 관심이 있다
- □ **head back** 되돌아가다
- □ **appointment** n. 약속
- □ **call off** 취소하다
- □ **symptom** n. 증세
- □ **put one's finger on** 지적하다
- □ **not lift a finger** 손가락 하나도 까딱하지 않다
- □ **comedy** n. 희극
- □ **paradox** n. 역설
- □ **self-fulfillment** 자기충족
- □ **whodunit** n. 추리소설
- □ **introvert** a. 내성적인 사람

Day 8

- □ **metaphor** n. 은유
- □ **feedback** n. 반응, 점검
- □ **demanding** a. 까다로운
- □ **pervert** n. 변태
- □ **sarcastic** a. 비꼬는
- □ **anecdote** n. 일화
- □ **epistolary** a. 서간체의, 편지의
- □ **portrait** n. 초상화, 인물묘사
- □ **hyperbole** n. 과장
- □ **concept** n. 개념
- □ **intrigued** a. 흥미 있는
- □ **repression** n. 억압, 억압된 욕망
- □ **episode** n. 삽화
- □ **prose** n. 산문
- □ **antagonist** n. (소설) 주인공

- □ **bother** v. 방해하다
- □ **flattered** a. 우쭐한, 기분이 좋은
- □ **autograph** n. (유명인의) 서명
- □ **come in (size, color)** (치수, 색상)으로 나오다
- □ **recommend** v. 추천하다
- □ **seasonal** a. 계절의
- □ **be in a good mood** 기분이 좋다
- □ **confidence** n. 자신감
- □ **upcoming** a. 다가오는
- □ **toxic** a. 독성이 있는
- □ **end up** 결국에 …하다
- □ **landfill** n. 매립지
- □ **break down** 분해하다
- □ **relieved** a. 안심한
- □ **ask out** 데이트 신청하다

Day 9

- [ ] **break down** 고장나다, 분석하다
- [ ] **bump into** 우연히 만나다
- [ ] **call back** 나중에 다시 전화하다
- [ ] **carry out** 수행하다
- [ ] **cut back** 줄이다
- [ ] **figure out** 이해하다
- [ ] **hang around** 배회하다
- [ ] **hang out** 시간을 보내다
- [ ] **hold on** 기다리다
- [ ] **abortion** n. 낙태
- [ ] **acute disease** 급성 질환
- [ ] **aggravate** v.악화시키다
- [ ] **Alzheimer** n. 치매
- [ ] **ambidextrous** a. 양손잡이의
- [ ] **amnesia** n. 기억상실증

- [ ] **anatomy** n. 해부학
- [ ] **anemia** n. 빈혈
- [ ] **anesthesia** n. 마취
- [ ] **anesthetic** n. 마취제
- [ ] **convenient** a. 편리한
- [ ] **picky** a. 까다로운
- [ ] **out of stock** 품절된
- [ ] **incredibly** adv. 엄청나게
- [ ] **organized** a. 체계화된
- [ ] **abroad** adv. 해외에서
- [ ] **be headed for** …에 가다
- [ ] **check out** 계산을 하다
- [ ] **awful** a. 끔찍한
- [ ] **improve** v. 나아지다
- [ ] **exhibit** v. 전시하다

Day 10

- [ ] **textile** n. 직물
- [ ] **change one's mind** 마음을 바꾸다
- [ ] **get a chance to** …할 기회가 있다
- [ ] **definitely** adv. 확실히
- [ ] **contraceptive** n. 피임약
- [ ] **split up** 관계를 끝내다
- [ ] **watch out** 주의하다
- [ ] **antibody** n. 항체
- [ ] **antibiotic** n. 항생제
- [ ] **bruise** n. 타박상
- [ ] **antidote** n. 해독제
- [ ] **arthritis** n. 관절염
- [ ] **constipation** n. 변비
- [ ] **contagion** n. 전염, 감염
- [ ] **contagious** a. 전염성의

- [ ] **put through** 연결하다
- [ ] **mix up** 혼동하다, 섞다
- [ ] **stop over** 잠깐 머무르다
- [ ] **let down** 실망시키다
- [ ] **breast-cancer** 유방암
- [ ] **complication** n.합병증
- [ ] **stick to** 고수하다
- [ ] **pull over** 길거리에 차를 세우다
- [ ] **put up with** 참다
- [ ] **charge** v. 청구하다
- [ ] **in advance** 미리
- [ ] **outrageous** a. 어이없는
- [ ] **inconvenience** n. 불편
- [ ] **turn in** 제출하다
- [ ] **substitute** v. 대체하다

- **additional** a.추가의
- **drop off** (차로) 데려다 주다
- **install** v. 설치하다
- **bail out** 저버리다
- **on such short notice** 갑자기, 예고 없이
- **get together** 모이다
- **in place** 제자리에, 준비가 된
- **skip** v. 뛰어 넘다
- **food poisoning** 식중독
- **gynecologist** n. 부인과 의사
- **headache** n. 두통
- **hepatitis** n. 간염
- **high blood pressure** 고혈압
- **infection** n. 전염, 전염병
- **insomnia** n. 불면증
- **low blood pressure** 저혈압
- **neurosis** n. 신경증, 노이로제
- **obesity** n. 비만
- **obstetrician** n. 산과 의사
- **obstetrics** n. 부인과
- **orthopedics** n. 정형외과
- **palliate** v. (아픔을) 완화하다
- **pediatrician** n. 소아과의사
- **prescription** n. 처방전
- **psychiatrist** n. 정신과의사
- **side effect** 부작용(=adverse effect)
- **surgeon** n. 외과의사
- **symptom** n. 증상
- **appointment** n. 약속, 임명
- **accompany** v. ~와 같이 가다

- **assess** v. 측정하다, 평가하다
- **condemn** v. (도덕적으로)비난하다
- **contaminate** v. 오염시키다
- **convict** v. 유죄를 선언하다
- **discipline** v. 훈계하다, 벌주다(punish)
- **dismiss** v. 해고하다, 소송을 기각하다
- **enhance** v. 향상시키다, 강화하다
- **enroll** v. 입학시키다, 등록하다(register)
- **facilitate** v. 손쉽게 하다(ease), 돕다
- **inhibit** v. 방해하다, 억제하다
- **interfere** v. 간섭하다, 말참견하다
- **indicate** v. 표시하다, 보이다
- **intrigue** v. ~의 흥미를 끌다
- **extensively** adv. 폭넓게, 광범위하게
- **greenhouse effect** 온실효과
- **household** n. 가족, 가구
- **irritable** a. 짜증내는, 화를 잘 내는
- **formidable** a. 무서운
- **jump to conclusion** 쉽게 결론을 내리다
- **gratify** v. 만족시키다, 기쁘게 하다
- **extenuate** v. (죄 등을) 경감하다
- **hold back** ~을 억제하다, 자제하다
- **explore** v. 찾다, 탐험하다
- **isolation** n. 고립, 고독
- **emancipation** n. 해방
- **frankly speaking** 솔직히 말해서
- **anachronism** n. 시대착오
- **carnage** n. 대학살, 살육
- **frightened** a. 무서워하는, 겁먹은
- **gregarious** a. 떼지어 모이는, 사교적인

Day 13

- [ ] **hypocritical** a. 위선의, 위선적인
- [ ] **class-warfare** 계급투쟁
- [ ] **itinerary** n. 여행 일정
- [ ] **afford** v. ~할 여유가 있다
- [ ] **appreciate** v. 고맙게 여기다
- [ ] **bother** v. 괴롭히다
- [ ] **care** v. 마음을 쓰다
- [ ] **carry** v. 물품을 팔다
- [ ] **tease** v. 치근대다
- [ ] **depend** v. ~에 달려 있다
- [ ] **be done** 마치다
- [ ] **accept** v. 받아들이다
- [ ] **attract** v. 주의·흥미를 끌다, 매혹하다
- [ ] **earn** v. 획득하다, 얻다
- [ ] **expire** v. 기간이 만료되다

- [ ] **improve** v. 개선하다, 향상시키다
- [ ] **manage** v. 관리하다
- [ ] **subscribe to** 정기 구독하다
- [ ] **resurgency** n. 폭동
- [ ] **revolution** n. 혁명
- [ ] **progenitor** n.(동식물의) 원종
- [ ] **stress** n. 강세
- [ ] **toddler** n. 아장아장 걷는 아이
- [ ] **sweeping** a. 전면적인
- [ ] **pirate** n. 저작권 침해자
- [ ] **piracy** n. 표절
- [ ] **anomaly** n. 예외, 변칙
- [ ] **navigate** v. 조종하다, 항해하다
- [ ] **obsolete** a. 구식의, 낡아빠진
- [ ] **make a fortune** 부자가 되다

Day 14

- [ ] **qualitatively** adv. 질적으로, 정성적인
- [ ] **odds and ends** 잡다한 것, 어중이떠중이
- [ ] **qualify for** ~에 대한 자격이 있다
- [ ] **negotiation** n. 협상, 타협
- [ ] **parliament** n. 의회
- [ ] **obligation** n. 의무, 책임
- [ ] **laborious** a. 힘이 드는, 어려운
- [ ] **locate** v. ~의 위치를 찾아내다
- [ ] **predict** v. 예견하다
- [ ] **prove** v. ~임이 드러나다
- [ ] **relieve** v. (고통·부담 등을) 덜다
- [ ] **withdraw** v. (신청 등을)철회하다; 돈을 인출하다
- [ ] **suggest** v. 시사하다, 암시하다
- [ ] **tolerate** v. 용인하다, 견디다
- [ ] **transmit** v. (병을) 옮기다

- [ ] **undergo** v. (영향·변화)겪다
- [ ] **mild** a. (술 등이) 순한; (병 등이) 가벼운
- [ ] **positive** a. 틀림없는
- [ ] **ripe** a. 익은, 여문
- [ ] **routine** a. 일상의, 판에 박힌
- [ ] **second-hand** a. 중고의
- [ ] **academic advisor** 지도교수
- [ ] **Bachelor** n. 학사
- [ ] **commencement** n. 졸업식
- [ ] **suspend** v. 정학시키다
- [ ] **degree** n. 학위
- [ ] **application form** 지원서
- [ ] **disciple** n.제자
- [ ] **cultural subject** 교양과목
- [ ] **faculty** n.교수, 학부

- □ **elective course** 선택과목
- □ **repeater** n.유급생
- □ **thesis** n.(학위)논문
- □ **major subject** 전공과목
- □ **curriculum** n. 교육과정
- □ **commute** v. 통학하다
- □ **enrollment** n. 등록, 입학
- □ **doctorate** n. 박사학위
- □ **lifelong education** 평생교육
- □ **transcript** n. 성적 기록부
- □ **drop-out** n. 중퇴(자), 낙제
- □ **clumsy** a. 솜씨 없는, 서툰
- □ **mandatory** a. 명령의, 강제적인
- □ **disposable** a. 일회용의
- □ **firsthand** a. 직접적인

- □ **hectic** a. 매우 바쁜
- □ **convenient** a. 편리한, 형편에 맞는
- □ **abundant** a. 풍부한
- □ **confidential** a. 기밀의
- □ **designated** a. 지정된, 정해진
- □ **compulsory** a. 강제된, 의무적인
- □ **outstanding** a. 현저한, 탁월한
- □ **identical** a. 동일한, 일란성의
- □ **artificial** a. 인위적인
- □ **complicated** a. 까다로운, 복잡한
- □ **controversial** a. 논쟁의 (여지가 있는)
- □ **global warming** n. 지구온난화
- □ **infrared ray** 적외선
- □ **corrode** v. 부식하다, 썩다
- □ **atmosphere** n. 대기

Day 16

- □ **undermine** v. 밑을 파다, 손상시키다
- □ **wilderness** n. 황야, 산림지
- □ **ozone layer** 오존 층
- □ **environment** n. 환경
- □ **harness** v. 이용하다
- □ **blanket** n. 담요
- □ **ecosystem** n. 생태계
- □ **extinction** n. 멸종
- □ **glacier** n. 빙하
- □ **inundation** n. 범람
- □ **evacuate** v. 철수하다, 대피하다
- □ **wildlife** a.야생(의)
- □ **logging** n.벌목
- □ **irrigation** n. 관개, 물을 끌어드림
- □ **evaporation** n. 증발

- □ **whaling** n. 포경, 고래잡이
- □ **crucial** a. 중요한
- □ **desirable** a. 바람직한, 탐나는
- □ **exclusive** a. 독점적인, 다른 곳에서는 구할 수 없는
- □ **genuine** a. 진정한
- □ **influential** a. 영향력 있는
- □ **likely** a. ~할 것 같은
- □ **mandatory** a. 명령의, 강제적인
- □ **outstanding** a. 현저한, 탁월한
- □ **plentiful** a. 풍부한, 윤택한
- □ **prone** a. ~하기 쉬운
- □ **proper** a. 적당한; 올바른
- □ **reasonable** a. (가격 등이)적당한
- □ **sensitive** a. 민감한
- □ **significant** a. 중대한, 뜻있는

Day 17

- ☐ **generation** n. 세대
- ☐ **ultraviolet ray** 자외선
- ☐ **biosphere** n. 생태계
- ☐ **catastrophe** n. 재난
- ☐ **hazard** n. 위험
- ☐ **barren** a. 불모의
- ☐ **alternative energy** 대체에너지
- ☐ **species** n. 종류
- ☐ **efficient** a. 효율적인
- ☐ **emission** n. (배기가스) 배출
- ☐ **flood** n. 홍수
- ☐ **fertile** a. 비옥한
- ☐ **run out of** 다 쓰다, 고갈되다
- ☐ **exhaustible** a. 고갈되는
- ☐ **evolution** n. 진화

- ☐ **natural resources** 천연자원
- ☐ **bio diversity** 생물학적 다양성
- ☐ **nitrogen** n. 질소
- ☐ **cut down** 줄이다
- ☐ **humid** a. 습한
- ☐ **erode** v. 침식하다
- ☐ **striking** a. 현저한, 인상적인
- ☐ **subject** a. ~을 필요로 하는
- ☐ **constraint** n. 구속, 압박
- ☐ **claim** v. 말하다, 주장하다
- ☐ **company** n. 회사, 일행
- ☐ **critical** a. 비판적인, 흠잡기를 좋아하는
- ☐ **figure** n. 숫자, 사람 모습
- ☐ **release** v. 개봉하다, (신간을) 발표하다
- ☐ **do one's best** 최선을 다하다

Day 18

- ☐ **do one good** ~에게 도움을 주다
- ☐ **get in touch with** ~와 연락하다
- ☐ **give one's word** 약속하다
- ☐ **give someone a hand** ~를 도와주다
- ☐ **have a say** 말할 권리가 있다
- ☐ **have a word with** ~와 이야기를 나누다
- ☐ **advantage** n. 이익, 혜택
- ☐ **ingredient** n. 재료
- ☐ **freebie** n. 공짜
- ☐ **benefit** n. 이익, 혜택
- ☐ **inclusive** a. 모든 것을 다 포함한
- ☐ **luxurious** a. 고급스러운
- ☐ **attraction** n. 매력, 인기거리
- ☐ **water-proof** a. 방수의
- ☐ **steal** n. 아주 싼 물건
- ☐ **special deal** 특별 할인

- ☐ **cutting edge** 최첨단
- ☐ **exclusive** a. 독점적인
- ☐ **admission fee** 입장료
- ☐ **wanted** 사람 구함
- ☐ **reduced price** 할인된 가격
- ☐ **recommendation** n. 추천서
- ☐ **bargain** n. 아주 싼 물건
- ☐ **effective** a. 효과적인
- ☐ **reference** n. 추천서
- ☐ **qualified** a. 자력을 갖춘
- ☐ **have a sweet tooth** 단것을 좋아하다
- ☐ **have a word with** ~와 간단히 이야기를 나누다
- ☐ **have something[nothing] to do with** ~와 관계가 있다[없다]
- ☐ **jump to conclusions** 성급히 결론을 내리다

Day 19

- **keep an eye on** ~을 지켜보다, 감시하다
- **keep track of** ~을 기억하고 있다
- **lock oneself out** 열쇠를 안에 두고 잠그다
- **make a difference** 변화를 가져오다
- **make ends meet** 수입과 지출을 맞추다
- **pick up the tab** 셈을 치르다, 계산하다
- **take a chance** 운명에 맡기고 해보다
- **take advantage of** ~를 이용하다
- **take charge of** 떠맡다, 주도권을 잡다
- **take one's place** ~를 대신하다
- **take place** 발생하다
- **rate** n. 요금
- **fare** n. 교통 요금
- **boon** n. 이익, 혜택
- **competitive edge** 경쟁적으로 유리한 점, 혜택

- **rip-off** 바가지
- **tailor-made** a. 맞춤형의
- **resume** n. 이력서
- **sold out** 매진
- **applicant** n. 지원자
- **personnel** n. 직원
- **qualification** n. 자격
- **required** a. 필요조건의
- **benefits** n. 복리후생
- **give away** 공짜로 나눠주다
- **foolproof** a. 아주 간단한, 완벽한
- **free sample** 공짜 샘플
- **easy to operate** 다루기 쉬운
- **test drive** 시운전
- **secretarial position** 비서직

Day 20

- **application form** 지원서
- **sleep on it** 숙고하다
- **Watch your mouth.** 말조심해.
- **affect** v. 영향을 미치다
- **effect** n. 결과; (법률의) 효력
- **amusing** a. 즐거운, 재미있는
- **amazing** a. 놀랄 정도의, 굉장한
- **arid** a. 습기가 없는, 딱딱한
- **assist** v. 돕다
- **insist** v. 주장하다
- **brake** n. 제동, 브레이크
- **break** n. 중단, 짧은 방학, 실패
- **complement** v. 보충하다
- **compliment** n. 칭찬
- **confirm** v. 확인하다

- **contend** v. 싸우다; 주장하다
- **conform** v. (규범 · 규칙 등에) 순응하다
- **collaborate** v. 공동으로 일하다
- **corroborate** v. (소신 등을) 입증하다
- **impersonate** v. ~인 체하다, ~의 역을 하다
- **improvise** v. (연주 · 연설 등을) 즉흥적으로 하다
- **impregnate** v. 임신시키다
- **expedite** v. (작업 등을) 신속히 처리하다
- **exonerate** v. 무죄임을 입증하다
- **exempt** v. (의무, 책임 등을) 면제하다
- **revoke** v. 무효로 하다, 취소하다
- **rebuke** v. 꾸짖다, 비난하다
- **observance** n. (법 등의) 준수
- **observation** n. 관찰
- **relieve** v. (통증을) 완화하다

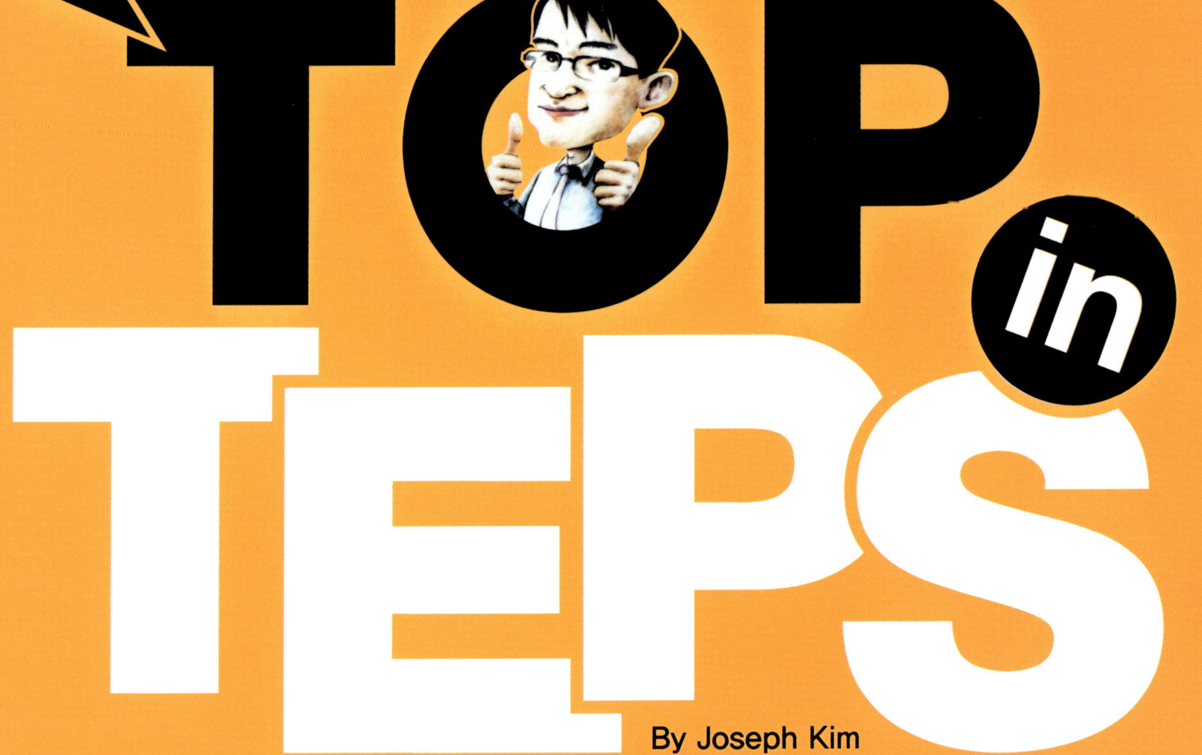

THE
대한민국 TEPS 대표강사 Joseph Kim의
TOP in
TEPS
By Joseph Kim
650
입문편
청 LISTENING 해
랭기지플러스
정답 및 해설

대한민국 TEPS 대표강사 Joseph Kim의

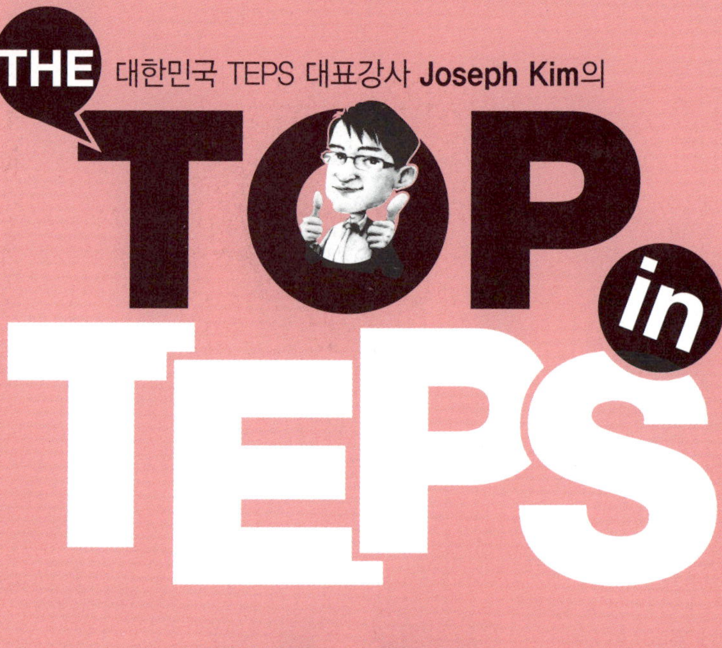

THE TOP in TEPS

650 입문편

청 LISTENING 해

By Joseph Kim

정답 및 해설

랭기지플러스

THE TOP in TEPS 650 청해 입문편

초판발행	2010년 7월 20일
초판 6쇄	2017년 3월 23일
저자	죠셉 킴
펴낸이	엄태상
책임 편집	장은혜, 이효리, 김효은, 정유항
디자인	이건화
마케팅	이상호, 오원택, 이승욱, 전한나, 왕성석
온라인 마케팅	김마선, 심유미, 유근혜
펴낸곳	랭기지플러스
주소	서울시 종로구 자하문로 300 시사빌딩
주문 및 교재 문의	1588-1582
팩스	(02)3671-0500
홈페이지	http://www.sisabooks.com
이메일	sisabooks@naver.com
등록일자	2000년 8월 17일
등록번호	1-2718호

ISBN 978-89-5518-189-0 18740

THE
대한민국 TEPS 대표강사 Joseph Kim의
TOP in
TEPS
650
입문편
청 해
LISTENING
정답 및 해설

Dictation Practice

1. Who are you / manager of this restaurant 2. who's calling / This is Sarah Jones speaking. 3. who's in charge of / He's the new manager. 4. who I bumped into 5. who you are rooting for 6. that was eating at the restaurant / who was the handsome man / I am going to marry next month 7. return this watch / Who should I speak to then? 8. What movie did you watch / Who directed it?

Answer Keys

Part I 1. **(d)** 2. **(a)** 3. **(d)** 4. **(d)** 5. **(c)** 6. **(c)** 7. **(d)** 8. **(d)**

Part II 9. **(c)** 10. **(c)** 11. **(c)** 12. **(d)** 13. **(d)** 14. **(c)** 15. **(c)**

1.

W: Who do you think is the best actor for the new film?
M: ________________________

(a) Of course, I think so.
(b) No, I don't like the actor.
(c) Mary didn't have a good performance.
(d) I strongly believe it's Tom Hanks.

해석
W: 새 영화에 맞는 최고의 남자배우는 누구라고 생각해요?
M: ________________________

(a) 물론이죠, 나도 그렇게 생각해요.
(b) 아니, 난 그 남자배우를 좋아하지 않아요.
(c) Mary는 좋은 연기를 하지 않았어요.
(d) Tom Hanks라고 강력히 믿고 있어요.

[Joseph's Solution]
의문사 Who에 대한 적절한 응답을 골라야 한다. 영화에 적합한 남자배우가 누구인지 묻고 있으므로, 이름을 정확하게 언급하여 Tom Hanks라고 대답한 (d)가 가장 자연스럽다. Mary는 여자의 이름이고 과거형으로 대답하고 있으므로 (c)는 적절하지 않다.

[필수어휘]
actor n. 남자배우   **performance** n. 연기, 수행
strongly adv. 강력하게   **film** n. 영화
believe v. 믿다, 생각하다

정답 **(d)**

2.

W: Who are you looking for?
M: ________________________

(a) The manager of this restaurant.
(b) Your mother is looking for you.
(c) She has been looking for her son for many years.
(d) I'd like to have a person paged for me.

해석
W: 누구를 찾고 계신가요?
M: ________________________

(a) 이 레스토랑의 지배인이요.
(b) 당신의 엄마가 당신을 찾고 있어요.
(c) 그녀는 수년 동안 자신의 아들을 찾고 있어요.
(d) 저는 나를 위해 누군가에게 연락해주었으면 좋겠네요.

[Joseph's Solution]
의문사 Who를 이용하여, 찾고 있는 사람이 누구인지 묻고 있다. 단도직입적으로 The manager라고 답하고 있는 (a)가 가장 적절하다. '이 레스토랑의 지배인'은 'I'm looking for'가 생략되어 있는 것이기 때문이다. (b)와 (c)는 looking for를 이용하여 혼동을 주는 보기이다.

[필수어휘]
manager n. 지배인
page v. (개인 호출기로) 연락[호출]하다
look for 찾다
restaurant n. 음식점, 레스토랑

정답 **(a)**

3.

M: Could I ask who's calling?
W: ________________________

(a) He's not in right now.
(b) I'll have him call you back.
(c) Yes, I'll take it .
(d) This is Sarah Jones speaking.

M: 전화하신 분이 누구신지 여쭤 봐도 될까요?
W: ______________________________

(a) 그 분은 지금 안 계십니다.
(b) 저는 그에게 당신께 다시 전화하라고 할게요.
(c) 네, 제가 받을게요.
(d) Sarah Jones이라고 하는데요.

[Joseph's Solution]
의문사 Who를 이용한 간접의문문으로 전화를 건 사람이 누구인지 정중하게 묻고 있다. 'This is ~'의 대답은 전화상에서 이루어지는 대화의 가장 적절한 답변이다. 따라서 정답은 (d)이다. 'I'll take it.'은 '내가 사겠다, 내가 전화 받겠다'의 의미로 사용된다는 것을 알아두자.

[필수어휘]
call ~ back 다시 전화하다
be not in right now 지금 자리에 없다

정답 (d)

4.

M: Can I ask who's in charge of this department here?
W: ______________________________

(a) Sorry, we're out of it.
(b) Sorry, it's already been charged.
(c) Anyone you like.
(d) Mr. Jason. He's the new manager.

M: 여기 이 부서를 담당하고 있는 사람이 누구인지 여쭤봐도 될까요?
W: ______________________________

(a) 죄송합니다, 다 떨어졌어요.
(b) 죄송합니다, 그것은 이미 비용이 청구되었어요.
(c) 당신이 좋아하는 사람이면 누구든지요.
(d) Jason씨입니다. 그가 새 관리자에요.

[Joseph's Solution]
의문사 Who를 이용하여, 부서의 담당자가 누구인지 묻고 있다. (d) Mr. Jason은 'is in charge of this department'가 뒤에 생략되어 있는 표현으로, '그가 새 관리자이다'라는 이어지는 내용이 대답에 대한 부연설명이다. (b)는 charged를 이용해 혼동을 주는 오답지이다.

[필수어휘]
in charge of ~을 맡아서, 담당해서
be out of ~이 다 떨어지다   **charge** v. (요금을) 청구하다
department n. 부서
manager n. 부장

정답 (d)

5.

M: Who's calling, please?
W: ______________________________

(a) Sorry, he's out right now.
(b) Hold on, please.
(c) This is Terry.
(d) I'm calling you to ask you out for dinner.

M: 누구세요?
W: ______________________________

(a) 미안합니다만, 그 분은 지금 없습니다.
(b) 잠시만 기다려주세요.
(c) 저는 Terry입니다.
(d) 당신께 저녁 외식하러 나가자고 전화했어요.

[Joseph's Solution]
'Who's calling?'은 전화상에서 전화를 건 상대방이 누구인지 물을 때 자주 사용하는 표현이다. 이에 대한 대답 또한 'I'm~' 가 아니라 'This is~'로 대답해야 한다. 따라서 적절한 대답은 (c)이다. (d)는 calling을 이용하여 혼동을 주는 오답지이다.

[필수어휘]
hold on 기다리다
ask ~ out for dinner ~에게 외식하자고 청하다
right now 지금은

정답 (c)

6.

M: Who spilt the beans to you about the surprise party?
W: ______________________________
(a) Jerry says he's out of town all day.
(b) Good idea! When is the best time for it?
(c) I thought I overheard it from your phone conversation.
(d) I believe it's in conference room A at 1:00 p.m.

M: 깜짝 파티에 대해 누가 너에게 비밀을 누설했어?
W: ______________________________

(a) Jerry는 하루 종일 도시를 떠나 있는다고 했어.

(b) 좋은 생각이야! 언제가 가장 좋은 시기일까?
(c) 당신이 전화 통화하는 것을 우연히 들었어요.
(d) 확실히 그것은 오후 1시에 A회의실에서 있어요.

[Joseph's Solution]
의문사 Who를 이용하여, 깜짝 파티에 대한 비밀을 발설한 사람이 누구인지 묻고 있다. '전화 통화하는 것을 우연히 들었다'는 말은 '비밀을 누가 발설한 것이 아니다'라는 의미를 우회적으로 표현한 것으로 깜짝 파티에 대한 내용을 알게 된 출처를 밝히고 있다. 따라서 여자의 대답으로 적절한 것은 (c)이다.

[필수어휘]
spill the beans 비밀을 누설하다
out of town 도시를 떠나서, 시골에서
overhear v. (남의 대화 등을) 우연히 듣다
believe v. 생각하다, 믿다
conference n. 회의, 회담

정답 **(c)**

7.

W: Guess who I ran into yesterday morning?
M: _______________________

(a) Really? Was it cold?
(b) He ran with his dog this morning.
(c) I run into him every once in a while.
(d) Don't tell me it was Mary.

해석
W: 내가 어제 아침에 누구를 우연히 만났는지 알아?
M: _______________________

(a) 정말? 추웠어?
(b) 그는 오늘 아침 자신의 개와 함께 뛰었다.
(c) 나는 가끔씩 그를 우연히 만났어.
(d) 설마 Mary는 아니겠지.

[Joseph's Solution]
의문사 Who를 이용하여 아침에 마주친 사람이 누구인지 묻고 있다. 'Don't tell me it was Mary.'에서 it은 who I ran into를 받는 말이며, 'Don't tell me ~'는 '~라는 건 아니겠지'라는 뜻의 짐작을 의미하는 구어체적인 표현이다. 따라서 이어지는 남자의 대답으로 자연스러운 것은 (d)이다.

[필수어휘]
run into ~를[와] 우연히 만나다
once in a while 가끔[이따금]
cold a. 추운, 차가운
guess v. 추측하다, 짐작하다

정답 **(d)**

8.

W: Who else knows about the surprise party?
M: _______________________

(a) She wants to have a housewarming party tonight.
(b) I've organized a catering service.
(c) I eavesdropped on your conversation.
(d) Nobody but her husband.

해석
W: 깜짝 파티에 대해 다른 누가 또 알고 있나요?
M: _______________________

(a) 그녀는 집들이를 오늘 밤에 열고 싶어해요.
(b) 저는 음식 주문 서비스를 요청했어요.
(c) 나는 당신의 이야기를 엿들었어요.
(d) 그녀의 남편 외에는 아무도 없어요.

[Joseph's Solution]
의문사 Who를 이용하여 깜짝 파티를 누가 또 알고 있는지 묻고 있다. but은 '~를 제외하고'라는 의미로 except와 같고, nobody는 '아무도 ~않다'는 의미이다. 따라서 '그녀의 남편 말고는 아무도 모른다'는 의미의 (d)가 남자의 대답으로 가장 자연스럽다.

[필수어휘]
housewarming party 집들이
catering service 음식 주문 서비스
eavesdrop v. 엿듣다
organize v. 준비하다, 조직하다
conversation n. 대화

정답 **(d)**

9.

M: Guess who I bumped into the other day?
W: _______________________

(a) You couldn't have guessed that.
(b) Did he apologize to you for it?
(c) I have absolutely no idea. Who was it?
(d) The traffic was bumper to bumper.

해석
M: 일전에 내가 우연히 마주친 사람이 누군지 알아?
W: _______________________

(a) 너는 추측할 수 없을 거야.
(b) 그가 너한테 그 문제로 사과했어?
(c) 나는 전혀 모르겠어. 누구였는데?
(d) 교통이 심하게 밀렸어.

[Joseph's Solution]
전에 자신이 마주친 사람이 누구였는지 추측해볼 수 있느냐고 묻고 있다. 이에 대한 대답으로 '전혀 모르겠다'는 말과 함께 '누구였나?'고 다시 되묻는 (c)가 대화에 가장 자연스럽다. bump into는 '우연히 마주치다'라는 의미이며, (d) bumper to bumper는 자동차의 체증상황을 의미하므로 혼동하지 않도록 한다. (a) You couldn't

have guessed that.은 오히려 남자가 여자에게 할 수 있는 말로서 관련 있는 내용의 대답으로 혼동을 주는 오답지이다.

[필수어휘]
bump into (우연히) 마주치다　　**the other day** 일전에, 최근에
apologize v. 사과하다
bumper to bumper (차가) 꼬리에 꼬리를 물고, 매우 밀린
have no idea 전혀(하나도) 모르다

정답 (c)

10.

M: Could you tell me who you are rooting for?
W: ________________________

(a) The game is very exciting.
(b) I don't enjoy sports.
(c) Whichever team wins the game.
(d) She is rooting for you.

해석
M: 누구를 응원하는 중인지 말해줄 수 있어요?
W: ________________________

(a) 경기가 매우 흥미진진해요.
(b) 나는 스포츠를 즐기지 않아요.
(c) 경기에서 이기는 팀은 누구라도요.
(d) 그녀는 당신을 응원 중이에요.

[Joseph's Solution]
Who를 이용하여 응원하는 단체(팀)가 어디인지 묻고 있다. 특정 팀이나 단체를 언급하지는 않았지만, '어디든 이기는 팀'이라고 말한 (c)가 대답으로 가장 자연스럽다. (d)는 응원하는 주어가 you가 아닌 she가 되어 주어의 혼동을 이용한 오답지이다.

[필수어휘]
root for 응원[성원]하다
exciting a. 흥미진진한, 신나는
enjoy v. 즐기다, 누리다
win v. 이기다

정답 (c)

11.

W: Who on earth left their computer on all night?
M: ________________________

(a) I'll have it turned off.
(b) I was the last person who left.
(c) Sorry, I think it was Mary. She might have forgotten to turn it off.
(d) Did you lock up the doors when you left?

해석
W: 도대체 누가 밤새도록 컴퓨터를 켜두었나요?

M: ________________________

(a) 제가 그것을 끄도록 시킬게요.
(b) 저는 마지막으로 떠난 사람이에요.
(c) 미안해요, 제 생각에는 Mary인 것 같아요. 그녀는 그것을 끄는 것을 잊어버렸나 봐요.
(d) 떠날 때 문을 잠갔나요?

[Joseph's Solution]
컴퓨터를 끄지 않고 밤새 켜둔 사람이 누구인지 묻고 있다. 'Mary'라고 정확하게 지칭한 후 '끄는 것을 잊어버렸을 지도 모른다'고 부가적으로 언급한 (c)가 질문에 가장 자연스럽다. 누가 마지막으로 떠났는지 묻는 질문이 아니기 때문에 (b)는 정확한 대답이 아니고, (a)는 미래시제이므로 응답으로 적절하지 않다.

[필수어휘]
Who on earth 도대체 누가　　**leave ~ on** ~를 켜둔 채로 두다
turn off (우연히) 끄다　　**lock up** 잠그다
forget v. 잊다, 잊어버리다

정답 (c)

12.

M: Wasn't it you that was eating at the restaurant near Central Park yesterday?
W: Yeah. But I don't want you to tell anyone.
M: No, I won't. But, who was the handsome man you were there eating with?
W: ________________________

(a) He resembles the man I met at the meeting.
(b) We're been visiting the restaurant for several months.
(c) I had absolutely no idea.
(d) Actually, He is the man I am going to marry next month.

해석
M: 어제 센트럴 파크 근처에 있는 레스토랑에서 식사한 사람이 당신 아닌가요?
W: 맞아요, 그렇지만 아무에게도 말하지 않았으면 해요.
M: 그럼요, 말하지 않을 거예요. 그렇지만 당신이 그곳에서 식사를 함께 한 그 잘생긴 남자 분은 누구세요?
W: ________________________

(a) 그는 제가 회의에서 만난 그 남자와 비슷하게 생겼어요.
(b) 우리는 몇 달 동안 그 레스토랑에 갔었어요.
(c) 저는 정말 몰라요.
(d) 사실, 그 사람은 제가 다음 달에 결혼하기로 한 남자예요.

[Joseph's Solution]
여자와 어제 레스토랑에서 식사를 한 사람이 누구인지 묻고 있다. 따라서 '다음 달에 결혼할 사람'이라고 대답하고 있는 (d)가 여자의 대답으로 적절하다. (b)는 'restaurant'을 통해 혼동을 주는 오답지이다.

[필수어휘]

resemble v. 닮다　　**have no idea** 전혀 모른다
visit v. 방문하다　　**absolutely** adv. 전적으로, 틀림없이

정답 (d)

13.

W: I'd like to return this watch.
M: I'm sorry I can't help you with that.
W: Who should I speak to then?
M: ___________________________

(a) May I help you?
(b) Do you need some help?
(c) When did you purchase it?
(d) I'll get the manager for you.

해석

W: 이 시계를 반품하고 싶은데요.
M: 죄송합니다만, 그 문제에 대해서 저는 손님을 도와드릴 수가 없습니다.
W: 그러면 누구랑 이야기해야 하죠?
M: ___________________________

(a) 도와드릴까요?
(b) 도움이 필요하신가요?
(c) 언제 그것을 구입했나요?
(d) 제가 손님을 위해 책임자를 모셔올게요.

[Joseph's Solution]

상점에서 이루어지는 대화로 여자가 반품을 하려면 누구와 이야기해야 하는 지 묻고 있다. 따라서 '책임자를 불러 주겠다'고 말한 (d)가 남자의 대답으로 가장 자연스럽다. (a)와 (b)는 주로 직원이 손님께 하는 말로 도움을 제공하고자 할 때 하는 말이므로 주어진 상황에는 적절하지 않다.

[필수어휘]

purchase v. 구입하다
return v. 돌려주다, 반납하다
manager n. 관리자, 책임자

정답 (d)

14.

M: What's your plan for tonight?
W: We decided on going out to a late-night film.
M: Who do you mean by we?
W: ___________________________

(a) I don't like the plot of the movie.
(b) Do you want to join us?
(c) Mary, her husband, my husband and me.
(d) We will see "Terminator 2".

해석

M: 오늘 저녁 계획은 뭐예요?
W: 우리는 심야영화를 보러 가기로 했어요.
M: '우리'가 누구예요?
W: ___________________________

(a) 나는 그 영화의 구성을 좋아하지 않아요.
(b) 우리랑 함께 갈래요?
(c) Mary랑 그녀의 남편, 제 남편, 그리고 저요.
(d) 우리는 "터미네이터 2"를 볼 거예요.

[Joseph's Solution]

여자가 말한 'We'가 누구를 지칭하고 있는지 남자가 묻고 있다. 따라서 Mary 등의 구체적인 대상을 말한 (c)가 여자의 대답으로 자연스럽다. 무엇(What)을 보러 가는지 묻지 않았으므로 (d)는 여자의 응답으로 자연스럽지 않다.

[필수어휘]

late-night a. 심야의　　**plot** n. 구성
decide v. 결정하다, 결심하다　　**plan** n. 계획
join v. 함께하다, 합류하다

정답 (c)

15.

M: What movie did you watch on TV last night?
W: I saw The Avatar.
M: Did you? Who directed it?
W: ___________________________

(a) The DVD didn't have subtitles.
(b) It was very exciting.
(c) James Cameron was the director.
(d) His directing was just fantastic.

해석

M: 지난 밤에 TV로 당신이 본 영화는 뭐였어요?
W: 전 아바타를 봤어요.
M: 그랬어요? 누가 감독했는데요?
W: ___________________________

(a) DVD는 자막이 없었어요.
(b) 그것은 너무 흥미진진했어요.
(c) James Cameron이 영화감독이에요.
(d) 그의 연출은 그저 환상적일 뿐이죠.

[Joseph's Solution]

여자가 본 영화의 감독이 누구인지 묻고 있으므로, 'James Cameron'이라고 감독의 이름을 언급하고 있는 (c)가 대답으로 가장 적절하다. (d)는 대화 속 directed에 연관 지어 directing으로 혼동을 주고 있으며, (b)는 영화에 대한 소감을 묻는 질문(How about the movie?)에 대한 대답으로 자연스럽다.

[필수어휘]

direct v. (영화를) 감독하다 n. 감독

subtitle n. (영화 · 텔레비전 화면의) 자막
watch v. 보다, 지켜보다
exciting a. 신나는 흥미진진한
fantastic a. 기가막히게 좋은, 환상적인

정답 **(c)**

Dictation Practice

1. What is that spot 2. they are throwing a party 3. What was the problem / grammatical mistakes 4. What currency is used 5. What will the weather be like / fine and sunny 6. What time was it? / How about calling to see 7. What do you think of / What makes you say that? / It has a great view. 8. how to open an account / What's the current interest rate? / what kind of account

---

Answer Keys

Part I 1. (b) 2. (b) 3. (c) 4. (b) 5. (d) 6. (b) 7. (c) 8. (a)

Part II 9. (c) 10. (a) 11. (a) 12. (a) 13. (c) 14. (a) 15. (a)

1.

M: What flavors of ice cream can I have at this store?
W: ___________________

(a) Have some ice cream.
(b) We only have vanilla or walnut.
(c) We don't have low-fat ice cream.
(d) Would you like ice cream with that?

해석
M: 이 가게에 어떤 맛의 아이스크림이 있나요?
W: ___________________

(a) 아이스크림 좀 드세요.
(b) 저희는 바닐라와 호두 맛만 있어요.
(c) 저희는 저지방 아이스크림은 없어요.
(d) 그것과 아이스크림을 곁들이시겠어요?

[Joseph's Solution]
flavor와 함께 '어떤 맛'의 아이스크림이 있는지 의문사 what을 사용하여 묻고 있다. 따라서 '바닐라와 호두 맛'이 있다는 (b)가 여자의 대답으로 적절하다. (a), (c), (d) 모두 ice cream이라는 단어를 통해 오답의 혼동을 주는 오답지이다.

[필수어휘]
flavor n. 풍미, 향미, 맛
vanilla n. 바닐라
walnut n. 호두
low-fat a. 저지방의

정답 (b)

2.

W: What is that spot on your shirt?
M: ___________________

(a) I got dressed for the afternoon meeting.
(b) I am not sure, but it's probably coffee I spilled.
(c) There is a one-hour dry cleaner down the street.
(d) This shirt is my birthday gift from my sister.

해석
W: 셔츠에 그 얼룩은 뭐예요?
M: ___________________

(a) 오늘 오후 회의를 위해 차려 입었어요.
(b) 확실하지는 않지만, 아마 제가 엎지른 커피일 거예요.
(c) 길 아래, 1시간이면 드라이 클리닝해주는 곳이 있어요.
(d) 이 셔츠는 누이가 준 생일 선물이에요.

[Joseph's Solution]
What을 이용하여, 셔츠에 묻은 얼룩이 무엇인지 묻고 있다. 따라서 'coffee'라고 대답하고 있는 (b)가 남자의 답으로 적절하다. shirt를 반복적으로 언급하여 혼동을 주고 있는 (d)를 정답으로 선택하지 않도록 주의한다.

[필수어휘]
spill v. 흘리다, 쏟다 **get dressed** 차려 입다, 옷을 입다
spot n. 얼룩, 반점
probably adv. 아마
gift n. 선물, 재능

정답 (b)

3.

M: What's all that noise upstairs?
W: ___________________

(a) I didn't sleep a wink last night with all that noise.
(b) I'll check where it's coming from.
(c) Maybe, they are throwing a party.
(d) Okay, I'll try to be quiet.

해석
M: 위층의 소음은 뭐지?
W: _______________________________

(a) 그 소음 때문에 어젯밤에 한숨도 못 잤어.
(b) 어디서 나오는 소리인지 확인할게.
(c) 아마 사람들이 파티하고 있나봐.
(d) 좋아, 조용히 하도록 노력할게.

[Joseph's Solution]
위층에서 나는 소음의 원인이나 정체를 묻고 있다. 따라서 '파티하고 있는 중'이라는 말로, 파티 때문에 소음이 일어났다는 의미를 우회적으로 표현한 (c)가 여자의 대답으로 가장 자연스럽다. (b)는 가능은 하지만, 소음의 정체 또는 원인을 묻는 질문에 대한 직접적인 답은 아니다. What을 이용한 질문인 경우에도 '이유'를 묻는 의미일 수 있음을 기억하자.

[필수어휘]
do not sleep a wink 한숨도 못 자다
throw a party 파티하다
upstairs n. 위층, 2층
check v. 알아보다, 살피다
quiet a. 조용한

정답 **(c)**

4.

M: What time shall we make it tonight?
W: _______________________________

(a) At the theater.
(b) How about 9?
(c) Let me know what time is best.
(d) Not until next weekend.

해석
M: 오늘 밤 몇 시에 만날까?
W: _______________________________

(a) 극장에서.
(b) 9시는 어때?
(c) 몇 시가 가장 좋을 지 알려줘.
(d) 다음 주말까지는 아니야.

[Joseph's Solution]
What time을 이용하여 시간을 묻고 있다. How about은 '~어때?'라는 상대방의 의견을 묻는 표현이므로, '9시는 어때?'라고 묻는 (b)가 만날 시간을 묻는 남자의 질문에 대한 대답으로 가장 자연스럽다. (a)는 Where(장소)에 대한 대답으로 적절하며, (c)는 오히려 남자가 할 수 있는 질문이므로 정답이 될 수 없다.

[필수어휘]
make it (자기 분야에서) 성공하다, (어떤 곳에 간신히) 시간 맞춰 가다, (모임 등에) 가다[참석하다]
theater n. 극장
until prep. ~까지

정답 **(b)**

5.

W: What was the problem with my composition?
M: _______________________________

(a) No. It was just so-so.
(b) I'm writing a composition.
(c) The new professor is very intolerant of poor writing.
(d) You made too many grammatical mistakes.

해석
W: 제 작문에 무슨 문제가 있나요?
M: _______________________________

(a) 아니요. 그저 그랬어요.
(b) 저는 작문을 하고 있는 중이에요.
(c) 새 교수님은 형편없는 글쓰기에 매우 너그럽지 못합니다.
(d) 당신은 매우 많은 문법적 오류를 범했어요.

[Joseph's Solution]
작문에 어떤 문제가 있는지 의문사 what을 사용하여 묻고 있다. 따라서 그 문제에 관련된 대답이 이어지는 것이 자연스럽기 때문에 '많은 문법적 오류'라고 대답한 (d)가 정답이다. (a)는 How에 관한 대답이고, (b)는 What are you doing?에 대한 대답으로 자연스럽다.

[필수어휘]
composition n. 작문, 짧은 에세이
so-so a. 그저 그런, 평범한
intolerant a. 너그럽지 못한, 편협한
grammatical a. 문법의, 문법적인
mistake n. 실수, 잘못

정답 **(d)**

6.

W: What currency is used in Mexico?
M: _______________________________

(a) There are currently nearly 18 million people in Mexico.
(b) I'm not quite sure, but maybe it's the peso.
(c) I'm sorry, we don't accept credit cards.
(d) I thought they were on sale.

해석

W: 멕시코에서는 어떤 통화가 사용되나요?
M: ________________________________

(a) 멕시코에는 현재 거의 1,800만 명의 인구가 있습니다.
(b) 확실하지는 않지만, 아마도 페소일거에요.
(c) 미안합니다. 저희는 신용카드를 받지 않습니다.
(d) 그것들은 판매 중이었다고 생각했는데요.

[Joseph's Solution]
What을 이용하여 '어떤' 화폐가 멕시코에서 사용되는지 묻고 있다.
따라서 'peso'라고 통화의 종류를 언급하고 있는 (b)가 대답으로 적
절하다. (a) currently는 부사로 '현재'라는 의미이며, currency(화
폐)와는 의미상 관계가 없다.

[필수어휘]
currency n. 통화
currently adv. 현재
nearly adv. 거의
accept v. 받아들이다, 수락하다
be on sale 판매하고 있는

정답 (b)

7.

M: What's the reason for Terry leaving the company?
W: ____________________________

(a) No offense, but you shouldn't get so worked up.
(b) Don't get him wrong.
(c) Actually, he was fired.
(d) They're reasonably priced.

해석
M: Terry가 회사를 그만 둔 이유가 무엇인가요?
W: ____________________________

(a) 악의는 없었지만, 당신이 그렇게 열을 낼 필요는 없었어요.
(b) 그의 말을 오해하지 마세요.
(c) 사실, 그는 해고당했어요.
(d) 그것들은 꽤 합당한 가격들이에요.

[Joseph's Solution]
Terry가 회사를 그만 둔 이유를 묻고 있다. 따라서, '사실은 그가 해
고 당했다'고 대답한 (c)가 적절하다. (a)의 work up은 열을 내다,
화내다 라는 뜻의 이어동사이므로 내용과 거리가 먼 선택지이다.

[필수어휘]
No offense. 악의는 아니었다.[없었다]
reasonably adv. 상당히, 꽤
price v. 값[가격]을 매기다[정하다]
work up 신경을 거슬리다, 열을 내다
fire v. 해고하다

정답 (c)

8.

M: What will the weather be like this weekend?
W: ____________________________

(a) The forecast says it will be fine and sunny.
(b) This weekend? It snowed all day.
(c) Weekend is the best time for me.
(d) Do you think this rain will let up this weekend?

해석
M: 이번 주말 날씨는 어떨 것 같아요?
W: ____________________________

(a) 날씨 예고에서는 맑고 화창할 거래요.
(b) 이번 주말이요? 하루 종일 눈이 왔었어요.
(c) 저는 주말이 제일 괜찮아요.
(d) 이번 비가 주말에는 누그러질 것 같나요?

[Joseph's Solution]
이번 주말의 날씨에 대해 묻고 있으므로, 날씨를 구체적으로 이야기
하거나 모른다는 답변이 이어질 것을 예상하며 들어야 한다. 따라서
'화창하고 맑을 것'으로 대답한 (a)가 가장 자연스럽다. (b)는 과거형
이므로 적절하지 않다.

[필수어휘]
forecast n. 예측, 예보
let up (강도가) 약해지다[누그러지다]
fine a. 괜찮은, 좋은
sunny a. 화창한

정답 (a)

9.

M: Oh, my goodness! I guess I've missed an
    important appointment.
W: What time was it?
M: At 7 p.m.
W: ____________________________

(a) How could you be so late like this?
(b) Things happen when we least expect them.
**(c) How about calling to see if they're still
    waiting?**
(d) Let bygones be bygones.

해석
M: 오, 맙소사! 중요한 약속을 놓쳤어요!
W: 몇 시였는데요?
M: 저녁 7시요.
W: ____________________________

(a) 어떻게 이렇게 늦을 수가 있죠?
(b) 우리가 거의 예상하고 있지 않을 때 일은 발생하죠.
(c) 그들이 아직 기다리고 있는지 알아보기 위해 전화를 걸어보는

것은 어떨까요?
(d) 지난 일은 잊어버리세요.

[Joseph's Solution]
남자는 중요한 약속을 잊어버렸고, 약속시간은 이미 지난 상황이다. 남자에 대한 여자의 대답으로 '아직 만나기로 한 사람들이 기다리고 있는지 전화해보라'는 조언이 적절하다. 'Let bygones be bygones.'은 '지난 일은 잊어버려라'는 뜻으로, 늦었으니 포기하라는 의미로 받아들일 수 있지만, 여자가 남자에게 할 말로 가장 적절한 의견 제시의 표현은 아니다.

[필수어휘]
Let bygones be bygones 지난 일은 잊어버리자
miss v. 놓치다, 빗나가다
least adv. 가장덜, 최소로
expect v. 예상하다, 기대하다

정답 (c)

10.

W: Do you work part-time?
M: Yes, I work at a bookstore.
W: What kind of work do you do there?
M: _______________________

(a) Well, I'm a sales clerk.
(b) I got paid by the day.
(c) I am sick and tired of my work.
(d) I enjoy reading books a lot.

해석
W: 파트타임으로 일하나요?
M: 네, 서점에서 일하고 있습니다.
W: 그곳에서 어떠한 일을 하죠?
M: _______________________

(a) 저는 판매원입니다.
(b) 저는 일당을 받습니다.
(c) 저는 제 일에 완전히 질렸습니다.
(d) 저는 책 읽기를 매우 좋아합니다.

[Joseph's Solution]
여자의 두 번째 말에서 What kind of~ 를 이용하여 어떠한 종류의 일을 서점에서 하고 있는지 묻고 있다. 따라서 '나는 판매원이다'라고 자신의 업무 내용을 세부적으로 이야기 하고 있는 (a)가 질문에 대한 대답으로 가장 적절하다.

[필수어휘]
sales clerk 점원, 판매원
get paid by the day 일당을 받다
part-time a. (근무가) 파트타임인
sick and tired 아주 싫어진

정답 (a)

11.

M: Have you found a new place yet?
W: Not yet. But we're still looking.
M: What kind of house are you looking for?
W: _______________________

(a) A house with a great view.
(b) The house was built on a 4-acre lot.
(c) We don't have a pet to take care of.
(d) Moving to a new place is a good idea.

해석
M: 벌써 좋은 장소를 찾았어요?
W: 아직 아니에요. 그렇지만 여전히 찾고 있는 중이에요.
M: 어떤 종류의 집을 찾고 계신대요?
W: _______________________

(a) 전망 좋은 집이요.
(b) 그 집은 4 에이커의 부지 위에 지어졌어요.
(c) 우리는 보살펴야 할 애완동물이 없습니다.
(d) 새로운 장소로 이사하는 것은 좋은 생각이에요.

[Joseph's Solution]
What kind of~ 를 이용하여 어떠한 종류의 집을 찾고 있는지 묻고 있다. 따라서 찾고 있는 집의 구체적인 특징인 '전망 좋은 집'으로 대답한 (a)가 여자의 대답으로 가장 자연스럽다. 'take care of'는 '보살피다'라는 의미이며, look을 사용한 숙어 중 'look after'는 'take care of'랑 유사한 의미이지만 대화에 나온 'look for'는 '찾다'라는 의미이므로 혼동하지 않도록 주의한다.

[필수어휘]
view n. 전망　　**lot** n. 지역[부지]
look for 찾다
pet n. 애완동물

정답 (a)

12.

M: What do you think of this place?
W: I guess it's much better than the last one.
M: What makes you say that?
W: _______________________

(a) The house faces the ocean. It has a great view.
(b) It's too quiet in the morning.
(c) It has no bathroom.
(d) I've heard that you bought an expensive house with a great view.

해석
M: 이 장소 어때요?
W: 지난번보다는 훨씬 더 낫다고 생각해요.
M: 무슨 이유로 그렇게 이야기하시는 거죠?
W: _______________________

(a) 집이 해안을 바라보고 있잖아요. 멋진 전망을 가지고 있어요.
(b) 아침에는 너무 조용해요.
(c) 욕실이 없어요.
(d) 당신이 전망 좋은 값비싼 주택을 샀다고 들었어요.

[Joseph's Solution]
남자의 두 번째 말에서 What을 이용하여, 이유를 묻고 있는 질문이
다. '지난 번 장소보다 이곳이 훨씬 좋다고 말한 이유'를 묻고 있으
므로, '해안가를 바라보고 있는 훌륭한 전망'이라고 대답하고 있는
(a)가 가장 자연스럽다. (b)와 (c)는 '더 나은 이유'가 되기에는 부정
적인 내용의 대답이므로 적절하지 않다.

[필수어휘]
face v. ~을 마주하다(향하다)
guess v. 생각하다, 추측하다
view n. 전망
expensive a. 비싼, 돈이 많이 드는

정답 (a)

13.

W: Where did you go this morning?
M: I went to the post office.
W: What did you go there for?
M: ________________________

(a) There is no post office in the immediate vicinity.
(b) I did some cleaning there.
(c) I had to mail some post cards to my friends.
(d) I got there by subway.

해석
W: 오늘 아침에 어디 갔었어?
M: 우체국에 갔었어.
W: 왜 갔는데?
M: ________________________

(a) 바로 가까이에 우체국이 없어.
(b) 거기에서 청소를 했어.
(c) 친구들에게 엽서를 보내야 했거든.
(d) 지하철로 갔어.

[Joseph's Solution]
'What ~ for?'는 이유를 묻는 질문(Why ~?)이므로 '우체국에 간 이
유'에 대한 대답을 찾아야 한다. 따라서 '친구에게 엽서를 보내기 위
해'라는 (c)가 남자의 대답으로 가장 적절하다. (a) post office, (c)
post cards 등으로 오답을 유도하고 있고, (d)는 'How did you go
there?'에 대한 대답으로 자연스럽다.

[필수어휘]
post office 우체국
in the immediate vicinity 바로 가까이에
mail v. 보내다, 우편물을 발송하다
cleaning n. 청소

정답 (c)

14.

W: I need to see the file on the McMillan account.
M: Sure. Here it is. I think it's time we cut off their
  credit.
W: What makes you say that?
M: ________________________

(a) **It's been delinquent for over three months.**
(b) I've been late in paying my bill the last two
  months.
(c) I tried to fix that yesterday but failed!
(d) They should cut off their spending.

해석
W: McMillan 계좌에 관한 파일을 봐야 하는데요.
M: 네, 여기 있습니다. 그 회사의 융자를 중단해야 할 때가 되었다
  고 생각합니다.
W: 왜 그렇게 생각합니까?
M: ________________________

(a) **3개월 이상 연체되었습니다.**
(b) 지난 2달간 요금 지불이 늦었습니다.
(c) 어제 그것을 수리하려 노력했지만, 실패했어요.
(d) 그 회사는 소비를 줄여야만 합니다.

[Joseph's Solution]
여자가 McMillan회사의 융자를 중단하는 것이 좋겠다고 생각한 이
유를 묻고 있다. 따라서 그 이유에 대해 구체적으로 언급한 내용이
대답으로 자연스럽다. 따라서 '3개월 이상 연체되어서'라고 대답하
고 있는 (a)가 정답이다.

[필수어휘]
cut off 중단하다, 자르다   **credit** n. 융자
delinquent a. 채무를 이행하지 않은, 연체[체납]된
pay v. 지불하다, 납부하다
spending n. 지출

정답 (a)

15.

W: Can you give me some information on how to
  open an account?
M: Sure. What information would you like?
W: What's the current interest rate?
M: ________________________

(a) **It depends on what kind of account you open.**
(b) You are way behind in your payments.
(c) I'm currently interested in economics.
(d) We don't accept foreign currency.

해석

W: 새 계좌를 개설하는 방법에 관한 정보를 주실 수 있나요?
M: 물론입니다, 어떤 정보를 원하세요?
W: 현재 금리가 어떻게 되죠?
M: ________________________

(a) 그것은 어떤 계좌를 개설하시는지에 의해 결정됩니다.
(b) 지불이 아주 많이 밀려 있습니다.
(c) 저는 현재 경제학에 관심이 있습니다.
(d) 저희는 외국환을 받지 않아요.

[Joseph's Solution]

여자는 현재 금리가 어떻게 되는지에 대해 묻고 있다. 따라서 그것은 계좌에 따라 달라진다고 말한 (a)가 대답으로 자연스럽다. interest rate는 이자율, 금리라는 의미이며, (c)는 '관심이 있는'이라는 의미이므로 명사로 쓰인 interest와 혼동하여 오답을 선택하지 않도록 주의한다.

[필수어휘]

interest rate 금리, 이율　　**depends on** ~에 의해 결정되다
way behind 훨씬 늦어서　　**foreign currency** 외화
current a. 현재의, 지금의
payment n. 지불, 지급

정답 (a)

Dictation Practice

1. going shopping / Pretty soon 2. When can you return / at the beginning of next month 3. When are you supposed to move? 4. How's your pregnant wife / When is she expecting? 5. How long will you be staying / When are you supposed to come back 6. make an appointment to see / Let me get his schedule. / not available at all until next month 7. Do you happen to know / he just moved out of town / A couple of months ago.

Answer Keys

Part I 1. (a) 2. (b) 3. (a) 4. (d) 5. (d) 6. (c) 7. (b) 8. (b)

Part II 9. (a) 10. (d)

1.

M: When are you going shopping?
W: _______________________

(a) Pretty soon, I will let you know.
(b) To buy some furniture.
(c) Oh no, that's too bad.
(d) To the shopping mall.

해석
M: 쇼핑하러 언제 갈 거야?
W: _______________________

(a) 곧, 알려줄게.
(b) 가구 좀 사려고.
(c) 오 맙소사, 그거 정말 안됐구나.
(d) 쇼핑몰로.

[Joseph's Solution]
When을 이용하여 '언제' 쇼핑 갈 지 시간을 묻고 있다. 따라서 '곧' 이라고 짧게 대답한 후 I'll let you know(알려주겠다)라고 이야기하고 있는 (a)가 여자의 대답으로 가장 자연스럽다. (d)는 shopping을 이용한 오답이며, (b)는 'Why are you going shopping?'에 대한 대답으로 자연스럽다.

[필수어휘]
pretty adv. 아주, 매우   **furniture** n. 가구
let somebody know ~에게 알리다
bad a. 안좋은, 나쁜

정답 (a)

2.

M: When can you return my security deposit?
W: _______________________

(a) I bet the landlord will refuse to return the security deposit.
(b) I'll send it at the beginning of next month.
(c) I'd like to return this shirt.
(d) At the department store.

해석
M: 제 임대보증금은 언제 돌려주실 수 있죠?
W: _______________________

(a) 집주인이 임대보증금 반환을 거절할 거라고 장담해요.
(b) 다음 달 초에 그것을 송금할 거예요.
(c) 저는 이 셔츠를 반품하고 싶어요.
(d) 백화점에서요.

[Joseph's Solution]
When을 이용하여 여자에게 임대 보증금을 돌려줄 시간을 묻고 있다. 따라서 '다음 달 초에 송금하겠다'는 (b)가 여자의 대답으로 가장 자연스럽다. send는 '송금하다'라는 의미임을 기억하도록 하자. (a)는 security deposit을 이용하여 혼동을 주는 오답이다.

[필수어휘]
security deposit 임대 보증금   **landlord** n. 주인, 임대주
refuse v. (요청, 부탁 등을) 거절하다
bet v. 늘림없다, 분명하다

정답 (b)

3.

W: When do you start your new job?

M: ______________________

(a) They want me to begin right away.
(b) For 3 months.
(c) I just got a job at a consulting firm.
(d) So are you going to take it?

해석
W: 새 직장에 언제 첫 출근해요?
M: ______________________

(a) 그들은 지금 당장 시작하길 원해요.
(b) 3개월 동안이요.
(c) 전 이제 막 컨설팅 회사에서 직장을 잡았어요.
(d) 그래서 그 일자리를 받아들일 건가요?

[Joseph's Solution]
새 직장을 언제(When)부터 다니게 되는지 묻고 있다. (a)의 '당장 시작하길 원한다'는 새 회사측에서 당장 출근하기를 원한다는 의미를 우회적으로 표현하는 것이므로, 남자의 대답으로 가장 자연스럽다. (b)는 '기간'을 이야기하는 것으로 'How long ~' 유형의 질문에 자연스러운 대답이다.

[필수어휘]
right away 즉시, 곧바로
begin v. 시작하다
consulting firm 컨설팅 회사

정답 (a)

4.

M: When is your appointment with Dr. Fernando?
W: ______________________

(a) For about three days.
(b) It's time for us to tell the truth.
(c) Almost a year ago.
(d) At 10 in the morning next week.

해석
M: Fernando 박사님과의 약속이 언제죠?
W: ______________________

(a) 약 3일간이요.
(b) 이제 우리가 진실을 이야기할 때에요.
(c) 거의 1년 전이요.
(d) 다음 주 아침 10시요.

[Joseph's Solution]
의사와의 약속이 언제인지 묻고 있다. 따라서 '다음 주 아침 10시'라고 정확한 약속날짜를 언급한 (d)가 여자의 대답으로 자연스럽다. (c)는 과거 시제 ago를 사용하고 있으므로 정답이 될 수 없다.

[필수어휘]
appointment n. 약속
truth n. 사실, 진실

almost adv. 거의

정답 (d)

5.

W: When are you supposed to move?
M: ______________________

(a) To the east side of the city.
(b) I bet the new place's better than the old one.
(c) The public transport is very cheap.
(d) Not until the end of this month.

해석
W: 언제 이사하기로 되어 있죠?
M: ______________________

(a) 그 도시의 동부지역으로요.
(b) 틀림없이 새 장소가 지난번 그곳보다 훨씬 더 좋다고 장담해요.
(c) 대중교통은 매우 저렴합니다.
(d) 이번 달 말까지는 아니에요.

[Joseph's Solution]
이사하기로 한 날짜를 묻는 질문이다. 따라서 정확한 이사 날짜를 언급하지는 않았지만 '이번 달까지는 이사하지 않는다'는 말로 우회적으로 대답하고 있는 (d)가 대답으로 가장 자연스럽다. (a)는 'Where are you supposed to move?'에 대한 질문의 대답으로 자연스러운 대답이다.

[필수어휘]
be supposed to …하기로 되어 있다
I bet 틀림없이 …이다   **public transport** 대중교통
bet v. 틀림없다, 분명하다
cheap a. 값싼, 돈이 적게드는

정답 (d)

6.

W: How's your pregnant wife doing?
M: She's getting fatter and fatter.
W: When is she expecting?
M: ______________________

(a) She is still in labor.
(b) Maybe it's a boy.
(c) In just two weeks.
(d) She's so thrilled.

해석
W: 임신한 아내는 어때요?
M: 점점 더 살이 찌고 있는 중이에요.
W: 언제가 예정일인데요?
M: ______________________

(a) 그녀는 여전히 분만 중이에요.
(b) 아마 사내아이일 거예요.
(c) 2주 정도 후예요.
(d) 그녀는 매우 황홀해하고 있어요.

[Joseph's Solution]
임신한 아내의 예정일이 언제(when)인지 묻고 있다. 전치사 in 은 '~(기간)후에'라는 시간의 경과를 나타내는 의미로 쓰인다. 따라서 (c) 2주 후라는 대답이 자연스럽다. (b)는 'Is she expecting a boy or girl?'에 대한 대답으로 남자의 응답으로 가장 자연스럽다.

[필수어휘]
be in labor 분만 중이다, 산고를 겪고 있다
thrilled a. 황홀해 하는, 아주 흥분한
pregnant a. 임신한
expect v. 예상하다, 기대하다

정답 (c)

7.

W: How long will you be staying in New York?
M: For two months.
W: When are you supposed to come back to Seoul?
M: ___________________________

(a) I'm visiting a friend of mine.
(b) On the 21st of June.
(c) You're not supposed to return it.
(d) Three weeks ago this Tuesday.

해석
W: 뉴욕에는 얼마나 오랫동안 머무르실 거예요?
M: 두달 동안이요.
W: 서울로 언제 돌아오시기로 되어있나요?
M: ___________________________

(a) 저는 친구 중 한 명을 방문할 거예요.
(b) 6월 21일이요.
(c) 당신은 그것을 돌려주지 않아도 괜찮아요.
(d) 3주전 화요일이요.

[Joseph's Solution]
When을 이용하여 서울에 돌아오는 예정 날짜를 묻고 있다. 날짜 앞에 쓰는 전치사 'On'과 함께 '6월 21에'라고 적확한 날짜를 언급하고 있는 (b)가 남자의 대답으로 적절하다. (d)는 과거시제이므로 정답이 아니다.

[필수어휘]
be supposed to 하기로 되어 있다
stay v. 계속있다, 머무르다
visit v. 방문하다
return v. 반환하다, 돌려주다

정답 (b)

8.

M: Hi, I'm Joseph Kim. I'd like to make an appointment to see Mr. Conrad.
W: Well, Mr. Kim, Wait a moment, please. Let me get his schedule. Today he's not available at all until next month.
M: So When's his first opening next month then?
W: ___________________________

(a) Mr. Conrad will come back on Wednesday.
(b) On the 3rd of next month.
(c) We close at 9 on weekends.
(d) I'll squeeze you in.

해석
M: 안녕하세요, 저는Joseph Kim입니다. 저는 Conrad씨를 만나기 위해 약속을 잡고 싶습니다.
W: Joseph씨, 잠시만 기다려 주세요. 그의 일정을 확인하겠습니다. 다음 달까지 그는 전혀 여유가 없으시네요.
M: 그러면 다음 달에 처음으로 시간되시는 게 언제죠?
W: ___________________________

(a) Conrad씨는 수요일에 돌아오실 거에요.
(b) 다음 달 3일이요.
(c) 저희는 주말에는 9시에 문을 닫아요.
(d) 제가 당신을 위해 짬을 낼게요.

[Joseph's Solution]
Conrad씨와의 약속을 잡을 수 있는 '시간(When)'을 묻고 있으므로, '다음달 3일에'라고 간단히 대답한 (b)가 가장 자연스럽다. (c)는 'When do you close on weekends?'에 대한 대답으로 적절하다.

[필수어휘]
squeeze in (몹시 바쁜데도 불구하고) ~을 위한 짬을 내다
make an appointment 약속을 잡다
available a. 시간이 있는, 이용가능한
at all 전혀

정답 (b)

9.

M: Do you happen to know what Jason is up to?
W: I heard he just moved out of town.
M: Really? When was it that you heard it?
W: ___________________________

(a) A couple of months ago.
(b) Since last week.
(c) Next weekend.
(d) For a month.

해석
M: Jason이 무슨 일을 결정하게 될지 알아요?
W: 그는 도시 외곽으로 이사했다고 들었어요.

M: 정말이요? 언제 그 이야기를 들었어요?
W: ________________________________

(a) 두 달 정도 전에요.
(b) 지난 주부터요.
(c) 다음 주말에요.
(d) 한 달 동안이요.

[Joseph's Solution]
Jason의 이사 소식을 들은 시기에 대해 묻고 있다. 따라서 '2달 전에'라고 말한 (a)가 적절하다. (b) since는 완료시제의 질문에 대한 대답에 적절하며, 질문이 과거시제이므로 (c)의 미래시제형 대답은 정답이 될 수 없다.

[필수어휘]
happen to (어떤 일이) ~에게 일어나다[생기다]
be up to ~가 할[결정할] 일이다
move out 이사를 나가다
a couple of 두서너개의
just adv. 이제 막, 방금

정답 (a)

10.

W: I wonder how come you know so much about Japan.
M: I worked there for several years.
W: Are you serious? When did you do that?
M: ____________________________

(a) We are leaving Tokyo next month.
(b) About two blocks from here.
(c) I worked in a convenience store.
(d) Oh, 4 years ago in 2006.

해석
W: 일본에 대해 어떻게 그렇게 잘 아는지 궁금해요.
M: 몇 년 동안 그곳에서 일했거든요.
W: 정말이요? 언제 일했는데요?
M: ____________________________

(a) 우리는 다음 달에 도쿄를 떠날 거예요.
(b) 여기에서 2블록 정도요.
(c) 나는 편의점에서 일했어요.
(d) 아, 4년 전 2006년에요.

[Joseph's Solution]
여자는 남자에게 일본에서 언제 일했는지 묻고 있다. 따라서 '4년 전, 2006년에' 라고 대답하고 있는 (d)가 가장 자연스럽다. 년도와 월 앞에는 전치사 in을 사용하며, 요일이나 날짜 앞에는 on을 사용한다.

[필수어휘]
convenience store 편의점
wonder v. 궁금하다
several a. 몇의, 각각의

serious a. 진심인, 농담이 아닌
leave v. 떠나다, 그만두다

정답 (d)

Dictation Practice

1. find the photocopier / Next to the fax machine 2. the new shopping mall 3. hospitalized for the past 2 months 4. feel like cooking tonight / Sounds great to me. / How about a new restaurant 5. get that gorgeous dress / Where is it located? 6. make a direct deposit / Where do I have to go to deposit / Use the machine 7. have to pay extra fees / Let me check it for you. / I'd like an aisle seat, please.

Answer Keys

Part I　1. (d)　2. (b)　3. (b)　4. (b)　5. (d)　6. (c)　7. (a)　8. (d)

Part II　9. (d)　10. (b)　11. (a)　12. (c)　13. (a)　14. (c)　15. (d)

1.

M: Where can I find the photocopier?
W: _____________________

(a) I'm sorry, the photocopier is out of toner.
(b) The copier is so expensive these days.
(c) Do you want me to call a repair person or can you handle it?
(d) Next to the fax machine over there.

해석
M: 복사기가 어디 있나요?
W: _____________________

(a) 미안하지만, 복사기의 토너가 다 떨어졌어요.
(b) 복사기는 요즘 너무 비싸요.
(c) 수리원에게 전화를 해드릴까요, 아니면 직접 처리하실 수 있으신가요?
(d) 저쪽에 팩스 옆에요.

[Joseph's Solution]
Where을 이용하여 복사기의 위치를 묻고 있다. 따라서 '팩스 옆에'라고 말한 (d)가 여자의 대답으로 적절하다. (a)와 (b)는 각각 photocopier와 copier를 이용하여 오답을 유도하고 있고 특히 (a)는 '장소'에 대한 직접적인 대답이 될 수 없으므로 정답이 아니다.

[필수어휘]

photocopier n. 복사기　　**out of toner** 토너가 없는
repair person 수리공

정답 **(d)**

2.

W: Where is the new shopping mall located?
M: _____________________

(a) By the end of this year.
(b) Why don't you visit their web-site?
(c) Look in the closet. It should be there.
(d) There's one in the shopping mall across the street.

해석
W: 새 쇼핑몰이 어디에 있죠?
M: _____________________

(a) 올 해 말쯤에요.
(b) 웹사이트를 방문해 보는 건 어떨까요?
(c) 서랍장 안을 살펴보세요. 거기에 있을 거에요.
(d) 길 건너 쇼핑몰에 하나 있어요.

[Joseph's Solution]
새 쇼핑몰의 위치가 어디(Where)인지 묻고 있다. 구체적인 위치에 대한 정보를 언급하지는 않았지만 '홈페이지를 방문하여 위치를 확인해보라'고 조언하는 (b)가 남자의 대답으로 가장 자연스럽다. (d)는 'shopping mall'을 반복적으로 언급하였으나, 그 쇼핑몰 안에 '하나가 있다'고 하였으므로 대답으로 자연스럽지 않다.

[필수어휘]
closet n. 벽장
located~ a. ~에 위치한
visit v. 방문하다

정답 **(b)**

3.

W: Where's the art museum?
M: ______________________

(a) It was very crowded when I went there.
(b) On 5th Street, across from the General Bank.
(c) Well, you just take a taxi from there.
(d) Is the bus taking off for the Art Museum?

해석
W: 미술관이 어디죠?
M: ______________________

(a) 제가 그곳에 갔을 때 매우 혼잡했어요.
(b) 5번가 General 은행 건너편예요.
(c) 글쎄요, 거기에서 택시를 타세요.
(d) 미술관으로 가는 버스가 출발하나요?

[Joseph's Solution]
미술관이 위치한 장소를 묻고 있다. 따라서 '은행 건너편, 5번가'라고 구체적인 위치를 언급하고 있는 (b)가 대답으로 자연스럽다. (d)는 Art Museum을 이용하여 혼동을 주는 오답이며 'for'는 '~를 향해'라는 의미로, 방향이나 목적지를 언급할 때 주로 사용하는 전치사이다.

[필수어휘]
take off 이륙하다, 출발하다
crowded a. 혼잡한

정답 (b)

4.

M: Where is the nearest post office?
W: ______________________

(a) You can't miss it.
(b) Next to the bank down the street.
(c) I don't have time to give you directions.
(d) It'll open in an hour.

해석
M: 가장 가까운 우체국이 어디죠?
W: ______________________

(a) 꼭 찾으실 거예요.
(b) 길 아래 은행 옆이요.
(c) 저는 당신에게 길을 안내해줄 시간이 없습니다.
(d) 그곳은 한 시간 후에 개장할 거예요.

[Joseph's Solution]
가까운 우체국이 어디에 있는지 묻고 있다. 따라서 '길 아래 은행 옆'으로 위치에 대하여 세부적으로 대답하고 있는 (b)가 적절하다. (c)는 길을 묻는 질문에 대한 무례한 표현이며, (a)는 길을 설명한 다음에 붙이는 말이다.

[필수어휘]
direction n. 방향[쪽], 위치

정답 (b)

5.

W: Excuse me. Where's the men's room?
M: ______________________

(a) It's for men only.
(b) Hold on, I'll put you through to him.
(c) We can always make room for one more person.
(d) Over there, by the elevator.

해석
W: 실례합니다. 남자 화장실이 어디지요?
M: ______________________

(a) 남성 전용입니다.
(b) 잠시 만요, 그를 바꿔드릴게요.
(c) 저희는 한 사람 추가로 자리를 만들어 둘 수 있어요.
(d) 저쪽에 승강기 옆입니다.

[Joseph's Solution]
남자 화장실이 어디에 있는지 묻고 있으므로, '승강기 옆'이라고 정확하게 위치를 알려주고 있는 (d)가 정답이다. (a)는 남자 화장실을 설명하는 내용으로 men을 언급하여 혼동을 주는 오답지이고, (c)는 room을 반복적으로 언급하여 혼동을 주는 오답지이다.

[필수어휘]
men's room (남성용 공중) 화장실
put through (전화로) 연결해 주다
make room for …을 위해 자리[장소, 길]를 비키다[만들다]

정답 (d)

6.

M: Hey, where have you been hiding yourself?
W: ______________________

(a) What name is your reservation under?
(b) I was the last person to hide myself.
(c) I was actually hospitalized for the past 2 months.
(d) I know. I've had a busy day.

해석
M: 이봐요, 대체 어디서 뭐 하며 지냈어요?
W: ______________________

(a) 어느 분 성함으로 예약하셨나요?
(b) 저는 숨어 지내는 사람이 아니었어요.
(c) 사실 지난 두달 동안 병원에 입원했었어요.
(d) 알아요. 바쁜 날을 지내왔어요.

여자에게 그동안 어디서 지내느라 안보였는지 안부를 묻고 있다. 이에 대한 대답으로 '2달 동안 입원해 있었다'고 말하고 있는 (c)가 가장 자연스럽다. (b)는 남자의 질문을 그대로 반복하여 혼동을 주는 오답이며, (d)에서 'I know'라는 말은 상대방의 이야기에 대해 '알고 있다'는 의미이므로 내용상 적절하지 않다.

[필수어휘]
hospitalize v. 입원시키다
reservation n. 예약
hide v. 감추다, 숨다

정답 **(c)**

7.

M: Where is the post office located?
W: _______________________

(a) A few blocks from here.
(b) I don't need any help.
(c) Next to the personnel office.
(d) You had better take a bus.

[해석]
M: 우체국이 어디에 있나요?
W: _______________________

(a) 여기서 몇 블록 떨어져 있어요.
(b) 저는 어떠한 도움도 필요 없어요.
(c) 인사부 옆에요.
(d) 버스를 타는 게 좋겠습니다.

[Joseph's Solution]
우체국의 위치를 묻고 있으므로, 여기서 몇 블록 떨어져 있다는 (a)가 대답으로 적절하다. 한 회사 안에서의 위치를 묻는 것이 아니므로 (c)는 적절하지 않으며, (d)는 위치를 가르쳐주는 대답으로 구체적이지 않다.

[필수어휘]
personnel office 인사 관리부
had better ~하는 편이 낫다

정답 **(a)**

8.

W: Where is the nearest bank?
M: _______________________

(a) I need to transfer some money.
(b) The traffic is really bumper to bumper.
(c) I suggest you take a taxi.
(d) Over there, just around the corner.

[해석]
W: 가장 가까운 은행은 어디 있지요?

M: _______________________

(a) 저는 돈을 송금해야 합니다.
(b) 교통이 심하게 밀리고 있습니다.
(c) 저는 당신이 택시 탈 것을 제안합니다.
(d) 저쪽에 모퉁이만 돌면 바로예요.

[Joseph's Solution]
가까이에 있는 우체국의 위치를 묻고 있으므로, '모퉁이 돌면 바로 있다'는 (d)가 가장 자연스럽다. 'nearest'라고 하였으므로, '택시를 탈 거리'에 있는 곳을 알려주는 (c)는 대답으로 자연스럽지 않다.

[필수어휘]
transfer v. 송금하다, 이체하다
nearest a. 가장 가까운
transfer v. 갈아타다
bumper to bumper 차들이 줄지어 있는

정답 **(d)**

9.

W: I don't feel like cooking tonight. What do you say to eating out?
M: Sounds great to me. I'd like to have some Chinese food.
W: Where should we go?
M: _______________________

(a) Right after the movie.
(b) Would you like to tag along?
(c) Would 7 p.m. suit you?
(d) How about a new restaurant around the corner?

[해석]
W: 오늘 요리하고 싶지 않아요. 외식하러 가는건 어떻겠어요?
M: 난 좋아요. 중국요리를 먹고 싶네요.
W: 어디로 가야 할까요?
M: _______________________

(a) 영화 끝나고 바로요.
(b) 따라 가고 싶어요?
(c) 저녁 7시 괜찮겠어요?
(d) 모퉁이에 있는 새 레스토랑 어때요?

[Joseph's Solution]
여자는 'Where should we go?'라고 하면서 어느 레스토랑으로 가야 할지 묻고 있다. 따라서 '모퉁이에 있는 새 레스토랑'으로 가자고 제안하는 (d)가 대답으로 가장 자연스럽다. (a), (c)는 'When'에 대한 대답으로 자연스러운 대답이다.

[필수어휘]
feel like ~ing ~하고 싶다
tag along (~를) 따라가다[따라붙다]
suit v. (…에게) 편리하다[맞다/괜찮다]

정답 **(d)**

10.

M: Hi, Mary. What's up?
W: Nothing much. I just returned from a two-week
   vacation.
M: Oh, that sounds wonderful. Where did you go?
W: _______________________

(a) Yes, I was on vacation.
(b) I went to New York to visit my grandparents.
(c) A few blocks from here.
(d) I'll go to my hometown to see my parents.

해석
M: 안녕, Mary. 어떻게 지내?
W: 별일 없었어. 2주간의 휴가에서 이제 막 돌아왔어.
M: 오, 멋진데. 어디 갔었어?
W: _______________________

(a) 응, 휴가 중이었어.
(b) 조부모님을 뵈러 뉴욕에 갔었어.
(c) 여기에서 몇 블록 떨어져있어.
(d) 부모님을 뵈러 고향에 갈 거야.

[Joseph's Solution]
남자는 여자에게 휴가 때 어디에 갔었는지 묻고 있다. 따라서 구체적
으로 '뉴욕에'라고 대답하고 있는 (b)가 가장 자연스러운 대답이다. (d)
는 미래시제로 휴가 계획을 이야기하고 있으므로 맞지 않다.

[필수어휘]
on vacation 휴가 중인
return v. 돌아오다
hometown n. 고향

정답 **(b)**

11.

W: Did you see the baseball game?
M: Yes, it was the best game that I've ever seen.
W: Where did you watch it?
M: _______________________

(a) At the Dodger's stadium with my parents.
(b) It doesn't matter who I watch it with.
(c) It was the game against Boston.
(d) It was sick in bed sleeping.

해석
W: 그 야구 경기 봤어요?
M: 네, 제가 본 경기 중에 최고였어요.
W: 어디에서 관람했는데요?
M: _______________________

(a) 부모님이랑 다저스 경기장에서요.
(b) 내가 같이 본 사람은 중요하지 않아요.
(c) 보스턴과의 경기였어요.
(d) 아파서 침대에 있었어요.

[Joseph's Solution]
경기를 어디에서 봤는지 묻고 있으므로, '다저스 경기장에서'라고 대
답하고 있는 (a)가 가장 자연스럽다. (b)는 'Who did you watch it
with?'에 대한 대답으로 적절하다.

[필수어휘]
be sick in bed 아파서 침대에 누워있다

정답 **(a)**

12.

M: Where did you get that gorgeous dress?
W: You like it? I bought it at a clearance sale.
M: Where is it located?
W: _______________________

(a) You look great in that T-shirt.
(b) It is easy to locate.
(c) Just around the corner.
(d) I can't remember the exact price.

해석
M: 그 멋진 드레스는 어디서 사셨어요?
W: 마음에 들어요? 염가 할인판매에서 샀어요.
M: 어디에 있는데요?
W: _______________________

(a) 그 티셔츠를 입으니 멋져 보여요.
(b) 위치를 찾기는 쉬워요.
(c) 모퉁이를 돌면 바로있어요.
(d) 정확한 가격을 기억할 수 없어요.

[Joseph's Solution]
할인판매점이 어디인지 묻고 있으므로 '모퉁이 돌면 바로'라는 (c)가
가장 자연스럽다. (d)는 'How much was that dress?'에 대한 대답
이고, (b)는 위치를 가르쳐 준 다음에 부가적으로 언급하는 내용으
로 자연스럽다.

[필수어휘]
gorgeous a. 아주 멋진[아름다운/좋은]
clearance sale 창고 정리 판매, 염가 처분 판매
locate v. ~의 정확한 위치를 찾아내다

정답 **(c)**

13.

M: Can I make a direct deposit with this ATM?
W: Sorry, It's only a cash dispenser.
M: Where do I have to go to deposit then?
W: _______________________

(a) **Use the machine at the end of the hall.**
(b) How much do you want to deposit?
(c) The landlord won't return my security deposit.
(d) It was a good idea you deposited your money in bonds.

해석

M: 이 ATM 기계로 직접 입금할 수 있나요?
W: 죄송합니다만, 그 기계는 현금 자동 지급기입니다.
M: 그러면 입금은 어디로 가서 해야 하나요?
W: _______________________________

(a) **통로 끝에 있는 기계를 이용하세요.**
(b) 얼마나 입금하고 싶으신데요?
(c) 집주인이 내 전세보증금을 돌려주지 않을 거예요.
(d) 채권에 돈을 입금해두는 것은 좋은 생각이었어요.

[Joseph's Solution]

입금할 수 있는 기계가 어디에 있는지 위치를 묻고 있다. 따라서 '통로 끝에 있는 기계를 이용하라'는 (a)가 여자의 대답으로 가장 적절하다. (b)와 (d)는 deposit을 반복적으로 언급하여 오답을 유도하는 내용이므로 선택하지 않도록 주의한다.

[필수어휘]

make a deposit 입금하다
cash dispenser 현금 자동 지급기
security deposit 전세보증금　**bond** n. 채권

정답 **(a)**

14.

M: Your suitcase is over 60 kilograms. That's why you have to pay extra fees.
W: How much do I have to pay, then?
M: Let me check it for you. An additional 10 dollars, please. And where would you like to sit?
W: ___________________________

(a) Yes, you'll be seated soon.
(b) Is there a balcony seat, please?
(c) **I'd like an aisle seat, please.**
(d) I wouldn't sit through a boring film.

해석

M: 손님의 여행 가방은 60킬로그램이 넘습니다. 그래서 추가 비용을 지불하셔야 합니다.
W: 그러면 제가 얼마를 지불해야 하나요?
M: 제가 확인해보도록 하겠습니다. 추가로 10달러입니다. 그리고 어디에 앉고 싶으세요?
W: _______________________________

(a) 네, 곧 앉으실 것입니다.
(b) 발코니 자리가 있나요?
(c) **통로 측 좌석이 좋아요.**
(d) 지루한 영화 내내 앉아 있을 수 없을 거예요.

[Joseph's Solution]

내용상 공항에서 일어나고 있는 상황임을 짐작할 수 있다. 원하는 좌석이 어디인지 묻는 질문에 '통로 측 좌석이 좋다'고 하며 통로 측 좌석을 달라고 우회적으로 표현한 (c)가 가장 자연스럽다. (b)에서 비행기에는 발코니 좌석이 없으며, 비행기 좌석은 aisle seat(통로 측 좌석), window seat(창가 측 좌석)으로 구분한다.

[필수어휘]

additional a. 추가의, 추가적인　**be seated** 앉다, 앉아 있다
aisle seat 통로 측 좌석
boring a. 지루한

정답 **(c)**

15.

W: Did you watch the baseball game last night?
M: Yes, it was great. The team I root for hit 7 home runs.
W: Great! Where did it take place?
M: ___________________________

(a) At one of my friends' home.
(b) It took place at 6:30 in the afternoon.
(c) On TV.
(d) **At the Penway Park.**

해석

W: 지난밤에 야구경기를 보았나요?
M: 네, 멋졌어요. 제가 응원하는 팀이 7개의 홈런을 쳤어요.
W: 멋지네요! 어디서 경기를 했어요?
M: _______________________________

(a) 내 친구 중 한 명의 집에서요.
(b) 오후 6시 30분에 일어났어요.
(c) TV에서요.
(d) **Penway 공원에서요.**

[Joseph's Solution]

여자는 야구경기를 한 장소를 묻고 있다. 따라서 'Penway Park'라고 구체적인 장소를 언급한 (d)가 가장 자연스러운 응답이다. 운동 경기가 방영된 시간이나 경기를 어떻게 보았는지를 물어본 것이 아니므로 (a), (b), (c)는 대답으로 자연스럽지 않다.

[필수어휘]

root for 응원[성원]하다　**take place** 개최되다[일어나다]

정답 **(d)**

Dictation Practice

1. keep staring at me / mean to bother you 2. I had a terrible cold. 3. Why not come over to have dinner / I have a prior engagement. 4. planning to spend the whole month / Why do you have to spend / visit many tourist attractions 5. What's the matter? / Why don't you check the batteries? 6. I like the green shirt. / it's less expensive. / it's a little bit out of style. 7. are you all set / I'm afraid I can't come / a butterfly in my stomach

Answer Keys

Part I 1. **(c)** 2. **(d)** 3. **(a)** 4. **(b)** 5. **(a)** 6. **(b)** 7. **(a)** 8. **(b)**

Part II 9. **(b)** 10. **(b)** 11. **(d)** 12. **(d)** 13. **(a)** 14. **(c)** 15. **(a)**

1.

M: Why do you keep staring at me?
W: _____________________

(a) Then try the one downstairs.
(b) Actually, I don't know how to phrase it.
(c) Oh, I'm sorry. I didn't mean to bother you.
(d) I find it very annoying to have visitors stare at me while I work.

해석
M: 왜 나를 계속 쳐다보나요?
W: _____________________

(a) 그럼 한층 내려가세요.
(b) 사실은 그것을 어떻게 표현해야 할지 모르겠어요.
(c) 오, 미안합니다. 당신을 신경 쓰이게 하려는 건 아니었어요.
(d) 제가 일하는 동안 쳐다보는 방문객이 있다는 것은 매우 짜증나는 것임을 알았어요.

[Joseph's Solution]
남자를 계속 쳐다보는 이유에 대해 묻고 있으므로, 이에 대해 'sorry'라는 사과의 말과 함께 거슬리게 하는지 몰랐다고 변명하는 (c)가 여자의 대답으로 가장 자연스럽다.

[필수어휘]
bother v. 신경 쓰다, 괴롭히다
phrase v. (말, 글을 특정한 방식으로) 표현하다
annoying a. 짜증스러운

정답 **(c)**

2.

W: Why don't we go out to grab a bite?
M: _____________________

(a) I didn't grab something to eat.
(b) Because I have one.
(c) Because I don't enjoy fast food.
(d) That sounds like a good idea.

해석
W: 나가서 간단히 먹고 오는 게 어떨까요?
M: _____________________

(a) 저는 간단히 먹지 않았어요.
(b) 왜냐하면 제가 하나를 가지고 있기 때문이지요.
(c) 왜냐하면 저는 패스트푸드를 좋아하지 않기 때문이에요.
(d) 좋은 생각이네요.

[Joseph's Solution]
Why don't we를 이용하여 나가서 식사하고 오자고 제안하고 있다. 따라서 '좋은 생각이다'라고 긍정의 대답을 하고있는 (d)가 가장 자연스럽다. (b)와 (c)처럼 Why로 질문했다고 because로 대답해야 한다는 성급한 판단을 하지 않도록 주의한다.

[필수어휘]
grab a bite 간단히 먹다

정답 **(d)**

3.

M: Why didn't you go out yesterday?
W: _____________________

(a) I had a terrible cold.
(b) I was at home watching TV all day.
(c) The weather was lovely, wasn't it?
(d) Everybody wants to go outdoors and enjoy the sun.

해석

M: 어제 왜 외출하지 않았어요?
W: _______________________

(a) 감기에 심하게 걸렸어요.
(b) 하루 종일 텔레비전 보면서 집에 있었어요.
(c) 날씨가 화창했어요, 그렇죠?
(d) 모든 사람들이 야외로 나가서 햇볕을 즐기고 싶어해요.

[Joseph's Solution]

Why를 이용하여 외출하지 않은 이유를 묻고 있다. 따라서 심하게 감기가 걸렸다고 하면서 외출하지 않은 이유를 우회적으로 표현하고 있는 (a)가 정답이다. (b)는 외출하지 않은 이유가 아니라 외출하지 않았다는 내용이므로 정답으로 적절하지 않다.

[필수어휘]

have a cold 감기 걸리다
lovely a. 아주 좋은, 훌륭한
enjoy v. 즐기다

정답 (a)

4.

M: Why don't we eat out for dinner tonight?
W: _______________________

(a) Chicken salad.
(b) That's exactly what I was thinking.
(c) Okay, I prefer to cook something.
(d) Sometimes, eating in is more expensive.

해석

M: 오늘 밤 저녁 외식하는 건 어때요?
W: _______________________

(a) 치킨 샐러드요.
(b) 나도 같은 생각을 하고 있었어요.
(c) 좋아요. 요리를 하는 것을 더 좋아해요.
(d) 가끔은, 집에서 먹는 것이 더 비싸요.

[Joseph's Solution]

Why don't을 이용하여 저녁 외식을 하자고 제안하고 있다. 따라서 '나도 같은 생각을 하고 있다'는 적극적인 동의의 표현인 (b)가 대답으로 적절하다. (a)는 'What would you like to eat?'에 대한 대답이다.

[필수어휘]

prefer v. 선호하다, 더 좋아하다
exactly adv. 정확히, 꼭

expensive a. 비싼

정답 (b)

5.

W: Why is Joseph so mad?
M: _______________________

(a) He got stood up again.
(b) Everything's going to be all right.
(c) No, I don't think so.
(d) Because he got a pay raise.

해석

W: Joseph이 왜 저렇게 화가 났죠?
M: _______________________

(a) 또 다시 바람맞았어요.
(b) 모든 일이 다 괜찮아질 거에요.
(c) 아니요, 그렇게 생각하지 않아요.
(d) 봉급인상을 받았기 때문이에요.

[Joseph's Solution]

Joseph이 화가 나 있는 이유를 묻고 있다. 따라서 '바람맞았다'는 (a)가 화를 내는 이유로 적절하다. (d)는 화가 난 이유가 될 수 없으므로 정답이 아니다. 의문사Why로 시작한 질문이라고 하여 성급하게 because로 시작하는 답을 찾지 않도록 주의하자.

[필수어휘]

get stood up 바람 맞다
get a pay raise 봉급 인상 받다

정답 (a)

6.

M: Why didn't you call me yesterday?
W: _______________________

(a) I got home too early.
(b) I did, but it was so difficult to get through.
(c) There is no answer.
(d) Instead, I will call you tonight.

해석

M: 왜 어제 전화를 하지 않았어?
W: _______________________

(a) 너무 일찍 집에 왔어.
(b) 전화 했어, 그렇지만 연결이 너무 안되더라.
(c) 응답이 없어.
(d) 대신, 오늘 밤 전화할게.

[Joseph's Solution]

전화하지 않은 이유에 대해 묻고 있다. 따라서 'I did(= I called)'라고 한 뒤에 'it was so difficult to get through'라며 통화가 연결되

지 않았음을 설명하고 있다. (d)는 질문에 대한 직접적인 대답이 아
니다.

[필수어휘]
get through 연결하다
difficult a. 어려운, 힘든

정답 **(b)**

7.

W: I'm going to the ball park tonight. Why don't you
   join us?
M: _______________________

(a) **I'd like to, but I don't have time.**
(b) I really appreciate it.
(c) But I really need to take a break now.
(d) Could you just give me a ball-park figure?

해석
W: 나 오늘 밤에 야구장 갈 거예요. 같이 갈래요?
M: _______________________

(a) 그러고 싶지만 시간이 없어요.
(b) 정말 감사합니다.
(c) 그렇지만 지금 정말 휴식이 필요해요.
(d) 대충 어림잡아 말해주실 수 있어요?

[Joseph's Solution]
야구장에 같이 가겠냐는 제안에 대한 대답으로 'I'd like to'라는 긍정
의 대답을 한 후에 이어서 '그렇지만 시간이 없다'고 거절하는 (a)가
적절하다. (d)는 여자의 말에서 안급된 ball-park를 사용하여 혼동
을 주는 오답이다.

[필수어휘]
take a break 휴식을 취하다
give ~ a ball-park figure 대충 어림잡아 말해주다
ball-park figure 야구장에 모인 관중의 숫자

정답 **(a)**

8.

W: Why not come over to have dinner with us on
   Friday?
M: _______________________

(a) That sounds great. I won't have time.
(b) **I'd love to, but I have a prior engagement.**
(c) Because I am full.
(d) Saturday is not good for me.

해석
W: 금요일에 우리와 함께 저녁 먹으러 오는 거 어때요?
M: _______________________

(a) 좋을 것 같아요. 제가 시간이 없을거예요.
(b) **그러고 싶지만 선약이 있어요.**
(c) 배부르기 때문이에요.
(d) 토요일은 제가 안 좋아요.

[Joseph's Solution]
'Why not ~?'을 이용하여 저녁 먹으러 집에 오라고 제안을 하고 있다.
따라서 '가고는 싶지만 선약이 있다'는 (b)가 대답으로 가장 자연스럽
다. 금요일에 오라고 했으므로, (d) 토요일은 안 된다는 것은 적절하지
않다.

[필수어휘]
prior engagement 선약

정답 **(b)**

9.

M: You're going somewhere for your summer
   vacation, aren't you?
W: Yes, I'm planning to spend the whole month on a
   beach on the East Sea.
M: Why do you have to spend all that time there?
W: _______________________

(a) Here's a booklet that has all the information about
   where to spend your vacation.
(b) **I want to visit many tourist attractions there.**
(c) I don't want to spend all my leisure time watching
   TV.
(d) I could go with my boy friend.

해석
M: 여름 휴가 때 어딘가 가실 거죠, 그렇죠?
W: 네, 동해의 어느 해변가에서 한달 내내 보낼 계획이에요.
M: 왜 거기에서 계속해서 시간을 보내야 하는 거예요?
W: _______________________

(a) 여기 당신이 휴가를 보낼 장소에 관한 모든 정보가 들어 있는 소
   책자가 있어요.
(b) **그곳에 있는 많은 관광명소를 방문하고 싶어요.**
(c) 저는 텔레비전을 보면서 제 여가시간을 모두 보내고 싶지는 않
   아요.
(d) 제 남자 친구랑 갈 수도 있어요.

[Joseph's Solution]
해변에서 한 달 내내 휴가를 보내야 하는 이유에 대해 묻고 있다. 따
라서 '해변에 있는 관광명소를 방문하고 싶다'는 말로 그곳에서 지내
는 이유를 설명하고 있는 (b)가 정답이다. (a)의 spend vacation, (c)
의 spend는 혼동을 주는 오답지이다.

[필수어휘]
booklet n. 작은 책자, 소책자   **tourist attraction** 관광 명소

정답 **(b)**

10.

M: It looks like you never wear these shoes.
W: That's right. For some reason, I haven't worn them for years.
M: Why don't you give them to me then?
W: ___________________________

(a) I wonder how long you've worn them.
(b) Sorry, I promised my little brother to give them to him.
(c) Actually, I already threw them away yesterday.
(d) Because they are so expensive.

해석

M: 당신은 이 신발을 절대로 안 신는 것처럼 보이는데요.
W: 맞아요. 어떤 이유로 몇 년 동안 그 신발을 절대로 신지 않았어요.
M: 그러면 나에게 주는 건 어때요?
W: ___________________________

(a) 당신이 그 신발을 얼마나 오랫동안 신어왔는지 궁금하네요.
(b) 미안해요, 제 남동생에게 주기로 약속했어요.
(c) 사실은, 이미 어제 버렸어요.
(d) 왜냐하면 너무 비싸기 때문이에요.

[Joseph's Solution]
Why don't you를 이용하여 여자의 신발을 달라고 제안하고 있다. 따라서 'Sorry'라는 사과의 말과 함께 이미 남동생에게 주기로 약속했다고 이야기하고 있는 (b)가 대답으로 적절하다. (c)는 과거시제로 이미 주었다고 말하고 있으므로 상황상 적절하지 않다.

[필수어휘]
expensive a. 값 비싼　　**promise** v. 약속하다
throw away 버리다

정답 (b)

11.

M: It seems that you have something you want to tell me.
W: You got it. My friend Sarah's home all alone tonight.
Could I stay with her all through the night?
M: Why didn't you ask me earlier? It's already getting late.
W: ___________________________

(a) Because I didn't want to.
(b) Would you like to come with me?
(c) You had better hurry up.
(d) I didn't want to wake you up while you were sleeping.

해석

M: 나에게 하고 싶은 말이 있는 것 같아 보여.
W: 맞아요. 내 친구 Sarah의 집이 오늘 밤 내내 빈대요. 밤 새 Sarah와 함께 지내도 될까요?
M: 왜 더 일찍 물어보지 않았니? 벌써 늦었잖니.
W: ___________________________

(a) 왜냐하면 그러고 싶지 않았어요.
(b) 나와 함께 가고 싶으세요?
(c) 서두르는 게 좋을 거예요.
(d) 주무시는 동안 깨우고 싶지 않았어요.

[Joseph's Solution]
친구 집에서 자고 온다는 말을 더 일찍 하지 않은 이유에 대해 묻고 있다. 따라서 '자는데 깨우고 싶지 않았다'고 그 이유를 설명하고 있는 (d)가 대답으로 가장 자연스럽다. (a)는 Because를 이용하여 대답하고 있지만, 무례한 표현이다.

[필수어휘]
wake ~ up ~를 깨우다

정답 (d)

12.

M: What's wrong? You look anxious.
W: My father's going to be mad when he finds out I broke his vase.
M: It's not your fault, though.
Why don't you try to explain things to him?
W: ___________________________

(a) I don't know what to do.
(b) Those things can happen to everybody.
(c) He explained to me a little about it.
(d) It is no use. He won't believe what I have to say.

해석

M: 무슨 일이야? 걱정스러워 보여.
W: 아빠가 내가 꽃병을 깬 걸 발견하시면 화가 나실 거야.
M: 그래도 네 잘못이 아닌걸. 아빠에게 사실을 설명하는 것이 어떨까?
W: ___________________________

(a) 무엇을 해야 할지 모르겠어.
(b) 그 일은 누구에게나 일어날 수 있어.
(c) 그는 내게 그 일에 대해 약간만 설명해 줬어.
(d) 소용없어. 그는 내가 말하는 것을 믿지 않을거야.

[Joseph's Solution]
꽃병을 깬 것에 대해 아빠에게 설명하라고 조언하고 있다. 이에 대해 'It is no use'라고 하면서 '뭐라고 말하든 믿지 않을 것'이라고 이야기하고 있는 (d)가 적절한 응답이다. (b)는 오히려 남자가 할만한 대답이고, (a)는 조언에 대한 대답으로 적절하지 않다.

[필수어휘]

vase n. 꽃병, 화병

anxious a. 불안해 하는, 염려하는

fault n. 잘못, 책임

explain v. 설명하다

정답 **(d)**

13.

M: What's the matter?
W: I can't get this mp3 player to work.
M: Why don't you check the batteries?
W: ＿＿＿＿＿＿＿＿＿＿＿

(a) I've already checked them.
(b) The batteries are dead.
(c) I'm ready to check them out now.
(d) It was a good suggestion.

해석

M: 무슨 문제에요?
W: 저는 이 MP3기계를 작동시킬수 없어요.
M: 배터리를 확인해 보는 것이 어때요?
W: ＿＿＿＿＿＿＿＿＿＿＿

(a) 이미 확인해봤어요.
(b) 배터리가 다 떨어졌습니다.
(c) 저는 그것을 지금 대출할 준비가 되었어요.
(d) 좋은 제안이었어요.

[Joseph's Solution]

배터리를 확인해보라는 제안에 대한 대답으로 '이미 확인해 보았다'는
(a)가 가장 자연스럽다. (b)는 확인을 한 후에 나올 수 있는 대답이고,
(c)는 check out으로 혼동을 주는 오답지이다.

[필수어휘]

suggestion n. 제안

check something out ~을 대출하다

정답 **(a)**

14.

M: I like the green shirt. How about you?
W: I prefer the red one and it's less expensive.
M: Then, why don't you get that one?
W: ＿＿＿＿＿＿＿＿＿＿＿

(a) I don't have an eye for style.
(b) I am not into getting a new shirt.
(c) I'd love to, but I think it's a little bit out of style.
(d) This shirt sells for ten dollars.

해석

M: 나는 녹색 셔츠가 좋네요. 당신은 어때요?
W: 전 붉은 색이 더 좋은데요, 그리고 덜 비싸고요.

M: 그러면 당신이 그것을 사지 그래요?
W: ＿＿＿＿＿＿＿＿＿＿＿

(a) 나는 스타일에 대한 안목이 없어요.
(b) 나는 새 셔츠 구입에 관심 없어요.
(c) 그리고 싶지만 그것은 약간 유행에 뒤떨어진것 같아요.
(d) 이 셔츠는 10달러에 판매되고 있어요.

[Joseph's Solution]

마음에 들어 하는 셔츠를 구매하라는 남자의 제안에 적절한 응답을
골라야 한다. 따라서 '그러고는 싶지만 유행에 뒤떨어지는 것 같다'
고 사지 않는 이유를 우회적으로 표현한 (c)가 여자의 대답으로 가
장 자연스럽다.

[필수어휘]

have an eye for style 스타일에 대한 안목이 있다

be into ~에 관심이 있다, ~를 좋아하다

out of style 유행에 뒤떨어진 듯한

정답 **(c)**

15.

M: Sarah, are you all set? Let's hurry.
W: Uh, Joseph, I'm afraid I can't come.
M: Why not?
W: ＿＿＿＿＿＿＿＿＿＿＿

(a) I've got a butterfly in my stomach.
(b) Would you care for something to drink?
(c) Sounds like a good idea.
(d) That makes two of us.

해석

M: Sarah, 준비됐어? 서두르자.
W: 음, Joseph, 나 못갈 것 같아.
M: 왜 못 가는데?
W: ＿＿＿＿＿＿＿＿＿＿＿

(a) 긴장되어 속이 울렁거리고 있어.
(b) 마실 것 좀 줄까?
(c) 좋은 생각인 것 같아.
(d) 나도 마찬가지야.

[Joseph's Solution]

남자가 가지 못하는 이유에 대해 묻고 있다. 따라서 '긴장되어 속이
울렁거린다'는 말로 그 이유를 이야기하고 있는 (a)가 여자의 대답
으로 가장 자연스럽다.

[필수어휘]

be all set 시작할 준비가 되다

get(have) a butterfly in one's stomach 긴장되어 속이 울렁거
리다

That makes two of us. 나도 마찬가지이다[같은 생각이다].

정답 **(a)**

Dictation Practice

1. How was your flight / it's good to be back 2. How are things going 3. How was your musical performance 4. Do you have any dress shoes / perhaps you'd be interested in these / it'll be pretty steep for you 5. What did you do to the floor? / I spilled coffee. / I'll clean it up myself. 6. how do I pay the hotel rates / How about traveler's checks? 7. Are you being served / How would you like it?

Answer Keys

Part I 1. (a) 2. (d) 3. (a) 4. (c) 5. (d) 6. (c) 7. (d) 8. (a)

Part II 9. (c) 10. (c) 11. (c) 12. (b) 13. (d) 14. (b) 15. (b)

1.

W: How was your flight from Tokyo?
M: _______________________

(a) A little long and boring, but it's good to be back.
(b) Could you give Sue a ride to the airport for me?
(c) I'll be coming back to Tokyo soon.
(d) I can book you on the next flight out at 6:00 p.m.

해석
W: 동경으로부터의 비행을 어땠어요?
M: _______________________

(a) 약간은 길고 지루했지만, 다시 돌아와서 좋아요.
(b) 나 대신 Sue를 공항으로 태워주실 수 있나요?
(c) 나는 동경으로 곧 돌아갈 거예요.
(d) 다음 비행기인 저녁 6시에 예약해줄 수 있어요.

[Joseph's Solution]
How를 이용하여 동경에서 출발한 비행기 여행에 대한 소감을 묻고 있다. 따라서 '길고 지루했다'고 표현한 (a)가 가장 자연스러운 응답이다. (c)는 Tokyo를, (d)는 flight를 반복적으로 언급하여 혼동을 주는 오답이다.

[필수어휘]
give ~ a ride to~ ~를 ~로 태워주다

book v. 예약하다
boring a. 지루한

정답 (a)

2.

W: How have you been since graduation?
M: _______________________

(a) I missed you so much.
(b) Wow! That sounds wonderful!
(c) I was surprised to hear your graduating.
(d) I've been busy finding a job.

해석
W: 졸업한 이후 어떻게 지냈어?
M: _______________________

(a) 네가 너무 많이 그리웠어.
(b) 와우! 그거 멋진데!
(c) 너의 졸업을 듣고 놀랐어.
(d) 직장을 잡느라 바빴어.

[Joseph's Solution]
졸업한 이후의 안부를 묻고 있다. 따라서 '직장 잡느라 바빴다'고 그 동안의 상황을 이야기하는 (d)가 대답으로 가장 자연스럽다. (c)는 graduation을 통해 혼동을 주는 오답이다.

[필수어휘]
graduation n. 졸업
miss v. 그리워하다, 놓치다

정답 (d)

3.

W: How are things going with you and Mary?
M: _______________________

(a) **Not so well, I'm afraid.**
(b) Things can happen to everybody.
(c) They're sometimes a nuisance.
(d) Is everything going to be all right with them?

해석
W: 당신과 Mary는 어떻게 지내나요?
M: _______________________________

(a) **그렇게 좋지는 않은 것 같아요.**
(b) 누구에게나 일어날 수 있는 일이죠.
(c) 그들은 종종 골칫거리이죠.
(d) 그 사람들하고는 모든 일이 잘될까요?

[Joseph's Solution]
'How are things going with~?'는 일이나 상황이 어떻게 진행되고 있는지 물을 때 사용하는 질문이다. 남자와 Mary의 관계가 어떻게 되는지 묻고 있으므로, I'm afraid와 함께 '그다지 좋지 않다'고 상황을 설명하는 (a)가 대답으로 가장 적절하다.

[필수어휘]
nuisance n. 성가신 사람, 골칫거리

정답 (a)

4.

W: How much is a double room?
M: _______________________________

(a) It's roomy and comfortable.
(b) It's not bad, but I recommend a single.
(c) **It's 25 dollars a night.**
(d) A double room is more expensive than a single one.

해석
W: 더블 룸은 얼마죠?
M: _______________________________

(a) 그것은 공간이 넓고 편안합니다.
(b) 나쁘지는 않지만, 저는 싱글 룸을 추천합니다.
(c) **하룻밤에 25 달러예요.**
(d) 더블 룸은 싱글 룸보다 더 비쌉니다.

[Joseph's Solution]
'How much~?'는 가격을 묻는 질문이다. 따라서 '하룻밤에 25달러'라고 구체적인 가격제시를 하고 있는 (c)가 대답으로 가장 자연스럽다.

[필수어휘]
roomy a. 널찍한
comfortable a. 안락한, 편안한
expensive a. 비싼

정답 (c)

5.

W: How old are your daughters?
M: _______________________________

(a) They're my favorite.
(b) She is the tallest.
(c) They're quite old.
(d) **They're three, seven, and ten.**

해석
W: 딸들은 몇 살인가요?
M: _______________________________

(a) 그들은 제가 제일 좋아합니다.
(b) 그는 가장 키가 큽니다.
(c) 그들은 꽤 나이가 들었어요.
(d) **그들은 3살, 7살, 10살입니다.**

[Joseph's Solution]
'How old'를 이용하여 나이를 묻고 있다. 따라서 '3살, 7살, 10살'이라고 나이를 열거한 (d)가 가장 자연스러운 응답이다. (c)는 old를 반복 사용하여 혼동을 주는 오답지이다.

[필수어휘]
favorite n. 가장 좋아하는 것(사람)

정답 (d)

6.

M: Hi. I'm Michael. What's your name?
W: Sarah Jones.
M: How do you spell your last name?
W: _______________________________

(a) You will spill it right away.
(b) I know someone whose name is Sarah.
(c) **It's J-O-N-E-S.**
(d) Is Jones your last name?

해석
M: 안녕, 나는 Michael이야. 네 이름은 무엇이니?
W: Sarah Jones야.
M: 성의 철자는 어떻게 되니?
W: _______________________________

(a) 너는 바로 흘릴꺼야.
(b) Sarah라는 다른 사람을 알고 있어.
(c) **J-O-N-E-S야.**
(d) Jones가 너의 성이니?

[Joseph's Solution]
성의 철자를 묻고 있으므로 철자를 하나 하나 설명해주는 (c)가 정답이 된다. (a)는 spill이라는 동사를 spell과 혼동시키기 위한 함정이다.

[필수어휘]
spell v. 철자를 쓰다

정답 **(c)**

7.

W: How often does the shuttle bus stop here?
M: ____________________

(a) Maybe for 30 minutes, I guess.
(b) This bus doesn't go to the airport.
(c) It will come back in 10 minutes.
(d) Every 10 minutes.

해석
W: 셔틀버스는 이곳에 얼마나 자주 정차하나요?
M: ____________________

(a) 아마도 30분 동안인 것 같네요.
(b) 이 버스는 공항으로 가지 않습니다.
(c) 버스는 10분 후에 돌아올 거예요.
(d) 10분 마다요.

[Joseph's Solution]
How often을 이용하여 '횟수'를 묻는 질문이다. 셔틀버스가 얼마나 자주 오는지 묻고 있으므로, '10분마다'라고 하여 구체적인 빈도수를 언급하고 있는 (d)가 대답으로 적절하다. (a)는 'How long~?'에 대한 대답으로 자연스럽다.

[필수어휘]
come back 돌아오다[가다]

정답 **(d)**

8.

M: How was your musical performance last night?
W: ____________________

(a) It was a disaster. Three actors didn't show up.
(b) We don't enjoy musicals.
(c) Will you join our musical performance?
(d) I'd love to. When does it start?

해석
M: 지난밤 뮤지컬은 어땠어요?
W: ____________________

(a) 재난과 같았죠. 3명의 배우가 나타나지 않았거든요.
(b) 우리는 뮤지컬을 즐기지 않아요.
(c) 당신도 우리 연주에 함께 할래요?
(d) 좋아요. 언제 시작하는데요?

[Joseph's Solution]
How를 이용하여 지난밤의 뮤지컬에 대한 소감을 묻고 있다. 따라서 '재난이었다'고 그 감상을 말한 뒤 '배우 3명이 나타나지 않았다'

고 이유를 추가적으로 언급하고 있는 (a)가 대답으로 적절하다. (b)는 musical을, (c)는 musical performance을 이용하여 혼동을 주는 오답지이므로 주의하자.

[필수어휘]
musical performance 연주
disaster n. 엄청난 불행, 재앙

정답 **(a)**

9.

W: How did you do on your mid-term exam?
M: ____________________

(a) I was so exhausted.
(b) I liked it so much.
(c) So so.
(d) I tried my best.

해석
W: 중간고사 어떻게 봤어요?
M: ____________________

(a) 나는 너무 지쳤어요.
(b) 나는 그것이 너무 좋았어요.
(c) 그저 그래요.
(d) 최선을 다했어요.

[Joseph's Solution]
How를 이용하여 중간고사를 어떻게 봤는지 묻고 있으므로 '그럭저럭'이라고 대답하고 있는 (c)가 가장 자연스럽다. (d)는 중간고사의 결과에 대한 직접적인 대답으로 적절하지 않다.

[필수어휘]
mid-term exam 중간고사 (last-term exam 기말고사)
so so 좋지도 않고 나쁘지도 않은, 그저 그만한

정답 **(c)**

10.

W: Do you have any dress shoes for less than a
　　hundred dollars?
M: Well, there aren't many but perhaps you'd be
　　interested in these.
W: How about that black pair over there?
M: ____________________

(a) Sounds good. I like dark colors better than lighter
　　ones.
(b) Those are made of pure leather.
**(c) That's a good buy but I'm afraid that it'll be
　　pretty steep for you, ma'am.**
(d) Rain resistant material is popular right now.

해석

W: 100달러 이하의 예복용 구두 있나요?
M: 글쎄요, 많지는 않지만 이 신발들에 관심이 있으실 거예요.
W: 저쪽에 검은 색 신발은 어떤가요?
M: ______________________________

(a) 좋은 것 같군요. 저는 밝은 색보다는 어두운 색 신발이 더 좋아요.
(b) 그 신발은 순수 가죽으로 만들었어요.
(c) 좋아요, 그렇지만 손님께 너무 비쌀 것 같네요.
(d) 방수가 되는 재료가 지금 인기입니다.

[Joseph's Solution]
100달러 이하의 저렴한 구두를 찾고 있는 손님이 검은색 신발에 대해 묻고 있다. 이에 대한 대답으로 '좋지만, 손님에게는 너무 비싸다'고 설명하고 있는 (c)가 가장 자연스럽다. How로 시작하는 질문이지만 내용상 감상을 묻는 것이 아니므로 (a)는 적절하지 않다.

[필수어휘]
dress shoe 예복용 구두
leather n. 가죽
steep a. 너무 비싼, 터무니없는
resistant a. 저항력 있는, ~에 잘 견디는

정답 **(c)**

11.

M: What did you do last night?
W: I went to see the movie, the Avatar.
M: Really? How was it?
W: ______________________________

(a) Wonderful, It was the most boring movie that I've ever seen.
(b) I wish I could have done so.
(c) Fantastic. I really enjoyed it.
(d) I thought it was an animation.

해석
M: 지난밤에 뭐했어요?
W: 영화 아바타 보러 갔어요.
M: 정말요? 어땠어요?
W: ______________________________

(a) 멋졌어요. 내가 본 것 중 가장 지루한 영화였어요.
(b) 나도 그렇게 했으면 하고 바랬어요.
(c) 환상적이었어요. 정말로 즐겁게 봤어요.
(d) 나는 그것이 애니메이션인줄 알았어요.

[Joseph's Solution]
남자는 여자에게 지난밤에 본 영화가 어땠는지 감상을 묻고 있다. 따라서 '환상적이고, 즐겁게 보았다'는 (c)가 대답으로 가장 자연스럽다. (a)는 Wonderful과 뒤에 이어지는 내용이 반대의 내용이기 때문에 적절하지 않다.

[필수어휘]

animation n. 만화 영화, 동영상
boring a. 지루한
fantastic a. 환상적인

정답 **(c)**

12.

W: I'd like to rent an apartment.
M: How about Zai place?
W: How much is the rent?
M: ______________________________

(a) Are utilities included?
(b) $500 per month without security deposit.
(c) Rent is reasonable and affordable.
(d) I know where you can rent an apartment.

해석
W: 아파트를 임대하고 싶은데요.
M: Zai는 어때요?
W: 임대료가 얼마인데요?
M: ______________________________

(a) 공과금이 포함되어 있나요?
(b) 보증금 없이 월 500달러에요.
(c) 임대비는 합리적이면서도 감당할 만해요.
(d) 당신이 아파트를 임대할 수 있는 장소를 알고 있어요.

[Joseph's Solution]
How much를 이용하여 임대료가 얼마인지 가격을 묻고 있다. 따라서 보증금 없이 월세가 500달러라고 말하고 있는 (b)가 대답으로 가장 적절하다. (a)는 여자가 할 수 있는 질문의 내용이다.

[필수어휘]
rent v. 임대하다
utility n. 공과금(수도, 전기, 가스료 등)
reasonable a. 타당한, 사리에 맞는
affordable a. (가격이) 알맞은

정답 **(b)**

13.

M: Oh my god! What did you do to the floor?
W: I'm really sorry. I spilled coffee.
M: What? How could you be so careless?
W: ______________________________

(a) Actually, It was not my fault.
(b) Well, Not that I know of.
(c) By not paying attention to what I was dong.
(d) I'm sorry. I'll clean it up myself.

해석
M: 맙소사! 바닥에 무슨 짓을 한거야?

W: 정말 죄송해요. 커피를 쏟았어요.
M: 뭐? 어떻게 그렇게 부주의할 수가 있어?
W: ______________________________

(a) 사실은 제 잘못이 아니였어요.
(b) 글쎄요, 내가 알기에는 그렇지 않아요.
(c) 제가 하는 일에 주의를 기울이지 않아서 그래요.
(d) 죄송해요. 제가 청소할게요.

[Joseph's Solution]
바닥에 흘린 커피 때문에 화가 난 남자가 여자의 부주의함을 질타하고 있다. 이 말에 대한 여자의 대답으로는 미안하다는 말과 함께 자신이 치우겠다는 (d)가 적절하다. (a)는 무례하며, 의미상 커피를 쏟은 이유를 묻는 의도가 아니므로 (c)는 적절하지 않다.

[필수어휘]
spill v. 흐르다, 쏟다
careless a. 부주의한, 조심성 없는
Not that I know of 내가 알기에는 그렇지 않다

정답 **(d)**

14.

W: Excuse me, how do I pay the hotel rates?
M: We accept cash or credit card.
W: How about traveler's checks?
M: ______________________________

(a) I will let you know later this afternoon.
(b) Sorry, we don't accept them.
(c) Travelers must also pay the rates.
(d) You can only pay by plastic.

해석
W: 실례합니다만, 호텔 요금을 어떻게 지불하나요?
M: 현금이나 신용카드를 받습니다.
W: 여행자 수표는 어때요?
M: ______________________________

(a) 이따가 오후에 알려드릴게요.
(b) 죄송합니다만, 그것은 받지 않습니다.
(c) 여행자들 역시 비용을 지불해야만 합니다.
(d) 당신은 신용카드로만 지불하실 수 있어요.

[Joseph's Solution]
How about을 이용하여 여행자 수표로도 호텔요금을 지불할 수 있는지 묻고 있다. 따라서 미안하다는 말과 함께 '받지 않는다'고 대답한 (b)가 가장 자연스럽다. (c)는 대화에서 언급된 단어를 반복적으로 사용하여 혼동을 주는 오답지이다.

[필수어휘]
hotel rates 호텔 요금
traveler's check 여행자 수표
plastic n. 신용카드
accept v. 받아들이다, 수락하다

정답 **(b)**

15.

W: Are you being served, sir?
M: No, I'd like to order the steak.
W: How would you like it?
M: ______________________________

(a) It was the best steak.
(b) Well-done, please.
(c) Sunny-side up, please.
(d) I liked it very much.

해석
W: 도와 드리는 사람이 있나요?
M: 아니요, 저는 스테이크를 주문하고 싶은데요.
W: 어떻게 해드릴까요?
M: ______________________________

(a) 그것은 최고의 스테이크였어요.
(b) Well-done으로 구워주세요.
(c) 한쪽만 익혀주세요.
(d) 저는 그것이 매우 좋았습니다.

[Joseph's Solution]
How를 이용하여 스테이크의 굽기를 어떻게 할지 묻고 있다. 따라서 'Well-done(잘 익은)'이라고 대답하고 있는 (b)가 정답이다. (c)는 계란요리 등에 적절한 표현이다.

[필수어휘]
well-done a. 잘 익은[구워진], 충분히 요리된
Sunny-side up 한쪽만 익힌
order v. 주문하다

정답 **(b)**

Dictation Practice

1. a little too pushy / kind of a busybody 2. with the blinkers on / in the shop being repaired 3. he will be back tomorrow 4. Is this seat taken? / Do you mind my sitting / Be my guest. 5. What time do you have? / what time it is / but it's out of order 6. How was your day? / hear me pull into the driveway / under the impression 7. How do you like my hairdo? / No, you looked better before.

Answer Keys

Part I 1. (b) 2. (b) 3. (a) 4. (a) 5. (b) 6. (a) 7. (c) 8. (d)

Part II 9. (b) 10. (b) 11. (d) 12. (a) 13. (c) 14. (b) 15. (d)

1.

M: Didn't you hear the phone ringing? It rang almost 25 times.
W: _________________________

(a) Don't worry. In fact, I'm going to have the phone repaired soon.
(b) Oh, I'm sorry. I was taking a shower in the bathroom.
(c) Did you? I don't have an ear for music.
(d) I was a little frightened by a loud noise.

해석
M: 전화벨 울리는 소리 못 들었어? 거의 25번은 울렸어.
W: _________________________

(a) 걱정하지마, 사실은 곧 전화기를 고칠 거야.
(b) 오, 미안해. 욕실에서 샤워 중이었어.
(c) 그랬어? 난 음악을 잘 몰라.
(d) 난 큰 소리에 약간 겁이 났었어.

[Joseph's Solution]
대화는 평서문으로 끝났지만, 사실 '전화벨 소리를 듣지 못했나?'를 묻고 있다. 따라서 미안하다는 사과의 말과 함께 '샤워 중이었다'고 벨 소리를 못들은 이유를 말하고 있는 (b)가 적절한 대답이다. (a)는 phone을 반복 언급하여 혼동을 주는 오답지이다.

[필수어휘]
have an ear for music (음악)을 알다

repair v. 수리하다, 보수하다
take a shower 샤워를 하다
be frightened by ~에 겁을 먹다

정답 **(b)**

2.

W: Don't you think Sarah is a little too pushy?
M: _________________________

(a) No. She should not be too pushy, especially in class.
(b) That makes two of us. She is kind of a busybody.
(c) No, she really knows how to push my buttons.
(d) You said it. She is so shy.

해석
W: Sarah가 약간 지나치게 밀어붙인다고 생각하지 않아?
M: _________________________

(a) 아니. 그녀는 특히 수업 중에는 지나치게 밀어붙이지 않아야 해.
(b) 나도 같은 생각이야. 그녀는 참견하기 좋아하는 사람이야.
(c) 아니, 그녀는 정말 나를 어떻게 하면 화나게 만드는 지 알아.
(d) 맞아. 그녀는 너무 수줍음이 많아.

[Joseph's Solution]
Sarah에 대한 의견에 동의를 구하는 질문이다. 따라서 '나도 같은 생각이다'라는 동의의 표현과 함께 참견하기 좋아한다고 말하고 있는 (b)가 자연스러운 대답이다. (a) pushy, (c) push는 모두 오답을 유도하는 선택지이며 (d) You said it은 동의의 표현이지만 이어지는 말과 어울리지 않는다.

[필수어휘]
pushy a. 지나치게 밀어붙이는
busybody n. 참견하기 좋아하는 사람
push one's buttons 화나게 하다
That makes two of us. 나도 마찬가지야.
shy a. 수줍어하는

정답 **(b)**

3.

M: Isn't that Joseph's car with the blinkers on?
W: _______________________

(a) That's impossible. His car is in the shop being repaired.
(b) Yes. He is always leaving his car keys in his car.
(c) That's right. He changes lanes without using blinkers.
(d) What is this red light? It's blinking.

해석
M: 저 깜빡이를 켜둔 거 Joseph 차 아니야?
W: _______________________

(a) 그건 불가능한 일이야. 그의 차는 상점에서 수리중이야.
(b) 그래. 그는 항상 차 안에 열쇠를 두고 가.
(c) 맞아. 그는 깜빡이를 사용하지 않고 차선을 바꿔.
(d) 이 빨간 불은 뭐지? 깜빡이고 있어.

[Joseph's Solution]
깜빡이를 켜둔 차가 Joseph의 차인지 묻고 있다. 따라서 'That's impossible'이라는 부정의 말과 '그의 차는 지금 수리 중'이라고 그 이유를 설명한 (a)가 정답이다. blinker와 blink를 통해 오답을 유도하고 있는 (c), (d)를 정답으로 선택하지 않도록 주의한다.

[필수어휘]
blinker n. 깜빡이
blink v. 깜빡이다
impossible a. 불가능한, 대단히 곤란한
repair v. 수리하다, 수선하다
change lane 차선을 변경하다

정답 **(a)**

4.

M: Isn't Terry back from his vacation yet?
W: _______________________

(a) No, he will be back tomorrow.
(b) Yes. He hasn't arrived yet.
(c) No. He came back yesterday.
(d) What time will he be back here?

해석
M: Terry가 아직 휴가에서 돌아오지 않았나요?
W: _______________________

(a) 네, 그는 내일 돌아올 거예요.
(b) 아니요. 그는 아직 도착하지 않았어요.
(c) 네. 그는 어제 돌아왔어요.
(d) 이곳에 그는 몇시에 돌아오나요?

[Joseph's Solution]
부정문 Isn't으로 묻는 질문이다. 따라서 Terry가 돌아 왔으면 Yes로 답하고, 돌아오지 않았으면 No로 답해야한다. 따라서 돌아오지 않았고(No), 내일 온다고 말하고 있는 (a)가 정답이다. (b)는 내용상 No로 대답해야 했고, (c)는 Yes로 대답해야 맞다.

[필수어휘]
arrive v. 도착하다
vacation n. 휴가
come back 돌아오다

정답 **(a)**

5.

W: Wasn't that an amazing performance?
M: _______________________

(a) No. It was the best performance ever.
(b) I couldn't agree with you more.
(c) No. it was surprising.
(d) I never wondered how the performance was.

해석
W: 멋진 공연이었지?
M: _______________________

(a) 응. 그것은 최고의 공연이었어.
(b) 완전 동감이야.
(c) 응, 놀라웠어.
(d) 난 그 공연이 어땠었는지 전혀 궁금하지 않았어.

[Joseph's Solution]
Wasn't으로 묻는 부정의문문이므로, 멋진 공연이 아니었으면 No, 멋진 공연이었으면 Yes로 대답해야한다. Yes/No로 답하지는 않았지만 'I couldn't agree with you more.'는 매우 적극적인 동의의 표현이므로 정답은 (b)이다. 내용상 (a), (c)는 Yes로 답해야 한다.

[필수어휘]
performance n. 공연, 연주회
amazing a. 놀라운, 멋진
I couldn't agree with you more. 동감이야.
surprising a. 놀라운, 놀란

정답 **(b)**

6.

M: I think Joseph is brighter than Martin, don't you?
W: _______________________

(a) It's the other way around.
(b) Easier said than done.
(c) Join the club.
(d) It's upside down.

해석

M: Joseph이 Martin보다 더 똑똑하다고 생각하는데, 그렇지 않아
요?

W: _______________________________

(a) 사실은 그 반대에요.
(b) 말하기는 쉬워도 행동하기는 어렵죠.
(c) 클럽에 가입하세요.
(d) 거꾸로 뒤집혔어요.

[Joseph's Solution]
관용어구 문제이다. 남자는 Joseph이 더 똑똑한 것 같다고 부가의
문문으로 묻고 있다. 따라서 '사실은 그 반대이다'라는 의미의 (a)가
대답으로 자연스럽다. 'It's upside down.'은 '위치상 거꾸로'라는 의
미이므로 내용상 적절하지 않다.

[필수어휘]
upside down (아래위가) 거꾸로[뒤집혀]
bright a. 똑똑한, 밝은
the other way around 거꾸로, 반대로
join v. 가입하다, 합류하다

정답 (a)

7.

W: That's my cat Sally. Haven't you met her before?
M: _______________________________

(a) Nice to meet her.
(b) Don't I know her from somewhere?
(c) No, I don't think so.
(d) She's very cute.

해석
W: 저건 내 고양이 Sally예요. 전에 본 적 없나요?
M: _______________________________

(a) 그녀를 만나서 기뻐요.
(b) 제가 언제 그녀를 만났었나요?
(c) 아니요. 본적 없는 것 같아요.
(d) 그녀는 매우 귀엽습니다.

[Joseph's Solution]
Haven't you를 이용한 완료시제 부정의문문이다. 만난 적이 없으면
No, 만난 적이 있으면 Yes로 대답해야 한다. 따라서 No(만난 적 없
다는 말)와 함께 '만난 것 같지 않다'고 말하고 있는 (c)가 정답이다.

[필수어휘]
somewhere adv. 어딘가에
cute a. 귀여운
meet v. 만나다
know v. 알다, 알고있다

정답 (c)

8.

M: Don't you think these pants are a little too long on
me?

W: _______________________________

(a) I'd like the waist of these pants taken in.
(b) No. Let me shorten them for you right now.
(c) Yes, the sleeves should be lengthened.
(d) I don't think so. That's in fashion these days.

해석
M: 이 바지가 나에게 약간 너무 길다고 생각하지 않아요?
W: _______________________________

(a) 난 이 바지가 줄여진 허리가 마음에 들어요.
(b) 네. 제가 지금 당장 바지를 줄여드릴게요.
(c) 아니요, 소매는 늘어져야 해요.
(d) 그렇게 생각하지 않아요. 그것이 요즘 유행 중이거든요.

[Joseph's Solution]
Don't you를 이용한 부정의문문이다. 길다고 생각하면 Yes, 길지 않
다고 생각하면 No로 대답해야 한다. 따라서 'No, I don't think so'라
는 말과 함께 약간 긴 것이 요즘 유행이라고 설명하는 (d)가 정답이다.
(b)는 내용상 Yes가 들어가야 자연스러운 대답이다.

[필수어휘]
pants n. 바지
take ~ in (옷을) 줄이다
lengthen v. 길게 하다, 늘이다
waist n. 허리, 허리부분
shorten v. 짧게하다, 단축하다
be in fashion 유행하고 있다

정답 (d)

9.

M: Wait a minute. I was overcharged on this product.
W: Oh, I'm terribly sorry. I'll have the charge removed.
M: And isn't this dress on sale?
W: _______________________________

(a) Clothes section is in Aisle 10.
(b) No. You can buy it at the regular price.
(c) No, you'll get it up to a 50 percent discount on the
regular price.
(d) That's right. The regular price is 8 dollars, but you
can have them for 6.

해석
M: 잠시만요. 이 상품에 금액이 많이 청구되었네요.
W: 오, 정말 죄송합니다. 그 비용을 빼드릴게요.
M: 그리고, 이 드레스 세일 중 아닌가요?
W: _______________________________

(a) 의복 구획은 10번 통로입니다.

(b) 아닙니다. 손님은 그 옷을 정가에 살 수 있어요.

(c) 맞습니다, 정가에 50%까지 할인받으실 수 있어요.

(d) 맞아요. 정가는 8달러이지만, 손님은 그 옷들을 6달러에 가져가실 수 있어요.

[Joseph's Solution]

isn't을 이용한 부정의문문이며, 드레스가 할인 중인지 묻고 있다. 따라서 할인 중이면 Yes이고, 할인 중이 아니면 No로 답해야한다. 따라서 내용상 'No, (it isn't on sale)'이란 부정의 말과 함께 정가에 살 수 있다는 (b)가 정답이다. (c)는 내용상 Yes(it is on sale)가 들어가야 자연스럽다.

[필수어휘]

overcharge v. (금액을 너무) 많이 청구하다, 바가지를 씌우다

regular price 정가

terribly adv. 너무, 대단히

remove v. 없애다, 치우다

discount n. 할인

정답 **(b)**

10.

M: Excuse me. Is this seat taken?

W: No, it's not occupied.

M: Do you mind my sitting here?

W: _______________________

(a) Yes. I'm absolutely fine.

(b) Of course not. Be my guest.

(c) We are in the same boat, you know.

(d) Yes, you can sit here.

해석

M: 실례합니다. 여기 자리 있나요?

W: 아니요, 비었어요.

M: 제가 앉으면 싫으실까요?

W: _______________________

(a) 네. 저는 완전히 괜찮아요.

(b) 물론 싫지 않죠. 앉으세요.

(c) 우리는 같은 입장이에요, 알잖아요.

(d) 네, 이곳에 앉으세요.

[Joseph's Solution]

'Do you mind ~ing?'는 긍정의 의미는 No로, 부정의 의미는 Yes로 답해야한다. 따라서 '앉아도 된다'는 의미는 No 또는 not으로 이야기해야하므로, (b)가 대답으로 적절하다. (a), (d)는 내용상 No(, I don't mind.)가 와야한다.

[필수어휘]

absolutely adv. 절대적으로, 완전히, 매우

in the same boat 처지가 같은, 같은 상황에 있는

occupied a. 사용중인, 바쁜

fine a. 괜찮은, 훌륭한

정답 **(b)**

11.

W: What's going on between Martin and Sarah these days?

M: Well, I'm afraid I'm in no position to talk about it.

W: Don't you think I am a trustworthy person?

M: _______________________

(a) No, I guess you're trustworthy enough to talk to about it.

(b) Yes, but I don't want you to tell me what happened.

(c) It matters whether you're trustworthy or not.

(d) Yes, but I don't seem to be at liberty to talk about it.

해석

W: 요즘 Martin과 Sarah 사이는 어떻게 되고 있어요?

M: 글쎄요. 제가 그 일에 대해 이야기할 위치인지 모르겠네요.

W: 제가 신뢰할 만한 사람이라고 생각하지 않아요?

M: _______________________

(a) 그렇게 생각하지 않아요, 당신은 그런 일을 이야기할 만큼 믿을 만하다고 생각해요.

(b) 그렇게 생각하지만 무슨 일이 일어났는지 당신이 내게 말하길 바라지 않아요.

(c) 당신이 믿을 수 있는지 없는지가 문제에요.

(d) 그렇게 생각하지만 제가 그런 일에 대해 마음대로 말할 수 있다고 보지 않아요.

[Joseph's Solution]

'Don't you think~?'를 이용한 부정의문문이다. 믿을만한 사람이라고 생각하지 않는다면 No이고, 그렇게 생각한다면 Yes로 대답한다. 따라서 '믿을만한 사람이라고 생각하지만 그런 일을 마음대로 이야기해도 될 것 같지 않다'고 말하고 있는 (d)가 정답이다.

[필수어휘]

be in no position to ~ ~를 논할 만한 위치에 있지 않다

trustworthy a. 신뢰할 만한

matter v. 문제되다, 중요하다

happen v. 일어나다, 발생하다

at liberty to do 자유롭게 ~할수 있는

정답 **(d)**

12.

M: What time do you have?

W: I have no idea what time it is.

M: Don't you have a watch?

W: _______________________

(a) Yes, I do, but it's out of order.

(b) No, I have one.
(c) It's none of your business.
(d) Of course, I don't.

해석
M: 몇 시에요?
W: 몇 시인지 모르겠는데요.
M: 시계 없어요?
W: ______________________________

(a) 있어요. 하지만 고장 났어요.
(b) 네, 있어요.
(c) 당신이 상관할 바가 아닙니다.
(d) 물론 없어요.

[Joseph's Solution]
Don't you를 이용한 부정의문문으로 시계가 없냐고 묻고 있다. 시계가 있으면 Yes, 시계가 없으면 No로 답해야 한다. 따라서 Yes라는 말과 함께 시계가 있지만, 고장 났다고 대답하고 있는 (a)가 적절하다. (b)는 내용상 Yes로 대답해야 하며, (d) 또한 Of course not으로 답해야 옳다.

[필수어휘]
out of order 고장 난
have no idea 전혀 모르다
It's none of your business. 상관마.

정답 (a)

13.

M: How do you like these flowers?
W: They don't look fresh. Let's go to another section.
M: Shouldn't we buy some fruit? Those tomatoes look very fresh.
W: ______________________________

(a) No, there aren't any tomatoes left in the refrigerator.
(b) The ones here don't look fresh, either.
(c) Yes, we need some fruit to make a dessert.
(d) Yes, we don't have to because there is enough at home.

해석
M: 이 꽃 어때?
W: 신선해 보이지 않는 걸. 다른 구역으로 가보자.
M: 과일을 좀 사야 하지 않을까? 이 토마토가 매우 신선해 보여.
W: ______________________________

(a) 아니, 냉장고에 토마토가 없어.
(b) 이곳도 역시 신선해 보이지 않아.
(c) 사야 해, 우리는 디저트 용 과일이 필요해.
(d) 사야 해, 집에 충분히 있으니까.

[Joseph's Solution]
Shouldn't we를 이용한 부정의문문이다. '사야 한다(We should buy)'면 Yes, '사지 않아도 된다(We shouldn't buy)'면 No를 써야 한다. 따라서 Yes와 함께 디저트용 과일이 필요하기 때문이라는 이유를 말하고 있는 (c)가 정답이다. (a)는 내용상 Yes가, (d)는 No가 와야 하며, (b)는 이미 토마토가 신선하다고 대화에서 이야기했으므로 적절한 답이 아니다.

[필수어휘]
refrigerator n. 냉장고
fresh a. 신선한, 갓딴
section n. 구역, 부문
enough a. 충분한

정답 (c)

14.

W: Hey, Martin. How was your day?
M: Oh, Sarah, you really frightened me!
W: Didn't you hear me pull into the driveway?
M: ______________________________

(a) Yes, I was listening to loud music.
(b) No, I was under the impression you were working late today.
(c) Yes, I should have heard it.
(d) Sorry to have interrupted you.

해석
W: 이봐, Martin. 오늘 하루 어땠어?
M: 어머나, Sarah, 정말 놀랐어!
W: 내가 들어오는 것 못 들었니?
M: ______________________________

(a) 들었어, 큰 음악을 듣고 있었어.
(b) 못 들었어. 오늘 늦게까지 일하는줄 알았어.
(c) 그것을 들었어야 했어.
(d) 방해해서 미안해.

[Joseph's Solution]
Didn't you를 이용한 부정의문문이다. 소리를 못 들었으면 No(, I didn't hear)이고 소리를 들었으면 Yes(, I heard)로 대답해야 한다. 따라서 (b)가 정답이다. (a), (c)는 내용상 No라고 대답해야 한다.

[필수어휘]
pull into ~에 도착하다
driveway n. 차도
be under the impression …라고 믿고 있다
interrupt v. 방해하다
frighten v. 겁먹게(놀라게) 만들다

정답 (b)

15.

W: How do you like my hairdo?
M: Uh… Would you like me to be frank?
W: Yeah. Don't you like it?
M: _______________________

(a) Of course, I don't.
(b) Yes, I guess your hairdo couldn't be worse.
(c) Yes, your hair is too short.
(d) No, you looked better before.

해석

W: 내 머리스타일 어때?
M: 음.. 솔직하길 원해?
W: 응. 마음에 안 들어?
M: _______________________

(a) 물론, 마음에 안 들어.
(b) 아니야, 너의 머리 스타일은 최악이라고 생각해.
(c) 아니야, 너의 머리는 너무 짧아.
(d) 응, 전에 더 괜찮았어.

[Joseph's Solution]

Don't you를 이용한 부정의문문으로 머리 스타일에 대한 의견을 묻고 있다. 마음에 들면 Yes로 대답하고, 마음에 들지 않으면 No라고 답해야 한다. 따라서 (d)가 정답이다. (b), (c)는 No라고 대답해야 내용상 옳다. (a)는 Of course not으로 대답해야 한다.

[필수어휘]

frank a. 솔직한, 노골적인
hairdo n. 머리모양, 헤어스타일
guess v. 추측하다, 추측되다
looked better 좋아 보이다

정답 (d)

Dictation Practice

1. rather go to the movie theater / watch a movie at home / I'll let you decide. 2. work late tonight / join us to see a movie 3. Should we pack lunch / I made an arrangement 4. I enjoy painting / Which do you prefer / I tend to work better 5. What can I do for you today? / Either one would be fine. 6. which bus goes to the airport / Which one is faster? / follow the same route 7. take you out for dinner tonight / Whichever choice you make

Answer Keys

Part I 1. (d) 2. (d) 3. (b) 4. (c) 5. (c) 6. (a) 7. (b) 8. (d)

Part II 9. (c) 10. (b) 11. (b) 12. (c) 13. (b) 14. (d) 15. (a)

1.

M: Would you rather go to the movie theater or watch a movie at home next Friday?
W: ______________________

(a) Yes, I am free next Friday.
(b) Not at all, go ahead.
(c) Sure, I'd love to act in a movie.
(d) Well, It's up to you. I'll let you decide.

해석
M: 다음 주 금요일에 영화 극장으로 갈래, 아니면 집에서 영화 볼래?
W: ______________________

(a) 응, 다음 주 금요일에 한가해.
(b) 아니야, 어서해.
(c) 물론이야, 난 영화 속에서 연기하는 거 너무 좋아.
(d) 글쎄, 너 마음대로 해. 네가 정하게 해줄게.

[Joseph's Solution]
or을 이용한 선택의문문이다. 집에서 영화를 볼지, 영화관에 갈지 묻고 있다. 일반적으로 선택의문문은 Yes/No로 대답하지 않는다. 따라서 '네가 알아서 결정하라'고 말한 (d)가 내용상 정답이다.

[필수어휘]
be up to ~ ~에게 달려 있다, ~마음대로 하다

rather adv. 오히려, 차라리
free a. 자유로운, 한가한
decide v. 결정하다, 결심하다
let v. (~하게)두다, 허락하다

정답 **(d)**

2.

M: I'd like to buy some sugar. Do you sell by the kilogram or by the pound?
W: ______________________

(a) Yes, but there's an additional charge.
(b) Yes, we sell by the kilogram.
(c) No, we sell it by the pound.
(d) By the pound.

해석
M: 설탕을 좀 사고 싶은데요. 킬로그램 단위로 파나요, 아니면 파운드 단위로 파나요?
W: ______________________

(a) 네, 그렇지만 추가 비용이 있어요.
(b) 네, 저희는 킬로그램으로 판매합니다.
(c) 아니요, 저희는 파운드로 판매합니다.
(d) 파운드 단위로요.

[Joseph's Solution]
or을 이용한 선택의문문이며, 파운드 단위로 판매하는지 또는 킬로그램 단위로 판매하는지 묻고 있다. We sell이 생략되어 파운드당 판매한다는 (d)가 정답이며, (a), (b), (c)는 Yes/ No로 먼저 대답하여 정답이 될 수 없다.

[필수어휘]
additional a. 추가의
charge n. 요금
sell it by the pound 파운드로 팔다

sell by the kilogram 킬로그램으로 팔다

정답 **(d)**

3.

M: Do you have to work late tonight, or can you join
 us to see a movie?
W: ______________________

(a) I also enjoyed the movie.
(b) Sorry, I just have too much work to do.
(c) She is a very busy woman.
(d) No, I didn't have to work late last night.

해석
M: 오늘 밤 야근해야 하나요, 아니면 영화 보러 같이 갈 수 있나요?
W: ______________________

(a) 저 또한 영화를 즐겼어요.
(b) 미안하지만 해야 할 일이 너무 많아요.
(c) 그녀는 너무 바쁜 여자입니다.
(d) 아니요, 어제 밤에 야근할 필요가 없었어요.

[Joseph's Solution]
야근할지 영화 보러 갈지를 선택하는 문제이다. 따라서 '할 일이 많
다'는 말을 통해 우회적으로 야근할 것을 표현한 (b)가 적절하다.
(a)는 movie로, (c)는 busy를 통해 혼동을 주는 오답지이다.

[필수어휘]
work late 야근하다
join v. 합류하다, 합쳐지다
enjoy v. 즐기다, 즐거운 시간을 보내다
busy a. 바쁜

정답 **(b)**

4.

W: Would you like tea or coffee?
M: ______________________

(a) This coffee is too strong.
(b) Tea is good for health.
(c) Do you actually have Coke?
(d) It's up to you.

해석
W: 차를 드시겠어요, 커피 드시겠어요?
M: ______________________

(a) 이 커피는 너무 진해요.
(b) 차는 건강에 좋아요.
(c) 실은 당신 콜라 있어요?
(d) 당신에게 달려 있지요.

[Joseph's Solution]
차를 좋아하는지, 커피를 좋아하는지 묻는 선택의문문이다. 'like'로
표현했지만 사실은 어떤 것을 마시겠냐는 의미이며, 질문의 대답으
로 차나 커피 중 선택해야하는 것이 일반적이지만, '콜라 있느냐'는
질문을 통해 차나 커피가 아닌 콜라를 마시겠다는 의미를 표현하고
있는 (c)가 대답으로 적절하다.

[필수어휘]
strong a. 진한
good for health 건강에 좋은(= healthy)
actually adv. 실제로, 정말로
be up to someone ~가(결정할) 일이다

정답 **(c)**

5.

W: Do you want to go to the movies or play soccer
 next Monday?
M: ______________________

(a) Yes, I am free next Monday.
(b) Seeing a film is one of my favorites.
(c) I feel like watching a movie.
(d) Yes, I'd like to play hockey.

해석
W: 다음 주 월요일에 영화 보러 갈래, 아니면 축구하러 갈래?
M: ______________________

(a) 그래, 다음 주 월요일에 시간 돼.
(b) 영화 보는 일은 내가 가장 좋아하는 것 중 하나야.
(c) 나는 영화보고 싶은데.
(d) 그래, 나는 하키하고 싶어.

[Joseph's Solution]
영화를 보러 갈지, 축구를 할지 선택하는 문제이다. 따라서 영화 보러
가고 싶다고 말한 (c)가 대답으로 가장 자연스럽다. (b) 영화를 보러가
는 일을 좋아한다는 말은 질문에 대한 직접적인 대답이 아니다.

[필수어휘]
play hockey 하키경기를 하다
free a. 한가한, 자유로운
favorite n. 좋아하는 것
feel like ~을 하고 싶다

정답 **(c)**

6.

W: Would you rather pick up your order or should I
 mail it to your office?
M: ______________________

(a) I'll stop by around noon.
(b) I'll look it up in the address book.

(c) Just pick me up at seven.
(d) I can check my e-mail at my office.

[해석]
W: 주문하신 것을 가져가시겠어요, 아니면 사무실로 우편 배송할까요?
M: _______________________________

(a) 12시 경에 들릴게요.
(b) 주소록에서 찾아볼게요.
(c) 7시에 저를 태우러 오세요.
(d) 사무실에서 이메일을 확인할 수 있어요.

[Joseph's Solution]
Would you rather~를 이용하여 주문한 것을 직접 가져갈 것인지, 아니면 우편 배송해야할지 묻고 있다. '정오경에 방문하겠다'는 말은 그때 방문하여 직접 가져갈 것임을 우회적으로 표현하고 있는 것이다. 따라서 남자의 대답으로 (a)가 적절하다. (c)의 pick up은 '~를 태워주다'라는 뜻으로 여자 말의 pick up과 의미가 다르다.

[필수어휘]
pick up ~을 집다[들어 올리다]
mail v. (우편으로) 보내다[부치다], 우편물을 발송하다
stop by 잠시 들리다
look up 찾아보다
address book 주소록

정답 **(a)**

7.

M: Would you prefer to see Harry Potter or Avatar?
W: _______________________________

(a) Yes, let's do that.
(b) Either one.
(c) Sure, what time?
(d) I preferred Avatar.

[해석]
M: 해리포터를 보고 싶어요, 아니면 아바타를 보고 싶어요?
W: _______________________________

(a) 네, 그것을 합시다.
(b) 어느 것이든 상관없어요.
(c) 좋아요, 몇 시요?
(d) 나는 아바타를 좋아했어요.

[Joseph's Solution]
'prefer A or B'라는 문형을 통해 보고 싶은 영화를 선택하는 문제이다. 둘 중 하나를 꼽지는 않았으나 (b)Either one은 'I don't mind either one.(전 어느 것이든 상관없어요.)'를 줄인 말로 둘 다 좋다는 말을 우회적으로 표현한 것이다. 따라서 정답은 (b)이다. (d)는 아바타를 언급했지만 과거 시제로 대답했기 때문에 적절하지 않다.

[필수어휘]

prefer v. 더 좋아하다, 선호하다
either n. 어느 하나

정답 **(b)**

8.

M: Should we pack lunch or eat out tomorrow?
W: _______________________________

(a) I carry a brown bag everyday.
(b) What would you like to have for lunch?
(c) Let's meet at the Thai restaurant this afternoon.
(d) I made an arrangement to have it delivered.

[해석]
M: 내일 도시락을 싸야 해, 아니면 나가서 먹어야 해?
W: _______________________________

(a) 나는 매일 도시락을 싸 가.
(b) 점심으로 무엇을 먹고 싶어?
(c) 오늘 오후에 태국 음식점에서 만나자.
(d) 나는 점심을 배달시키기로 했어.

[Joseph's Solution]
도시락을 싸와야 하는지 외식해야 하는지 묻고 있다. (d)의 '점심을 배달해주기로 되어 있다'는 말은 도시락을 싸지도, 외식을 하지 않아도 된다는 의미를 우회적으로 표현한 것이다. 따라서 여자의 대답으로 적절한 것은 (d)이다.

[필수어휘]
pack lunch 도시락을 싸다
brown bag 갈색 종이봉투(에 점심을 싸가다)
eat out 외식하다
carry v. 들고다니다, 나르다
arrangement n. 준비, 마련

정답 **(d)**

9.

M: Should I hire Sally, or should I interview more applicants?
W: _______________________________

(a) She has much more than that.
(b) You can pick up an application with the receptionist.
(c) Sally is perfect for the job.
(d) We had more applicants last year.

[해석]
M: Sally를 고용해야 할까요, 아니면 더 많은 지원자를 면접봐야 할까요?
W: _______________________________

(a) 그녀는 그보다 훨씬 더 많은 것을 가지고 있어요.
(b) 접수 담당자와 함께 지원서를 가져올 수 있어요.
(c) Sally는 그 일자리에 완벽해요.
(d) 우리는 지난 해 더 많은 지원자가 있었어요.

[Joseph's Solution]
Sally를 고용할지, 면접을 더 해야 할지 선택하는 문제이다. (c)의 Sally가 그 일자리에 완벽하다는 말은 Sally를 고용하자는 의견을 우회적으로 표현한 것이므로 여자의 대답으로 적절하다. (b)는 application을, (d)는 applicant을 이용하여 혼동을 주는 오답지이다.

[필수어휘]
applicant n. 지원자
application n. 지원[신청](서)
receptionist n. 접수 담당자
hire v. 고용하다, 쓰다
pick up 고르다

정답 **(c)**

10.

M: What do you usually do in your free time?
W: I enjoy painting, especially landscapes.
M: Which do you prefer, oil or acrylic?
W: ________________________

(a) I like portraits.
(b) I tend to work better with the acrylic.
(c) I enjoy painting a lot, but I prefer listening to music.
(d) I paint in my leisure time.

해석
M: 여가 시간에는 주로 무엇을 하세요?
W: 저는 그림 그리기, 특히 풍경화 그리기를 즐깁니다.
M: 유화를 좋아하세요, 아니면 아크릴화를 좋아하세요?
W: ________________________

(a) 저는 초상화를 좋아해요.
(b) 저는 아크릴로 작업을 더 잘하는 편이에요.
(c) 저는 그림 그리기를 많이 좋아하지만, 음악 듣는 것을 더 좋아해요.
(d) 저는 여가 시간에 그림을 그려요.

[Joseph's Solution]
유화 또는 아크릴화 중 무엇을 선호하는지 묻고 있다. 따라서 '아크릴 화로 작업을 더 잘 한다'는 말을 통해 간접적으로 아크릴화를 선호한다는 것을 표현하고 있는 (b)가 적절한 대답이다.

[필수어휘]
landscape n. 풍경(화)
portrait n. 초상화, 인물 사진
acrylic n. 아크릴(페인트)
tend v. ~하는 경향이 있다
leisure n. 여가

정답 **(b)**

11.

W: Martin, why not have dinner with me tonight?
M: Great! Let's have something delicious.
W: Which one would you like to have, Chinese or Italian food?
M: ________________________

(a) Why do you suggest those?
(b) I'm fine with whichever you want.
(c) Thanks. I'll have Korean.
(d) No, I don't like Chinese food. It's too greasy.

해석
W: Martin, 오늘 밤 나와 저녁 같이 먹는 게 어때요?
M: 좋아요! 맛있는 것으로 먹읍시다.
W: 어떤 것을 먹고 싶어요, 중국음식 아니면 이탈리아음식?
M: ________________________

(a) 왜 저한테 그런 것을 제안하는 거예요?
(b) 당신이 원하는 것은 무엇이든지 괜찮아요.
(c) 감사합니다. 저는 한국음식을 먹겠어요.
(d) 아니요, 저는 중국음식을 좋아하지 않아요. 너무 기름져요.

[Joseph's Solution]
중국음식과 이탈리아 음식 중 먹고 싶은 것을 묻고 있다. 둘 중 하나를 선택하지는 않았지만, 어떤 것이든 괜찮다고 하는 (b)가 남자의 대답으로 가장 자연스럽다. (d) 중국음식을 싫어한다는 말은 내용상 자연스럽지만 No라고 대답했기 때문에 답이 될 수 없다.

[필수어휘]
greasy a. 기름투성이의, 기름이 많이 묻은
delicious a. 아주 맛있는
suggest v. 제안하다, 제시하다
fine a. 괜찮은, 좋은

정답 **(b)**

12.

W: What can I do for you today?
M: I need a new shirt.
W: All right. Which one do you prefer, blue or gray?
M: ________________________

(a) Suit yourself.
(b) I'm not sure I need help.
(c) Either one would be fine.
(d) It's a good thing you're still open.

해석
W: 오늘 무엇을 도와 드릴까요?
M: 새 셔츠가 필요해요.
W: 좋습니다. 어느 쪽을 더 좋아하시나요, 파란색이요 아니면 갈색

이요?
M: _______________________________

(a) 좋을 대로 하세요.
(b) 제가 도움이 필요한지 모르겠네요.
(c) 어떤 것이든 괜찮아요.
(d) 아직 문을 열고 계시니 좋네요.

[Joseph's Solution]
Which를 이용하여 blue shirt와 gray shirt 중 선택하는 질문이다. 둘 중 하나를 택하지는 않았지만 '어떤 것이든 괜찮다'는 (c)가 남자의 대답으로 적절하다. either는 현재 한정대명사로 '둘 중 어느 하나'라는 의미이며, shirt를 받는 one을 수식하고 있다. 남자는 손님이므로 점원의 마음대로 하라는 (a)는 상황상 옳지 않다.

[필수어휘]
either n. a. (둘 중) 어느 하나(의)
prefer v. 선호하다, ~을 좋아하다
need v. 필요로 하다
fine a. 괜찮은, 좋은

정답 **(c)**

13.

M: Sarah, do you happen to know which bus goes to the airport?
W: You can take either the number 5, or the number 12.
M: Which one is faster?
W: _______________________________

(a) Every 10 or 15 minutes.
(b) They follow the same route.
(c) The fare is 50 cents.
(d) Yes, but the subway is faster.

해석
M: Sarah, 어느 버스가 공항으로 가는지 알고 있니?
W: 5번이나 12번 어느 것이든 타면 돼.
M: 어느 쪽이 더 빨라?
W: _______________________________

(a) 10분이나 15분마다.
(b) 둘 다 같은 노선으로 가.
(c) 요금은 50 센트야.
(d) 그래, 그렇지만 지하철이 더 빨라.

[Joseph's Solution]
5번 버스와 12번 버스 중 공항으로 더 빨리 가는 것을 묻는 질문이다. 둘 중 하나를 선택하지 않았지만, '같은 노선으로 간다'라는 말을 통해 둘 다 걸리는 시간은 똑같다는 의미를 우회적으로 표현한 (b)가 여자의 대답으로 적절하다. (a)는 'How often do they come?'에 대하여 자연스러운 대답이다.

[필수어휘]

follow v. 따라가다[오다]
route n. (버스 · 기차 · 수송품 등의) 노선
fare n. 요금
fast a. 빠른

정답 **(b)**

14.

W: I'd love to take you out for dinner tonight, Ben.
M: Sure. Do you have a restaurant in mind?
W: Well, do you feel like Italian, Mexican or Greek?
M: _______________________________

(a) Thank you, I'll have Chinese.
(b) No, I don't like Thai. It's too spicy for me.
(c) Why do you suggest that?
(d) Whichever choice you make, I'll let you decide.

해석
W: Ben, 오늘 밤 저녁 먹으러 너를 데려가고 싶어.
M: 좋아. 염두에 두고 있는 레스토랑이 있니?
W: 글쎄, 이탈리아 음식, 멕시코 음식, 그리스 음식 중 먹고 싶은 있어?
M: _______________________________

(a) 고마워, 나는 중국음식을 먹을게.
(b) 아니, 태국음식을 좋아하지 않아. 나한테는 너무 매워.
(c) 왜 그것을 제안하니?
(d) 네가 어떤 결정을 하든, 네가 정하도록 해줄게.

[Joseph's Solution]
이탈리아, 멕시코, 그리스 음식 중 선택하도록 하는 질문이다. 어느 하나를 택하지는 않았으나 의미상 '어떤 것도 상관없으니 네가 결정하라'고 말하고 있는 (d)가 가장 자연스럽다. 둘이상의 선택일 경우에도 나열한 명사의 마지막 단어나 구 또는 문장 앞에 or을 사용하면 된다는 것을 알아두자.

[필수어휘]
have in mind ~을 염두에 두다[생각하다]
feel like ~하고 싶다
spicy a. 양념 맛이 강한
take somebody out ~를 데리고 나가 대접하다
suggest v. 제안하다, 제시하다

정답 **(d)**

15.

W: What type of car are you looking for?
M: There will be 6 people, so I'd like to rent at least a minivan.
W: Which do you prefer, a manual or an automatic?
M: _______________________________

(a) Either will be fine.

(b) I don't want both of them.
(c) How much is it?
(d) A minivan is preferable.

W: 어떤 종류의 자동차를 찾고 계시나요?
M: 6명이 탈거라, 최소 미니밴으로 임대하고 싶어요.
W: 수동 기어 변속과 자동 기어 변속 중 어느 것이 좋으세요?
M: ＿＿＿＿＿＿＿＿＿＿＿＿＿＿＿＿＿＿

(a) 어느 것이든 괜찮아요.
(b) 전 둘 다 싫은데요.
(c) 얼마인데요?
(d) 미니 밴이 좋아요.

[Joseph's Solution]
수동이나 자동 기어변속 중 어떤 것을 더 선호하는지 묻고 있다. 둘 중 하나를 선택하지는 않았지만 '어떤 것이든 괜찮다'는 (a)가 내용상 가장 적절한 대답이다. (b)의 수동이나 자동밖에 없는 상황에서 '둘 다 싫다'는 것은 상식적으로 적절한 대답이 될 수 없다.

[필수어휘]
preferable a. 더 좋은, 나은
look for 찾다
at least 최소한, 적어도
manual a. 수동의
automatic a. 자동의

정답 (a)

Dictation Practice

1. who you will vote for / made up my mind yet 2. how to turn on this copy machine / if you push the red button 3. this heavy rain will let up / have to cancel our field trip 4. When is your wife expecting? / the doctor said it's a boy 5. learn to kick the ball like that / I used to be a soccer player / enjoy playing baseball on Sundays 6. go away on vacation this summer / in the beginning of August / I would really appreciate it. 7. getting married next month / making all the reservations / Do you need any help? / promised to do it for us

Answer Keys

Part I 1. (a) 2. (c) 3. (b) 4. (a) 5. (c) 6. (c)
7. (d) 8. (b)

Part II 9. (d) 10. (b) 11. (a) 12. (d) 13. (d)
14. (c) 15. (d)

1.

M: Have you decided who you will vote for?
W: ____________________

(a) I haven't made up my mind yet.
(b) Do you have a candidate in mind?
(c) Yes, I have. I can't decide who to vote for.
(d) Don't tell me who I should vote for.

해석
M: 누굴 투표할지 정했어?
W: ____________________

(a) 아직 마음을 정하지 않았어.
(b) 마음에 정해둔 후보자가 있니?
(c) 응, 했어. 누구를 뽑을지 결정할 수가 없어.
(d) 내게 누굴 뽑아야 할지 말하지 마.

[Joseph's Solution]
'Have you decided'와 'Who will you vote for?'가 연결된 간접의문문으로, 선거에서 누구를 뽑을지 정했는지 묻고 있다. 따라서 '아직 결정하지 못했다'는 (a)가 여자의 대답으로 가장 자연스럽다. (b)는 남자가 이어서 묻기에 적절한 내용이다.

[필수어휘]
vote for ~ ~에 투표하다

make up one's mind ~ 결심하다, 정하다
candidate n. 입후보자, 출마자
decide v. 결정하다, 결심하다
have somdbody in mind ~를 염두에 두다

정답 (a)

2.

M: Do you know how to turn on this copy machine?
W: ____________________

(a) Yes, I can. I know how to use the coffee maker.
(b) I'd like a copy of it.
(c) It'll be turned on if you push the red button on the panel.
(d) I am done using the copying machine.

해석
M: 이 복사기를 어떻게 켜는지 알아?
W: ____________________

(a) 응, 난 할 수 있어. 커피 메이커를 사용하는 법을 알고 있어.
(b) 난 그거 복사본을 원해.
(c) 판넬 위에 있는 붉은색 버튼을 누르면 켜질 거야.
(d) 복사기 사용하는 것을 끝냈어.

[Joseph's Solution]
'Do you know?'와 How to절(~하는 방법)이 연결된 간접의문문이다. '복사기 켜는 법을 아냐'고 묻고 있으므로 '빨간 버튼을 눌러라'고 세부적으로 설명하는 (c)가 여자의 대답으로 가장 적절하다. (b)의 copy는 '복사판, 복사'의 내용으로, 남자 말의 copy machine과 관련하여 혼동을 주는 오답이다.

[필수어휘]
panel n. 판, 금속판
turn on ~을 켜다

copy n. 복사본, 한 부
spush v. 누르다, 밀다
panel n. 판

정답 **(c)**

3.

W: Do you have a room for four?
M: ＿＿＿＿＿＿＿＿＿＿＿＿＿

(a) Sure, How would you like it?
(b) Of course, this way please.
(c) Yes, we have the most rooms in this
    neighborhood.
(d) Can you take me there?

해석
W: 4인용 자리 있나요??
M: ＿＿＿＿＿＿＿＿＿＿＿＿＿

(a) 물론이에요. 어떻게 해드릴까요?
(b) 물론입니다. 이쪽으로 오세요.
(c) 네, 저희는 근처에 대부분의 방을 소유하고 있습니다.
(d) 저를 그곳에 데려가 줄 수 있어요?

[Joseph's Solution]
대화의 내용으로 보아 식당에서 4인용 좌석이 있는지 묻고 있는 상
황이다. 따라서 'Of course'라는 긍정의 말과 함께, 안내하고 있는
(b)가 남자의 대답으로 가장 자연스럽다. (c)는 room을 반복 언급함
으로써 혼동을 주는 오답이다.

[필수어휘]
neighborhood n. 근처, 인근, 이웃
room n. 자리, 방

정답 **(b)**

4.

W: Do you work in this shop?
M: ＿＿＿＿＿＿＿＿＿＿＿＿＿

(a) Yes. May I help you?
(b) Yes, I go for a walk everyday.
(c) Yes, it's working fine.
(d) Yes, I am just looking around.

해석
W: 이 가게에서 일하나요?
M: ＿＿＿＿＿＿＿＿＿＿＿＿＿

(a) 네. 무엇을 도와 드릴까요?
(b) 네, 매일 산책합니다.
(c) 네, 그것은 잘 작동됩니다.
(d) 네, 저는 그저 둘러보고 있는 중이에요.

[Joseph's Solution]
가게에서 일하고 있는지 묻고 있다. 따라서 'Yes'라는 긍정의 말
과 함께 직원으로서 '무엇을 도와 드릴까요?'라고 묻는 (a)가 남자
의 대답으로 적절하다. (c)의 work는 '작동하다'라는 의미로 여자의
work(일하다)와 다른 뜻을 지니고 있으므로 주의하도록 한다.

[필수어휘]
go for a walk 산책가다
work v. 작동되다
fine adv. 잘, 괜찮게
look around 둘러보다

정답 **(a)**

5.

W: Do you have any brothers or sisters?
M: ＿＿＿＿＿＿＿＿＿＿＿＿＿

(a) I spent a lot of time with them when I was young.
(b) They don't resemble me at all.
(c) No, I'm the only child.
(d) No, I have 3 brothers and 2 sisters.

해석
W: 남자형제나 여자형제 있어요?
M: ＿＿＿＿＿＿＿＿＿＿＿＿＿

(a) 어렸을 때 그들과 많은 시간을 보냈어요.
(b) 그들은 나를 전혀 닮지 않았어요.
(c) 아니요, 전 외동이에요.
(d) 아니요, 저는 3명의 남자 형제와 2명의 누이가 있어요.

[Joseph's Solution]
여자는 남자에게 형제자매가 있는지 묻고 있다. 형제나 자매가 있다
고 말한 것은 아니지만, 자신이 외동이라고 대답하고 있는 (c)가 남
자의 대답으로 적절하다. (d)는 No라는 부정어 뒤에 형제자매가 있
다고 말하고 있으므로 내용상 Yes로 답해야 한다.

[필수어휘]
resemble v. 닮다
spent v. 보내다
only child 외동
(not) at all 전혀

정답 **(c)**

6.

W: Do you think this heavy rain will let up this
    afternoon?
M: ＿＿＿＿＿＿＿＿＿＿＿＿＿

(a) I'm pretty confident it'll rain this afternoon.
(b) Well, I can give it a shot, anyway.
(c) Yeah, or we'll have to cancel our field trip.

(d) Yes, we should save the money for the rainy days

해석
W: 이 폭우가 오늘 오후에 누그러질 거라고 생각해요?
M: ＿＿＿＿＿＿＿＿＿＿＿＿＿＿＿＿

(a) 오후에 비가 올 거라고 매우 확신해요.
(b) 글쎄요, 어쨌거나 시도해볼 수 있어요.
(c) 네, 아니면 우리의 현장학습을 취소해야 할 거에요.
(d) 네, 우리는 만일을 대비하여 돈을 저금해 두어야 해요.

[Joseph's Solution]
오후에 비가 그칠 것 같은지 남자에게 묻고 있다. 따라서 Yeah라는 긍정의 말 뒤에 '비가 그치지 않으면 현장실습을 취소해야할 것이다'라고 말하고 있는 (c)가 남자의 대답으로 가장 적절하다. (d) for the rainy days는 '만일을 대비하여'라는 숙어이며, rain(비)이라는 의미와 직접적인 관계가 없는 표현이므로 주의하도록 한다.

[필수어휘]
let up (강도가) 약해지다[누그러지다]
confident a. (전적으로) 확신하는
give it a shot 시도하다
field trip 현장학습, 견학
for the rainy days(= for a rainy day) 만일의 경우에 대비하여

정답 (c)

7.

W: Does this coffee machine come in black, too?
M: ＿＿＿＿＿＿＿＿＿＿＿＿＿＿

(a) I thought you enjoy your coffee black.
(b) Copy machines are not usually in black.
(c) The design looks good, but I don't like the color.
(d) I'm afraid it only comes in one color.

해석
W: 이 커피 기계가 검은 색으로도 나오나요?
M: ＿＿＿＿＿＿＿＿＿＿＿＿＿＿＿＿

(a) 나는 당신이 커피를 블랙으로 즐긴다고 생각했어요.
(b) 복사기들은 보통 검정색이 아니에요.
(c) 그 디자인은 좋아 보이지만 나는 그 색이 좋지 않아요.
(d) 그것은 한 색으로만 나온다고 생각합니다.

[Joseph's Solution]
커피 기계가 검은 색으로도 나오는지 묻고 있다. 따라서 I'm afraid와 함께 '한 색으로만 나온다'고 대답하고 있는 (d)가 가장 자연스럽다. (a)는 커피의 종류인 블랙커피를 말하고 있고, (b)는 coffee machine의 유사한 발음인 copy machine을 통해 혼동을 주고 있다.

[필수어휘]
in (색깔) prep. (~색)의, (~색)으로
enjoy v. 즐기다, 누리다
usually adv. 보통, 대개

design n. 디자인, 설계
I'm afraid~ (유감이지만) ~라고 생각한다

정답 (d)

8.

W: Do you have a seat available at the front?
M: ＿＿＿＿＿＿＿＿＿＿＿＿＿＿

(a) Sure, where do you want to sit?
(b) Of course, this way, please.
(c) It's on the front desk.
(d) Do you have any seating preference?

해석
W: 앞쪽에 한 좌석 가능할까요?
M: ＿＿＿＿＿＿＿＿＿＿＿＿＿＿＿＿

(a) 물론입니다, 어디에 앉고 싶으세요?
(b) 물론이에요, 이쪽으로 오세요.
(c) 그것은 안내데스크에 위에 있어요.
(d) 선호하는 좌석이 있으세요?

[Joseph's Solution]
앞쪽에 있는 좌석 1개가 가능할지 여부를 묻고 있으므로 'Of course'라는 적극적인 긍정의 대답과 함께 이쪽으로 오라고 좌석을 안내하고 있는 (b)가 남자의 대답으로 적절하다. 이미 앞쪽 좌석을 요청하고 있으므로, 선호하는 좌석을 묻는 (d)는 내용상 자연스러운 대답이 아니다.

[필수어휘]
front desk 안내 데스크
seating preference 선호하는 좌석
available a. 이용할 수 있는
sit v. 앉다

정답 (b)

9.

W: When is your wife expecting?
M: In June, according to the doctor.
W: Do you know the sex of the baby?
M: ＿＿＿＿＿＿＿＿＿＿＿＿＿＿

(a) Babies are babies.
(b) You should know better than this.
(c) It would be impossible to see the sex of unborn babies without sonograms.
(d) Yes, the doctor said it's a boy.

해석
W: 아내가 언제 출산 예정이에요?
M: 의사 선생님 말씀으로는 7월이요.
W: 아이의 성별을 알아요?

M: _______________________________

(a) 아기는 아기죠.
(b) 당신은 이보다는 더 잘 알아야 해요.
(c) 초음파를 이용한 검사도 없이 태어나지 않은 아이의 성별을 아는 것은 불가능해요.
(d) 네, 의사 선생님이 남자 아이래요.

[Joseph's Solution]
여자는 남자에게 임신 중인 아이의 성별을 알고 있는지 묻고 있다. 따라서 의사 선생님 말에 따르면 남자아이라고 말하고 있는 (d)가 대답으로 적절하다.

[필수어휘]
unborn a. 아직 태어나지 않은, 태중의
sonogram n. 초음파를 이용한 검사도
be expecting 임신중이다, 출산이 멀지않다
impossible a. 불가능한

정답 (d)

10.

W: This credit card seems to have expired.
M: Are you sure?
W: Yes. Do you have another?
M: _______________________________

(a) Sure, here is my business card.
(b) Yes, here it is.
(c) I don't usually pay by credit card.
(d) Sorry, I left my wallet at home.

해석
W: 이 신용카드는 만기가 된 것 같은데요.
M: 확실해요?
W: 네. 다른 것 있으세요?
M: _______________________________

(a) 물론입니다, 여기에 제 명함입니다.
(b) 네, 여기 있습니다.
(c) 저는 보통 신용카드로 지불하지 않습니다.
(d) 죄송합니다만, 집에 지갑을 두고 왔어요.

[Joseph's Solution]
여자는 신용카드가 만기되었다고 하면서 다른 신용카드가 있는지 묻고 있다. 따라서 Yes라는 긍정의 말과 함께 'Here it is(여기 있다)'라고 대답하고 있는 (b)가 적절하다. '지갑을 두고 왔다'는 (d)는 이미 신용카드를 남자가 여자에게 준 상태이므로 상황상 옳지 않다.

[필수어휘]
expire v. 만기되다
business card 명함
usually adv. 대개, 보통
leave v. 두고오다, 남기다
wallet n. 지갑

정답 (b)

11.

M: Wow, where did you learn to kick the ball like that?
W: I used to be a soccer player in high school.
M: Really? Do you happen to play any other sports?
W: _______________________________

(a) Yes, I also enjoy playing baseball on Sundays.
(b) I'm not really into sports.
(c) Yes, I can only play soccer.
(d) That's how I enjoy sports.

해석
M: 와, 그렇게 공차는 거 어디서 배웠어?
W: 고등학교에서 축구 선수였어.
M: 정말? 다른 운동도 하니?
W: _______________________________

(a) 응, 일요일마다 야구 하는 것도 즐기고 있어.
(b) 나는 운동을 그다지 좋아하지 않아.
(c) 그래, 나는 축구만 할 수 있어.
(d) 그게 바로 내가 운동을 즐기는 방법이야.

[Joseph's Solution]
남자는 여자에게 축구 이외에 하는 운동이 있는지 묻고 있다. 따라서 Yes라는 긍정의 말 뒤에 '일요일마다 야구한다'고 이야기하고 있는 (a)가 적절한 대답이다. (c)는 내용상 No가 와야 한다.

[필수어휘]
be into ~ ~를 좋아하다, ~에 관심이 있다
learn v. 배우다, 익히다
happen to ~에게 일어나다, 생기다
enjoy v. 즐기다, 누리다

정답 (a)

12.

W: I wonder how much it will cost to have my car repaired.
M: Labor will cost approximately 300 dollars and parts 200 dollars.
W: Do you think it's worth while to spend that much on fixing this car?
M: _______________________________

(a) Let me help you fix it.
(b) It doesn't matter how much it will cost to fix.
(c) No, I don't. I don't think it's a waste of money.
(d) It's up to you to decide. It's your car.

해석
W: 제 차를 수리하는 데 얼마나 비용이 들지 궁금합니다.
M: 인건비는 약 300달러이고 부품은 200달러의 비용이 들 것입니다.

W: 이 차를 수리하는 데 그렇게 많은 돈이 들만큼 가치가 있다고 생
　각하세요?
M: _______________________________

(a) 수리하는 데 도와드리게 해주세요.
(b) 수리하는데 얼마의 비용이 드는지는 중요하지 않아요.
(c) 아니요. 저는 그것이 돈 낭비라고 생각하지 않습니다.
(d) 결정하시는 것은 손님께 달려있습니다. 손님의 차니까요.

[Joseph's Solution]
여자가 자신의 자동차가 큰 비용을 주고 수리할 만한 가치가 있는지
정비소의 직원에게 묻고 있다. '가치가 있다 또는 없다'로 말하는 대신
결정은 손님의 몫이라고 판단을 보류하는 (d)가 남자의 대답으로 가
장 자연스럽다. (a)와 (b)는 repair의 유사한 동사인 fix를 사용하여 혼
동을 주고 있다.

[필수어휘]
repair v. 수리하다
labor n. 노동 , 근로
approximately adv. 약, 대략
worthwhile a. 가치있는, 보람있는
waste of money 돈 낭비인

정답 **(d)**

13.

M: Do you ever take the subway to school?
W: Yes, I do.
M: Every day?
W: _______________________

(a) No, I used to drive a car to school.
(b) Yes, only when the weather is poor.
(c) No, I don't like taking the subway.
(d) No, only when the traffic is bumper to bumper.

해석
M: 학교까지 지하철을 타고 가니?
W: 네.
M: 매일?
W: _______________________________

(a) 아니요, 학교로 자동차를 운전해 가곤 했어요.
(b) 네, 날씨가 좋지 않을 때 만이요.
(c) 아니요, 나는 지하철 타는 것을 좋아하지 않아요.
(d) 아니요, 교통체증이 심할 때 만이요.

[Joseph's Solution]
남자는 여자에게 매일 지하철을 타는지 묻고 있다. 따라서 'No'라는
부정의 말과 함께 교통체증이 심할 때만 탄다고 이야기하고 있는 (d)
가 대답으로 가장 적절하다. (b)는 날씨가 좋지 않을 때만 탄다는 내용
과 함께 Yes라는 긍정은 자연스럽지 않다.

[필수어휘]
poor a. (질적으로) 좋지 못한

used to ~하곤 했다
weather n. 날씨
traffic n. 교통
bumper to bumper (교통이) 정체된

정답 **(d)**

14.

M: When are you planning to go away on vacation
　this summer?
W: Probably in the beginning of August.
M: Do you want me to take care of your plants then?
W: _______________________

(a) I water my plants every afternoon.
(b) I want to be a botanist someday.
(c) Yes, I would really appreciate it.
(d) Plants should be watered as frequently as
　possible.

해석
M: 이번 여름휴가에 언제 떠나실 계획이세요?
W: 아마도 8월 초예요.
M: 그때 제가 당신의 식물들을 돌봐주길 원하세요?
W: _______________________________

(a) 나는 매일 오후에 식물들에게 물을 줍니다.
(b) 나는 언젠가 식물학자가 되고 싶어요.
(c) 네, 정말 감사드릴게요.
(d) 식물들은 가능한 한 자주 물을 줘야 해요..

[Joseph's Solution]
여자의 휴가 기간 동안 그녀의 식물을 돌봐주기를 원하는지 묻고 있
으므로 이에 대한 대답으로 감사를 표현하고 있는 (c)가 자연스럽
다. (a)와 (d)는 plants를 반복 사용하여 오답을 유도하고 있다.

[필수어휘]
take care of 돌보다
botanist n. 식물학자
go way (사람 · 장소를)떠나가다
water v. 물을 주다
appreciate v. 감사하다

정답 **(c)**

15.

M: You're getting married next month, aren't you?
W: Yeah. I am quiet busy making all the reservations.
M: Did you find the photographer? Do you need any
　help?
W: _______________________

(a) Sorry, I don't mean to interrupt you.
(b) Thanks for your invitation.

(c) I am interested in taking wedding photos.

**(d) No thanks. A friend of mine promised to do it
for us.**

해석

M: 다음 달에 결혼하죠, 그렇지 않나요?

W: 네, 모든 예약을 하느라 너무 바빠요.

M: 사진사는 찾았어요? 도움이 필요해요?

W: _________________________________

(a) 죄송하지만, 당신을 방해할 의도는 아니었어요.

(b) 초대해주셔서 감사합니다.

(c) 저는 웨딩 사진을 촬영하는데 흥미가 있어요.

(d) 아니 괜찮아요. 제 친구 한명이 그 일을 해주기로 약속했어요.

[Joseph's Solution]

결혼식에서 사진사로서 도움이 필요한지 묻고 있으므로, 'No,
thanks'라는 고맙지만 사양한다는 말과 함께 '다른 친구가 도와주기
로 했다'고 설명하는 (d)가 자연스러운 대답이다.

[필수어휘]

reservation n. 예약

photographer n. 사진사

interrupt v. 방해하다

be interested in ~에 흥미가 있다

promise v. 약속하다

정답 **(d)**

Dictation Practice

1. any job openings posted / a couple of sales jobs 2. with your composition / I'm checking spelling and grammar 3. Is this your cell phone? 4. used to be until about a week ago 5. you have just missed it / another way to go there / Get off at the next stop 6. it's now 1:30 with only 20 minutes left / to finish putting on makeup / Don't bother. 7. How do you like your haircut? / Shall I trim the sides, too?

Answer Keys

Part I 1. (b) 2. (b) 3. (c) 4. (b) 5. (d) 6. (c) 7. (b) 8. (a)

Part II 9. (c) 10. (c) 11. (b) 12. (d) 13. (c) 14. (d) 15. (a)

1.

W: Are there any job openings posted on the Internet?
M: ______________________

(a) I don't want a menial sales position.
(b) There are only a couple of sales jobs.
(c) Well, we have some job openings in that area.
(d) It's a waste of time to browse the Internet every day.

해석
W: 인터넷에 게재된 일자리가 좀 있어?
M: ______________________

(a) 나는 하찮은 판매원 자리는 원하지 않아.
(b) 판매원 자리만 두어 개 있어.
(c) 음, 그 지역에 빈 일자리가 몇 개 있어.
(d) 매일 인터넷을 둘러보는 건 시간 낭비야.

[Joseph's Solution]
인터넷에 일자리가 있는지 묻고 있다. 따라서 '판매원 자리만 두어 개 있다'고 대답한 (b)가 가장 자연스럽다. 지역에 대한 언급은 없었으므로 (c) in that area라는 관련된 내용으로 혼동을 주는 오답지이다.

[필수어휘]
menial a. 하찮은, 천한
sales a. 영업의, 판매(상)의
browse v. 둘러보다, 인터넷을 돌아다니다
job opening 빈자리
a couple of 두서너 개
position n. 자리

정답 (b)

2.

M: Is this elevator going down?
W: ______________________

(a) Yes, You might want to take the elevator.
(b) No, it's going up.
(c) Yes, we're going up.
(d) Yes, this elevator sometimes breaks down.

해석
M: 이 엘리베이터 내려가나요?
W: ______________________

(a) 네, 그 엘리베이터를 타고 싶으실 거예요.
(b) 아니요, 올라갑니다.
(c) 네, 우리는 올라갑니다.
(d) 네, 이 엘리베이터는 가끔 고장 납니다.

[Joseph's Solution]
엘리베이터가 위로 올라가는지 묻고 있다. 따라서 'No'라는 부정의 말과 함께 '내려가고 있다'고 대답하고 있는 (b)가 가장 자연스럽다.

[필수어휘]
break down 고장 나다
go down 내려가다
sometimes adv. 때때로

정답 (b)

3.

M: Are you done with your composition?
W: _______________________

(a) Yes, I'll be done soon.
(b) Sorry, I can't make it today.
(c) Almost, I'm checking spelling and grammar.
(d) No, I'm not good at composition.

해석
M: 작문 다 했어?
W: _______________________

(a) 응, 곧 끝날 거야.
(b) 미안. 오늘 할 수 없어.
(c) 거의. 철자와 문법을 검토 중이야.
(d) 아니. 작문을 잘하지 못해.

[Joseph's Solution]
작문을 다했는지 묻고 있다. 따라서 'almost'라고 하며, 거의 다 했다고 말하면서 부가적으로 '철자와 문법을 검토하고 있다'고 대답하고 있는 (c)가 가장 적절한 대답이다. (b)는 '미안하다'는 대답이 남자의 질문에 어울리지 않으며, (d)는 composition을 반복 언급하여 혼동을 주고 있다.

[필수어휘]
composition n. 작문, 글쓰기
be done with ~을 다 처리하다
check v. 검토하다, 체크하다
be good at ~에 능숙하다

정답 **(c)**

4.

W: Is this your cell phone?
M: _______________________

(a) You can use my cell phone.
(b) No, I don't have one.
(c) Yes, It is my sister's.
(d) I need to set up a new cell phone plan.

해석
W: 이거 당신 핸드폰입니까?
M: _______________________

(a) 당신은 내 휴대폰을 사용할 수 있어요.
(b) 아니요, 나는 핸드폰이 없어요.
(c) 네, 그것은 제 누나 핸드폰입니다.
(d) 나는 새 휴대폰에 대한 계획을 세울 필요가 있어요.

[Joseph's Solution]
휴대폰이 남자의 것인지 묻고 있다. 따라서 'No'라는 부정의 말과 함께 '나는 핸드폰이 없다'고 부가적으로 대답하고 있는 (b)가 가장 적절하다. (a)와 (b)는 cell phone을 반복 사용하여 오답을 유도하

고 있다.

[필수어휘]
cell phone 휴대폰
need v. 필요로 하다, 할 필요가 있다
set up ~을 세우다
plan n. 계획

정답 **(b)**

5.

M: Is dinner ready? I'm starving.
W: _______________________

(a) Yes, the dinner is on the house.
(b) Isn't this dinner just sensational?
(c) I'm canceling my dinner date.
(d) Almost. Wash your hands first.

해석
M: 저녁 다 되었어요? 나 배고파요.
W: _______________________

(a) 네, 저녁식사는 무료입니다.
(b) 이 저녁식사 환상적이지 않나요?
(c) 저녁 데이트를 취소할거에요.
(d) 거의. 손부터 씻어.

[Joseph's Solution]
저녁이 다 되었는지 묻고 있는 남자에 대한 대답으로 '거의 다 되었으니 손부터 씻어라'고 말하는 (d)가 가장 자연스럽다. (a)는 레스토랑에서 나올 수 있는 응답이므로 집에서 이루어지고 있는 주어진 대화에는 적절하지 않다.

[필수어휘]
on the house 무료의
sensational a. 매우 훌륭한, 환상적인
be starving 배가 고파 죽을 지경이다
cancel v. 취소하다

정답 **(d)**

6.

M: Is this the car you were talking about?
W: _______________________

(a) They overcharged me for repairing this car.
(b) Right, you just missed it.
(c) Yeah, This is it.
(d) No, I can't afford to buy this car.

해석
M: 이 차가 당신이 말했던 그 차야?
W: _______________________

(a) 그 사람들은 이 차 수리비에 대해 내게 바가지를 씌웠어.
(b) 맞아, 방금 지나쳤어.
(c) 맞아, 이게 그거야.
(d) 아니, 이 차를 살 돈이 없어.

[Joseph's Solution]
남자는 여자에게 전에 언급했던 그 차인지 확인하고 있다. 따라서
Yeah라는 긍정의 말과 함께, 'This is it'이라고 다시 한 번 그 차가
맞음을 확인해주는 (c)가 여자의 대답으로 적절하다.

[필수어휘]
overcharge v. 많이 청구하다, 바가지를 씌우다
repair v. 수리하다, 수선하다
miss v. 놓치다, 빗나가다
afford v. 여유가 되다, 형편이 되다

정답 **(c)**

7.

M: Excuse me, but is this the Joseph's residence?
W: ___________________________

(a) Their address is 852, Oak Street.
(b) No, but it used to be until about a week ago.
(c) He made his residence in the country.
(d) No, he wanted a permanent residence.

해석
M: 실례합니다만 여기가 Joseph의 집인가요?
W: ___________________________

(a) 그들의 주소는 Oak가 853입니다.
(b) 아니요, 그렇지만 약 일주일 전까지는 그랬어요.
(c) 그는 지방에 주택을 지었어요.
(d) 아니요, 그는 영구적인 집을 원했어요.

[Joseph's Solution]
남자는 Joseph씨의 집이 맞는지 확인하고 있다. 따라서 No라는 부
정의 말과 함께 '일주일 전까지만 해도 그랬다'는 (b)가 대답으로 가
장 자연스럽다. 'used to(~이곤 했다)'라는 표현은 과거에 습관이나
내용을 언급할 때 사용된다.

[필수어휘]
residence n. 주택, 거주지
permanent a. 영구[영속]적인
until prep. ~까지
want v. 원하다, 바라다

정답 **(b)**

8.

M: Are you confident we took the right bus?
W: ___________________________

(a) Yes, 100% sure.
(b) Yes, it's my turn to cook.
(c) Yes, you're going in the right direction.
(d) I didn't feel confident doing the trig.

해석
M: 우리가 바른 버스를 탄 거 확실해?
W: ___________________________

(a) 응, 100퍼센트 확신해.
(b) 응, 내가 요리할 차례야.
(c) 응, 너는 올바른 방향으로 가고 있어.
(d) 나는 삼각법을 하는데 자신이 없었어.

[Joseph's Solution]
'버스를 제대로 탔는지 확실하냐'고 확인하고 있는 남자에 대한 대답
으로 'Yes, 100% sure.'라는 적극적인 확신의 대답을 하고 있는 (a)가
가장 적절하다. 이는 강조의 표현으로 그만큼 확실하다는 의미일 때
사용된다.

[필수어휘]
confident a. 자신감 있는, 확신하는
go in the right direction 올바른 방향으로 나아가다
trig n. 바퀴 멈추개, 삼각법
in one's turn 차례가 되어

정답 **(a)**

9.

W: How many more stops are there till Seoul Station?
M: Oh, looks like you have just missed it.
W: Oh, my. Is there another way to go there?
M: ___________________________

(a) Relax. It's not your fault.
(b) Don't worry. You can't miss it.
**(c) Get off at the next stop and just walk a block
in the opposite direction.**
(d) Yes, you can't go there without taking this bus.

해석
W: 서울역까지 몇 개의 정거장이 더 있나요?
M: 오, 그것을 이제 막 지나치신 것 같아 보이는데요.
W: 어머나. 그곳으로 가는 또 다른 방법이 있나요?
M: ___________________________

(a) 안심해요. 당신 잘못이 아니에요.
(b) 걱정 말아요. 찾으실거예요.
(c) 다음 정거장에서 내리셔서 반대방향으로 한 블록 걸어가세요.
(d) 네, 이 버스를 타지 않고는 그곳에 갈 수 없어요.

[Joseph's Solution]
내려야 할 곳을 지나쳐버린 여자에게 남자가 할 수 있는 제안을 골
라야 한다. 따라서 '다음 정거장에 내려서 반대로 걸어라'고 알려주
고 있는 (c)가 남자의 대답으로 가장 적절하다. (d)는 내용상 No가
적절하다.

[필수어휘]

relax v. 안심하다

get off 내리다

opposite a. 반대의, 다른 편의

direction n. 방향

fault n. 잘못, 책임

정답 **(c)**

10.

M: Good morning! Doctor Joseph's office. What can I do for you today?
W: I have a severe toothache.
M: Would you like to make an appointment this afternoon?
W: ____________________

(a) Your name and address, please.
(b) Sorry, he is not available this afternoon.
(c) I can't wait till then. Can I come in now?
(d) Sorry, I'm fully occupied.

해석
M: 안녕하세요! Joseph박사님 사무실입니다. 무엇을 도와드릴까요?
W: 전 심한 치통이 있어요.
M: 오늘 오후에 약속을 잡으시겠어요?
W: ____________________

(a) 성함과 주소 부탁합니다.
(b) 죄송합니다만, 그는 오늘 오후에 불가능하세요.
(c) 전 그때까지 기다릴 수가 없어요. 지금 들어갈 수 있을까요?
(d) 죄송해요, 저는 완전히 바빠요.

[Joseph's Solution]
남자는 심한 치통으로 찾아온 환자에게 오늘 오후에 약속을 잡겠냐고 묻고 있다. 이에 대한 대답으로 그때까지 기다릴 수 없다고 다급함을 표현하고 있는 (c)가 여자의 대답으로 적절하다. (a)와 (b)는 남자의 말로 어울리는 내용이다.

[필수어휘]

severe a. 심한

toothache n. 치통

occupied a. 바쁜

available a. 이용가능한

make an appointment 약속을 잡다

정답 **(c)**

11.

M: Sarah, it's now 1:30 with only 20 minutes left before the game starts.
W: Really? I just need five more minutes to finish putting on makeup.

M: Would you like me to wait for you?
W: ____________________

(a) Don't worry. I'm doing just fine.
(b) Don't bother. You go first.
(c) Think nothing of it.
(d) Yeah, thanks. You don't have to.

해석
M: Sarah, 지금 1시 30분이고, 경기가 시작되기 20분 정도밖에 남지 않았어.
W: 정말? 화장하는데 5분 정도 더 필요해.
M: 내가 기다려 줄까?
W: ____________________

(a) 걱정하지마. 잘 하고 있어.
(b) 신경쓰지마. 먼저 가.
(c) 괜찮아.
(d) 고마워. 그럴 필요없어.

[Joseph's Solution]
남자는 경기 시작까지 얼마남지 않았다고 하면서 기다려야 하는지 묻고 있다. 따라서 '기다려주지 않아도 된다'는 의미를 표현하고 있는 (b)가 여자의 대답으로 적절하다. 'Think nothing of it'은 사과·감사의 말에 대한 정중한 대답으로 '괜찮습니다, 신경 쓰지 마세요'의 의미이다.

[필수어휘]

put on makeup 화장하다

need v. 필요로 하다

wait v. 기다리다

Don't bother. 신경쓰지마.

정답 **(b)**

12.

W: They just opened a new shopping center.
M: Have you been there to look around?
W: No, I haven't. I'm going there this afternoon. Would you like to tag along?
M: ____________________

(a) Yeah, Let's go there this Saturday.
(b) I heard it's going to rain this afternoon.
(c) Yes, can I take a rain check on that?
(d) I'd like to, but I have a prior engagement.

해석
W: 그들은 이제 막 새로운 쇼핑센터를 열었어요.
M: 그곳을 둘러본 적 있어요?
W: 아니요. 오늘 오후에 갈 거예요. 같이 갈래요?
M: ____________________

(a) 네, 이번 토요일에 갑시다.
(b) 오늘 오후에 비가 온다고 들었는데요.

(c) 네, 다음으로 .미뤄도 될까요?
(d) 그러고 싶지만 선약이 있어요.

[Joseph's Solution]

여자가 남자에게 새롭게 오픈한 쇼핑센터에 같이 갈지 묻고 있는 상황이다. 따라서 '그러고 싶지만 선약이 있다'고 하여 같이 가지 못한다고 우회적으로 표현하고 있는 (d)가 남자의 대답으로 적절하다. 'this afternoon'을 통해 오답을 유도하고 있는 (b)를 정답으로 선택하지 않도록 주의한다.

[필수어휘]

tag along (~를) 따라가다[따라붙다]
take a rain check (on) 다음을 기약하다
prior engagement 선약
look around 둘러보다

정답 (d)

13.

M: How do you like your haircut?
W: Actually, I'd like just a trim.
M: Shall I trim the sides, too?
W: _______________________

(a) No, I don't need a haircut.
(b) You need to trim a nail.
(c) Yes, just a little bit and taper the back, please.
(d) There's a new beauty shop a couple of blocks
from here.

해석

M: 머리를 어떻게 잘라드릴까요?
W: 사실, 그냥 다듬고 싶어요.
M: 옆머리도 다듬을까요?
W: _______________________

(a) 아니요, 저는 머리를 자를 필요가 없습니다.
(b) 당신은 손톱을 다듬을 필요가 있어요.
(c) 네, 그저 약간만 다듬어주세요, 그리고 뒤는 깎아주세요.
(d) 여기에서 두어 블록 떨어진 곳에 새 미용실이 있어요.

[Joseph's Solution]

beauty shop에서 일어나고 있는 대화임을 짐작할 수 있다. 남자는 옆머리를 다듬을 것인지 여부를 묻고 있다. 따라서 Yes라는 말과 함께 약간만 다듬어 달라고 이야기하는 (c)가 여자의 대답으로 가장 적절하다. (b)는 trim을 반복 사용해서 오답을 유도하고 있다.

[필수어휘]

trim n. (특히 머리를) 다듬기[약간 자르기], v. 다듬다
taper v. (폭이) 점점 가늘어지다
haircut n. 이발
trim the sides 옆을 다듬다
nail n. 손톱

정답 (c)

14.

M: Do you have any relatives or friends here?
W: No, I'm all alone.
M: So, are you staying over the weekend?
W: _______________________

(a) Yes. it looks pretty nice.
(b) No, I'm staying home.
(c) I just stayed at home over the weekend.
(d) Yes, I'm not leaving until next Friday.

해석

M: 이곳에 친척이나 친구가 있나요?
W: 아니요, 저 혼자예요.
M: 그래서, 주말 동안 머무르실 건가요?
W: _______________________

(a) 네, 꽤 좋아 보이는군요.
(b) 아니요, 집에서 지낼 거예요.
(c) 난 그저 주말 동안 집에 있었어요.
(d) 네, 저는 다음 주 금요일까지 떠나지 않을 거예요.

[Joseph's Solution]

남자는 여자에게 주말 동안 머무를지 여부를 묻고 있다. 따라서 'Yes'라는 긍정의 말과 함께 '다음 주 금요일까지 안 떠날 것이다'라고 구체적인 일정을 대답하고 있는 (d)가 대화의 흐름상 가장 적절하다.

[필수어휘]

relative n. 친척
alone a. 혼자, 다른사람 없이
stay v. 계속있다, 머무르다
leave v. 떠나다, 남기다
pretty adv. 어느정도, 꽤

정답 (d)

15.

W: Man, the French language course is really too
much for me.
M: Yeah, I know how you feel. I also took it a year
ago.
W: So, is it going to stay that hard all year long?
M: _______________________

(a) I'm afraid it is.
(b) You said it.
(c) Yes, I hope so.
(d) Yes, that makes sense.

해석

W: 친구, 프랑스어 수업은 정말 나한테는 버거워.
M: 응, 네가 어떤 기분인지 알겠어. 나도 1년 전에 들었으니까.
W: 그래서, 그것이 일 년 내내 그렇게 어렵니?

M: _______________________________

(a) 그럴 것 같은데.
(b) 그건 맞는 말이야.
(c) 그래, 그러길 바래.
(d) 그래, 이해가 되는구나.

[Joseph's Solution]
이미 프랑스어 수업을 들었다는 남자에게 1년 내내 수업이 어려운지 경험을 묻고 있다. 따라서 I'm afraid라는 염려의 표현과 함께 '그럴 것이다'고 대답하고 있는 (a)가 대답으로 가장 적절하다. 'You said it'은 상대방 말에 대한 동조의 표현이기 때문에 지금 질문을 하는 여자의 대답에 적절하지는 않다.

[필수어휘]
make sense 의미가 통하다[이해가 되다]
too much for ~에게 힘에 겨운
all long 내내

정답 **(a)**

Dictation Practice

1. seem to work well / replace its dust bag 2. I'm up to my ears in work / no play makes Jack a dull boy 3. stayed up all night / keep burning the candle / going to end up sick 4. I lost it on my way to work. 5. we'd better stop at a gas station / We're running out of gas. / You should have filled 6. to have my teeth examined / 11 o'clock in the morning / He'll be with you immediately. 7. How may I help you / Please specify kind of account / open a savings account 8. the girl will get elected / much work experience / If she does her best, things can change.

Answer Keys

Part I 1. (c) 2. (c) 3. (a) 4. (a) 5. (d) 6. (a) 7. (c) 8. (c)

Part II 9. (a) 10. (b) 11. (d) 12. (c) 13. (d) 14. (a) 15. (c)

1.

W: This vacuum cleaner doesn't seem to work well.
M: ___________________________

(a) I don't like doing the floor with a vacuum cleaner.
(b) A steam cleaner is better than a vacuum cleaner.
(c) Maybe you need to replace its dust bag.
(d) Vacuuming dirt is good for health.

해석
W: 이 진공청소기가 잘 작동하지 않는 것 같은데.
M: ___________________________

(a) 나는 진공청소기를 가지고 바닥을 청소하는 것을 좋아하지 않아.
(b) 스팀청소기는 진공청소기보다 더 좋아.
(c) 아마 먼지 주머니를 교체해야 할거야.
(d) 먼지를 진공청소기로 청소하는 것은 건강에 좋아.

[Joseph's Solution]
진공청소기가 잘 작동되지 않는다는 여자의 말에 대한 적절한 대답을 찾아야 한다. 따라서 '먼지 주머니를 교체하라'고 조언하는 (c)가 자연스럽다. (a)와 (b), (d)는 vacuum cleaner를 반복 사용함으로써 혼동을 주고 있다.

[필수어휘]
vacuum cleaner 진공청소기

dust bag 먼지 주머니
vacuum v. 진공청소기로 청소하다
work v. 작동되다
steam cleaner 스팀 청소기

정답 **(c)**

2.

M: I'd really like to go to the concert, but I'm up to my ears in work.
W: ___________________________

(a) Don't worry, that's the way cookies crumble.
(b) So, go ahead! I'm all ears.
(c) Oh, come on! All work and no play makes Jack a dull boy.
(d) I'm on my own, too.

해석
M: 나는 정말 콘서트에 가고 싶지만 일하느라 너무 바빠.
W: ___________________________

(a) 걱정 하지마. 과자들이 부서지는 방식이 그거야.
(b) 그래, 어서 해! 열심히 듣고 있어.
(c) 오, 어서! 일만 하고 놀지 않으면 우둔한 사람이 된다고!
(d) 나도 혼자야.

[Joseph's Solution]
'All work and no play makes Jack a dull boy(일만 하고 놀지 않으면 우둔한 사람이 된다)'는 속담을 인용하여 일하느라 콘서트에 못 간다는 남자를 같이 가자고 설득하고 있다. 'I'm all years'는 시간이 많다는 의미이며, 대화 속 ear와 year가 유사한 발음인 것을 이용해 혼동을 주고 있다.

[필수어휘]
be up to one's ears in work 일하느라 너무 바쁘다

crumble v. 바스러지다, 바스러뜨리다
be all years 열심히 귀 기울이다
on one's own 혼자서, 단독으로

정답 **(c)**

3.

M: I'm going backpacking around the Middle East.
W: ______________________

(a) Sounds fantastic! When are you going?
(b) Do you have any plans for the summer vacation?
(c) Yeah, I went backpacking to China.
(d) Are you suffering from a backache?

해석
M: 나는 중동으로 배낭여행을 갈 거야.
W: ______________________

(a) 멋진데! 언제 갈거니?
(b) 여름 휴가 때 무슨 계획이 있니?
(c) 그래, 나는 중국으로 배낭여행을 갔었어.
(d) 너 요통으로 고생하니?

[Joseph's Solution]
중동으로의 배낭여행 계획을 이야기하고 있는 남자에 대한 답으로 멋지다는 말과 함께 '언제 가니?'라고 묻는 (a)가 자연스럽다. (d)는 대화에서 언급된 backpack의 유사한 발음인 backache를 통해 혼동을 주고 있다.

[필수어휘]
go backpacking 배낭여행을 가다
backache n. 요통
fantastic a. 기가막히게 좋은, 환상적인
suffer from ~에 시달리다, 고통받다

정답 **(a)**

4.

M: I stayed up all night to finish the report.
W: ______________________

**(a) If you keep burning the candle at both ends,
    you are going to end up sick.**
(b) I'm already done with writing the report.
(c) Don't let me interrupt you.
(d) It's at the tip of my tongue.

해석
M: 리포트 끝내느라 밤을 샜어.
W: ______________________

(a) 계속 몸을 그렇게 혹사시킨다면, 결국 아프게 될 거야.
(b) 난 리포트를 쓰는 일을 이미 끝냈어.

(c) 내가 너를 방해하지 않게 해줘.
(d) 하마터면 말이 나올 뻔 했어.

[Joseph's Solution]
리포트 때문에 밤을 샜다는 남자의 말을 들은 여자의 대답으로 적절한 것은 '계속 몸을 혹사시키면 아프게 된다'고 염려하고 있는 (a)이다. (b)도 내용상 전혀 틀리지 않았지만, 남자의 말에 대한 대답으로는 자연스럽지 않다.

[필수어휘]
keep burning the candle at both ends 기진맥진하다
at the tip of one's tongue 하마터면 말이 나올 뻔하여, 말이 혀 끝에서 뱅뱅 돌며
stayed up all night 밤새우다
end up 결국 (어떤처지에) 처하게 되다
interrupt v. 방해하다

정답 **(a)**

5.

M: I couldn't reach you on your cell phone.
W: ______________________

(a) I think your battery was dead.
(b) I couldn't get time off from work.
(c) Sorry, I didn't have time to call you back.
(d) I lost it on my way to work.

해석
M: 휴대폰으로 연락이 안 되던데요.
W: ______________________

(a) 내 생각에 당신 배터리가 다 떨어졌어요.
(b) 직장에서 휴가를 낼 수가 없었어요.
(c) 미안해요, 당신에게 다시 전화를 걸 시간이 없었어요.
(d) 회사 가는 중에 잃어버렸어요.

[Joseph's Solution]
'휴대폰으로 연락이 안 되었다'는 남자의 말에 대한 대답으로 '잃어버렸다'는 (d)가 가장 적절한 대답이다. 여자가 휴대폰으로 연락이 되지 않은 것이므로, (a)는 주어의 혼동을 주는 오답지이다.

[필수어휘]
dead a. 작동을 안 하는, 수명이 다 된
reach v. 닿다, 연락하다
on one's way 도중에   **time off** 휴식

정답 **(d)**

6.

W: I'd like just a chicken salad and a cup of green tea.
M: ______________________

(a) Is there any dressing you would like?

(b) What's the special menu of the day?
(c) How about green tea ice cream for dessert?
(d) Are you being served?

해석

W: 저는 그냥 닭고기 샐러드와 녹차 한잔만 먹고 싶은데요.
M: _______________________________

(a) 좋아하시는 드레싱이 있나요?
(b) 오늘의 스페셜 메뉴는 무엇인가요?
(c) 디저트로 녹차 아이스크림은 어때요?
(d) 도와 드리는 직원이 있나요?

[Joseph's Solution]

여자는 레스토랑에서 주문하는 상황임을 짐작할 수 있으며, 샐러드와 녹차를 먹겠다고 말하고 있다. 이에 대한 점원인 남자의 대답으로는 선호하는 드레싱이 있는지 묻고있는 (a)가 가장 적절하다. (b)는 손님의 대답으로 자연스러운 내용이며, (d)는 이미 주문을 받고 있는 상황에서 어울리지 않다.

[필수어휘]

green tea 녹차 **dressing** n. 드레싱(소스)
a cup of 한잔의 **dessert** n. 후식, 디저트

정답 **(a)**

7.

W: Uh-oh, The brakes of this car don't seem to work properly.
M: _______________________________

(a) Don't step on the brakes too abruptly.
(b) You'd better break up with him.
(c) That doesn't make sense. I just replaced them a week ago.
(d) I have to make sure that they do their work properly.

해석

W: 어오. 이 자동차의 브레이크가 적절하게 작동하는 것 같지 않아.
M: _______________________________

(a) 그렇게 급작스럽게 브레이크를 밟지 마.
(b) 당신은 그와 헤어지는 것이 나아.
(c) 말이 안 돼. 제가 그것을 일주일전에 교체했어.
(d) 나는 그들이 자신의 일을 적절히 하고있다는 점을 분명해 해야만 했어.

[Joseph's Solution]

여자의 '브레이크가 잘 작동하지 않는다'는 말에 대한 대답을 찾아야 한다. 따라서 '말이 안 된다'는 말과 함께 '일주일전에 교체했기 때문에'라고 세부적인 이유를 말하고 있는 (c)가 남자의 대답으로 적절하다. (b)는 brakes와 유사한 발음의 break를 이용하여 오답을 유도하고 있다.

[필수어휘]

properly adv. 제대로, 적절히
abruptly adv. 갑자기, 불쑥
break up with 결별하다
replace v. 교체하다
make sense 이해가 되다

정답 **(c)**

8.

M: Hello. I need to see Mr. Joseph.
W: _______________________________

(a) You don't have to make an appointment to see Joseph.
(b) This is Sarah. Who's speaking?
(c) Sorry, he is out of the office right now. And he won't be back until tomorrow.
(d) Can I take a message for you?

해석

M: 안녕하세요. Joseph씨를 만나야 하는데요.
W: _______________________________

(a) Joseph씨를 만나기로 약속해야 할 필요는 없어요.
(b) 저는 Sarah인데요. 누구시죠?
(c) 미안합니다만, 지금은 외출 중이세요. 그리고 내일까지는 돌아오지 않으실 거예요.
(d) 메시지를 받아드릴까요?

[Joseph's Solution]

남자는 Joseph씨를 찾고 있다. 이에 대한 대답으로 '현재 외출 중이다'라고 대답하고 있는 (c)가 가장 자연스럽다. (a)는 see Joseph을 반복적으로 언급하여 오답을 유도하고 있다.

[필수어휘]

take a message 메시지를 받다
make an appointment 약속을 잡다
be back 돌아오다

정답 **(c)**

9.

M: Hi, Is Mr. Joseph available?
W: I'm sorry but he's out right now.
M: But I have to see him right today.
W: _______________________________

(a) I'm afraid you can't. Today his schedule is full.
(b) His first opening is next Monday.
(c) I should've called first.
(d) He will return earlier than scheduled.

해석

M: 안녕하세요, Joseph 씨와 만날 수 있나요?
W: 죄송합니다만 지금은 외출 중이세요.
M: 그렇지만 오늘 당장 만나야 하는데요.
W: _______________________________

(a) 만나실 수 없을 것 같은데요. 오늘 그의 일정은 다 찼습니다.
(b) 그의 첫 시작은 다음 주 월요일이에요.
(c) 제가 먼저 전화를 걸었어야 했는데 말이죠.
(d) 그는 계획된 것보다 더 일찍 돌아올 거예요.

[Joseph's Solution]

오늘 당장 Joseph씨를 만나야 한다는 남자의 말에 대한 여자의 대답을 골라야 한다. 따라서 '그를 만날 수 없다'는 부정의 말과 함께 '그의 일정은 다 찼다'고 설명하고 있는 (a)가 가장 자연스럽다. (c)는 오히려 남자의 말에 자연스럽게 이어지는 내용이다.

[필수어휘]

opening n. 빈자리[공석/결원]
available a. 시간여유가 있는
schedule n. 일정, 스케줄
full a. 바쁜, 가득찬
return v. 돌아오다

정답 (a)

10.

M: I think we'd better stop at a gas station immediately.
W: Is anything wrong?
M: We're running out of gas.
W: _______________________________

(a) Could you tell me if there is a gas station nearby?
(b) What? You should have filled it up earlier.
(c) You can find a gas station pretty soon.
(d) You're going in the wrong direction.

해석

M: 우리는 지금 당장 주유소에 들리는 것이 좋겠네요.
W: 뭐가 잘못 되었나요?
M: 기름이 다 떨어졌어요.
W: _______________________________

(a) 근처에 주유소가 어디 있는지 말해주겠어요?
(b) 뭐라고요? 더 일찍 그것을 채웠어야 해요.
(c) 곧 주유소를 찾을 수 있을 거예요.
(d) 잘못된 방향으로 가고 있어요.

[Joseph's Solution]

남자는 기름이 다 떨어졌다고 이야기하고 있고, 이에 대한 대답으로 놀라움의 표현인 What?과 함께 미리 기름을 넣었어야 한다고 야단하고 있는 (b)가 자연스럽다. (a)와 (c)는 gas station을 반복 사용하여 혼동을 주는 오답지이다.

[필수어휘]

gas station 주유소
immediately adv. 즉각, 즉시
run out of ~이 다 떨어지다
fill up 채우다
nearby a. 인근의, 가까운 곳의

정답 (b)

11.

W: Hello, I'd like to see Dr. Martin to have my teeth examined.
M: Did you make an appointment?
W: Of course, 11 o'clock in the morning.
M: _______________________________

(a) We don't accept credit cards.
(b) Everything is going to be all right.
(c) Okay, It's about time you had your teeth cleaned.
(d) He'll be with you immediately.

해석

W: 안녕하세요, 제 이를 검사하기 위해 Martin박사님을 만나고 싶은데요.
M: 약속하셨어요?
W: 물론이죠, 아침 11시에요.
M: _______________________________

(a) 저희는 신용카드를 받지 않습니다.
(b) 모든 것이 다 잘될 거예요.
(c) 좋아요, 이를 닦을 시간이에요.
(d) 곧 환자분과 함께 하실 거예요.

[Joseph's Solution]

여자는 '의사선생님과 검진을 11시에 예약했다'고 이야기하고 있는 상황이다. 따라서 이에 대한 대답으로 '선생님이 곧 올 것이다'라고 말한 (d)가 가장 자랑스럽다.

[필수어휘]

examine v. 검사하다
make an appointment 약속을 잡다
accept v. 받아들이다, 수락하다
immediately adv. 즉시, 곧
It's about time ~을 해야 할 때이다

정답 (d)

12.

M: How may I help you, ma'am?
W: I'm here to open a new account.
M: Please specify kind of account you'd like to open.
W: _______________________________

(a) We don't accept credit cards.

(b) I'd like to major in accounting.
(c) I'd like to open a savings account.
(d) Your account is now activated.

해석

M: 손님, 도와드릴까요?
W: 이곳에서 새 계좌를 열고 싶어요.
M: 개설하고 싶으신 계좌의 종류를 명시해 주세요.
W: _______________________________

(a) 저희는 신용카드를 받지 않습니다.
(b) 저는 회계를 전공하고 싶어요.
(c) 저는 보통 예금을 개설하고 싶어요.
(d) 당신의 계좌는 현재 활성화되어 있습니다.

[Joseph's Solution]

남자는 여자에게 개설하고 싶은 계좌가 무엇인지 묻고 있다. 따라서 '보통 예금 계좌'라고 구체적인 계좌의 종류를 언급하고 있는 (c)가 대답으로 적절하다. (b)에서는 account와 유사한 단어인 accounting(회계)로 오답을 유도하고 있다.

[필수어휘]

specify v. (구체적으로) 명시하다
major in 전공하다
savings account 보통 예금 (계좌)
activated a. 활성화된
account n. 계좌

정답 **(c)**

13.

M: I think you're being too rigorous with your children.
W: What makes you think so? In what sense?
M: You won't even let them watch TV 10 minutes a
   day.
W: _______________________________

(a) I myself don't watch TV at all.
(b) Do you think TV watching should be banned
    altogether?
(c) They need to watch TV for educational purposes.
**(d) I don't want them to waste their time watching
    stupid programs.**

해석

M: 제 생각에 당신은 아이들에게 너무 엄격한 것 같아요.
W: 왜 그렇게 생각해요? 어떤 뜻인가요?
M: 당신은 아이들이 하루 10분도 텔레비전을 보게 허락하지 않을
   거예요.
W: _______________________________

(a) 나 자신도 전혀 텔레비전을 보지 않아요.
(b) 당신은 텔레비전 시청을 완전히 금지해야 한다고 생각해요?
(c) 그들은 교육적 목적으로 텔레비전을 볼 필요가 있어요.
(d) 나는 아이들이 자신의 시간을 멍청한 프로그램들을 보면서 낭비

하는 걸 원하지 않아요.

[Joseph's Solution]

남자는 여자가 아이들에게 엄격할 것 같다는 말과 함께 텔레비전도 안 보여줄 듯하기 때문이라고 이유를 이야기하고 있다. 따라서 이에 대한 대답으로 '멍청한 텔레비전 프로그램의 시청으로 시간을 낭비시키고 싶지 않다'고 대답하고 있는 (d)가 적절하다. (a)는 대화의 내용과 관련있는 내용으로 혼동을 주는 오답지이다.

[필수어휘]

rigorous a. 철저한, 엄격한
altogether adv. 완전히, 전적으로
ban v. 금지하다
educational a. 교육적인

정답 **(d)**

14.

W: Is there a chance that the girl will get elected?
M: No, she has a fat chance.
W: But she has much work experience.
M: _______________________________

(a) If she does her best, things can change.
(b) That's none of her business.
(c) She is presented with the opportunity to
    experience something new.
(d) What do you mean by a fat chance?

해석

W: 저 여자 애가 선택될 가능성이 있을까요?
M: 아니요, 그녀는 거의 가망이 없어요.
W: 그렇지만 그녀는 많은 업무 경험이 있는데요.
M: _______________________________

(a) 만약 최선을 다한다면 상황은 변할 수 있어요.
(b) 그건 그녀가 상관할 바가 아니에요.
(c) 그녀는 뭔가 새로운 것을 경험할 기회가 제공되었어요.
(d) 'fat chance'가 무슨 의미죠?

[Joseph's Solution]

여자는 여자 아이가 업무경험이 많다는 말을 통해 선거에서의 가능성을 설명한다. 따라서 이 말에 대한 대답으로 열심히 노력하면 될 수도 있다고 말한 (a)가 남자의 대답으로 적합하다. 'fat chance'는 가능성이 거의 없다는 의미로 사용되는 숙어이므로 숙지해 두도록 하자.

[필수어휘]

elect v. 선출하다, 선택하다
have a fat chance …할 가망이 전혀 없다
experience n. 경험
do one's best 최선을 다하다
be presented with ~을 받다, 제공받다

정답 **(a)**

15.

W: Can you help me carry this box?
M: Wow, it looks pretty heavy. What's in it?
W: I bought a new stereo through the Internet.
M: ___________________________

(a) To buy things online, you must have access to the Internet.
(b) Are you done with ordering the stereo?
(c) It looks like you online-shop almost all things you need.
(d) Sounds good. When will it arrive?

해석

W: 이 상자를 옮기는 걸 도와줄 수 있니?
M: 와우, 꽤 무거워 보이는데. 안에 뭐가 있어?
W: 인터넷으로 새 스테레오를 구입했어.
M: ___________________________

(a) 온라인으로 물건을 사기 위해서는 인터넷에 접속해야만 해.
(b) 스테레오 구매하는 거 끝냈어?
(c) 넌 네가 필요한 거의 모든 것을 온라인 쇼핑으로 사는 것 같다.
(d) 좋네. 언제 도착한 데?

[Joseph's Solution]

인터넷으로 스테레오를 샀다고 말한 여자에 대한 적절한 대답을 찾아야한다. 따라서 '넌 필요한 모든 것을 온라인 쇼핑으로 구매하는 구나'라고 평상시 쇼핑 습관을 언급한 (c)가 남자의 대답으로 가장 적절하다. 이미 구매를 끝내고 물건이 도착했으므로 (b)와 (d)는 정답이 아니다.

[필수어휘]

access v. 접속하다
carry v. 나르다, 운반하다
pretty adv. 꽤, 아주
heavy a. 무거운
order v. 주문하다, 부탁하다

정답 (c)

Dictation Practice

1. What do you do for a living? 2. what have you been doing recently? / I've just been stuck in work. 3. for the main role of the musical 4. What's eating you? / The results of my medical checkup / a little bit too high 5. Are you leaving this country / just a business trip / I'll keep in touch with you. 6. How have you been? / I'm off to visit my parents / Please say hello to them. 7. I bumped into him yesterday. / What do you think was eating him? the results of his medical checkup

Answer Keys

Part I 1. (a) 2. (b) 3. (b) 4. (c) 5. (c) 6. (c) 7. (a) 8. (a)

Part II 9. (c) 10. (a) 11. (c) 12. (b) 13. (c) 14. (c) 15. (d)

1.

M: What do you do for a living?
W: ______________________

(a) I'm a veterinarian.
(b) Sorry, I don't know what to do.
(c) Don't bother, I can handle it.
(d) Making a living has become harder.

해석
M: 직업이 무엇입니까?
W: ______________________

(a) 저는 수의사입니다.
(b) 미안해요, 무엇을 해야 할지 모르겠어요.
(c) 귀찮게 그러지 마세요. 제가 할 수 있어요.
(d) 생계를 유지하는 것은 더 어려워졌어요.

[Joseph's Solution]
남자는 여자의 직업이 무엇인지 묻고 있으므로, 직업에 대한 구체적인 대답이 올 수 있다. 따라서 '수의사'라고 대답하고 있는 (a)가 정답이다. (d)는 do for a living과 같은 의미인 Making a living을 사용하여 오답을 유도하고 있다.

[필수어휘]

veterinarian n. 수의사
for a living 생계를 위해
handle v. 다루다
bother v. 귀찮게 하다
making a living 생계를 꾸리다

정답 (a)

2.

W: Fancy meeting you here, Joseph! You're the last person I expected to see here.
M: ______________________

(a) How did you find this fancy restaurant?
(b) What a small world!
(c) These things can happen to everybody.
(d) I appreciate your concern.

해석
W: 여기서 만날 줄이야, Joseph! 이곳에서 너를 볼 줄은 몰랐는걸.
M: ______________________

(a) 이 멋진 레스토랑을 어떻게 찾았니?
(b) 정말 좁은 세상이구나!
(c) 모든 사람에게 일어날 수 있는 일이야.
(d) 걱정해 주어서 고마워.

[Joseph's Solution]
여자는 남자의 만남에 놀라움을 표현하고 있다. 따라서 이에 대한 적절한 남자의 반응은 '참 좁은 세상이다'라고 함께 놀라워하는 (b)가 가장 자연스럽다. (c)는 만남을 반가워하는 사람에 대한 대답으로 적절하지 않다.

[필수어휘]
concern n. 걱정, 염려
expect v. 예상하다

fancy a. 값비싼, 고급의
happen v. 일어나다, 발생하다
appreciate v. 고마워하다

정답 **(b)**

3.

M: I'm so happy to meet you again.
W: ＿＿＿＿＿＿＿＿＿＿＿＿＿

(a) How nice of you to say so.
(b) The pleasure is all mine.
(c) That's exactly what I was thinking.
(d) You tell me.

해석
M: 다시 만나서 너무 기쁘네요.
W: ＿＿＿＿＿＿＿＿＿＿＿＿＿＿＿

(a) 그렇게 말씀해 주시니 다정하시네요.
(b) 제가 오히려 기쁘죠.
(c) 제가 생각한 게 바로 그거에요.
(d) 당연하죠.

[Joseph's Solution]
'다시 만나서 반갑다'는 남자의 말에 대한 대답을 찾아야 하므로 오히려 자신이 더 기쁘다는 (b)가 정답이다. 'The pleasure is all mine' 또는 'It's my pleasure'은 감사하다는 말에 대한 대답으로 '천만에요, 제가 오히려 기쁘죠'라는 의미로 사용된다. (a)는 다정하게 언급하거나 위로의 말에 대한 대답으로 적절하다.

[필수어휘]
You tell me. 당연히 맞는 이야기다.
pleasure n. 기쁨
exactly adv. 정확히
nice a. 친절한

정답 **(b)**

4.

M: Hi, Sarah, what have you been doing recently?
W: ＿＿＿＿＿＿＿＿＿＿＿＿＿

(a) I'd be glad to help you.
(b) I went to the supermarket yesterday.
(c) Well, Nothing special. I've just been stuck in work.
(d) It's none of your business.

해석
M: 안녕, Sarah, 요즈음 어떻게 지냈어?
W: ＿＿＿＿＿＿＿＿＿＿＿＿＿＿

(a) 너를 도울 수 있다면 기쁠 거야.

(b) 어제 슈퍼마켓에 갔어.
(c) 글쎄, 별로 특별한 건 없었어. 일에 파묻혀 지냈어.
(d) 그건 네가 상관할 바가 아니야.

[Joseph's Solution]
남자는 여자의 안부를 묻고 있으므로, 근황에 대한 내용이 이어지는 것이 자연스럽다. 따라서 '별로 특별한 것은 없다'는 (c)가 정답이다. 무엇을 했는지를 묻는 것이 아니므로 (b)는 정답으로 적절하지 않다.

[필수어휘]
be stuck in 박히다
recently adv. 최근에
It's none of your business. 당신이 상관할 일이 아니에요.

정답 **(c)**

5.

W: Hi, I'm Sarah, the manager of this store. How do you do?
M: ＿＿＿＿＿＿＿＿＿＿＿＿＿

(a) I'm Joseph. What have you been up to?
(b) Where have you been hiding yourself?
(c) I'm so glad to meet you, Sarah.
(d) Don't mention it! The pleasure is all mine.

해석
W: 안녕하세요, 이 점포의 매니저인 Sarah입니다. 만나서 반갑습니다.
M: ＿＿＿＿＿＿＿＿＿＿＿＿＿＿

(a) 제 이름은 Joseph입니다. 어떻게 지냈어요?
(b) 그동안 왜 그렇게 안보이셨던 거예요?
(c) 만나서 너무 반가워요, Sarah씨.
(d) 천만에요. 오히려 제가 기쁩니다.

[Joseph's Solution]
'How do you do?'는 처음 만나는 사람에게 하는 인사말이므로 이에 이어지는 대답으로 처음 만나는 인사가 적절하다. 따라서 '만나서 반갑다'고 이야기하는 (c)가 정답이다. (b)는 안부를 묻는 질문이므로 처음 만나는 사람들끼리 하는 대화로 적절하지 않다.

[필수어휘]
mention v. 언급하다, 말하다
manager n. 매니저, 담당자
hide v. 숨기다

정답 **(c)**

6.

M: Hey. Fancy meeting you're here! You're Martin's sister, aren't you?
W: ＿＿＿＿＿＿＿＿＿＿＿＿＿

(a) Who's calling, please?
(b) I'm so glad to meet you.

(c) Yes, but do I know you from somewhere?
(d) You've got the wrong number.

해석
M: 이봐요, 이곳에서 만나다니 반가워요! 당신 Martin의 누이 맞죠?
W: ____________________________

(a) 누구시죠?
(b) 만나서 정말 반갑습니다.
(c) 네, 그렇지만 어디서 만났던가요?
(d) 전화 잘못 거셨습니다.

[Joseph's Solution]
남자가 여자에게 'Martin의 누나가 맞지 않냐'고 확인하는 질문을 하고있다. 따라서 자신을 알고 있는 듯한 남자에게 적절한 여자의 응답을 찾아야 한다. 따라서 'Yes'라고 남자가 아는 사람이 맞다는 말과 함께 우회적으로 '어디서 만났던가요?'라고 반문하고 있는 (c)가 적절하다. (a)와 (d)는 전화상의 대화에서 어울리는 내용이다.

[필수어휘]
wrong a. 잘못된
somewhere adv. 어디에서

정답 **(c)**

7.

M: How long will you be gone?
W: ____________________________

(a) For two months.
(b) Sorry to have kept you waiting so long.
(c) Since last month.
(d) I will go on March 5.

해석
M: 얼마 동안이나 떠나 계실 거죠?
W: ____________________________

(a) 2달 동안이요.
(b) 그렇게 오랫동안 기다리게 해서 죄송해요.
(c) 지난 달 이후로 계속이요.
(d) 저는 3월 5일에 갑니다.

[Joseph's Solution]
How long을 통해 떠나 있는 기간을 묻고 있으므로 전치사 for(~동안)를 이용하여 2달 동안이라고 대답하고 있는 (a)가 적절한 대답이다. When으로 질문하고 있지 않으므로 구체적인 출발 날짜를 언급한 (d)는 대답으로 적절하지 않다.

[필수어휘]
long adv. 오랫동안
keep sb waiting 누구를 기다리게 하다

정답 **(a)**

8.

M: I heard Sarah auditioned for the main role of the musical, Cats' Forever.
W: ____________________________

(a) Yes, and she's got the role.
(b) Yes, she'll do better next time.
(c) Yes, she was a famous actress.
(d) She is disappointed that she was not offered a main role.

해석
M: Sarah가 뮤지컬 'Cats' Forever'의 주연으로 오디션을 본다는 소리를 들었어요.
W: ____________________________

(a) 네, 그리고 그 역할을 땄어요.
(b) 네, 다음에는 더 잘할 거예요.
(c) 네, 그녀는 유명한 배우였어요.
(d) 그녀는 주연을 제안받지 않은 것에 실망했어요.

[Joseph's Solution]
남자는 Sarah의 뮤지컬 오디션 소식을 들었다고 하였다. 따라서 여자는 그 결과에 대해 대답해주는 것이 자연스럽기 때문에, Yes라는 말을 통해 오디션을 참가했고, 그 역할을 땄다고 결과를 이야기한 (a)가 여자의 대답으로 가장 자연스럽다. 오디션에서 떨어졌다는 말이 없었으므로 (b)는 어울리지 않는 내용이다.

[필수어휘]
audition v. 오디션을 보다[오디션에 참가하다]
main role 주연
famous a. 유명한
disappointed a. 실망한
offer v. 제공하다

정답 **(a)**

9.

W: You look down. What's eating you?
M: The results of my medical checkup have come out.
W: Uh oh, Tell me what the doctor said?
M: ____________________________

(a) I don't want to eat high-fat, high-sodium food
(b) He says I'm in good health.
(c) My blood-sugar is a little bit too high.
(d) In about 4 days, he says.

해석
W: 우울해 보여요. 무슨 일 때문에 그러세요?
M: 건강검진 결과가 나왔어요.
W: 오, 의사 선생님이 뭐라고 했는지 말씀해 주세요.
M: ____________________________

(a) 고지방, 고염분 음식을 먹고 싶지 않아요.
(b) 그는 내가 건강이 좋대요.
(c) 내 혈당이 약간 너무 높다고 했어요.
(d) 약 4일 후라고 말했어요.

[Joseph's Solution]
우울해 하는 남자에게 의사의 건강검진 결과를 묻고 있으므로 부정적인 검진 결과가 나오는것이 자연스럽다. 따라서 '혈당이 높다'고 말한 (c)가 대답으로 가장 자연스럽다. (b)는 예상되는 대답과 반대의 내용이다.

[필수어휘]
medical checkup 건강검진
high-fat a. 고지방의
high-sodium a. 고염분의
in good health 건강한
blood-sugar n. 혈당
result n. 결과
come out 나타나다

정답 **(c)**

10.

W: Are you leaving this country permanently?
M: No. It's just a business trip.
W: I hope you have a good trip then.
M: _______________________

(a) **Thanks. I'll keep in touch with you.**
(b) You too. Take care of yourself.
(c) I think I can do it on my own.
(d) Have a good trip, too.

해석
W: 영구적으로 이 나라를 떠나실 건가요?
M: 아니요. 그저 업무상 여행일 뿐입니다.
W: 그렇다면 좋은 여행이 되시기를 바랍니다.
M: _______________________

(a) **감사합니다. 당신께 계속 연락할게요.**
(b) 당신도요. 몸 건강하세요.
(c) 제 생각에는 혼자서 그 일을 할 수 있을 거예요.
(d) 당신도 역시 좋은 여행 되세요.

[Joseph's Solution]
여자는 남자에게 여행을 잘 다녀오라고 이야기해주고 있는 상황이다. 따라서 이에 대한 대답으로 고맙다고 이야기하고 있는 (a)가 정답이다. 여자가 여행을 간다는 말이 없으므로 (b)You too는 대답으로 적절하지 않다.

[필수어휘]
permanently adv. 영구적으로, 영원히
keep in touch with ~와 지속적으로 연락하다
business trip 출장

hope v. 바라다
on one's own 자기 책임하에

정답 **(a)**

11.

W: Martin, I"m back. I appreciate your filling in for me while I was away.
M: Oh, it was nothing. How did your summer vacation go?
W: Couldn't have been better. I wish I hadn't had to come back to work.
M: _______________________

(a) I wish I could've gone with you.
(b) Was there any calls while I was away?
(c) Wow, it looks like you had a really great time.
(d) You must have been proud of yourself.

해석
W: Martin, 나 왔어요. 내가 없는 동안 대신 해줘서 고마워요.
M: 오, 별일 아니에요. 여름휴가는 어땠어요?
W: 더 이상 좋을 수 없었어요. 회사로 돌아오지 않았으면 하고 바랬어요.
M: _______________________

(a) 당신과 함께 갈 수 있기를 바랐는데요.
(b) 제가 없는 동안 전화 온 것 있나요?
(c) 와우, 정말 좋은 시간을 보낸 것 같군요.
(d) 당신은 스스로를 자랑스러워했어야 했어요.

[Joseph's Solution]
여자는 휴가가 너무 좋아서 돌아오고 싶지 않았다고 이야기하고 있다. 따라서 이에 대한 대답으로 여자가 정말 좋은 휴가를 보내고 온 것 같다고 말한 (c)가 적절하다. (a)I wish I could는 가정법으로 현재 할 수 없는 것에 대한 것에 대한 완곡한 거절이나 아쉬움을 나타내는 표현이다. 이미 휴가를 다녀온 사람에 대한 대답으로 적절하지 않은 대답이다.

[필수어휘]
fill in 대신하다(자리를 메우다)
Couldn't be better. 더 이상 좋을 수 없다.
appreciate v. 고마워하다
call n. 전화
be proud of ~을 자랑스러워하다

정답 **(c)**

12.

M: What have you been up to these days?
W: I'm working part time in a book store.
M: What kind of job do you do there?
W: _______________________

(a) I want a job selling books.
(b) I'm a cashier there.
(c) In the children's book section.
(d) There are jobs listed on the Internet.

해석
M: 요즘 어떻게 지냈어요?
W: 서점에서 파트타임으로 일하고 있어요.
M: 그곳에서 어떠한 일을 하나요?
W: _______________________________

(a) 저는 책을 판매하는 직업을 원해요.
(b) 저는 그곳에서 출납원이예요.
(c) 어린이 책 구역에요.
(d) 인터넷에 올라와 있는 일자리가 있어요.

[Joseph's Solution]
서점에서 파트타임으로 어떤 일을 하는지 묻고 있으므로, 일에 대한 구체적인 설명이 대답으로 이어지는 것이 자연스럽다. 따라서 '출납원으로 일하고 있다'는 (b)가 정답이다. (a)는 자신의 희망을 이야기하는 것으로 현재 하고 있는 일과는 관계가 없다.

[필수어휘]
cashier n. 출납원
section n. 구역
list v. (명부, 목록에)실리다

정답 (b)

13.
W: How come you didn't answer the phone yesterday?
M: I was at the hospital all day long.
W: Oh, my! Did anything go wrong?
M: _______________________________

(a) I got caught in traffic.
(b) In the emergency room.
(c) I felt a severe backache.
(d) I kept my cell phone turned off.

해석
W: 어제 왜 전화를 안 받았어요?
M: 하루 종일 병원에 있었어요.
W: 맙소사! 뭐가 잘못되었나요?
M: _______________________________

(a) 교통이 꽉 막혔어요.
(b) 응급실에요.
(c) 심한 요통이 있었어요.
(d) 핸드폰을 꺼두었어요.

[Joseph's Solution]
하루 종일 병원에 있었다는 남자의 말에 대해 여자는 이유를 묻고 있다. 따라서 남자가 자신이 병원에 있었던 이유에 대해 구체적인 언급이 이어지는 것이 자연스럽다. 따라서 '심한 요통이 있어서' 병원에 있어야 했던 이유를 설명한 (c)가 정답이다.

[필수어휘]
emergency room 응급실
backache n. 요통
all day long 하루종일
severe a. 심각한
turn off (스위치를)끄다

정답 (c)

14.
W: Hi, Charlie. How have you been?
M: Oh, hi, Susan. So so. What's up?
W: I'm off to visit my parents in the country.
M: _______________________________

(a) You can visit us anytime you'd like.
(b) I've been pretty busy preparing for the finals.
(c) Please say hello to them.
(d) I'm looking forward to seeing them.

해석
W: 안녕하세요, Charlie. 어떻게 지냈어요?
M: 오, 안녕하세요, Susan. 그저 그래요. 어떻게 지냈어요?
W: 시골에 부모님 뵈러 가느라 떠나요.
M: _______________________________

(a) 아무 때나 괜찮으실 때 방문하세요.
(b) 결승전을 준비하느라 매우 바빴어요.
(c) 그들에게 안부전해 주세요.
(d) 그들을 만나는 것을 고대하고 있어요.

[Joseph's Solution]
시골의 부모님을 방문했다는 여자의 말에 연관된 대답을 골라야 한다. 따라서 '부모님에게 안부 전해 달라'고 이야기하고 있는 (c)가 정답이다. (b)는 남자가 안부에 관한 질문을 받았을 때 어울리는 대답이다.

[필수어휘]
final n. 결승전
look forward to ~ing ~을 고대하다
be off 떠나다
say hello to sb 누구에게 안부를 전하다
prepare v. 준비하다
final n. 결승전

정답 (c)

15.
W: Have you seem Martin lately?
M: Yeah. I bumped into him yesterday. He looked down?

W: What do you think was eating him?
M: ______________________

(a) The traffic was bumper to bumper yesterday.
(b) He is allergic to the food that he is eating.
(c) I think he will eat Chinese food.
**(d) I guess he in worried about the results of his
medical checkup.**

해석

W: 요즘 Martin 봤어요?
M: 네. 어제 마주쳤는데요. 우울해 보이더군요.
W: 무엇 때문인 것 같으세요?
M: ________________________

(a) 교통이 어제는 심하게 밀렸어요.
(b) 그는 자신이 먹은 음식에 알레르기가 있어요.
(c) 내 생각에 그는 중국음식을 먹을 것 같아요.
**(d) 제가 생각하기에 그는 건강검진 결과 때문에 걱정하는 것 같아
요.**

[Joseph's Solution]

Martin이 우울해 하는 이유가 무엇일지에 대해 묻고 있으므로, 그
이유가 될 만한 것을 이야기하는 대답을 골라야 한다. 따라서 '건강
검진 결과에 대해 걱정 한다'고 그 원인을 짐작하고 있는 (d)가 가장
자연스럽다.

[필수어휘]

bump into 마주치다
be allergic to ~에 알레르기가 있다
be bumper to bumper 교통체증이 심하다
worried a. 걱정하는
traffic n. 교통

정답 **(d)**

Dictation Practice

1. Let me fix you a drink. / I was getting thirsty. 2. He must be disappointed with you. 3. a good idea to hire someone / the words out of my mouth 4. You look so tired. / I'm coming down with something. / I'm planning to this afternoon. 5. Didn't you check your backpack? / I will help you find it. 6. working right / Is anything wrong with yours? / Why not take it to the repair shop 7. you'd better not honk / use blinkers to change lanes / you should've yielded a bit

Answer Keys

Part I　1. (c)　2. (c)　3. (b)　4. (d)　5. (d)　6. (d)　7. (a)　8. (a)

Part II　9. (d)　10. (b)　11. (a)　12. (a)　13. (b)　14. (c)　15. (b)

1.

W: I guess I drank too much beer last night.
M: _______________________________

(a) Please keep the beer cool.
(b) Wine is better for health than beer.
(c) Again? No wonder you look so wasted.
(d) Thanks for taking me out to the bar.

해석
W: 지난밤에 맥주를 너무 많이 마셨나 봐.
M: _______________________________

(a) 맥주를 차갑게 해줘.
(b) 와인이 맥주보다 건강에 더 좋아.
(c) 또? 네가 그렇게 술에 찌들어 보이는 것도 당연하지.
(d) 바에 데리고 와 준 것 고마워.

[Joseph's Solution]
여자는 지난 밤에 술을 너무 많이 먹었다고 말하고 있다. 따라서 이에 대한 훈계나 조언 등이 나올 것을 예상할 수 있다. 따라서 '그러니까 네가 그렇게 피곤해 보이는 게 당연하다'고 말하는 (c)가 남자의 대답으로 자연스럽다.

[필수어휘]
wasted a. 술에 찌든, 쇠약한

no wonder ~인 것은 놀랄일이 아니다
take out ~를 데리고 나가다

정답 (c)

2.

W: Excuse me, but this is a nonsmoking section.
M: _______________________________

(a) I'd rather you didn't smoke.
(b) I don't mind your smoking.
(c) Oh, I'm sorry. I didn't know.
(d) Really? I'm going to quit smoking.

해석
W: 실례합니다만, 여기는 금연석입니다.
M: _______________________________

(a) 나는 네가 담배를 안 폈으면 좋겠어요.
(b) 네가 담배를 피우는 것 신경 쓰지 않아요.
(c) 오, 미안합니다. 몰랐어요.
(d) 정말이요? 금연할 거예요.

[Joseph's Solution]
여자는 금연석임을 남자에게 주지하고 있다. 따라서 '몰랐다'고 사과하는 (c)가 남자의 대답으로 가장 자연스럽다. (d) quit smoking은 '금연하다'는 의미이며, nonsmoking section에서 이루어지는 대화이므로 앞으로 금연할 것이라는 내용은 적절하지 않다.

[필수어휘]
nonsmoking section 금연석, 금연구역
would rather (…하기 보다는 차라리) …하겠다[하고 싶다]
mind v. ~을 싫어하다
smoke v. 흡연하다

정답 (c)

3.

M: Will you come over to my place for some
  pancakes tonight?

W: ______________________

(a) I don't enjoy that kind of pancake.
(b) Sounds great. What time?
(c) No, not at all.
(d) Yes, I will have pancakes and omelettes.

해석

M: 오늘 밤 팬케이크 먹으러 우리 집에 올래?

W: ______________________

(a) 나는 팬케이크 종류를 좋아하지 않아.
(b) 좋아. 몇 시에?
(c) 아니 전혀 그렇지 않아.
(d) 응, 난 팬케이크와 오믈렛을 먹겠어.

[Joseph's Solution]

오늘 밤에 자신의 집에 저녁먹으러 오라는 남자의 말에 대한 대답으로 참석여부를 말하는 것이 가장 자연스럽다. 따라서 'What time?' 이라고 하며 몇 시에 집에 갈지 묻는 (b)가 자연스럽다.

[필수어휘]

come over (특히 누구의 집에) 들르다
omelette n. 오믈렛
enjoy v. 즐기다, 좋아하다
not at all 전혀 아닌

정답 **(b)**

4.

M: Sarah's still mad at me.

W: ______________________

(a) Did you apologize to her?
(b) Why are you angry at her?
(c) What did she do wrong?
(d) You got stood up again, didn't you?

해석

M: Sarah가 여전히 나에게 화가 났어.

W: ______________________

(a) 그녀에게 사과 했니?
(b) 너는 왜 그녀에게 화가 났니?
(c) 그녀는 무엇을 잘못했니?
(d) 또 바람 맞췄구나, 그렇지?

[Joseph's Solution]

Sarah가 화났다는 말을 하는 남자에게 그 이유에 관련된 대답이 이어지는 것이 가장 자연스럽다. 따라서 부가의문문을 이용하여 '또 바람 맞췄구나'라고 화난 이유를 짐작해서 언급하고 있는 (d)가 가장 적절한 대답이다.

[필수어휘]

apologize v. 사과하다
be mad at 화가 나다(= be angry at)
get stood up 바람 맞추다
wrong a. 잘못된

정답 **(d)**

5.

M: Let me fix you a drink.

W: ______________________

(a) I want you to fix this vending machine.
(b) I really should stop drinking alcohol.
(c) This drink is on the house.
(d) Thank you so much. I was getting thirsty.

해석

M: 음료수 한잔 갖다 줄게.

W: ______________________

(a) 나는 네가 이 자판기를 고쳐줬으면 좋겠어.
(b) 난 정말 술을 끊어야 해.
(c) 이 음료수는 무료야.
(d) 고마워. 목이 마르던 중이야.

[Joseph's Solution]

남자는 여자에게 '음료수를 가져다주겠다'고 말하고 있다. 남자의 말에 fix는 '음식 등을 준비하다, 마련하다'의 의미이다. 그러므로 고맙다고 말하는 (d)가 대답으로 적절하다. (a)의 fix는 '수리하다, 바로잡다'는 의미로 남자의 의도와는 다르게 사용되었다.

[필수어휘]

vending machine 자판기
be on the house 무료이다
fix v. (식사)준비를 하다, 요리하다
thirsty a. 목마른

정답 **(d)**

6.

W: I forgot to wish Joseph a happy birthday
  yesterday.

M: ______________________

(a) When was he born?
(b) Didn't he apologize to you for forgetting your
  birthday?
(c) Happy birthday to him!
(d) Oh, my. He must be disappointed with you.

해석

W: Joseph에게 어제 생일 축하한다는 걸 잊어버렸어.

M: ______________________

(a) 언제 태어났는데?
(b) 너의 생일을 잊어버렸다고 그가 사과하지 않았어?
(c) 그의 생일을 축하해.
(d) 어머나. 그는 너한테 분명 실망했을 거야.

Joseph에게 생일 축하한다는 말을 못했다고 말한 여자에 대한 대답을 골라야 한다. 놀라움의 감탄사와 함께 '그가 분명 실망했을 것이다'라고 Joseph의 감정을 짐작해서 말한 (d)가 적절하다.

[필수어휘]
be disappointed with ~에 실망하다
forget v. 잊다
be born 태어나다
apologize v. 사과하다

정답 **(d)**

7.

M: I've got to run. It's getting late.
W: ___________________________

(a) Okay, thanks for coming. Take care.
(b) Okay. Let's make it at 7 p.m.
(c) Yes, you're late. You'd better hurry up.
(d) You don't have to hurry. Take your time.

해석
M: 뛰어 가야겠어. 늦었어.
W: ___________________________

(a) 응, 와줘서 고마워. 잘 지내.
(b) 좋아. 저녁 7시에 만나.
(c) 응, 너 늦었어. 서둘러야 할 거야.
(d) 서두를 필요 없어. 천천히 해.

[Joseph's Solution]
'서둘러 가야겠다'고 하는 남자에 대한 대답으로는 남자를 보내는 인사말이 적절하다. 따라서 '와줘서 고맙다'고 인사하는 (a)가 자연스러운 대답이다. 'Take care'은 '몸 조심하라'는 헤어질 때의 인사말이다.

[필수어휘]
have got to ~해야 한다
take care 잘지내(헤어질 때 인사말)
make it (모임에) 가다, 참석하다
had better ~하는게 낫다
take your time 천천히 하다

정답 **(a)**

8.

W: It might be a good idea to hire someone to fix this
　　leaky pipe.

M: ___________________________

(a) You took the words out of my mouth.
(b) Everybody's business is nobody's business.
(c) I don't think so. We should call the plumber.
(d) We're in the same boat.

해석
W: 이 새는 파이프를 수리하기 위해 누군가를 고용하는 것은 좋은
　　생각인 것 같아.
M: ___________________________

(a) 내가 그 말 하려던 참이었어.
(b) 사공이 많으면 배가 산으로 간다고.
(c) 나는 그렇게 생각하지 않아. 우리는 배관공을 불러야 해.
(d) 우리는 같은 처지야.

[Joseph's Solution]
'You took the words out of my mouth'는 동의의 표현이다. 따라서 파이프 수리를 위해 누군가를 부르자는 여자의 말에 대해 적극적으로 동의를 표현하고 있는 (a)가 남자의 대답으로 적절하다. 'Everybody's business is nobody's business.'는 '사공이 많으면 배가 산으로 간다'는 속담이고, 'We're in the same boat.'은 '우리는 같은 운명이다'라는 의미이다.

[필수어휘]
leaky a. 새는, 구멍이 난
plumber n. 배관공
fix v. 고치다, 수리하다
take the words out of one's mouth ~이 말하려는 것을 먼저 말하다
hire v. 고용하다

정답 **(a)**

9.

M: What's wrong, Joan? You look so tired.
W: I think I'm coming down with something.
M: Did you go see a doctor?
W: ___________________________

(a) Of course, I'm fine.
(b) Yes, I was really exhausted.
(c) No thanks, I can handle it.
(d) Not yet, but I'm planning to this afternoon.

해석
M: 무슨 일 있어, Joan? 피곤해 보이는 걸.
W: 몸이 안 좋은 것 같아.
M: 병원 가봤어?
W: ___________________________

(a) 물론이야, 난 괜찮아.
(b) 응, 정말 피곤해.
(c) 아니 괜찮아. 나 혼자 할 수 있어.

(d) 아니 아직, 그렇지만 오늘 오후에는 가볼 계획이야.

[Joseph's Solution]
남자는 몸이 안 좋다는 여자에게 병원에 가보았는지 묻고 있으므로, 여자는 병원과 관련된 대답을 할 것으로 짐작할 수 있다. 따라서 Not yet이라는 부정의 말과 함께 '오후에 가볼 것이다'라고 말하고 있는 (d)가 정답이다.

[필수어휘]
be coming down with ~ (병이) 걸릴 것 같다
exhausted a. 몹시 지친, 피곤한
go see a doctor 병원에 가보다
handle v. 처리하다
plan v. 계획하다

정답 (d)

10.

W: Haven't you seen my purse?
M: No, Didn't you check your backpack?
W: Yes, but I couldn't find it.
M: ___________________________

(a) Why not use mine, then?
(b) Well, I will help you find it.
(c) How did you find your backpack?
(d) Let's wait and see.

해석
W: 내 지갑 못 봤어?
M: 아니, 가방 확인해봤어?
W: 응, 그렇지만 찾을 수가 없었어.
M: ___________________________

(a) 그러면 내 것 쓰는 건 어때?
(b) 내가 찾는 걸 도와줄게.
(c) 어떻게 배낭을 찾았니?
(d) 기다려보자.

[Joseph's Solution]
지갑을 찾고 있는 여자에게 어울리는 대답으로 '찾는 것을 도와주겠다'는 (b)가 자연스럽다. 지갑은 나눠 쓸 만한 것이 아니므로, 내 것을 쓰라는 (a)는 상황상 어색하다.

[필수어휘]
backpack n. 배낭, 가방
purse n. 지갑
check v. 확인하다
Why not ~하는거 어때?

정답 (b)

11.

M: It's so hot that we can't do anything today.
W: Then how about we go swimming?

M: But I don't know how to swim.
W: ___________________________

(a) Don't worry, I will teach you.
(b) Practice makes perfect.
(c) I'd love to, but I can't.
(d) Why don't you take a swimming class next
    semester?

해석
M: 오늘 너무 더워서 아무것도 못하겠어.
W: 그러면 수영하러 가는 건 어떨까?
M: 그렇지만 수영하는 법을 몰라.
W: ___________________________

(a) 걱정 마, 내가 가르쳐 줄게.
(b) 연습이 완벽함을 만드는 거야.
(c) 그러고 싶지만 그럴 수 없어.
(d) 다음 학기에 수영 수업을 듣는 건 어때?

[Joseph's Solution]
수영하는 방법을 모른다는 남자에게 어울리는 대답으로 '내가 가르쳐 주겠다'고 제안하는 (a)가 가장 자연스럽다. 오늘 너무 더워서 수영하러 가자고 제안한 것이므로 다음 학기에 수영수업을 들으라고 조언하는 (d)는 내용상 적절하지 않다.

[필수어휘]
semester n. 학기
how about ~어때?
practice n. 연습
worry v. 걱정하다

정답 (a)

12.

M: Do you still have a headache?
W: Yes, I took a painkiller, but it doesn't work.
M: Why not go see a doctor?
W: ___________________________

(a) Yes, I think I should.
(b) Yes, I should take a nap.
(c) Yes, I should drink a lot of water.
(d) I guess I got a butterfly in my stomach.

해석
M: 아직도 두통 있어?
W: 응, 진통제를 먹었지만 효과가 없어.
M: 병원에 가보는 건 어때?
W: ___________________________

(a) 응, 그래야 할 것 같아.
(b) 응, 낮잠을 자야 해.
(c) 응, 물을 많이 마셔야 해.
(d) 긴장이 되는 것 같아.

진통제를 먹어도 두통이 여전하다는 여자에게 남자는 병원에 가보라
고 조언하고 있으므로 병원에 가는 여부로 대답하는 것이 자연스럽
다. 따라서 'Yes'라는 긍정의 말과 함께 그래야 할 것 같다고 대답한
(a)가 정답이다. (b)와 (c)에서처럼 낮잠이나 물을 많이 마시는 것은
일반적으로 두통 치료와 관계가 없다.

[필수어휘]
painkiller n. 진통제
take a nap 낮잠 자다
get a butterfly in one's stomach 긴장하다
headache n. 두통
work v. 효과있다, 작동하다

정답 **(a)**

13.

M: Is the computer in your office working right?
W: Yes, why do you ask? Is anything wrong with
    yours?
M: Yes, mine keeps rebooting for some reason.
W: _______________________

(a) There's nothing wrong with mine.
**(b) That's too bad. Why not take it to the repair
shop and get it serviced?**
(c) Yeah, you had better order a new one online.
(d) I don't know what's wrong with my computer.

해석
M: 사무실의 그 컴퓨터 잘 작동해?
W: 응, 왜 물어보는데? 당신 컴퓨터는 무슨 문제 있어?
M: 응, 내 컴퓨터는 어떠한 이유인지 계속해서 재부팅 돼.
W: _______________________

(a) 내 것에는 아무 문제가 없어.
(b) 그거 안됐네. 수리점에 가져가서 서비스를 받는 것이 어때?
(c) 응, 새로운 것을 온라인으로 주문하는 것이 나을거야.
(d) 내 컴퓨터에 무슨 문제가 있는지 모르겠어.

[Joseph's Solution]
자신의 컴퓨터가 자꾸 재부팅된다는 것으로 문제를 이야기하고 있으
므로, 이러한 문제에 대한 반응이 자연스럽게 이어져야 한다. 따라서
'그것 참 안됐다'는 위로의 말과 함께 '수리점에 맡겨라'고 조언한 (b)
가 대답으로 적절하다.

[필수어휘]
service v. 점검(정비)하다
repair shop 수리점
order v. 주문하다

정답 **(b)**

14.

M: It's raining cats and dogs.
W: Did you remember to bring your umbrella?
M: No, I'm going to have to wait here until the rain
    lets up.
W: _______________________

(a) We should save money for the rainy days.
(b) That sounds wonderful.
(c) Won't you share my umbrella?
(d) How many hours do you have to wait there?

해석
M: 비가 억수같이 쏟아지고 있어.
W: 우산 가져왔어?
M: 아니, 비가 잠잠해질 때까지 기다려야 할 것 같아.
W: _______________________

(a) 우린 만약을 위해 돈을 저축두어야 해.
(b) 그거 멋진데.
(c) 내 우산을 같이 쓰지 않겠어?
(d) 얼마나 오랫동안 거기서 기다려야 해?

[Joseph's Solution]
우산을 가져오지 않은 남자는 비가 그칠 때까지 기다리겠다고 말하
고 있다. 따라서 이에 대한 대답으로 '내 우산을 같이 쓰자'고 제안
하는 (c)가 자연스럽다. (a) rainy days는 힘든 상황이나 만약의 어
려운 상태라는 의미로 쓰이는 말이며, 비가 오는 것과는 직접적인
연관이 없으므로 주의하도록 한다.

[필수어휘]
rain cats and dogs 비가 억수같이 쏟아지다, 아주 세차게 비가
오다
bring v. 가져오다
lets up (비가)멎다, 덜해지다
share v. 공유하다

정답 **(c)**

15.

W: Honey, you'd better not honk that much.
M: But the car didn't use blinkers to change lanes.
W: But you should've yielded a bit.
M: _______________________

(a) Next time you should use your blinkers.
(b) All right. I will try to be a nice driver.
(c) Tailgating is reckless. .
(d) I often forget to use my blinker.

해석
W: 이봐, 그렇게 빵빵거리지 않은 게 좋겠어.
M: 그렇지만 저 차는 차선을 바꿀 때 깜빡이를 사용하지 않았어.
W: 그렇지만 너도 조금 양보했으면 좋았잖아.

M: _______________________________________

(a) 다음 번에는 네가 깜빡이를 사용해야 해.
(b) 알았어. 모범 운전사가 되기 위해 노력할게.
(c) 바짝 따라붙는 것은 위험해.
(d) 나는 깜빡이 사용하는 것을 종종 잊어.

[Joseph's Solution]
양보운전을 하지 않은 남자에 대해 여자는 질타하고 있는 상황이다.
따라서 모범 운전자가 되겠다고 여자의 조언을 받아들이는 (b)가 남
자의 대답으로 자연스럽다. (a)와 (d)는 blinker의 반복 사용을 통해
오답을 유도하고 있다.

[필수어휘]
honk v. 울리다[빵빵거리다]
yield v. 양보하다
tailgate v. 바짝 따라 붙다
reckless a. 무모한, 신중하지 못한
blinkers n. 깜빡이
a bit 조금

정답 (b)

Dictation Practice

1. carry these boxes / I'm up to my ears myself. 2. Can I borrow a quarter? / Use my cell phone instead. 3. I'm expecting a friend of mine. 4. cash traveler's checks / Six hundred dollars / how do you want it 5. if I could check out this magazine / that I photocopy a few pages 6. to give me a lift now / the newly opened restaurant 7. What time is it now? / the first half of this meeting was over / why don't we stop here to have lunch

Answer Keys

Part I 1. (a) 2. (b) 3. (b) 4. (b) 5. (a) 6. (b) 7. (a) 8. (d)

Part II 9. (b) 10. (c) 11. (a) 12. (d) 13. (d) 14. (b) 15. (b)

1.

W: Could you help me carry these boxes?
M: _______________________

(a) I'd love to, but I'm up to my ears myself.
(b) I didn't think you'd be able to carry both boxes at once.
(c) Not in a long time.
(d) Actually, I think I could use a little help.

해석
W: 이 상자 옮기는 것 도와줄 수 있어?
M: _______________________

(a) 그러고 싶지만 할 일이 너무 많아.
(b) 난 네가 한 번에 두 상자를 옮길 수 있다고 생각하지 않아.
(c) 오랫동안 그러지 않았어.
(d) 사실, 약간의 도움을 얻을 수 있을 거라고 생각했어.

[Joseph's Solution]
Could you~?는 부탁의 말을 하는 표현이며, 여자는 상자 옮기는 일을 도와줄 수 있는지 묻고 있다. 대답으로 도와줄 수 있는지의 여부가 와야 하므로 '그러고 싶지만 너무 할 일이 많다'는 말로 도와주지 못하겠다고 우회적으로 표현한 (a)가 대답으로 적절하다.

[필수어휘]
be up to one's ears oneself 너무 바쁘다
in a long time 오랫동안

carry v. 옮기다, 나르다
at once 한번에
actually adv. 사실은

정답 **(a)**

2.

W: Can I reschedule my appointment with Dr. Joseph?
M: _______________________

(a) You should make an appointment before you visit.
(b) A moment, please. I'll check his schedule.
(c) Hello. I'd like to make an appointment for a permanent.
(d) I'm scheduled to take the medicine regularly.

해석
W: Joseph 박사님과의 약속을 다시 잡아줄 수 있어요?
M: _______________________

(a) 방문하시기 전에 약속을 잡으셔야 합니다.
(b) 잠시만요. 일정을 확인해 보겠습니다.
(c) 안녕하세요. 파마하려고 약속을 잡고 싶습니다.
(d) 저는 정기적으로 약을 먹어야 합니다.

[Joseph's Solution]
여자가 남자에게 일정을 새로 잡아달라고 말하고 있으므로 이에 대한 구체적인 대답이 와야 한다. 따라서 '스케줄을 확인해보겠다'고 말하고 있는 (b)가 가장 자연스럽다. (a)와 (c)는 appointment를 반복 사용함으로써 오답을 유도하고 있다.

[필수어휘]
reschedule v. (일정을) 새로 잡다
permanent n. 파마
appointment n. 약속
take the medicine 약을 먹다

regularly adv. 정기적으로

정답 **(b)**

3.

M: The boss wants the sales report ready by tomorrow.

W: ______________________

(a) What about the sales report?
(b) I know, but don't pressure me.
(c) I am supposed to turn in the report in time.
(d) Okay, I'll start doing it tomorrow.

해석
M: 상사는 내일까지 영업 보고서를 원해요.
W: ______________________

(a) 영업보고서는 어때요?
(b) 알고 있어요, 그렇지만 부담주지 마세요.
(c) 제시간에 보고서를 제출하기로 되어 있어요.
(d) 좋아요, 내일 시작할 거예요.

[Joseph's Solution]
'내일까지 영업보고서를 내야 한다'는 남자의 말에 대한 대답으로 'I know'라는 말과 함께 부담주지 말라고 불평하고 있는 (b)가 자연스럽다. (c)는 남자 말에 대한 대답이라기보다는 일정을 확인하는 의미이기 때문에 대화에 어울리지 않는다.

[필수어휘]
pressure v. 압력을 가하다
turn in 제출하다
sales report 영업보고서
be supposed to ~할 예정이다
in time 제 시간에

정답 **(b)**

4.

W: I don't know how to play this new MP3 player.
M: ______________________

(a) Why not take it to a repair center for a refund?
(b) Read the product manual carefully.
(c) I'd like you to take this CD player instead.
(d) I'm not much of a player.

해석
W: 이 새로운 MP3 플레이어를 어떻게 작동시키는지 모르겠어.
M: ______________________

(a) 환불하러 수리점에 보내보는 건 어때?
(b) 상품설명서를 주의 깊게 읽어봐.
(c) 대신 이 CD 플레이어를 가져갔으면 좋겠어.

(d) 나는 대단한 선수가 아니야.

[Joseph's Solution]
MP3 플레이어의 작동 방법을 모른다고 이야기하고 있으므로, 작동할 수 있는 방법에 대한 조언이 나와야 자연스럽다. 따라서 상품 설명서를 주의 깊게 읽어보라고 조언하는 (b)가 대답으로 적절하다. 새 상품이며 고장난 것이 아니기 때문에 repair center에 보내보라는 (a)의 조언은 어색하다.

[필수어휘]
product manual 제품 설명서
refund n. 환불
be not much of ~ 대단한 ~이 아니다
carefully adv. 주의깊게
instead adv. 대신에

정답 **(b)**

5.

W: While you're at the kitchen, could you get me something cold to drink?
M: ______________________

(a) Sure, that shouldn't be a problem.
(b) Okay, what do you want me to get you?
(c) How nice of you!
(d) Sure, come in and have a drink.

해석
W: 부엌에 있는 동안 차가운 마실 것을 좀 가져다 줄래?
M: ______________________

(a) 그래, 문제없어.
(b) 좋아, 너한테 뭘 주길 원해?
(c) 만나서 반가워.
(d) 물론이야, 들어와서 마셔.

[Joseph's Solution]
Could you~?라는 패턴을 통해 여자는 찬 음료를 가져다 달라고 남자에게 부탁하고 있다. 따라서 적극적으로 갖다 주겠다고 말하는 (a)가 대답으로 적절하다. (b)는 선물로 무엇을 사주길 바라는지 묻는 내용이므로 대화에 어울리지 않는다.

[필수어휘]
have a drink 마시다
something cold 차가운 것
come in 들어오다

정답 **(a)**

6.

W: Do you have any coins for the vending machine?
M: ______________________

(a) Certainly, anytime.

(b) **Sorry, I don't.**
(c) I want to change my coins for quarters.
(d) What a strange coincidence!

해석

W: 자판기에 넣으려는데 동전 가진 것 있어?

M: _________________________________

(a) 물론이야, 언제라도.
(b) 미안해, 없어.
(c) 내 동전을 25센트짜리로 바꾸고 싶어.
(d) 정말 이상한 우연이네!

[Joseph's Solution]

자판기에 넣을 동전이 있는지 묻고 있으므로, 동전이 있는지 없는지 에대한 답변이 오는것이 자연스럽다. 따라서 'I don't'이라고 대답한 (b)가 정답이다. (a) Certainly는 강한 긍정이지만, anytime이 내용 상 어색하므로 적절한 응답이 될수 없다.

[필수어휘]

coincidence n. 우연의 일치
coin n. 동전
quarter n. 25센트, 1/4
vending machine 자판기
certainly adv. 물론

정답 **(b)**

7.

M: Can I borrow a quarter? I'd like to make a phone call.

W: _________________________

(a) Use my cell phone instead.
(b) I am also expecting a phone call right now.
(c) The battery became dead an hour ago.
(d) I left my cell phone in my car.

해석

M: 25센트 빌릴 수 있을까? 전화를 걸고 싶어.

W: _________________________

(a) 대신 내 휴대폰을 사용해.
(b) 나도 지금 곧 전화가 올 거야.
(c) 배터리가 1시간 전에 떨어졌어.
(d) 차에 휴대폰을 두고 왔어.

[Joseph's Solution]

전화를 걸기 위해 동전이 있는지 묻고 있으므로, 동전이 있는 지 없 는지에 대한 답변이 가장 우선일 수 있지만, 목적이 전화를 거는 것 이므로 '대신 내 휴대폰을 써라'라고 제안하는 (a)가 정답이 될 수 있 다.

[필수어휘]

make a phone call 전화 걸다
borrow v. 빌리다

instead adv. 대신
expect v. 기다리다, 기대하다
dead a. 전류가 흐르지 않는

정답 **(a)**

8.

M: Excuse me, but is anyone sitting here?

W: _________________________

(a) You can stay overnight, if you want to.
(b) No, that seat is taken.
(c) Don't let me interrupt you.
(d) Yes, I'm expecting a friend of mine.

해석

M: 실례합니다만, 여기 누가 앉나요?

W: _________________________

(a) 원한다면, 일박해도 돼요.
(b) 아니요, 그 자리는 주인이 있어요.
(c) 당신을 방해하지 않을게요.
(d) 네, 제 친구를 기다리고 있어요.

[Joseph's Solution]

자리가 비어져 있는지 또는 주인이 있는지 묻고 있으므로 이에 대한 대답을 찾아야 한다. 따라서 Yes라는 말로 자리가 주인이 있다고 말 한 뒤 친구 자리라고 답한 (d)가 적절한 정답이다.

[필수어휘]

stay overnight 일박하다
interrupt v. 방해하다

정답 **(d)**

9.

M: I'd like to cash traveler's checks, please.
W: How much would you like to cash?
M: 6 hundred dollars, please.
W: _________________________

(a) Keep the change.
(b) Sure, how do you want it?
(c) Could you break a hundred dollar bill?
(d) I don't have enough one-dollar bills. Are quarters OK with you?

해석

M: 여행자 수표를 현금으로 바꾸고 싶은데요.
W: 얼마나 현금으로 바꾸시려고 하는데요?
M: 6백 달러요.
W: _________________________

(a) 잔돈은 가지세요.
(b) 네, 어떻게 바꿔드릴까요?

(c) 100달러를 바꿔주시겠어요?

(d) 저는 1달러 지폐가 충분하지 않아요. 25센트짜리 동전도 괜찮아요?

[Joseph's Solution]
여행자 수표의 현금화를 요청하고 있으므로, 여자의 대답으로는 How를 이용하여 6백 달러를 어떤 화폐 단위로 바꿔 줄지 묻는 (b)가 자연스럽다. (d)는 남자가 할만한 질문으므로 정답으로 적절하지 않다.

[필수어휘]
cash v. 현금화 하다
traveler's check 여행자 수표
quarter n. 25센트짜리 동전
change n. 잔돈
break ~ bill ~지폐를 소액권으로 바꾸다

정답 (b)

10.

W: Joseph, are you busy?
M: A little bit, why?
W: Could you please take out the garbage for me?
M: _______________________

(a) Can I use a garbage disposal in this town?
(b) I don't like junk food such as hamburgers and pizza.
(c) Sure. Anything else?
(d) Don't throw away too much garbage!

해석
W: Joseph, 바빠?
M: 조금, 왜?
W: 나 대신 쓰레기를 내다 버려줄래?
M: _______________________

(a) 이 동네에서 음식 찌꺼기 처리기를 사용할 수 있니?
(b) 햄버거나 피자 같은 불량식품은 좋아하지 않아.
(c) 그래. 또 시킬거 있니?
(d) 쓰레기를 너무 많이 버리지 마!

[Joseph's Solution]
Could you~?를 이용하여 쓰레기를 대신 버려달라고 부탁하고 있으므로 부탁에 대한 수락여부로 대답하는 것이 적절하다. 따라서 Sure이라는 부탁에 대한 긍정의 답과 함께 다른 것 또 부탁할 것이 있는지 묻는 (c)가 자연스럽다.

[필수어휘]
garbage n. 쓰레기
garbage disposal 음식 찌꺼기 처리기
junk food 불량식품
take out 내가다
throw away 버리다

정답 (c)

11.

M: I was wondering If I could check out this magazine.
W: Sorry, you can't. You can just read it here in the library.
M: Then is it possible that I photocopy a few pages?
W: _______________________

(a) Of course, it is.
(b) Don't bother.
(c) Never mind.
(d) I don't enjoy coffee.

해석
M: 이 잡지를 가져가서 볼 수 있는지 궁금하네요.
W: 죄송해요, 안됩니다. 도서관 안에서 읽으셔야 해요.
M: 그러면 몇 장 복사할 수 있을까요?
W: _______________________

(a) 물론입니다.
(b) 귀찮게 그러지 마세요.
(c) 신경 쓰지 마세요.
(d) 전 커피를 좋아하지 않아요.

[Joseph's Solution]
잡지를 복사할 수 있는지 묻고 있으므로, 복사할 수 있다 또는 없다는 응답이 이어지는것이 자연스럽다. 따라서 '물론입니다'라고 응답한 (a)가 정답이다.

[필수어휘]
photocopy v. (복사기로) 복사하다
wonder v. 궁금해하다
check out (책을) 대출하다
bother v. 귀찮게 하다
Never mind. 신경쓰지 마세요.

정답 (a)

12.

M: I'd like you to give me a lift now.
W: No problem. To where?
M: I want to go to the newly opened restaurant.
W: _______________________

(a) When shall we make it then?
(b) I couldn't agree with you more.
(c) Go straight two blocks, and you will find it on your left.
(d) That shouldn't be a problem.

해석
M: 지금 차를 태워주면 좋겠어.
W: 문제없어. 어디로 가는데?

M: 새로 오픈한 레스토랑에 가고 싶어.

W: _______________________

(a) 그러면 언제 만날 수 있어?
(b) 완전히 동감이야.
(c) 두 블록을 곧장 간 후 왼쪽에서 발견할 수 있을 거야.
(d) 전혀 문제없어.

[Joseph's Solution]
새로 오픈한 레스토랑에 가고 싶다는 말은 그곳으로 태워달라는 의미이므로 태워줄 수 있다 또는 없다의 여부를 밝히는 것이 대답으로 적절하다. 따라서 문제없다고 말한 (d)가 정답이다.

[필수어휘]
newly adv. 새롭게
give one a lift ~를 차태워주다
make it 만나다
I couldn't agree with you more. 전적으로 동감해.

정답 **(d)**

13.

W: What time is it now? Is it about time that the first half of this meeting was over?
M: I think so. Lunch is already ready and it's getting cold.
W: Then why don't we stop here to have lunch and pick up later after lunch?
M: _______________________

(a) Sorry, we can't. We are getting hungry.
(b) Absolutely, follow me, please.
(c) Certainly, I can manage it in a couple of hours.
(d) Sounds like a good idea. Let's wrap things up.

해석
W: 지금 몇 시예요? 이 회의의 전반부가 끝날 시간인가요?
M: 그럴 것 같아요. 점심이 이미 준비되었고, 식어가고 있어요.
W: 그러면 이쯤에서 점심식사하러 중단했다가 점심 후에 다시 시작하는 게 어떨까요?
M: _______________________

(a) 미안해요, 그럴 수 없어요. 우린 배고파요.
(b) 물론이죠, 저를 따라오세요.
(c) 확실히 몇 시간 안에 그것을 처리할 수 있어요.
(d) 좋은 생각이에요. 정리하죠.

[Joseph's Solution]
여자는 점심 식사를 위해 회의를 중단하자고 제안하고 있으므로 제안에 대한 긍정이나 부정의 말이 대답으로 자연스럽다. 따라서 '좋은 생각이다'라고 동의를 표현하고 있는 (d)가 정답이다. (b) follow me는 길 안내에 적합한 말이므로 내용상 자연스러운 대답이 아니다.

[필수어휘]
pick up 다시 시작하다, 계속하다

be over 끝나다
absolutely adv. 완전히
manage v. 처리하다
wrap up (일에) 매듭을 짓다, 결론을 내리다

정답 **(d)**

14.

M: What do you say to coming over to my place and having dinner with me this Saturday?
W: That would be nice. But I don't know where you live.
M: Apartment 608, 2nd Street Southeast.
W: _______________________

(a) I got it. but I'm afraid I can't.
(b) Okay, but could you text message it to my cell phone?
(c) Excuse me, but you're in my way.
(d) Thanks, but I'm not hungry.

해석
M: 토요일 날 우리 집에 와서 저와 함께 저녁 먹을래요?
W: 좋아요. 그렇지만 당신이 어디 사는지 모르는데요.
M: Southeast 2번가 아파트 608호예요.
W: _______________________

(a) 알았어요. 그렇지만 못갈 것 같아요.
(b) 알았어요, 그렇지만 휴대폰에 문자메시지로 그 주소를 남겨줄래요?
(c) 실례지만, 제 길을 막고 있어요.
(d) 감사합니다만, 배고프지 않아요.

[Joseph's Solution]
남자의 주소를 묻고나서 '문자로 주소를 다시 보내달라'고 부탁하는 (b)가 여자의 대답으로 가장 자연스럽다. 'I got it'이라고 긍정의 표현을 한 후, 갈수 없을것 같다고 한 (a)는 적절하지 않다.

[필수어휘]
in one's way (~의[를]) 길을 막는[방해하는]
text message (휴대전화로 보내는) 문자 메시지
What do you say (to)~? ~하는 거 어때?

정답 **(b)**

15.

W: Would you like to come over to my house for dinner this evening?
M: I'd be glad to. What time?
W: Drop by any time after six.
M: _______________________

(a) I'm sorry, but I can't come over this evening.
(b) Sure. What time shall we meet?

해석

W: 오늘 저녁에 우리 집에 와서 저녁 먹을래요?
M: 좋아요. 몇 시요?
W: 6시 이후에 아무 때나 들려요.
M: ______________________________

(a) 미안하지만, 오늘 저녁에 갈 수 없어요.
(b) 물론. 몇시에 만날까요?
(c) 귀찮게 그러지 말아요. 내가 혼자 할게요.
(d) 내일이 더 저에게는 좋아요.

[Joseph's Solution]

저녁식사를 초대하는 여자에게 제안을 수락하고 언제 만날지 되묻는 응답이 남자의 답변으로 자연스럽다. (d)의 내일이 더 좋다는 말은 거절의 표현이므로 흐름상 적절하지 않다.

[필수어휘]

drop by 들리다, 잠깐 방문하다
Don't bother. 신경쓰지 마세요.
suit v. 적합하다

정답 **(b)**

Dictation Practice

1. I really appreciate your helping me out. 2. admitted to the world's best university 3. I got an A on the math exam. 4. what happened to him? / He just got promoted / to have such a hard-working man 5. I appreciate your invitation. / Your place looks very snug. 6. You got a new hairdo! / It looks good on you. 7. could give me a lift home / I have to work till late. / I'll give you a ride next time.

Answer Keys

Part I 1. (b) 2. (b) 3. (a) 4. (c) 5. (c) 6. (b)
7. (b) 8. (d)

Part II 9. (a) 10. (c) 11. (d) 12. (a) 13. (c)
14. (c) 15. (b)

1.

M: I'm terribly sorry about taking your time.
W: ___________________________

(a) How kind of you!
(b) That's all right.
(c) It's time you apologized.
(d) You did a good job.

해석
M: 시간을 뺏어서 너무나 죄송해요.
W: ___________________________

(a) 친절하시기도 해라!
(b) 괜찮아요.
(c) 당신이 사과해야 할 때예요.
(d) 잘 했어요.

[Joseph's Solution]
시간을 많이 뺏어서 미안하다고 사과하는 말에 대한 대답으로 괜찮다는 말 혹은 화를 내는 내용이 오는 것이 적절하다. 따라서 괜찮다고 하는 (b)가 정답이다. (c)는 무례한 답변이므로 정답이 될 수 없다.

[필수어휘]
take your time (서두르지 않고) 천천히 하다, 늑장을 부리다
apologize v. 사과하다
terribly adv. 몹시
That's all right. 괜찮아요.

do a good job 잘하다

정답 (b)

2.

M: I'm so sorry for being late.
W : ___________________________

(a) Yes, I'll be back in a while.
(b) OK, you can have an extension.
(c) Long time, no see.
(d) Better late than never.

해석
M: 늦어서 정말 미안해.
W: ___________________________

(a) 그래, 곧 돌아올게.
(b) 괜찮아. 연장근무를 하면 돼.
(c) 오랜만이야.
(d) 늦는 것이 아예 안 하는 것보다 나아.

[Joseph's Solution]
늦은 것에 대해 사과하는 남자의 말에 대해 괜찮다는 말이나 또는 늦었으니 대체할 방안을 언급하는 답변이 자연스럽다. 따라서 늦었으니 대신 연장근무를 하라고 제안하는 (b)가 정답이다.

[필수어휘]
have an extension 연장근무를 하다
in a while 곧
Long time, no see. 오랜만이야.
Better late than never. (속담)시작이 반이다.

정답 (b)

3.

M: Thanks for showing me around the office.
W: _______________________

(a) Don't mention it. It's just my job.
(b) I really don't know how to thank you.
(c) I'm surprised to hear that.
(d) That's a great idea. Thanks a million.

해석
M: 사무실을 구경시켜 줘서 고마워요.
W: _______________________

(a) 천만에요. 제 일인걸요.
(b) 어떻게 감사를 드려야 할지 모르겠네요.
(c) 그 소식을 듣고 놀랐어요.
(d) 좋은 생각이에요. 너무나 감사해요.

[Joseph's Solution]
사무실을 구경시켜 줘서 고맙다는 말에 대한 대답으로는 천만에요 (Don't mention it)이라고 말한 (a)가 자연스럽다. 고맙다는 말에 대한 대답으로는, 'Don't mention it', 'It's my pleasure' 또는 'You're welcome'과 같은 표현이 자주 쓰인다.

[필수어휘]
mention v. 언급하다
show around 구경시켜 주다
Thanks a million! 정말 고맙습니다!
surprised a. 놀란

정답 **(a)**

4.

W: I really appreciate your helping me out.
M: _______________________

(a) I really enjoyed myself.
(b) It's better than nothing.
(c) It was my pleasure.
(d) You're telling me.

해석
W: 도와줘서 너무 고마워.
M: _______________________

(a) 정말 즐거웠어.
(b) 아무것도 아닌 것보다는 나아.
(c) 내가 오히려 기뻤어.
(d) 전적으로 동의해.

[Joseph's Solution]
도와주어서 고맙다고 말하는 여자에 대한 대답으로는 '내가 오히려 도와줘서 기뻤다'고 말하는 (c)가 적절하다. 'I really enjoyed myself.'는 매우 즐거웠다는 의미이며, 'It's better than nothing'는 아무것도 없는 것보단 낫다는 의미이다.

[필수어휘]
You're telling me. 내 말이 바로 그 말이에요.
help out 도와주다
pleasure n. 기쁨
appreciate v. 감사하다

정답 **(c)**

5.

M: Thank you so much for inviting me to have dinner with you.
W: _______________________

(a) You can come too.
(b) Thanks, but I've had enough.
(c) Hope you like the meal.
(d) Are you coming to dinner with us?

해석
M: 저녁식사에 초대해 주셔서 너무 감사합니다.
W: _______________________

(a) 당신도 와도 좋아요.
(b) 감시합니다만, 충분히 먹었어요.
(c) 식사가 마음에 드시길 바랍니다.
(d) 우리와 저녁 식사 하러 오세요?

[Joseph's Solution]
저녁식사 초대에 대해 감사하고 있으므로, 이에 대한 대답으로는 식사가 마음에 들길 바란다는 (c)가 자연스럽다. (b)는 식사를 더 하라는 제안에 대한 대답이다.

[필수어휘]
meal n. 식사
I've had enough. 배불러요.
invite v. 초대하다
dinner n. 저녁식사

정답 **(c)**

6.

M: Look! I just got admitted to the world's best university.
W: _______________________

(a) I also attended the university.
(b) Wow. Congratulations!
(c) Admittedly, I don't know any universities.
(d) Your hard work didn't pay off.

해석
M: 봐봐! 내가 세계 최고의 대학에 방금 입학 허가를 받았어.
W: _______________________

(a) 나 또한 그 대학에 입학했어.
(b) 와우, 축하해!
(c) 인정하건대, 난 다른 대학은 몰라.
(d) 네가 열심히 한 것이 성공하지 못했구나.

[Joseph's Solution]
남자는 최고의 대학에 입학 허가를 받았다고 하고 있으므로 축하한다는 의미의 표현으로 대답해야 자연스럽다. 따라서 (b)가 정답이다. (a)는 축하한다는 말 뒤에나 나올 수 있는 대답이다.

[필수어휘]
admittedly adv. 인정하건대
pay off 성공하다[성과를 올리다]
admit v. 허가하다
attend v. 참석하다, 입학하다
Congratulations! 축하해!

정답 **(b)**

7.
W: Martin and I are getting married.
M: ______________________

(a) Sounds like a great idea!
(b) That's wonderful. I'm very happy for you.
(c) I don't know what you're talking about.
(d) Congratulations! By the way, who is your
    bridegroom?

해석
W: Martin과 나는 결혼 할 거야.
M: ______________________

(a) 좋은 생각이야!
(b) 멋지구나. 너무 잘됐다.
(c) 네가 무슨 소리하는지 모르겠어.
(d) 축하해! 그건 그렇고, 누가 신랑이야?

[Joseph's Solution]
여자는 결혼 소식을 전하고 있으므로, 축하한다는 뜻의 답변이 이어져야 자연스럽다.따라서 (b)가 정답으로 적절하다. 이미 Martin과 결혼한다고 밝혔으므로 내용상 (d) 누가 신랑인지 묻는 질문은 적절하지 않다.

[필수어휘]
bridegroom n. 신랑(cf. bride 신부)
get married 결혼하다
by the way 그런데
wonderful a. 멋진

정답 **(b)**

8.
W: I got an A on the math exam.
M: ______________________

(a) You'll do better next time.
(b) That's a shame.
(c) I ordered it nearly an hour ago.
(d) Well done.

해석
W: 수학시험에서 A를 받았어.
M: ______________________

(a) 다음에는 더 잘 할 거야.
(b) 부끄러운 일이다.
(c) 난 그것을 거의 한 시간 전에 주문했어.
(d) 잘했어.

[Joseph's Solution]
수학시험에서 좋은 성적을 받은 여자에게 축하한다는 말이나 칭찬의 말로 대답하는 것이 적절하므로, (d)가 정답이다. (b) 부끄럽거나 (a) 다음에 잘하라는 격려의 말은 자연스럽지 않다.

[필수어휘]
shame n. 수치심, 창피
get an A A를 받다
order v. 주문하다
nearly adv. 거의
Well done! 잘했어!

정답 **(d)**

9.
M: Here's your cell phone.
W: Are you finished with it?
M: Yes. Thanks a million.
W: ______________________

(a) Anytime.
(b) Don't interrupt me.
(c) My cell phone isn't working.
(d) That's all right.

해석
M: 휴대폰 여기 있어.
W: 다 썼니?
M: 응, 너무 고마워.
W: ______________________

(a) 언제라도 괜찮아.
(b) 나를 방해하지 마.
(c) 내 휴대폰은 작동되지 않아.
(d) 괜찮아.

[Joseph's Solution]
휴대폰을 사용한 뒤 고맙다고 하는 남자에게 대한 답변으로 (a)가 가장 자연스럽다. (d)의 괜찮다는 표현은 위로나 격려를 해주는 상황에 쓰이는 표현으로써 적절하지 않다.

[필수어휘]

work v. 작동하다

be finished with 끝나다

anytime adv. 언제든지

interrupt v. 방해하다

정답 **(a)**

10.

W: Did you hear the news about my husband John?
M: No, what happened to him?
W: He just got promoted to assistant manager!
M: ___________________________

(a) Anything is all right with me.
(b) You must be kidding. That's impossible.
(c) You must be happy to have such a
    hard-working man as your husband.
(d) What's going on between you and your husband?

해석

W: 내 남편 John에 대한 소식 들었어?
M: 아니, 무슨 일 있어?
W: 그가 차장으로 승진했어!
M: ___________________________

(a) 나는 다 괜찮아.
(b) 농담이겠지. 그건 불가능해.
(c) 열심히 일하는 남자를 남편으로 두다니 너무 행복하겠다.
(d) 너와 남편 사이에 무슨 일이 있니?

[Joseph's Solution]

남편의 승진 소식을 전하는 여자에 대한 대답으로 축하의 표현이 자연스럽다. 따라서 그런 멋진 남편을 두어 좋겠다고 표현하는 (c)가 남자의 대답으로 가장 자연스럽다.

[필수어휘]

assistant manager 부지배인, 차장

hard-working a. 근면한

promote v. 승진하다

You must be kidding. 농담이겠지.

between A and B A와 B사이에

정답 **(c)**

11.

W: I appreciate your invitation.
M: Come on in and have a seat.
W: Your place looks very snug.
M: ___________________________

(a) I'm glad you like your place.
(b) Yes, it's more expensive than mine.
(c) Oh, it was nothing.

(d) Make yourself at home.

해석

W: 초대해줘서 고마워.
M: 이리 와서 앉아.
W: 너의 집은 매우 아늑해 보여.
M: ___________________________

(a) 너의 집을 좋아한다니 기쁘다.
(b) 그래, 내 집보다 더 비싸.
(c) 오, 아무 것도 아니었어.
(d) 편하게 네 집처럼 생각해.

[Joseph's Solution]

남자의 집에 초대받은 여자는 집이 매우 아늑하다고 소감을 이야기하고 있다. 이에 대한 남자의 대답으로는 고맙다는 말이나 네 집처럼 편하게 지내라고 이야기하는 것이 적절하므로 (d)가 정답이다.

[필수어휘]

snug a. 아늑한, 포근한

invitation n. 초대

have a seat 앉다

Make yourself at home. 편히 지내.

정답 **(d)**

12.

M: Didn't you check out my text message?
W: No, What message?
M: Yesterday I asked your secretary to tell you to call me back.
W: ___________________________

(a) Sorry, I just got back from a vacation.
(b) I think you really deserve such good luck.
(c) I can't believe what you're saying!
(d) I didn't text message you.

해석

M: 내 문자 메시지 확인 안 했어?
W: 응, 무슨 메시지?
M: 어제, 당신 비서에게 다시 전화 걸어달라고 요청했어요.
W: ___________________________

(a) 미안, 휴가에서 이제 막 돌아왔어.
(b) 난 네가 그런 행운을 받을 만하다고 생각해.
(c) 네가 말하는 것을 믿을 수가 없어!
(d) 나는 너한테 문자 메시지를 보내지 않았어.

[Joseph's Solution]

남자는 비서에게 전화메모를 전해달라고 한 이야기 못 들었냐고 확인하고 있다. 따라서, 이에 대한 여자의 대답으로는 듣지 못한 이유나 전화를 다시 하지 못한 이유가 이어져야 자연스럽다. 따라서 휴가갔다가 이제 막 돌아왔다고 그 이유를 설명한 (a)가 정답이다.

check out ~을 확인[조사]하다
text message 문자를 보내다
secretary n. 비서
deserve v. ~받을 가치가 있다

정답 **(a)**

13.

M: You got a new hairdo!
W: Well, thanks for noticing it.
M: It looks good on you.
W: ____________________

(a) Don't tell me you don't like my hairdo.
(b) It's worth every penny.
(c) Thanks, it cost an arm and a leg.
(d) You are being so mean.

해석
M: 머리 새로 했구나!
W: 알아차려줘서 고마워.
M: 너한테 잘 어울려.
W: ____________________

(a) 내 머리 스타일이 마음에 들지 않는다고 말하지 마.
(b) 그만한 가치는 있었어.
(c) 고마워, 엄청난 거금이 들었어.
(d) 넌 너무 못되게 굴고 있어.

[Joseph's Solution]
남자가 바뀐 머리스타일이 잘 어울린다고 이야기하고 있으므로, 칭찬에 대한 적절한 응답을 찾아야 한다. 따라서 고맙다는 말과 함께, 'it cost an arm and a leg(엄청난 거금이 들었다)'는 표현으로 대답한 (c)가 정답이다.

[필수어휘]
hairdo n. 머리 모양, 머리 스타일
mean a. 못된, 예민한
notic v. 알아채다
look good on one ~에게 잘 어울리다
worth a. 가치있는
cost an arm and a leg 엄청난 돈이 들다

정답 **(c)**

14.

M: I was wondering if you could give me a lift home tonight.
W: Sorry I can't. I have to work till late.
M: That's okay. I can take a taxi home.
W: ____________________

(a) Thanks so much for giving me a lift home.
(b) Whenever you need them.
(c) Sorry about that, I'll give you a ride next time.
(d) How nice of you to say so.

해석
M: 오늘 밤 집에 태워다 줄 수 있는지 궁금하네요.
W: 미안하지만 그럴 수 없어요. 늦게까지 일해야 할 것 같아요.
M: 괜찮아요. 집에 택시 타고 가도 되요.
W: ____________________

(a) 집에 태워다 줘서 너무 고마워요.
(b) 당신이 필요로 하면 언제라도.
(c) 미안하지만, 다음에 태워다 줄게요.
(d) 그렇게 말해주니 너무 친절하네요.

[Joseph's Solution]
대화에서 차를 태워달라는 남자의 부탁을 여자가 거절하는 상황이다. 따라서 다음에 태워주겠다는 (c)가 정답이다.

[필수어휘]
give ~ a lift(ride) ~를 태워주다
whenever ~할 때는 언제든지
nice a. 친절한

정답 **(c)**

15.

W: I can't believe what you bought for me as a birthday gift.
M: So, you mean you like it?
W: Yes, I love it. It's the best birthday gift ever.
M: ____________________

(a) You had it coming.
(b) I'm so glad you like it.
(c) Don't bother.
(d) That's exactly what I was thinking.

해석
W: 당신이 내게 준 생일 선물이 나는 믿기지가 않아요.
M: 그래서, 그 말은 마음에 든다는 뜻인가요?
W: 네, 너무 좋아요. 최고의 생일선물이에요.
M: ____________________

(a) 자업자득이예요.
(b) 마음에 든다니 나도 기쁘네요.
(c) 귀찮게 그러지 말아요.
(d) 내가 생각하고 있는 게 바로 그거예요.

[Joseph's Solution]
최고의 선물을 해주어서 고맙다고 감사를 표하는 여자에 대한 대답으로 '좋아하니 기쁘다'는 (b)가 자연스럽다. (a)는 부정적인 의미의 말이므로, 현재의 대화 상황에서 어울리지 않는다.

[필수어휘]
You had it coming. 자업자득이다.
exactly adv. 정확히
birthday gift 생일선물

정답 **(b)**

Dictation Practice

1. I broke up with Terry. / you two were good for each other. 2. I'm sure you can do it yourself.
3. to have left my car key at the store / I'll go get it for you. 4. I just got back from a trip / It rained every day. / you must have been disappointed. 5. I missed my bus. / My alarm didn't go off. 6. in the accounting department / She got fired for negligence. / That's a shame. 7. you can't get to the airport in time / I'll have to get my ticket changed.

Answer Keys

Part I 1. (a) 2. (c) 3. (a) 4. (d) 5. (d) 6. (d) 7. (b) 8. (d)

Part II 9. (b) 10. (a) 11. (c) 12. (b) 13. (a) 14. (b) 15. (b)

1.

W: I'm sorry I didn't mean to get in your way.
M: _______________________

(a) **It's all right.**
(b) You don't know the way.
(c) I was glad to see them.
(d) I didn't get it.

해석

W: 너를 방해할 생각은 아니었는데 미안해.
M: _______________________

(a) **괜찮아.**
(b) 넌 그 길을 몰라.
(c) 그들을 만나서 기뻐.
(d) 나는 이해를 못했어.

[Joseph's Solution]

방해해서 미안하다고 사과하는 여자에게 괜찮다는 말로 답변하는 것이 가장 자연스럽기 때문에 정답은 (a)이다. get은 다양한 의미로 사용되는 동사로써 (d)는 '이해하다'의 의미로 사용되었다.

[필수어휘]

get in one's way ~를 방해하다
all right 괜찮은
glad a. 기쁜

정답 **(a)**

2.

M: I messed up the math test.
W : _______________________

(a) I know, I got it all wrong again.
(b) Don't let me interrupt you.
(c) **Don't worry, you'll do better next time.**
(d) It's wasn't your fault.

해석

W: 나는 수학 시험을 망쳤어.
M: _______________________

(a) 알아, 내가 일을 모두 망쳤어.
(b) 방해하지 않을께.
(c) **걱정마, 다음에 더 잘할 거야.**
(d) 그건 너의 잘못이 아니였어.

[Joseph's Solution]

수학시험을 망쳤다고 하는 남자에 대한 적절한 대답은 위로와 격려의 말이다. 따라서 '걱정하지 마'라는 말과 함께 다음에 더 잘할 것이라고 위로하는 (c)가 정답이다. 시험을 못 본 것에 대한 격려로 (d)는 부적절하다.

[필수어휘]

mess up 망치다
fault n. 결점
interrupt v. 방해하다
do better 더 잘하다
next time 다음 번에

정답 **(c)**

3.

W: I broke up with Terry.
M: _______________________

(a) Sorry to hear that. I thought you two were good for each other.
(b) Yes, you look happy.
(c) Now you're talking.
(d) You'd better apologize to him.

해석
W: 나 Terry랑 헤어졌어.
M: ______________________

(a) 안됐네. 난 너희 둘이 서로 잘 맞는다고 생각했어.
(b) 응, 너 행복해 보여.
(c) 이제야 이야기를 알아듣겠어.
(d) 그에게 사과하는 게 좋겠어.

[Joseph's Solution]
애인과 헤어졌다는 여자의 말에 대한 적절한 응답으로 Sorry to hear that이라는 안타까움의 표현과 함께 잘 어울렸다고 말하는 (a)가 자연스럽다. 헤어진 사람에게 (b)는 적절하지 않다.

[필수어휘]
break up with ~와 헤어지다
each other 서로
apologize v. 사과하다
had better ~하는게 좋겠다

정답 (a)

4.

W: The doctor said that my mother has got breast cancer.
M: ______________________

(a) She should go see a doctor.
(b) She sought a second opinion.
(c) Why didn't she see another doctor?
(d) Oh, that's too bad.

해석
W: 의사 선생님이 우리 엄마가 유방암에 걸렸대.
M: ______________________

(a) 어머니는 병원에 가봐야 해.
(b) 어머니는 다른 의사의 의견을 찾았어.
(c) 왜 다른 의사를 찾지 않으셨대?
(d) 어머나, 너무 안 되셨다.

[Joseph's Solution]
엄마가 유방암 진단을 받았다는 여자의 말에 대한 남자의 적절한 대답은 위로와 격려이다. 따라서 (d)가 정답이다.

[필수어휘]
breast cancer 유방암
seek v. (…을 발견하기 위해) 찾다
second opinion 다른 의사의 의견[진단]

정답 (d)

5.

M: I can't solve this problem. It's too difficult.
W: ______________________

(a) Never mind.
(b) Better late than never.
(c) Is there any problem with it?
(d) Come on, I'm sure you can do it yourself.

해석
M: 나는 이 문제를 풀 수가 없어. 너무 어려워.
W: ______________________

(a) 신경 쓰지 마.
(b) 전혀 안 하는 것보다는 늦는 게 더 나아.
(c) 거기에 무슨 문제가 있니?
(d) 힘내, 나는 네가 혼자서 할 수 있다는 거 알아.

[Joseph's Solution]
문제가 너무 어려워서 풀 수 없다는 남자의 말에 대한 적절한 대답으로는 '혼자서도 잘 할 수 있다'는 (d)가 자연스럽다. (c)는 problem을 반복 언급하여 혼동을 주는 선택지이므로 주의하자.

[필수어휘]
solve v. 풀다, 해결하다
problem n. 문제
Never mind. 신경쓰지마.

정답 (d)

6.

W: I'm so sleepy. I can't seem to work any more.
M: ______________________

(a) Don't work too hard.
(b) I'm sure you'll do better next time.
(c) You shouldn't have gone to bed that early.
(d) Okay, let's call it a day.

해석
W: 너무 졸려. 더 이상 일할 수 없을 것 같아.
M: ______________________

(a) 너무 열심히 일하지 마.
(b) 너는 다음에 더 잘 할 거라고 확신해.
(c) 너는 그렇게 일찍 잠자리에 들어서는 안됐어.
(d) 좋아. 오늘은 그만하자.

[Joseph's Solution]
너무 졸려서 더 이상 일을 못하겠다는 여자의 말에 대한 대답으로는 일을 그만하자거나 좀 더 힘내서 하자는 내용이 오는 것이 자연스럽다. 따라서 오늘은 그만하자는 (d)가 적절한 대답이다.

7.

M: What's the weather like in Seoul tonight?
W: _______________________

(a) I feel a bit under the weather.
(b) It rains cats and dogs.
(c) I have a cold.
(d) It doesn't matter whether you like it or not.

해석
M: 오늘 저녁 서울 날씨는 어때?
W: _______________________

(a) 몸이 좀 안 좋아.
(b) 억수같이 비가 내려.
(c) 감기 걸렸어.
(d) 좋아하든 좋아하지 않든 그건 중요하지 않아.

[Joseph's Solution]
서울의 오늘 날씨를 묻고 있으므로 날씨에 대한 내용이 대답으로 와
야 한다. 따라서 비가 많이 온다는 (b)가 대답으로 적절하다. (a) 'I
feel a bit under the weather.'는 '컨디션이 좀 안 좋다, 몸이 좀 안
좋다'는 의미로, weather와 관계가 없으며, (c)는 춥다는 말이 아니
라 감기 걸렸다는 의미이다.

[필수어휘]
rain cats and dogs 비가 세차게 내리다
under the weather 몸이 안 좋은
have a cold 감기 걸리다
matter v. 중요하다
whether ~ or not ~인지 아닌지

정답 **(b)**

8.

W: Oh, no! I seem to have left my car key at the
store.
M: _______________________

(a) You might want to try another shop.
(b) Sorry, I haven't seen it.
(c) I can't find my car key.
(d) Don't worry. I'll go get it for you.

해석
W: 어머, 안 돼! 내 자동차 열쇠를 가게에 두고 온 것 같아.
M: _______________________

(a) 넌 다른 가게에 가보고 싶구나.
(b) 미안해, 그것을 보지 못했어.
(c) 나는 내 자동차 열쇠를 찾을 수가 없어.
(d) 걱정마. 내가 대신 가져다 줄게.

[Joseph's Solution]
자동차 열쇠를 가게에 두고 왔다는 여자의 말에 대한 대답으로 걱정
하지 말라는 위로나 혹은 질타의 말을 하는 것이 자연스럽다. 따라
서 Don't worry라는 말과 함께 자신이 열쇠를 가져오겠다는 (d)가
대답으로 적절하다.

[필수어휘]
leave v. 남기다
try v. 시도하다
go (and) get it for~ ~를 위해 갖다 주다

정답 **(d)**

9.

W: I heard some bad news today.
M: What bad news?
W: Well, the couple living next door are getting
divorced.
M: _______________________

(a) Why did they get married?
**(b) I can't believe it. I thought they were made for
each other.**
(c) You took the word right out of my mouth.
(d) That name doesn't ring a bell to me.

해석
W: 난 오늘 나쁜 소식을 들었어.
M: 무슨 나쁜 소식?
W: 글쎄, 옆집에 사는 부부가 이혼하려 한대.
M: _______________________

(a) 왜 결혼했대?
(b) 믿을 수 없어. 그들이 천생연분이라고 생각했었거든.
(c) 내 말이 그 말이야.
(d) 그 이름은 나에게 낯설어.

[Joseph's Solution]
여자는 이웃집 부부의 이혼소식을 전하고 있다. 따라서 이에 대한
남자의 대답으로는 놀라움의 표현이 자연스럽다. 그러므로 안타까
움을 표현하고 있는 (b)가 정답이다.

[필수어휘]
don't ring a bell 기억나지 않다
next door 옆집
divorce v. 이혼하다

made for each other 천생연분

정답 **(b)**

10.

W: I'm afraid I'm going to get an F in Math.
M: Why? Didn't you study for the exam?
W: I did, but I had the flu and couldn't concentrate on the midterm exam.
M: _______________________

(a) Don't worry. I'm sure you'll do better on your final.
(b) I'm so happy the midterm is almost over.
(c) You might want to prepare for the exam.
(d) Congratulations! I'll take you out to dinner.

해석
W: 아무래도 수학에서 F맞을 것 같아.
M: 왜? 시험공부 안 했어?
W: 했어. 그렇지만 감기가 걸렸고, 중간고사에 집중할 수가 없었어.
M: _______________________

(a) 걱정마. 기말고사에서 더 잘할 거라고 확신해.
(b) 중간고사가 거의 끝나서 난 너무 행복해.
(c) 너는 아무래도 시험을 준비하고 싶은가 봐.
(d) 축하해! 저녁식사에 데려갈게.

[Joseph's Solution]
수학시험에서 F를 맞을 것 같다고 말하는 여자에게 해줄 말로 적절한 것은 위로나 격려이다. 따라서 (a)가 대답으로 가장 자연스럽다.

[필수어휘]
have the flu (유행성) 감기에 걸리다
concentrate on ~에 집중하다
midterm exam 중간고사(cf. last term exam 기말고사)
final n. 최종시험
almost adv. 거의

정답 **(a)**

11.

M: I just got back from a trip to Europe.
W: Really? How did you like it?
M: It was terrible. It rained every day.
W: _______________________

(a) I'm sorry my vacation was over.
(b) Wow, sounds interesting!
(c) Really? Oh, you must have been disappointed.
(d) The weather was not good enough.

해석
M: 유럽 여행에서 방금 돌아왔어.
W: 정말? 어땠어?
M: 끔찍했어. 매일 비가 왔어.
W: _______________________

(b) 유감스럽지만 내 휴가는 끝났어.
(b) 와우, 재밌겠다!
(c) 정말? 어머나, 너 실망했겠다.
(d) 날씨가 충분히 좋지는 않았어.

[Joseph's Solution]
유럽여행에서 내내 비가 와서 끔찍했다고 하는 남자에게 안타까움을 표현하는것이 자연스럽다. 따라서 놀라움의 표현과 함께 실망했을 남자의 심정에 공감을 나타내는 (c)가 적절하다.

[필수어휘]
terrible a. 심한, 지독한
disappointed a. 실망한, 낙담한
get back 돌아오다
vacation n. 휴가, 방학
be over 끝나다

정답 **(c)**

12.

M: Sorry I'm late. I missed my bus.
W: Why?
M: My alarm didn't go off. I'm so sorry again.
W: _______________________

(a) Why didn't you set your alarm?
(b) That's okay. That happens to everyone.
(c) You'd better take another bus.
(d) I didn't wake you up in time on purpose.

해석
M: 늦어서 미안해요. 버스를 놓쳤어요.
W: 왜요?
M: 알람시계가 울리지 않았어요. 다시 한 번 사과할게요.
W: _______________________

(a) 왜 알람을 맞추지 않았죠?
(b) 괜찮아요. 누구에게나 일어나는 일인 걸요.
(c) 당신은 다른 버스를 타는 것이 좋겠어요.
(d) 나는 고의로 제시간에 당신을 깨우지 않았어요

[Joseph's Solution]
알람시계가 울리지 않아 버스를 놓쳤다며 사과하는 남자의 말에 대한 적절한 응답은 괜찮다는 말이거나 경고를 주는 것이다. 따라서 누구에게나 일어날 수 있는 것이니 괜찮다고 말하는 (b)가 대답으로 적절하다.

[필수어휘]
go off (경보기 등이) 울리다
on purpose 고의로, 일부러
miss v. 놓치다

set v. (기계를)맞추다

정답 (b)

13.

W: Hey, Joseph!
M: Hey, Martha. What happened to your coat?
W: I've just spilled coffee.
M: ___________________________

(a) **That's too bad.**
(b) The copy machine is over there.
(c) I can make you another cup of coffee.
(d) Why don't you try it on?

해석
W: 이봐, Joseph!
M: 안녕, Martha. 코트가 왜그래?
W: 커피를 엎질렀어.
M: ___________________________

(a) **너무 안됐구나.**
(b) 복사기는 저기 있어.
(c) 또 한잔의 커피를 만들어 줄수 있어.
(d) 입어보는 거 어때?

[Joseph's Solution]
커피를 코트에 엎질렀다고 말하는 여자에게 해줄 수 있는 대답으로는 위로의 말이 적절하다. 따라서 그거 참 안됐다고 안쓰러워하는 (a)가 정답이다.

[필수어휘]
spill v. 흘리다, 쏟다
copy machine 복사기
a cup of coffee 커피 한잔
try on 입어보다

정답 (a)

14.

M: Did you hear about Sarah in the accounting department?
W: Why? What happened to her?
M: She got fired for negligence.
W: ___________________________

(a) I'm sure she's been doing all right.
(b) **That's a shame. But I think she had it coming.**
(c) The fire broke out at midnight.
(d) Don't be so concerned.

해석
M: 회계 부서에 있는 Sarah에 대해 들었어요?
W: 왜요? 무슨 일이 있대요?

M: 부주의함으로 해고당했대요.
W: ___________________________

(a) 그녀가 잘 해내고 있다고 확신해요.
(b) **부끄러운 일이군요. 그렇지만 그럴 줄 알았어요.**
(c) 불은 한밤중에 일어났어요.
(d) 너무 걱정하지 말아요.

[Joseph's Solution]
동료가 부주의함으로 해고당했다는 남자의 말에 대해서 그녀의 해고에 대한 안타까움이나 혹은 그럴 줄 알았다는 응답이 적절하다. 따라서 창피한 일이라는 대답과 함께 그럴 줄 알았다는 (b)가 자연스럽다.

[필수어휘]
accounting department 회계 부서
negligence n. 부주의, 태만
get fired 해고되다
shame n. 부끄러움, 수치
concerned a. 걱정하는

정답 (b)

15.

M: I'm afraid you can't get to the airport in time.
W: I realized that now.
M: What are you going to do?
W: ___________________________

(a) I wish I had caught that plane.
(b) **I'll have to get my ticket changed.**
(c) I'm going to catch the plane.
(d) It's getting late.

해석
M: 당신이 제시간에 공항으로 갈 수 없을까봐 걱정이에요.
W: 이제 알겠네요.
M: 어떻게 할 거예요?
W: ___________________________

(a) 그 비행기를 잡았다면 좋았을텐데요.
(b) **난 표를 바꿔야겠어요.**
(c) 나는 비행기를 잡을 거예요.
(d) 늦어지고 있어요.

[Joseph's Solution]
비행기 시간에 늦을 것 같고, 그에 대한 대책이 무엇인지 묻고 있다. 따라서 '비행기 티켓을 바꾸겠다'고 그 대안을 이야기한 (b)가 여자의 대답으로 적절하다.

[필수어휘]
get v. 도착하다
in time 제시간에
realize v. 깨닫다

정답 (b)

Dictation Practice

1. apply for the inbound receptionist position / fill out this application form 2. This is the most boring movie / You can say that again. 3. your grandmother passed away / certainly going to miss her 4. we should get for Dad's birthday / That sounds like a good idea! / such a fad these days 5. Couldn't have been better. / it was the most boring ever. / Our tastes are so different. 6. How do you like this computer? / pretty good performance compared / that I made a bad choice 7. buy lottery tickets every week / We seem to be in the same boat. / What's that supposed to mean?

Answer Keys

Part I 1. (a) 2. (d) 3. (b) 4. (b) 5. (d) 6. (d) 7. (c) 8. (b)

Part II 9. (b) 10. (a) 11. (b) 12. (b) 13. (d) 14. (a) 15. (d)

1.

M: More and more people are getting interested in what they eat.
W: ______________________________

(a) Yes, it's because there are so many unhealthy foods out there.
(b) Yes, their interest rates are very high.
(c) I don't feel like eating out tonight.
(d) Yeah, they are eating too much animal fat.

해석
M: 점점 더 많은 사람들이 자신이 먹는 것에 관심을 갖고 있어.
W: ______________________________

(a) 맞아, 건강에 해로운 음식들이 너무 많이 있기 때문이야.
(b) 그래, 그들의 이자율은 매우 높아.
(c) 난 오늘 외식하고 싶지 않아.
(d) 그래, 사람들은 동물성 지방을 너무 많이 먹고 있어.

[Joseph's Solution]
사람들이 먹을 것에 점점 많은 관심을 가지고 있다고 말하는 남자에 대한 대답으로 의견에 동의하거나 반대하는 응답이 올수있다. 따라서 Yes라는 인정과 함께 그 이유를 설명하는 (a)가 정답이다.

[필수어휘]
interest rate 이자율
more and more 점점 더 많은
interested in ~에 관심이 있는
feel like~ing ~하고 싶다
animal fat 동물성 지방

정답 **(a)**

2.

M: I'd like to apply for the inbound receptionist position at your company.
W: ______________________________

(a) Don't complain about receptionists.
(b) Oh, are you being served?
(c) Please let me know if you have any questions.
(d) You'll just need to fill out this application form.

해석
M: 나는 당신 회사의 인바운드 접수직에 지원하고 싶습니다.
W: ______________________________

(a) 접수원들에 대한 불평하지 마세요.
(b) 오, 서비스를 받고 계시나요?
(c) 질문이 있으면 제게 알려주세요.
(d) 이 지원서류를 작성해 주시면 됩니다.

[Joseph's Solution]
인바운드 접수직에 지원하고자 찾아온 남자에게 해줄 수 있는 적절한 답변은 지원하는 방법을 설명하는 것이다. 따라서 지원서를 작성하라는 (d)가 여자의 대답으로 적절하다.

[필수어휘]

inbound a. (어떤 장소로) 오는, 귀항하는
receptionist n. (호텔 · 사무실 · 병원 등의) 접수 담당자
apply for 지원하다
fill out 채우다
application form 지원서 양식
complain about ~에 대해 불평하다

정답 **(d)**

3.

W: It seems your hair needs cutting.
M: ＿＿＿＿＿＿＿＿＿＿＿＿

(a) Right, you need a haircut.
(b) Right, I'll have to have it trimmed.
(c) He's really cut out for the job.
(d) That sounds weird.

해석
W: 당신 머리카락을 잘라야 할것 같아요.
M: ＿＿＿＿＿＿＿＿＿＿＿＿＿＿

(a) 맞아요, 당신은 머리를 자를 필요가 있어요.
(b) 맞아요, 좀 다듬어야 할 필요가 있어요.
(c) 그는 정말 그 일에 적임자예요.
(d) 이상하게 들리네요.

[Joseph's Solution]
이발을 하라는 여자의 말에 대한 대답으로 긍정 또는 부정의 말과 함께 자신의 의견을 제시하는 것이 가장 자연스럽다. 따라서 'Right'이라는 여자 말에 대한 동의와 함께 다듬을 필요가 있다고 덧붙인 (b)가 정답이다.

[필수어휘]
be cut out for ~에 적임자이다
weird a. 기이한, 기묘한
haircut n. 이발
trim v. 다듬다

정답 **(b)**

4.

W: Sales have been on the decrease lately.
M: ＿＿＿＿＿＿＿＿＿＿＿＿

(a) Don't worry, I'm not that serious.
(b) Yes, everyone in our company is worried about it.
(c) Yes, all items in the store will be on sale until they are sold out.
(d) I heard there's a big bargain sale on at the department store.

해석
W: 판매가 최근에 줄었어요.
M: ＿＿＿＿＿＿＿＿＿＿＿＿＿＿

(a) 걱정 말아요. 나는 그렇게 심각하지 않아요.
(b) 맞아요, 우리 회사의 모든 사람들이 그 문제를 걱정하고 있어요.
(c) 그래요, 가게의 모든 물품들이 품절이 될 때까지 할인판매 될 거예요.
(d) 내가 듣기에 백화점에서 염가 세일이 있대요.

[Joseph's Solution]
여자는 판매가 줄었다는 부정적인 소식을 전하고 있으므로, 이에 대한 대답으로는 함께 걱정하거나 격려하는 것이 적절하다. 따라서 Yes라는 말과 함께 모든 사람들이 걱정 중이라고 말한 (b)가 대답으로 적절하다.

[필수어휘]
be on sale 할인 판매하다
be sold out 다 팔리다, 품절되다
bargain sale 염가 대매출
on the decrease 점점 감소하여
lately adv. 최근에
serious a. 심각한
department store 백화점

정답 **(b)**

5.

W: This is the most boring movie I've ever watched on TV.
M: ＿＿＿＿＿＿＿＿＿＿＿＿

(a) How did you like the movie?
(b) That sounds wonderful.
(c) You'd better take a break later if that's okay with you.
(d) You can say that again.

해석
W: 이건 내가 TV에서 본 가장 지루한 영화야.
M: ＿＿＿＿＿＿＿＿＿＿＿＿＿＿

(a) 그 영화 어땠어?
(b) 멋지게 들리는 걸.
(c) 괜찮다면 나중에 휴식을 취하는 게 좋겠어.
(d) 나도 마찬가지야.

[Joseph's Solution]
지금 본 영화가 정말 지루했다고 소감을 이야기하고 있으므로 이에 대한 대답으로는 동의 혹은 반대의 의견이 적절하다. 따라서 '나도 마찬가지'라고 공감의 소견을 이야기한 (d)가 정답이다.

[필수어휘]
take a break 휴식을 취하다
boring a. 지루한
How do you like~? ~은 어떻습니까?

You can say that again. 정말 그래요

정답 **(d)**

6.

M: This fried chicken doesn't taste delicious.
W: ______________________________

(a) You might want to try some.
(b) I don't like greasy food.
(c) Fried chicken is a kind of unhealthy food that
    almost all children enjoy.
**(d) You're telling me. You shouldn't have ordered
    it from there.**

해석
M: 이 프라이드 치킨은 맛있지 않아.
W: ______________________________

(a) 넌 좀 더 먹어보길 바랄거야.
(b) 나는 기름진 음식을 좋아하지 않아.
(c) 프라이 치킨은 거의 모든 아이들이 즐겨 먹는 건강에 해로운 음
    식이야.
(d) 동감이야. 거기에서 주문하지 말았어야했어.

[Joseph's Solution]
치킨이 맛없다고 하는 남자의 말에 대한 적절한 응답을 묻는 문제이
다. 따라서 맛있지 않다는 남자의 말에 동의하는 (d)가 적절하다.

[필수어휘]
greasy a. 기름투성이의, 기름이 많이 묻은
taste v. ~한 맛이 나다
almost adv. 거의
You're telling me. 내 말이 그 말이에요!(동의해요!)
should have p.p ~해야 했다(후회)

정답 **(d)**

7.

M: Seoul is a very noisy and crowded city.
W: ______________________________

(a) Sure, it's no problem.
(b) I have lived there for seven years.
(c) No wonder with all the traffic.
(d) Life there is full of excitement.

해석
M: 서울은 매우 시끄럽고 붐비는 도시야.
W: ______________________________

(a) 물론이야, 문제없어.
(b) 나는 거기에서 7년 동안 살았어.
(c) 교통을 보면 놀랄 일도 아니지.

(d) 그곳에서의 삶은 흥미로운 일로 가득 찼어.

[Joseph's Solution]
서울이 매우 시끄럽고 붐비다고 말하는 남자에 대해 서울에 관한 의
견을 이야기하는 것이 자연스럽다. 따라서 교통을 보면 당연한 일이
라고 말한 (c)가 여자의 대답으로 적절하다.

[필수어휘]
crowded a. 붐비는, 복잡한
be full of ~로 가득하다
noisy a. 시끄러운
traffic v. 교통
excitement n. 신나는 일

정답 **(c)**

8.

M: I heard your grandmother passed away. I'm so
    sorry.
W: ______________________________
(a) I want to apologize, too.
(b) Thanks, we're certainly going to miss her.
(c) I just heard about it.
(d) That's news to me.

해석
M: 너의 할머니가 돌아가셨다는 말을 들었어. 너무 유감이야.
W: ______________________________
(a) 나도 사과하고 싶어.
(b) 고마워, 우리는 할머니를 분명 그리워할 거야.
(c) 나도 방금 그 소식을 들었어.
(d) 새로운 소식인걸.

[Joseph's Solution]
남자는 여자의 할머니의 사망소식에 대해 위로하고 있으므로, 이에
대해 고맙다고 답변하는 것이 가장 자연스럽다. 그러므로 '고맙다'
는 말과 함께 할머니에 대한 그리움을 표현한 (b)가 여자의 대답으
로 적절하다.

[필수어휘]
pass away 사망하다, 죽다
leave v. 남기다
certainly adv. 분명, 확실히
miss v. 그리워하다
hear about ~에 관하여 듣다
That's news to me. 그것 참 뉴스구나.

정답 **(b)**

9.

M: What's your plan for your vacation?
W: I'm planning to take a trip to France.
M: Sounds wonderful.
W: ______________________________

(a) How nice of you!
(b) Yeah, I can't wait to.
(c) I'm too exhausted right now.
(d) You must be very excited about it.

해석
M: 너의 휴가 계획이 어떻게 되니?
W: 프랑스로 여행할 계획이야.
M: 멋진 것 같다.
W: ______________________________

(a) 정말 다정하구나!
(b) 응, 너무 기다려져.
(c) 난 지금 당장 너무 피곤해.
(d) 년 그것 때문에 매우 흥분한 게 분명해.

[Joseph's Solution]
여자의 프랑스 여행에 대한 계획을 말하고 있고, 멋질 것 같다는 남자의 반응에 대한 대답으로 너무 기다려진다고 말하는 (b)가 적절하다.

[필수어휘]
take a trip to ~로 여행가다
plan n. 계획
sound v. ~하게 들리다
exhausted a. 피곤한
excited a. 흥미로운

정답 (b)

10.

M: What do you think we should get for Dad's birthday?
W: How about an iPhone?
M: That sounds like a good idea! iPhones are such a fad these days.
W: ______________________________

(a) Yeah, almost everyone seems to want to have one.
(b) It's not a big deal.
(c) Actually, the latest models are pretty small.
(d) Sorry, I don't want to go out shopping tonight.

해석
M: 아빠의 생일 선물로 무엇을 사야한다고 생각해?
W: 아이폰은 어떨까?
M: 좋은 생각인 것 같다! 요즘 아이폰이 유행이잖아.
W: ______________________________

(a) 맞아. 거의 모든 사람들이 그것을 갖고 싶어하는 것 같아.
(b) 그건 큰 문제가 아니야.
(c) 사실 최신 모델들은 매우 작아.
(d) 미안해, 오늘밤 쇼핑하러 가고 싶지 않아.

[Joseph's Solution]
아빠의 생일 선물로 요즘 유행인 아이폰을 사주자는 제안에 동의하는 남자에게 아이폰을 모두들 갖고 싶어한다고 하는 (a)가 여자의 응답으로 적절하다.

[필수어휘]
fad n. (일시적인) 유행
It's not a big deal. 별거 아니야.
pretty adv. 꽤
these days 요즘

정답 (a)

11.

W: Congratulations! You've finally become a father.
M: Thanks, but we are so busy with the baby every day and night.
W: You didn't seem to get a wink of sleep last night.
M: ______________________________

(a) No, I had enough sleep.
(b) That's true. He woke us up every two hours.
(c) The alarm clock didn't go off.
(d) Yes, I didn't sleep a wink.

해석
W: 축하해! 마침내 아빠가 되었구나.
M: 고마워, 그렇지만 우리는 매일 아침저녁으로 아기때문에 너무 바빠.
W: 지난밤에 한 숨도 못 잔 것 같아 보여.
M: ______________________________

(a) 아니, 충분히 잠잤어.
(b) 사실이야. 아이가 2시간 마다 잠을 깨웠어.
(c) 알람 시계가 울리지 않았어.
(d) 그래, 뜬 눈으로 지새웠어.

[Joseph's Solution]
아이 때문에 밤 새 한숨도 못 잔 사람처럼 보인다는 여자의 말에 대한 대답으로 '아이가 2시간 마다 잠을 깨서 잠을 못 잤다'는 (b)가 적절하다.

[필수어휘]
get a wink of sleep 한숨도 못자다
do not sleep a wink 뜬눈으로 지새우다
be busy with ~로 바쁘다
every 매~ 마다
go off (알람이)울리다

정답 (b)

12.

M: What did you think of the musical?
W: Couldn't have been better.

M: Really? For me, it was the most boring ever.
W: _________________________

(a) I'll never go to a musical again.
(b) Sorry to hear that. Our tastes are so different.
(c) What's bothering you?
(d) I don't know what this is about.

해석

M: 뮤지컬 어땠어?
W: 더 이상 좋을 수 없었어.
M: 정말? 나는 최고로 지루했어.
W: _________________________

(a) 나는 절대로 다시는 뮤지컬을 보러 가지 않겠어.
(b) 그랬다니 아쉽다. 우리의 취향은 너무 달라.
(c) 무엇이 너를 거슬리게 하니?
(d) 나는 이것이 무엇에 관한 건지 모르겠어.

[Joseph's Solution]

뮤지컬에 대해서 남자와 여자는 상방된 의견을 갖고 있는 상황이다. 따라서 '취향이 다르다'는 아쉬움을 표현하는 (b)가 여자의 대답으로 적절하다.

[필수어휘]

boring a. 지루한
taste n. 취향
different a. 다른
bother v. 성가시게 하다

정답 **(b)**

13.

M: I'm planning to go on a trip to Jeju Island.
W: How are you going to get around the island?
M: I'm going to rent a car.
W: _________________________

(a) Let's rent a car then.
(b) Renting a boat sounds good.
(c) I'm also getting tired of driving.
(d) I think taking buses would be a better option.

해석

M: 나는 제주도로 여행을 갈 계획이야.
W: 제주도 주변을 어떻게 돌아다닐 건데?
M: 자동차를 렌트하려고 해.
W: _________________________

(a) 그러면 자동차를 빌리러 가자.
(b) 보트를 빌린다는 것은 멋지게 들린다.
(c) 나 또한 운전하는 것에 질리고 있어 .
(d) 버스를 타는 것이 더 낫다고 생각해.

[Joseph's Solution]

자동차를 렌트하여 제주도를 돌아다닐 생각이라고 말하는 남자에 대하여 버스가 더 낫다고 조언해주는 (d)가 여자의 대답으로 적절하다.

[필수어휘]

get around 돌아다니다
go on a trip 여행가다
rent v. 빌리다
get tired 피곤하다
option n. 선택

정답 **(d)**

14.

W: How do you like this computer? I bought it online a week ago.
M: I think it has pretty good performance compared with the price.
W: But my brother complained that I made a bad choice.
M: _________________________

(a) No, you didn't.
(b) No wonder he did.
(c) How could you say so?
(d) Don't worry. It should be done by this weekend.

해석

W: 이 컴퓨터를 어떻게 생각해? 일주일 전에 온라인으로 구매했어.
M: 내 생각에는 가격 대비 꽤 좋은 성능을 갖추고 있는 것 같아.
W: 그렇지만 오빠는 내가 잘못된 선택을 했다고 불평했어.
M: _________________________

(a) 아니야, 그렇지 않아.
(b) 그가 그런건 당연한 거야.
(c) 어떻게 그렇게 말할 수가 있어?
(d) 걱정 마. 이번 주말 정도면 다 끝날거야.

[Joseph's Solution]

여자는 자신의 컴퓨터에 대해 오빠가 불평했다고 이야기하고 있다. 따라서 이에 대한 남자의 대답으로는 그의 생각이 틀렸다고 여자를 위로하는 (a)가 자연스럽다.

[필수어휘]

compared with ~와 비교하여
performance n. 성능, 수행
complain v. 불평하다
make a choice 선택하다

정답 **(a)**

15.

M: I hear you buy lottery tickets every week.
W: That's just a getaway from my mundane everyday
   life.
M: That's surprising! We seem to be in the same
   boat.
W: _______________________

(a) I think the sea is a source of food.
(b) I was also impressed by boat trips in Hong Kong.
(c) How about you? Do you enjoy your work?
**(d) What's that supposed to mean? Are you
   saying you buy them as well?**

해석
M: 네가 매주 복권을 산다고 들었어.
W: 그건 내 재미없는 일상생활을 벗어나기 위한 거야.
M: 놀라운 걸! 우리는 같은 상황이야.
W: _______________________

(a) 내 생각에 바다는 음식의 원천이야.
(b) 나 또한 홍콩의 보트 여행이 인상적이였어.
(c) 넌 어때? 일이 재미있니?
(d) 무슨 의미야? 너 또한 복권을 산다는 말이야?

[Joseph's Solution]
매주 복권을 사는 여자에게 '우리는 같은 상황이다!'라고 하고 있으므
로 이 말에 대한 여자의 적절한 대답을 골라야 한다. 따라서 무슨 의
미인지 모르겠다고 반문하는 (d)가 여자의 대답으로 가장 적절하다.

[필수어휘]
lottery ticket 복권
mundane a. 재미없는, 일상적인
getaway n. 도주, (단기)휴가
be in the same boat 똑같이 곤경에 처해 있다
source n. 원천, 근원
impressed a. 감명받은
mean v. 의미하다
as well 또한

정답 (d)

Dictation Practice

1. you are cordially requested / Sorry, I didn't know that. 2. I'd like to have milk with low fat. 3. I could have a little more time / Isn't an hour long enough for you? 4. finished writing the paper / Make sure you finish it / I can do it in just a few days 5. find a parking spot anywhere / that's reserved for staff members / we'd better keep looking 6. how you could forget my birthday / It slipped my mind. / I'm really disappointed in you. 7. When did you say the plumber will come? / a quarter past 5 / he got caught in traffic

Answer Keys

Part I 1. (d) 2. (d) 3. (d) 4. (d) 5. (a) 6. (a) 7. (a) 8. (a)

Part II 9. (d) 10. (c) 11. (c) 12. (c) 13. (a) 14. (b) 15. (d)

1.

W: Because of your continual absence, I can't help giving you an F.

M: ______________________

(a) You had better take a make-up test.
(b) I won't be late again from now on, I promise.
(c) I'm sick and tired of your excuses.
(d) Oh, how can I make up for it?

해석

W: 너의 거듭된 결석으로 인해 너에게 F를 줄 수밖에 없구나.

M: ______________________

(a) 너는 추가시험을 보는 게 좋겠다.
(b) 저는 지금부터 다시는 늦지 않을게요. 약속 드려요.
(c) 저는 당신의 변명에 질렸어요.
(d) 오, 제가 어떻게 메울 수 있을까요?

[Joseph's Solution]

결석으로 인해 F를 주겠다고 말하는 여자에 대한 대답으로 어떻게 하면 부족한 점수를 메울 수 있는지 묻는 (d)가 적절하다. (a)는 여자의 말에 자연스럽게 이어지는 내용이다.

[필수어휘]

continual a. 거듭되는
absence n. 결석, 결근

can't help ~ing ~할 수 밖에 없다
be sick and tired of ~에 완전히 질리다
excuse n. 변명
make-up test 재(추가)시험

정답 (d)

2.

W: Excuse me, sir, you are cordially requested not to smoke here.

M: ______________________

(a) But I don't smoke.
(b) I know cigarette smoking is not good for health.
(c) This building doesn't have a smoking zone.
(d) Sorry, I didn't know that.

해석

W: 실례합니다, 손님은 이곳에서 담배를 피우시면 안됩니다.

M: ______________________

(a) 그렇지만 저는 담배를 피우지 않아요.
(b) 저는 흡연이 건강에 좋지 않다는 것을 알고 있습니다.
(c) 이 건물은 흡연구역이 없습니다.
(d) 미안합니다, 몰랐습니다.

[Joseph's Solution]

담배를 피우지 못하는 비흡연석 구역임을 알리는 여자에 대한 대답으로는 사과의 말이 적절하다. 따라서 미안하다고 말한 (d)가 남자의 말로 적절하다.

[필수어휘]

cordially adv. 진심으로, 몹시
request v. 요청하다
smoke v. 흡연하다, 담배를 피우다
smoking zone 흡연구역

3.

W: I've been waiting for you like forever!
M: ____________________

(a) That's no problem. I don't care.
(b) It doesn't matter how long you've been waiting.
(c) Don't stand me up again.
(d) I know. I'm sorry I'm late.

해석
W: 당신을 너무나 오랫동안 기다렸어요.
M: ____________________

(a) 문제없어요. 나는 상관하지 않아요.
(b) 얼마나 오랫동안 당신이 기다렸는지는 중요하지 않아요.
(c) 다시는 나를 바람 맞추지 마세요.
(d) 알아요. 늦어서 미안해요.

[Joseph's Solution]
여자는 남자를 오랫동안 기다리고 있었음을 불평하고 있다. 이에 대해 미안하다는 사과 하는 (d)가 대답으로 가장 자연스럽다.

[필수어휘]
stand ~ up 바람 맞추다, 기다리게 하다
matter v. 중요하다
forever adv. 영원히
care v. 신경쓰다

정답 **(d)**

4.

M: Waitress! This soup is not warm enough.
W: ____________________

(a) But it tastes so sweet.
(b) The heater is off.
(c) Bring me another one.
(d) Oh, I'm sorry I'll heat it up for you.

해석
M: 종업원! 이 스프는 충분히 따뜻하지가 않아요.
W: ____________________

(a) 그렇지만 맛은 매우 달콤하네요.
(b) 히터가 꺼져있습니다.
(c) 다른 것을 가져다 주세요.
(d) 오, 죄송합니다. 데워 드릴게요.

[Joseph's Solution]
스프가 따뜻하지 않다고 식당 종업원에게 불평하는 상황이다. 따라서 사과의 말과 함께 데워드리겠다고 말하는 (d)가 정답이다.

[필수어휘]
heater n. 난방기, 히터
waitress n. 웨이트리스, 여자 종업원
off a. 꺼진
heat sth up ~을 따뜻하게 하다

정답 **(d)**

5.

M: I'd like to have milk with low fat.
W: ____________________

(a) I'm sorry, but it's sold out.
(b) I don't know how to cook for a low fat diet.
(c) This milk smells funny.
(d) Well, we're low on milk.

해석
M: 저지방 우유를 먹고 싶어요.
W: ____________________

(a) 죄송합니다만, 품절되었습니다.
(b) 저지방 다이어트를 위해 어떻게 요리를 해야 하는지 모르겠어요.
(c) 이 우유는 이상한 냄새가 납니다.
(d) 우리는 우유가 얼마 안 남았어요.

[Joseph's Solution]
저지방 우유를 주문하고 있는 남자에게 '죄송하다'는 말과 함께 매진되었다는 (a)가 가장 적절한 대답이다. (d)의 low는 부족하다는 의미이므로 대화 속 low(낮은)의 뜻과 다르다는 것을 주의한다.

[필수어휘]
be low on …이 부족하다, 얼마 안 남다
be sold out 매진되다
low fat 저지방

정답 **(a)**

6.

M: What do you think I should do if I miss the bus?
W: ____________________

(a) You should take a taxi.
(b) I think you should be careful not to miss the bus.
(c) Think twice.
(d) You'll definitely miss your chance.

해석
M: 내가 버스를 놓치면 어떻게 해야 한다고 생각해?
W: ____________________

(a) 택시를 타야 해.
(b) 버스를 놓치지 않도록 주의해야 한다고 생각해.

(c) 심사 숙고해.
(d) 넌 분명 기회를 놓치게 될 거야.

[Joseph's Solution]
버스를 놓치면 어떻게 해야 할지에 대해 여자의 의견을 묻고 있으므로, 이에 대한 조언이 이어져야 자연스럽다. 따라서 '택시를 타라'고 말한 (a)가 정답이다. 이미 버스를 놓쳤을 경우에 대한 조언을 구하고 있기 때문에 (b)의 대답은 부적절하다.

[필수어휘]
think twice 재고하다, 숙고하다
take a taxi 택시를 타다
careful a. 조심스러운
definitely adv. 분명히
chance n. 기회

정답 **(a)**

7.

W: Watch out! You almost hit a boy.
M: ___________________________

(a) Oh, Sorry. I didn't pay attention to the road.
(b) That's OK. No big deal.
(c) I will take him to the hospital.
(d) You stand as good a chance as anyone.

해석
W: 조심해. 남자 아이를 칠 뻔했어.
M: ___________________________

(a) 오, 미안해. 길에 주의를 집중하지 않았어.
(b) 괜찮아. 별일 아니야.
(c) 내가 그를 병원으로 데려갈게.
(d) 다른 사람들만큼이나 좋은 가능성이 있어.

[Joseph's Solution]
여자는 남자에게 아이를 칠 뻔했다고 말하고 있다. 따라서 운전 부주의에 관한 사과의 말이 나와야 적절하므로, 주의를 집중하지 않아 미안하다고 말한 (a)가 남자의 대답으로 적절하다.

[필수어휘]
pay attention to ~에 주의를 집중하다
stand a chance (of doing something) (~을 할) 가능성이 있다
Watch out. 조심해라.
hit v.치다

정답 **(a)**

8.

W: I wish I could have a little more time for lunch.
M: ___________________________

(a) Isn't an hour long enough for you?
(b) Aren't we supposed to meet at noon?

(c) Well, the service was excellent.
(d) You just have to start practicing.

해석
W: 점심 먹을 시간이 조금 더 있었으면 좋겠어.
M: ___________________________

(a) 한 시간이 네게는 충분하지 않다는 거야?
(b) 우리 정오에 만나기로 하지 않았어?
(c) 서비스는 훌륭했어.
(d) 너는 그저 연습을 시작해야만 해.

[Joseph's Solution]
점심시간이 부족하다는 여자에 대해 '한 시간이 충분하지 않니?'라며 반문하는 (a)가 가장 자연스러운 대답이다.

[필수어휘]
practice v. 실행(실천)하다, 연습하다
be supposed to ~할 예정이다
noon n. 정오
excellent a. 훌륭한

정답 **(a)**

9.

M: What's in this suitcase, ma'am?
W: Some flowers I bought in Japan.
M: I'm afraid you are not allowed to bring them in from other countries.
W: ___________________________

(a) Don't get me wrong.
(b) Don't treat me like a smuggler.
(c) I won't bring them again, I promise.
(d) Sorry, I didn't know that.

해석
M: 이 여행가방 안에는 무엇이 들어있나요?
W: 일본에서 산 약간의 꽃이요.
M: 다른 나라의 꽃을 반입하지 못하도록 되어 있습니다.
W: ___________________________

(a) 내 말을 오해해서 듣지 말아요.
(b) 날 밀수범처럼 취급하지 말아요.
(c) 다시는 가져오지 않을게요. 약속해요.
(d) 미안합니다, 몰랐어요.

[Joseph's Solution]
남자는 다른 나라의 꽃을 반입하지 못한다는 말로 여자의 물품 반입을 금하고 있는 상황이다. 따라서 이에 대한 대답으로는 사과의 말이 이어져야 가장 자연스럽다. 따라서 (d)가 정답이다. (c)는 사과의 말을 한 뒤에 이어지는 내용으로 자연스럽다.

[필수어휘]
Don't get me wrong. 내 말을 꼬아서 듣지 마라.

smuggler n. 밀수범, 밀수업자
suitcase n. 여행가방
bring in 들여 놓다
promise v. 약속하다

정답 (d)

10.

M: Have you finished writing the paper?
W: No, not yet.
M: Make sure you finish it before you go on a vacation.
W: ______________________

(a) The paper is due tomorrow.
(b) Our family is going on a vacation in a few days.
(c) Of course, I can do it in just a few days.
(d) Why do you care? It's none of your business.

해석
M: 보고서 쓰는 거 끝났어?
W: 아니, 아직.
M: 휴가 가기 전에 끝내도록 해.
W: ______________________

(a) 보고서는 내일이 마감이야.
(b) 우리 가족은 며칠 후에 휴가를 떠날 거야.
(c) 물론이야, 그저 며칠이면 할 수 있어.
(d) 네가 왜 상관하지? 그건 네가 상관할 바가 아니야.

[Joseph's Solution]
휴가 전에 보고서 쓰는 것을 끝내도록 남자는 조언하고 있다. 따라서 이에 대한 대답으로 '며칠이면 다 할 수 있다'고 말하는 (c)가 자연스럽다. (d)는 조언에 대한 대답으로 매우 무례하다.

[필수어휘]
go on a vacation 휴가가다
due a. 예정된
none of one's business ~가 상관할 바가 아닌
care v. 상관하다, 관심을 가지다

정답 (c)

11.

M: How many times do I have to tell you not to study with the TV on?
W: I'm sorry. It won't happen again, I promise.
M: I don't believe you. That's what you promised me last time.
W: ______________________

(a) You can't forget things like that.
(b) You don't need to take them off here.
(c) I swear. This is the last time.

(d) I knew you would do the same for me.

해석
M: TV를 켜두고 공부하지 말라고 얼마나 이야기해야 하는 거니?
W: 죄송해요. 다시는 그러지 않을게요, 약속해요.
M: 난 네 말을 믿을 수가 없다. 지난번에도 약속한 거잖니.
W: ______________________

(a) 그런식으로 잊어버리면 안되요.
(b) 여기에서 그것들을 벗을 필요는 없어요.
(c) 맹세해요. 이번이 마지막이에요.
(d) 나를 위해 똑같은 것을 할 거라고 알고 있었어요.

[Joseph's Solution]
다시는 TV 켜놓고 공부하지 않겠다고 맹세하는 아들의 말을 엄마는 믿을 수 없다고 하는 상황이다. 따라서 다시는 그러지 않겠다고 맹세하는 (c)가 정답이다.

[필수어휘]
swear v. 맹세하다
take off (옷 등을) 벗다[벗기다]
happen v. 발생하다
promise v. 약속하다
swear v. 맹세하다

정답 (c)

12.

M: I can't find a parking spot anywhere.
W: Look, there's one over there.
M: But that's reserved for staff members.
W: ______________________

(a) I'm sorry to have caused so much trouble.
(b) Don't worry, I'll make a reservation.
(c) Well, then we'd better keep looking.
(d) Why don't you come and join us?

해석
M: 어디에도 주차 구역을 발견할 수 없어.
W: 봐, 저쪽에 한 군데 있어.
M: 그렇지만 저기는 직원 전용이야.
W: ______________________

(a) 그렇게 많은 문제를 일으킨 데 대해 사과해.
(b) 걱정마. 내가 예약할게.
(c) 글쎄, 그러면 우리는 계속해서 찾아보는 것이 낫겠어.
(d) 와서 우리랑 함께 하는 게 어때?

[Joseph's Solution]
남자는 하나 남은 주차구역이 직원전용이라고 말하고 있다. 이에 대한 대답으로 '그러면 계속 찾아보자'고 제안하는 (c)가 여자의 대답으로 자연스럽다.

[필수어휘]

parking spot 주차구역

staff n. (전체) 직원

make a reservation 예약하다

reserve v. 예약하다

cause v. ~을 야기하다

정답 **(c)**

13.

W: I can't believe how you could forget my birthday.
M: I'm terribly sorry. It slipped my mind.
W: I'm really disappointed in you.
M: ____________________________

(a) You have every reason to be.
(b) I guess you're right.
(c) Please keep me posted.
(d) You must be under a lot of pressure, then.

해석

W: 어떻게 내 생일을 잊어버릴 수 있는 지 믿을 수가 없어.
M: 너무 미안해. 잊어버렸어.
W: 나 정말 너에게 실망했어.
M: ____________________________

(a) 너는 그럴 만 해.
(b) 네가 옳다고 생각해.
(c) 내게 계속 소식 전해줘.
(d) 그러면 네가 많은 압박에 시달리고 있을 게 틀림없어.

[Joseph's Solution]

여자는 생일을 잊어버린 남자에게 실망했다고 말하고 있으므로 이에 대한 대답으로 적극적인 사과의 말이 가장 자연스럽다. 따라서 '네가 그러는 게 당연하다'고 말하는 (a)가 남자의 대답으로 적절하다.

[필수어휘]

slip one's mind 잊어버리다

be disappointed in ~에 실망하다

keep someone posted 사정에 정통케 하다, 정보를 알리다

terribly adv. 몹시

under pressure 압박에 시달리는

정답 **(a)**

14.

M: When did you say the plumber will come?
W: At 5.
M: But it's already a quarter past 5.
W: ____________________________

(a) I'll rearrange everything for you.
(b) Maybe he got caught in traffic.
(c) Here are four quarters.

(d) You should go check the pipe.

해석

M: 배관공이 언제 온다고 했지?
W: 5시.
M: 그렇지만 이미 5시 15분인걸.
W: ____________________________

(a) 내가 너를 위해 모두 재조정할게.
(b) 아마 차가 밀리나 봐.
(c) 여기 25센트짜리 동전 4개가 있어.
(d) 가서 파이프를 체크해봐.

[Joseph's Solution]

배관공이 올 시간이 지났다는 남자의 말에 대한 대답으로는 '차가 밀리나보다'라는 (b)가 여자의 대답으로 적절하다.

[필수어휘]

plumber n. 배관공

quarter n. (매 정시 앞·뒤의) 15분, 25센트 동전

get caught in traffic 차가 밀리다 (=get stuck in traffic)

rearrange v. (행사 시간·날짜·장소 등을) 재조정하다

check v. 확인하다

정답 **(b)**

15.

W: Mr. Martin, can I have a word with you for a minute?
M: Of course, Miss Sarah. What is it about?
W: I'm afraid I'm going to quit this job.
M: ____________________________

(a) I can get a reference letter for you.
(b) You should really take a few days off.
(c) Did you start smoking again? I thought you quit.
(d) Really? Can you tell me why?

해석

W: Martin 씨, 잠시 이야기 좀 할 수 있을까요?
M: 물론이에요, Sarah양. 무슨 이야기지요?
W: 일을 그만둬야할 것 같아요.
M: ____________________________

(a) 당신을 위해 추천서를 받아 올 수 있어요.
(b) 당신은 정말 며칠 간 휴가를 내야해요.
(c) 다시 담배를 피기 시작했나요? 난 당신이 끊었다고 생각했는데요.
(d) 정말이요? 이유를 말씀해줄 수 있을까요?

[Joseph's Solution]

일을 그만둔다는 여자의 말에 대한 대답으로는 이유를 묻는 것이 가장 자연스럽다. 따라서 (d)가 정답이다. 대화 속 quit은 '사표 쓰다'는 의미이며, (c)에서는 '담배를 끊다'의 의미로 쓰였으므로 혼동하지 않도록 주의해야 한다.

Dictation Practice

1. the studio posted on the school board / Thanks for calling. 2. I'm planning to move out soon.
3. You seem to have lost weight. 4. too much money eating out / start taking your lunch 5. Keep watching the clock / Do you think the boss will be angry / I have a big date tonight 6. You look pale. / the pizza you ate for dinner / from the seafood at lunch 7. she's feeling a little depressed / Do you think she needs a change? / she can try something new 8. where are you working now / still in the accounting department / it doesn't pay very well.

Answer Keys

Part I 1. (d) 2. (a) 3. (d) 4. (a) 5. (d) 6. (a)
7. (b) 8. (c)

Part II 9. (a) 10. (c) 11. (a) 12. (a) 13. (c)
14. (b) 15. (c) 16. (c)

1.

M: Hello. I'm calling about the studio posted on the school board.
W: _________________________

(a) Yes? There's nobody here working in that studio.
(b) Sorry, but she's out. Would you like to leave a message?
(c) You're right. There's a famous photo studio around the corner.
(d) Thanks for calling. What do you want to know about it?

해석
M: 여보세요. 학교 게시판에 걸린 원룸 아파트에 관해 여쭤보려고 전화했습니다.
W: _________________________

(a) 그래요? 그 스튜디오에서 일하는 사람이 아무도 없어요.
(b) 미안하지만, 그녀는 외출했어요. 메시지를 남기실 건가요?
(c) 당신이 맞아요. 모퉁이에 유명한 사진관이 있어요.
(d) 전화해주셔서 감사합니다. 무엇을 알고 싶으신가요?

[Joseph's Solution]
원룸 아파트에 대한 문의를 하고 있으므로 전화 주어 고맙다는 인사 말과 함께 무엇이 궁금한지 되묻는 (d)가 정답이다.

[필수어휘]
studio n. 원룸 (아파트), 스튜디오, 영화사
photo studio 사진관
post v. 게시하다, 공고하다
leave a message 메시지를 남기다
corner n. 모퉁이, 모서리

정답 **(d)**

2.

W: Sarah doesn't look good these days.
M: _________________________

(a) I heard she had some trouble with her parents about her career.
(b) Yes, she doesn't look good in blue.
(c) I bet she did well on the mid-term.
(d) That sounds weird. She's recently broken up with her boyfriend.

해석
W: Sarah는 요즈음 얼굴이 좋아 보이지 않아요.
M: _________________________

(a) 그녀가 직업 때문에 부모님과 문제가 있다고 들었어요.
(b) 그래요, 그녀는 파란색이 어울리지 않아요.
(c) 그녀가 중간고사를 잘 치렀다고 확신해요.
(d) 그거 이상하군요. 그녀는 최근에 남자친구랑 깨졌대요.

[Joseph's Solution]
Sarah의 표정이 좋지 않다고 염려하는 여자의 말에 대한 대답으로 부모님과 문제가 있다고 이유를 설명한 (a)가 정답이다.

[필수어휘]
career n. 직업, 직장 생활
I bet (that) ~를 확신하다

have a trouble with ~와 문제가 있다
look good in+색상 ~이 어울리다

정답 **(a)**

3.

W: I'm planning to move out soon.
M: _______________________

(a) That sounds interesting.
(b) Don't move it out.
(c) How do you like your new place?
(d) Please drop me a line.

해석
W: 곧 이사 갈 계획이야.
M: _______________________

(b) 흥미롭게 들리네.
(b) 그것을 옮기지 마.
(c) 새 집은 어때?
(d) 편지 보내줘.

[Joseph's Solution]
곧 이사를 할 것이라는 여자의 말에 대한 적절한 응답을 골라야 한다. 따라서 '편지 보내'라는 인사를 하는 (d)가 정답이다.

[필수어휘]
plan to ~할 계획이다
drop a line …에게 편지를 보내다
move out 이사를 나가다

정답 **(d)**

4.

W: May I speak to Mr. Sanderson?
M: _______________________

(a) Which department does he work in?
(b) I've just had a talk with him.
(c) He really wants to speak with you.
(d) Can I take your message?

해석
W: Sanderson씨와 통화할 수 있을까요?
M: _______________________

(a) 어느 부서에서 근무하시는 분인가요?
(b) 방금 그와 이야기했어요.
(c) 그는 정말 당신과 이야기하고 싶어해요.
(d) 당신의 메시지를 받아드릴까요?

[Joseph's Solution]
Sanderson씨를 바꿔달라는 말에 대한 대답으로는 바꿔주겠다는 말이나 지금 통화할 수 없다는 표현 등이 이어져야 자연스럽다. 따

라서 어느 부서에서 일하는 Sanderson인지 구체적인 정보를 되묻는 (a)가 내용상 자연스럽다.

[필수어휘]
have a talk 말하다
department n. 부서
take one's message ~의 메세지를 받다
speak to ~와 이야기하다
speak with ~와 이야기를 나누다

정답 **(a)**

5.

M: I don't feel very well today.
W: _______________________

(a) Don't mention it again.
(b) Your feeling is very important.
(c) No, it doesn't peel easily.
(d) You seem to have a slight cold.

해석
M: 오늘 몸이 좋지 않아요.
W: _______________________

(a) 그런 말은 다시 하지 말아요.
(b) 당신의 감정이 매우 중요해요.
(c) 아니요, 쉽게 껍질이 벗겨지지 않아요.
(d) 약간의 감기 기운이 있는 것 같아요.

[Joseph's Solution]
몸이 좋지 않다는 남자의 말에 대한 대답으로 '감기가 걸렸나 보다'는 (d)가 적절하다.

[필수어휘]
peel v. 벗기다, 벗겨내다
mention v. 언급하다
easily adv. 쉽게
slight a. 약간의, 경미한

정답 **(d)**

6.

W: Mother always likes Tom better than me.
M: _______________________

(a) Not at all. She likes you both.
(b) I'm so glad to hear that.
(c) He looks like your mother.
(d) Don't get me wrong.

해석
W: 엄마는 항상 나보다 Tom을 더 좋아해요.
M: _______________________

(a) 그렇지 않아. 엄마는 너희 둘 다 좋아해.
(b) 그 말을 들으니 너무 기쁘구나.
(c) 그는 엄마를 닮았어.
(d) 내 말을 오해하지 마.

[Joseph's Solution]
엄마가 Tom을 자신보다 더 좋아한다고 불평하고 있는 여자에게 적절한 위로나 사실이 아니라고 말하는 것이 자연스럽다. 따라서 엄마가 둘 다 좋아한다고 말한 (a)가 정답이다.

[필수어휘]
look like ~처럼 생기다, ~를 닮다
get wrong ~를 오해하다
Not at all. 전혀 아니야.

정답 (a)

7.

W: You know what? Last night Terry proposed to me.
M: _____________________

(a) Oh, that's too bad.
(b) Congratulations! I'm so happy for you.
(c) Don't trust a word he said.
(d) You still haven't made up your mind?

해석
W: 너 그거 알아? 지난밤에 Terry가 나한테 프로포즈했어.
M: _____________________

(a) 오, 너무 안됐다.
(b) 축하해! 너무 잘됐다.
(c) 그가 말한 것 중 한마디도 믿지 마.
(d) 너 아직도 결정 못했어?

[Joseph's Solution]
프로포즈 받은 사실을 전하는 여자에게 축하한다는 말을 해주는 것이 가장 자연스럽다. 따라서 (b)가 정답이다.

[필수어휘]
make up one's mind 결심하다, 결정하다
propose v.청혼하다
trust v.믿다
Congratulations! 축하합니다!

정답 (b)

8.

W: You seem to have lost weight.
M: _____________________

(a) Everyone's into dieting these days.
(b) It was weighted in my favor.
(c) Actually I've gained 3 pounds.
(d) I lose my temper very easily.

해석
W: 너 살이 빠진 것 같아 보여.
M: _____________________

(a) 모든 사람들이 요즘 다이어트에 관심이 있어요.
(b) 그것은 내 쪽으로 기울어졌어요.
(c) 사실 3파운드 쪘어요.
(d) 나는 매우 쉽게 화를 내요.

[Joseph's Solution]
살이 빠진 것 같다는 여자의 말에 대해서 사실은 오히려 살이 쪘다고 말하는 (c)가 정답이다.

[필수어휘]
lose weight 몸무게가 줄다, 살 빠지다 (↔ gain weight)
lose one's temper 버럭 화를 내다
weight v. 가중치를 주다
favor n. 지지, 인정, 인기
be into ~에 관심이 많다

정답 (c)

9.

W: I'm spending too much money eating out.
M: _____________________

(a) Why don't you start taking your lunch?
(b) How about lending me a hand?
(c) I need to learn how to cook.
(d) You'd better save your money for a rainy day.

해석
W: 나는 외식하느라 너무 많은 돈을 소비하고 있어.
M: _____________________

(a) 점심 도시락을 가져오기 시작하는 게 어때?
(b) 나를 도와주는 게 어때?
(c) 요리를 배울 필요가 있어.
(d) 만약을 대비해서 돈을 저축하는 게 좋겠어.

[Joseph's Solution]
외식하느라 돈을 많이 썼다는 여자의 말에 대한 대답으로 '도시락을 싸오는 것이 어떠니?'라고 말하는 (a)가 적절하다.

[필수어휘]
lend[give] a person a (helping) hand ~을 도와주다
eat out 외식하다
save v. 저축하다
for a rainy day 만일의 경우에 대비하여

정답 (a)

10.

W: Why do you keep watching the clock?
M: Do you think the boss will be angry if I went home early?
W: I don't think so, but why do you need to leave early?
M: _______________________

(a) I don't like my boss very much.
(b) The boss asked me to do so.
(c) I have a big date tonight.
(d) I wouldn't go home early if I were you.

해석

W: 왜 시계를 계속 쳐다보고 있어요?
M: 내가 일찍 집에 가면 상사가 화를 낼 거 같아요?
W: 그러지 않을 것 같은데요, 그렇지만 왜 일찍 가야 하나요?
M: _______________________

(a) 나는 상사를 많이 좋아하지는 않아요.
(b) 상사가 그렇게 하라고 요청했어요.
(c) 오늘 밤에 중대한 데이트가 있어요.
(d) 만약 내가 당신이라면 일찍 집에 가지 않을 거예요.

[Joseph's Solution]

여자가 조기 퇴근하는 이유를 묻고 있으므로, 중요한 데이트가 있어서 조기 퇴근한다는 (c)가 적절하다.

[필수어휘]

keep ~ing 계속해서 ~하다
clock n. 시계
go home 집에 가다
have a date 데이트가 있다
leave v. 떠나다

정답 **(c)**

11.

W: I'm sick and tired of my boss.
M: Really? What happened?
W: He just won't take any of my suggestions seriously.
M: _______________________

(a) I think he's too head strong.
(b) I think he's so considerate.
(c) Do you have any suggestions?
(d) Don't boss me around.

해석

W: 난 나의 상관에게 완전히 질렸어요.
M: 정말요? 무슨 일이 있었는데요?
W: 그 사람은 그냥 내 제안들을 진지하게 받아들이지 않아요.
M: _______________________

(a) 내 생각에 그는 너무 고집이 센것 같아요.
(b) 내 생각에 그는 너무 사려 깊어요.
(c) 다른 제안이 있나요?
(d) 이래라 저래라 명령하지 말아요.

[Joseph's Solution]

여자는 상사가 자신의 제안을 진지하게 받아들이지 않는다고 불평을 토로하고 있다. 따라서 이에 대한 대답으로 그가 너무 고집이 센 것 같다는 (a)가 적절하다.

[필수어휘]

seriously adv. 진지하게, 진심으로
head strong 고집불통의
considerate a. 사려 깊은, (남을) 배려하는
boss around 이래라 저래라 명령하다
be sick and tired of ~에게 질리다
suggestion n. 제안

정답 **(a)**

12.

W: I can't believe someone told the boss!
M: Told him what? What's wrong?
W: Someone told him that I had another part time job.
M: _______________________

(a) Oh, I'm sorry. It's me who told him. But I didn't know it was a secret.
(b) Wow, that's wonderful.
(c) No, I'm fully committed to this job.
(d) Are you quitting your part time job?

해석

W: 누군가가 상사에게 말을 했다니 믿을 수가 없어!
M: 그에게 뭘 말했다고? 뭐가 잘못되었어?
W: 누군가가 내가 또 다른 파트타임 일을 하고 있다는 사실을 이야기했어.
M: _______________________

(a) 오, 미안해, 그에게 이야기한 사람이 나야. 그렇지만 나는 그것이 비밀인지 몰랐어.
(b) 와우, 멋지구나.
(c) 아니, 나는 이 일에 완전히 집중하고 있어.
(d) 파트타임 일자리를 그만둘 거야?

[Joseph's Solution]

여자는 자신이 파트타임을 하는 사실을 누군가가 말했다고 화를 내고 있다. 따라서 자신이 말했다고 고백하고 사과하는 (a)가 남자의 대답으로 적절하다.

[필수어휘]

part time job 시간제 일, 부업
be committed to 헌신적으로 ~하다
someone 누군가
fully adv. 완전히

quit v. 그만두다

정답 **(a)**

13.

W: You look pale. What's the matter?
M: My stomach is killing me.
W: I think it's from the pizza you ate for dinner.
M: ___________________________

(a) I have some painkillers for you.
(b) The dinner is on the house.
(c) I don't think so. I think it's from the seafood at lunch.
(d) I've got butterflies in my stomach, too.

해석
W: 창백해 보여. 무슨 일 있니?
M: 배가 아파 죽겠어.
W: 내가 생각하기에는 저녁으로 먹은 피자가 문제인 것 같아.
M: ___________________________

(a) 나한테 진통제가 있어.
(b) 저녁은 무료야.
(c) 그렇게 생각하지 않아. 점심에 먹은 해산물 때문인 것 같아.
(d) 나 또한 긴장하고 있어.

[Joseph's Solution]
배가 아픈 남자에게 여자는 피자가 원인인 것 같다고 짐작하고 있다. 따라서, 이에 대한 동의나 반대의 답변이 이어지는 것이 자연스럽다. 그러므로 (c)의 점심에 먹은 해산물 때문인것 같다는 내용이 정답이다.

[필수어휘]
be killing me ~ 때문에 죽을 지경이다
pale a. 창백한
matter n. 일
stomach n. 위, 복부
painkiller n. 진통제
seafood n. 해산물
have butterflies in one's stomach 긴장하다, 안절부절 못하다

정답 **(c)**

14.

M: Sarah looks rather upset today. What's the problem?
W: Actually, she's feeling a little depressed about her present job.
M: Do you think she needs a change?
W: ___________________________

(a) No, she can always change jobs.
(b) Yeah, I guess she can try something new.

(c) But she's changed a lot since last summer.
(d) You're right. Let's change the subject.

해석
M: Sarah는 오늘 다소 화가나 보여요. 무슨 문제죠?
W: 사실, 현재 직업 때문에 약간 우울함을 느끼고 있어요.
M: 그녀에게 변화가 필요하다고 생각해요?
W: ___________________________

(a) 아니요, 그녀는 항상 직업을 바꿀 수 있어요.
(b) 네, 새로운 뭔가를 시도해 보아야 한다고 생각해요.
(c) 그렇지만 그녀는 지난 여름 이후로 많이 변했어요.
(d) 당신이 맞아요. 주제를 바꿉시다.

[Joseph's Solution]
두 사람은 Sarah가 현재 직업에 대해 우울함을 느끼는 원인을 이야기하고 있다. 그녀에게 변화가 필요한 것인지 묻는 남자에게 새로운 뭔가를 시도해 보아야 한다고 대답하는 (b)가 적절하다.

[필수어휘]
depressed a. (기분이) 우울한, 활기가 없는, 침체된
rather adv. 다소
upset a. 화난
present a. 현재의
subject n. 주제

정답 **(b)**

15.

W: Jason Private. How may I help you?
M: May I speak to Sarah? This is James Terry.
W: I'm sorry, but she's not in right now. Can I take a message?
M: ___________________________

(a) All right. I'll tell him.
(b) No, you have the wrong number.
(c) Yes, tell her to return my call.
(d) No, he didn't answer his call.

해석
W: Jason Private입니다. 어떻게 도와드릴까요?
M: Sarah와 통화할 수 있을까요? 저는 James Terry입니다.
W: 미안하지만 그녀는 지금 자리에 없어요. 메시지를 전하시겠습니까?
M: ___________________________

(a) 좋아요. 내가 그에게 말해줄게요.
(b) 아니요, 전화 잘못 거셨어요.
(c) 네, 저에게 다시 전화 걸어 달라고 말씀해 주세요.
(d) 아니요, 그는 전화를 받지 않았어요.

[Joseph's Solution]
여자는 통화하고자 하는 사람이 없으니 메모를 전해줄지에 대해 묻고 있다. 그러므로 다시 전화를 걸어달라고 말하는 (c)가 정답이다.

[필수어휘]
have the wrong number 전화 잘못 걸다
take a message 메세지를 전하다
return one's call ~에게 답신하다, 연락하다
All right. (감탄사)좋아.

정답 **(c)**

16.

W: So, where are you working now, Tony?
M: I'm still in the accounting department. I don't like it, though.
W: That's too bad, why not?
M: ＿＿＿＿＿＿＿＿＿＿＿＿

(a) Actually, I don't like my job either.
(b) Because the premium is too high.
(c) Well, it doesn't pay very well.
(d) Because I have terrific colleagues.

해석
W: 그래서, 지금은 어디에서 일하세요, Tony?
M: 나는 여전히 회계부서에서 일하고 있어요. 그렇지만 좋지는 않아요.
W: 안타깝군요. 왜요?
M: ＿＿＿＿＿＿＿＿＿＿＿＿＿＿

(a) 사실은 나도 내 직업을 좋아하지 않아요.
(b) 할증료가 너무 높기 때문이에요.
(c) 글쎄요, 봉급이 그리 많지 않아요.
(d) 왜냐하면, 나는 멋진 동료들이 있기 때문이죠.

[Joseph's Solution]
자신의 일이 좋지 않다고 말한 남자에게 이유를 묻고 있으므로 직업이 만족스럽지 않은 이유가 구체적으로 나와야 자연스럽다. 따라서 '만족스럽지 않은 봉급' 때문이라는 (c)가 정답이다.

[필수어휘]
premium n. 할증료
colleague n. 동료
still adv. 여전히
accounting department 회계부서
pay well 벌이가 좋다, 대우가 좋다

정답 **(c)**

Dictation Practice

1. reserve a twin room for two nights / we have no vacancies 2. books on the folk remedies / look them up on the computer 3. Can I reserve two seats / There are just two tickets left. 4. would you check my reservation / I booked an aisle seat / indicates a window seat 5. How would you like to go there? / take the subway line No. 6. 6. I'd like to buy whole grain flour / I'm afraid so. 7. there will be a 10-minute wait / as soon as we have a vacancy

Answer Keys

Part I 1. (b) 2. (d) 3. (b) 4. (b) 5. (d) 6. (a) 7. (a) 8. (a)

Part II 9. (a) 10. (b) 11. (a) 12. (a) 13. (b) 14. (b) 15. (a)

1.

M: I want to fly from LA to Washington on May 15.
W: _____________________

(a) You'll be catching the plane.
(b) One way or round trip?
(c) The flight was delayed on May 15.
(d) It'll take 5 hours from LA to Washington.

해석
M: 5월 15일에 LA에서 워싱턴으로 가려고 합니다.
W: _____________________

(a) 당신은 비행기를 타실 것입니다.
(b) 편도입니까, 왕복입니까?
(c) 그 비행기는 5월 15일에 지연되었습니다.
(d) LA에서 워싱턴까지는 5시간이 걸릴 것입니다.

[Joseph's Solution]
남자는 LA에서 워싱턴으로 가는 비행기 티켓에 대해 문의하고 있다. 따라서, 편도 또는 왕복 중 무엇을 원하는지 묻는 (b)가 정답이다.

[필수어휘]
catch the plane 비행기 시간에 대다, 비행기를 잡아타다
flight n. 비행기
fly v. (비행기를) 타고 가다
delay v. 미루다
one way 편도

round trip 왕복여행

정답 **(b)**

2.

W: Supplies. What can I help you with?
M: _____________________

(a) I guess the water supply is not available.
(b) Can I call back later?
(c) I'll try to supply the demand.
(d) Do you have copying paper?

해석
W: 문구사입니다. 무엇을 도와 드릴까요?
M: _____________________

(a) 상수도는 이용하실 수 없을 것 같습니다.
(b) 나중에 다시 전화할까요?
(c) 수요를 충족시키기 위해 노력할 것입니다.
(d) 복사용지가 있나요?

[Joseph's Solution]
'Supplies'라는 말을 통해 물품 구입처에서 대화하고 있음을 짐작할 수 있다. 무엇이 필요한 지 묻고 있으므로 사고자 하는 물품을 구체적으로 언급하는 것이 대답으로 적절하다. 따라서 복사용지가 있는 지 묻는 (d)가 정답이다.

[필수어휘]
supply n. 물품 (cf. school supplies 학용품)
supply the demand …의 수요를 충족시키다
water supply 상수도
copying paper 복사용지
available a. 이용가능한

정답 **(d)**

3.

M: I'd like to reserve a twin room for two nights this weekend.

W: _______________________

(a) All right. Your reservation is canceled.
(b) Sorry, we have no vacancies.
(c) A twin room would be better.
(d) We have no reservation in the name of Grant.

해석

M: 이번 주말에 2박할 트윈 룸을 예약하고 싶습니다.

W: _______________________

(a) 좋습니다. 손님의 예약이 취소되었습니다.
(b) 죄송합니다, 빈방이 없습니다.
(c) 트윈 룸이 더 나으실 것입니다.
(d) 우리는 Grant란 성함으로 예약된 것이 없습니다.

[Joseph's Solution]

방 예약을 하고 있으므로, 예약 가능 여부나 예약에 대한 내용이 대답으로 와야 한다. 따라서 빈방이 없다는 (b)가 정답이다.

[필수어휘]

would like to ~하고 싶다
vacancy n. (호텔 등의) 빈 방
reservation in the name of ~라는 이름으로 된 예약
reserve v. 예약하다
cancel v. 취소하다

정답 **(b)**

4.

M: Would you let me know how long the flight will take?

W: _______________________

(a) Of course. The flight will arrive on time.
(b) It'll take about two hours.
(c) I hope you enjoy the flight.
(d) It'll take off in thirty minutes.

해석

M: 비행시간이 얼마나 걸릴지 알려주시겠어요?

W: _______________________

(a) 물론이죠. 비행은 정각에 도착할 거예요.
(b) 약 2시간 걸릴 거예요.
(c) 비행을 즐기시길 바랍니다.
(d) 이것은 30분 후에 이륙합니다.

[Joseph's Solution]

비행시간이 얼마나 걸릴지 묻고 있으므로, 예상 비행시간에 대해 답해야 한다. 따라서 2시간 정도라고 말한 (b)가 정답이다. (d) take off는 이륙하는 것이므로 출발시간을 묻는 질문에 대한 대답으로 적절하다.

[필수어휘]

take off 이륙하다
flight n. 비행
on time 정각에
arrive v. 도착하다
take about ~이 걸리다

정답 **(b)**

5.

W: I'm looking for books on the folk remedies.

M: _______________________

(a) Some folk remedies really work.
(b) Water can be one of the best remedies.
(c) You can check out 5 books at one time.
(d) Would you look them up on the computer here?

해석

W: 나는 민간요법에 관한 책을 찾고 있어요.

M: _______________________

(a) 일부 민간요법은 정말 효과가 있어요.
(b) 물은 최고의 치료약 중 하나가 될 수 있어요.
(c) 한번에 5권의 책을 대출하실 수 있으세요.
(d) 이쪽 컴퓨터에서 찾아보시겠어요?

[Joseph's Solution]

민간요법에 관한 책을 찾고 있다는 말을 통해 서점이나 도서관에서 이뤄지고 있는 대화임을 짐작할 수 있다. 따라서 어디서 그 책을 찾을 수 있는지 알려주어야 하므로 '컴퓨터에서 찾아보라'는 (d)가 정답이다.

[필수어휘]

folk remedy 민간요법
look up 찾아보다
check out (도서관 등에서) 대출받다
work v. 효과있다
remedy n. 치료(약)
look for 찾다

정답 **(d)**

6.

W: What kind of books are you looking for?

M: _______________________

(a) Some story books for my kid.
(b) How many books can I borrow at a time?
(c) I'm looking for a nearest bookstore.
(d) I think the new bookkeeper is very kind.

해석
W: 어떤 종류의 책을 찾고 있나요?
M: ______________________________

(a) 내 아이들을 위한 이야기책 들을 찾고 있어요.
(b) 얼마나 많은 책을 한 번에 빌릴 수 있나요?
(c) 가장 가까이에 있는 서점을 찾고 있어요.
(d) 새로운 회계장부 담당자는 매우 친절하신것 같아요.

[Joseph's Solution]
찾고 있는 책이 무엇인지 묻고 있으므로, 책의 종류에 관한 **이야기 책** 자연스럽다. 따라서 '아이들용 스토리북'이라고 답한 (a)가 정답이다.

[필수어휘]
bookkeeper n. 회계 장부 담당자
at a time 한번에
look for 찾다
near a. 가까운
borrow v. 빌리다

정답 (a)

7.

W: Could you tell me where the nearest bus stop is?
M: ______________________________

(a) Sorry, I'm a stranger here myself.
(b) As I know, there is a bus stop near here.
(c) You can go there by bus.
(d) It will take about ten minutes.

해석
W: 가장 가까운 버스 정거장이 어디에 있는지 말씀해주시겠어요?
M: ______________________________

(a) 미안합니다만, 저도 여기는 처음입니다.
(b) 제가 알기에, 이 근처에 버스 정거장이 있어요.
(c) 버스로 그곳에 갈 수 있어요.
(d) 약 10분 정도 걸릴 거예요.

[Joseph's Solution]
가장 가까이에 있는 버스 정거장의 위치를 묻고 있으므로 자신도 초행이라고 말한 (a)가 정답이다. (d)는 Where에 대한 대답이 아니라, How long에 관한 대답이다.

[필수어휘]
stranger n. 낯선 사람, 모르는 사람, (장소 등에) 생소한 사람
bus stop 버스 정류장
near prep. ~에서 가까이
by bus 버스로

정답 (a)

8.

M: Can I reserve two seats for tonight's concert?
W: ______________________________

(a) You're lucky. There are just two tickets left.
(b) The reservation fee was included in the bill.
(c) Sure, I hope you show up together.
(d) The seats are already reserved.

해석
M: 오늘 밤 콘서트에 2좌석을 예약할 수 있을까요?
W: ______________________________

(a) 운이 좋으시군요. 딱 2자리가 남아 있습니다.
(b) 예약 수수료는 주문서에 포함되어 있습니다.
(c) 물론입니다, 당신들이 함께 나타나길 바랍니다.
(d) 좌석은 이미 예약되어 계십니다.

[Joseph's Solution]
콘서트 티켓 2좌석을 예약하고 있으므로, 딱 2자리가 남아있다는 말로 티켓예약이 가능하다고 답한 (a)가 정답이다.

[필수어휘]
reservation fee 예약 수수료
bill n. 고지서, 청구서
reserve v. 예약하다
include v. 포함하다
show up 나타나다

정답 (a)

9.

M: If you don't mind, would you check my reservation?
W: What's the matter, sir?
M: I think I booked an aisle seat, but this ticket indicates a window seat.
W: ______________________________

(a) Let me see if I can find you any open seat on the aisle.
(b) We are not taking any more reservations.
(c) Reserve your seat at Window No. 3.
(d) The window sheets are on aisle 8.

해석
M: 괜찮으시다면, 제 예약을 확인해주시겠어요?
W: 무슨 문제가 있으신가요, 손님?
M: 저는 복도 측 좌석을 예약했는데, 이 티켓은 창가 측 좌석으로 되어 있네요.
W: ______________________________

(a) 복도 측에 좌석이 있는지 확인해 보겠습니다.
(b) 저희는 더 이상의 예약을 받지않고 있습니다.

(c) 창가 측 3번 좌석을 예약하세요.
(d) 창 시트들은 8번 통로에 있습니다.

[Joseph's Solution]
남자는 자신이 예약한 복도 측 자석이 창가 측 좌석으로 되어있다고
말하고 있다. 이에 대한 대답으로는 예약에 관련되어 사실을 확인하
거나, 좌석 변경에 관한 내용이 와야 한다. 따라서 '복도 측 좌석이
가능한지 확인하겠다'는 (a)가 정답이다.

[필수어휘]
aisle n. 복도
indicate v. (조짐 · 가능성을) 나타내다
reserve v. 예약하다
book v. 예약하다
window seat 창가 자석
sheet n. 시트(얇은 천)

정답 (a)

10.

W: Excuse me, but would you tell me where I am?
M: Where are you heading?
W: I need to take a subway.
M: _______________________

(a) You should take a subway to get there.
(b) Oh, I'm going your way. Let me walk with you.
(c) I'm afraid that we are lost.
(d) There used to be a subway station here.

해석
W: 실례합니다만, 여기가 지금 어디인가요?
M: 어디로 가고 계신대요?
W: 지하철을 타야 해요.
M: _______________________

(a) 당신은 그곳에 가려면 지하철을 타야 합니다.
(b) 오, 저도 그래요. 제가 당신과 함께 걸을게요.
(c) 우리가 길을 잃은것 같네요.
(d) 여기가 예전에는 지하철역이 있었던 곳이죠.

[Joseph's Solution]
남자는 여자가 어디로 갈 것인지 목적지를 묻고 있다. 따라서 가고
자 하는 장소지에 대한 내용이 대답으로 와야 하므로 '저도 그래요,
함께 걸어가요'라는 (b)가 정답이다.

[필수어휘]
head v. (특정 방향으로) 가다[향하다]
take a subway 지하철을 타다
walk v. 걷다
used to ~하곤 했었다
subway station 지하철 역

정답 (b)

11.

M: How do I look?
W: You look great in any blue-toned shirt.
M: I agree, but don't you think this is a little tight?
W: _______________________

(a) Then, ask for a bigger one.
(b) Why don't you try that blue tie on?
(c) You need to wear tights.
(d) They may have it in other colors.

해석
M: 나 어때 보여?
W: 너는 푸른색의 셔츠를 입으니 잘 어울리는구나.
M: 나도 그렇게 생각해, 그렇지만 이거 약간 끼는 것 같지 않아?
W: _______________________

(a) 그러면 더 큰 것이 있는지 물어봐.
(b) 파란 색 타이를 해보는 거 어때?
(c) 팬티스타킹을 신을 필요가 있어.
(d) 다른 색도 있을 거야.

[Joseph's Solution]
셔츠가 타이트하지 않은지 여자의 의견을 묻고 있으므로 더 큰 것으
로 요청해 보라는 (a)가 정답이다.

[필수어휘]
tights n. 팬티스타킹
tight a. 딱 붙는
try on 입어보다
wear v.입다

정답 (a)

12.

W: How long are we stopping here?
M: About an hour. Why?
W: I want to do some shopping for my family.
M: _______________________

(a) I'm wondering if an hour is enough for that.
(b) I have stopped here before.
(c) It'll probably be much cheaper in the duty-free
    shop.
(d) Do you usually go shopping with your family?

해석
W: 여기에서 얼마나 오랫동안 머물러 있을 거야?
M: 한 시간 정도. 왜?
W: 가족을 위해 쇼핑을 하고 싶거든.
M: _______________________

(a) 한 시간이면 쇼핑하기에 충분할지 모르겠어.
(b) 전에 이곳에서 머물렀던 적 있어.

(c) 면세점에서는 훨씬 더 저렴할 거야.
(d) 보통 가족과 함께 쇼핑하니?

[Joseph's Solution]
한 시간 동안 가족을 위한 쇼핑을 하고 싶다는 여자의 말에 '한 시간
이면 쇼핑시간으로 충분할지 모르겠다'는 (a)가 정답이다.

[필수어휘]
duty-free shop 면세점
wonder v. ~일지 모르겠다
probably adv. 아마, 혹시
usually adv. 보통

정답 (a)

13.

M: Can you tell me how to get to Seoul World Cup
　Stadium?
W: How would you like to go there?
M: By subway.
W: ＿＿＿＿＿＿＿＿＿＿＿＿＿

(a) You'd better leave early.
(b) Then, take the subway line No. 6.
(c) The subway trains run at 5-minute intervals.
(d) The stadium is always crowded.

해석
M: 서울 월드컵 경기장에 어떻게 가는 지 말해 주겠어요?
W: 거기에 어떻게 가고 싶은데요?
M: 지하철로요.
W: ＿＿＿＿＿＿＿＿＿＿＿＿＿＿＿

(a) 일찍 출발하는 게 나아요.
(b) 그렇다면 6호선 지하철을 타도록 해요.
(c) 지하철은 5분의 간격으로 운영됩니다.
(d) 경기장은 항상 혼잡스러워요.

[Joseph's Solution]
서울 월드컵 경기장에 지하철로 가고 싶다는 남자에 대한 대답으로
지하철 6호선을 타라고 조언하는 (b)가 정답이다.

[필수어휘]
interval n. 간격
stadium n. 경기장
run v. 운행하다
crowded a. 혼잡한

정답 (b)

14.

W: May I help you?
M: I'd like to buy whole grain flour, but there's only
　white flour.
W: Is there?

M: ＿＿＿＿＿＿＿＿＿＿＿＿＿

(a) Yes, whole grain flour is much healthier.
(b) Yes, I'm afraid so.
(c) White flowers don't look fresh.
(d) Yes, there are no other flowers except white ones.

해석
W: 도와드릴까요?
M: 통 밀가루를 사고 싶습니다만, 흰 밀가루밖에 없네요.
W: 그렇습니까?
M: ＿＿＿＿＿＿＿＿＿＿＿＿＿＿＿

(a) 네, 통밀가루는 훨씬 건강에 좋지요.
(b) 네, 그런 것 같은데요.
(c) 흰 꽃들이 신선해 보이지 않아요.
(d) 네, 흰 꽃을 제외하고는 다른 꽃이 없네요.

[Joseph's Solution]
점원인 여자는 손님이 흰 밀가루 밖에 없다는 말에 오히려 'Is it?'이라
고 되묻고 있다. 따라서 손님의 대답으로 '그런 것 같다'는 (b)가 자연
스럽다. I'm afraid so는 보통 부정적인 사실에 관해 그것이 맞다고 이
야기할 때 사용한다.

[필수어휘]
whole grain flour 통 밀가루
buy v. 구매하다, 사다
fresh a.신선한
except ~을 제외하고는

정답 (b)

15.

W: May we have a table for two?
M: If you haven't reserved, there will be a 10-minute
　wait.
W: That's fine with us. We can wait.
M: ＿＿＿＿＿＿＿＿＿＿＿＿＿

**(a) Thanks. I'll call you as soon as we have a
　vacancy.**
(b) Are you expecting someone?
(c) We're sorry to have kept you waiting so long.
(d) OK. Let me check your reservation first.

해석
W: 2인석 테이블이 있을까요?
M: 예약하지 않으셨다면, 10분 대기시간이 있습니다.
W: 저희는 괜찮아요. 기다릴 수 있어요.
M: ＿＿＿＿＿＿＿＿＿＿＿＿＿＿＿

(a) 감사합니다. 빈 좌석이 생기는 대로 불러드리겠습니다.
(b) 누구를 기다리고 있나요?
(c) 이렇게 오랫동안 기다리게 해서 죄송합니다.
(d) 좋아요. 먼저 예약을 확인해보겠습니다.

[Joseph's Solution]
레스토랑에서 이뤄지는 대화임을 짐작할 수 있다. 테이블이 준비될 때까지 기다릴 수 있다고 여자가 이야기하고 있으므로, 이에 대한 대답으로 '준비되는 대로 불러드리겠다'는 (a)가 자연스럽다.

[필수어휘]
reserve v. 예약하다
vacancy n. 공석, 빈 자리
expect v. (오기로 되어 있는 대상을) 기다리다
be fine with ~에게 괜찮다
keep ~ing 계속해서 ~ 하다

정답 **(a)**

Dictation Practice

1. There are still two important things / filled out all the paperwork / remove the clutter and stage / Staging means arranging things / a better price and a faster sale / all the statistics indicate it really pays off. / Removing clutter is more important / help lower the price of the house / Making the house look appealing / Cleaning the clutter

2. no longer be subcontracting with your company / we have received / too irresponsible and disrespectful to our clients / You may call me on my office phone / that my decision is final / Discussing a new employee / Ending a business relationship / Disputing a recent report

3. The National Weather Service / It is expected to make landfall / local time on Tuesday morning / tremendously destructive / massive amounts of rain / when the hurricane makes landfall / There's little difference / expected landfall time will probably change / evacuate before the hurricane hits

---

Answer Keys

Part III 1. **(c)** 2. **(a)**

Part IV 3. **(c)** 4. **(a)** 5. **(d)**

1.

W: There are still two important things to do to sell your house.
M: But I've filled out all the paperwork.
W: I know, but to show it, you need to remove the clutter and stage.
M: What is that, and why is it necessary?
W: Staging means arranging things to look more appealing. It'll get you a better price and a faster sale.
M: That sounds good, but is it guaranteed?
W: No, but all the statistics indicate it really pays off.
M: Great, when do we start?

Q: What is the main idea the woman wants to get across?

(a) Removing clutter is more important than paperwork.
(b) Staging will help lower the price of the house.
(c) Making the house look appealing will help it sell.
(d) Cleaning the clutter will probably not pay off.

해석
W: 당신의 집을 판매하기 위해서 여전히 해야 하는 2가지 중요한 점이 있어요.
M: 그렇지만 저는 그 서류도 전부 채웠는데요.
W: 저도 알고 있습니다만, 그것을 보여주기 위해 잡동사니와 무대를 없앨 필요가 있어요.
M: 그게 뭐고, 왜 그것이 필요하죠?
W: 스테이징이라는 것은 좀 더 매력적으로 보이기 위해 사물을 배열하는 것을 뜻합니다. 그렇게 함으로써 더 나은 가격과 더 빠른 판매를 유도할 거에요.
M: 멋지게 들리는데요, 하지만 보장이 되나요?
W: 아니요, 그렇지만 모든 통계학적에도 그것이 실제로도 성공적이라고 설명하고 있어요.
M: 좋군요, 언제 시작하나요?

문제: 여자가 이해시키려고 하는 주제는 무엇인가?

(a) 잡동사니들을 제거하는 것이 서류작업보다 더 중요하다.
(b) 스테이징은 집값을 낮추는데 도움이 될 것이다.
(c) 집을 매력적으로 보이게 만드는 것은 판매에 도움이 될 것이다.
(d) 잡동사니를 청소하는 것은 성공하지 못할 지도 모른다.

[Joseph's Solution]
'you need to remove the clutter and stage'라는 말에 정답의 힌트가 있다. 스테이징을 하는 이유를 묻는 남자에게 가격 상승과 판매 증진에 도움이 되고 궁극적으로 집을 파는데 있어 필요하다고 설

명하고 있다. 따라서 여자가 남자에게 설득하고자 하는 내용은 (c)
이다.

[필수어휘]

fill out 기입하다

paperwork n. 서류 작업, 문서 업무

clutter n. 잡동사니, 어수선함

stage n. 무대

staging n. 상연, 발판(비계)

indicate v. 나타나다, 보여 주다

pay off 성공하다[성과를 올리다]

get across (~에게) 전달[이해]되다

necessary a. 필요한

guarantee v. 보장하다

statistics n. 통계(단수는 통계학)

remove v. 제거하다

정답 **(c)**

2.

W: Can I help you find something?

M: Yes, I need to buy a dozen melons for my
 daughter's garden party.

W: That sounds like fun! All the melons are along the
 back wall in produce.

M: How many different kinds do you have?

W: We have cantaloupe, casaba, and watermelon
 this time of year.

M: Excellent. What else do you think would go with
 melons in a salad?

W: You might try salad greens and cucumbers, along
 with red and green grapes.

M: Thank you. Those are good suggestions.

Q: What are the speakers mainly talking about?

(a) The food needed for a garden party

(b) The melons growing in the man's garden

(c) The location of the produce section

(d) The store's selection of fruit and vegetables

해석

W: 뭐 찾으시는데 도와드릴까요?

M: 네, 저는 딸의 가든 파티에 사용할 12개의 멜론을 사려고 합니
 다.

W: 그것 참 재미있겠네요! 멜론은 뒤쪽 벽을 따라 가시면 있습니다.

M: 멜론의 종류는 몇 가지나 구비하고 계신가요?

W: 저희는 이맘때 쯤이면 칸탈루프, 카사바, 수박을 갖추고 있습니
 다.

M: 훌륭하군요. 샐러드로 멜론과 함께 다른 무엇을 곁들이는 게 좋
 을까요?

W: 빨간색과 초록색의 포도와 함께 녹색채소와 오이 샐러드를 시도
 해 보세요.

M: 감사합니다. 좋은 제안이신 것 같아요.

문제: 화자들은 주로 무엇에 관해 이야기하고 있나?

(a) 가든파티에 필요한 요리

(b) 남자의 정원에서 자라는 멜론들

(c) 농산물 구역의 위치

(d) 상점에서 과일과 야채의 선택 가능한 것들

[Joseph's Solution]

'I need to buy a dozen melons for my daughter's garden party.'
라는 말에서 남자가 과일을 사러 온 목적에 대해 설명하고 있다. 따
라서 화자들이 이야기하고 있는 대화의 주제는 (a)가든 파티에 필요
한 요리이다.

[필수어휘]

produce n. 생산물, 상품, 제품

green n. 푸른색 채소

selection n. 선택 가능한 것들(의 집합)

dozen n. 12개 짜리 한묶음

along ~을 따라

cucumber n. 오이

suggestion n. 제안

location n. 위치

produce n. 농산물

정답 **(a)**

3.

W: Mr. Murphy, this is Magarette Sampson from
 Sampson Construction. I'm calling to tell you
 that we will no longer be subcontracting with
 your company. Recent reports we have received
 indicate that you and your employees are too
 irresponsible and disrespectful to our clients for us
 to continue our business dealings. You may call
 me on my office phone if you wish to discuss this,
 but please know now that my decision is final.

Q: What is the phone message about?

(a) Discussing a new employee

(b) Providing a new subcontract

(c) Ending a business relationship

(d) Disputing a recent report

해석

W: Murphy씨, 저는 Sampson 건설사의 Magarette Sampson입니
 다. 제가 전화한 것은 저희 사가 더 이상 귀사에게 하도급을 주
 지 않을 것이라는 점을 말씀 드리기 위해서입니다. 최근 저희가
 접수한 자료에 따르면 귀하와 귀사의 직원들은 저희가 사업거래
 를 지속하기에 너무 무책임하고 무례한 것으로 밝혀졌습니다.
 이점에 대해 논의하고 싶으시면 사무실로 전화해주셔도 좋지만
 제 결정이 최종적임을 이제는 아시길 바랍니다.

문제: 전화 메시지는 무엇에 관한 내용인가?

(a) 새 직원에 관한 논의

(b) 새로운 하도급 제공
(c) 사업 관계의 종결
(d) 최근 보고서에 대한 반박

[Joseph's Solution]
'I'm calling to tell you that ~' 이하에서 전화를 건 목적에 대해 밝히고 있다. 무책임하고 무례한 태도로 인해 향후 하도급 계약을 안할 것이며 이것이 최종 결정임을 이야기하고 있으므로 전화메시지의 주제는 (c)사업 관계의 종결이다.

[필수어휘]

subcontract v. 하도급을 주다
disrespectful a. 무례한, 실례되는, 경멸하는
dispute v. 반박하다, 이의를 제기하다
no longe 더이상 ~않다
indicate v. 나타내다
recent a. 최근의
irresponsible a. 무책임한
client n. 고객
continue v. 지속하다
business dealing 사업 거래

정답 **(c)**

4.

M: I have to say that this new book of yours is absolutely fantastic. I love the way you weave the stories of six seemingly unrelated characters into one beautiful tapestry. Your use of exquisite detail in every description is inspiring, and your prose flows so beautifully that no other author could possibly duplicate it. I believe this is one of the greatest works of fiction that this world has seen in the last decade.

Q: What is the passage about?

(a) Why an author's book is exceptionally good
(b) What an author duplicated from another author
(c) Why an author intertwined his characters' stories
(d) Where an author's inspiration came from

해석

남: 저는 당신이 책들 중 새로운 책이 정말 환상적이라는 점을 이야기하고 싶습니다. 저는 피상적으로 보기에는 관련이 없는 듯한 6명의 등장인물들을 하나의 아름다운 태피스트리로 엮은 당신의 방식이 너무 마음에 듭니다. 당신이 모든 묘사에서 사용한 정교한 세부묘사는 영감을 불러 일으키며 산문체는 너무나 아름답게 흘러 그 어떤 작가도 똑같이 따라 할 수 없게 하였습니다. 저는 이 책이 지난 십 년간 세상에 나온 그 어떤 소설 가운데서도 가장 훌륭한 작품 가운데 하나라고 생각합니다.

문제: 지문은 무엇에 관한 것인가?

(a) 작가의 책이 특별히 좋은 이유
(b) 작가가 다른 작가에게서 모방한 것

(c) 작가가 그의 등장인물 이야기를 밀접하게 엮은 이유
(d) 작가의 영감이 나온 곳

[Joseph's Solution]
'I love the way you weave ~'를 시작으로 글쓴이는 자신이 책을 좋아하는 이유에 대해 열거하고 있다. 따라서 이 지문의 주제는 '작가의 책이 좋은 이유'인 (a)이다.

[필수어휘]

seemingly adv. 외견상으로, 겉보기에는
unrelated a. 관련[관계] 없는
tapestry n. 태피스트리 (여러 가지 색실로 그림을 짜 넣은 직물. 또는 그런 직물을 제작하는 기술)
exquisite a. 매우 아름다운, 정교한
prose n. 산문(체)
duplicate v. 복사[복제]하다, 사본을 만들다
intertwine v. 밀접하게 관련되다
absolutely adv. 전적으로
weave v. (이야기를) 엮다
fiction n. 소설, 허구
decade n. 10년
exceptionally adv. 특별히
inspiration n. 영감

정답 **(a)**

5.

M: The National Weather Service has increased Hurricane Daniel's rating from a Category 4 to a Category 5 hurricane. It is expected to make landfall in Miami at 5:35 a.m. local time on Tuesday morning. Category 5 hurricanes are tremendously destructive, featuring incredibly strong winds, massive amounts of rain, and very high surf. This is a serious and very dangerous situation, and no one should be in Miami when the hurricane makes landfall.

Q: What is true according to the announcement?

(a) There's little difference between Category 4 and 5 hurricanes.
(b) The expected landfall time will probably change.
(c) There has never been such a strong hurricane in Miami.
(d) The people of Miami should evacuate before the hurricane hits.

해석

남: 미국 기상청은 허리케인 다니엘의 등급을 4등급에서 5등급으로 상향 조정했습니다. 이번 허리케인은 화요일 아침 현지 시간 오전 5시 35분에 마이애미에서 산사태를 일으킬 것으로 예측되고 있습니다. 5등급 허리케인은 놀라울 정도로 강한 바람과 대규모의 비, 그리고 매우 높은 파도를 동반하는 특징을 지닌 매우 파괴적인 것입니다. 이는 심각하면서도 매우 위험한 상황이며 허

리케인이 산사태를 일으키는 경우 마이애미에 어떤 이도 있으면 안됩니다.

문제: 안내문에 대한 내용으로 사실인 것은?

(a) 4등급과 5등급 허리케인 사이에는 차이점이 거의 없다.
(b) 예정되는 산사태 시기는 아마 변할 것이다.
(c) 마이애미에 그렇게 강한 허리케인은 전혀 없었다.
(d) 마이애미 주민들은 허리케인이 강타하기 전에 대피해야 한다.

[Joseph's Solution]
안내문의 마지막 'no one should be in Miami when the hurricane makes landfall'에 정답의 힌트가 있다. 허리케인으로 인해 산사태가 예상되며 산사태가 발생할 시기에 마이애미에는 누구도 있어서는 안 된다는 말을 통해 그 전에 주민들은 모두 피신하라는 것을 추측할 수 있다. 따라서 안내문의 내용으로 사실인 것은 (d)이다.

[필수어휘]
landfall n. 산사태 (= landslide)
tremendously adv. 엄청나게, 굉장히
destructive a. 파괴적인
evacuate v. 떠나다, 피난하다
rating n. 순위, 등급
local a. 지역의
feature v. 특징을 이루다
incredibly adv. 엄청나게
massive a. 거대한
amount n. 양
surf n. 파도

정답 (d)

Dictation Practice

1. what to get my wife for her birthday / I got a necklace for her last year. / some new ones at the store recently / but unfortunately, she's allergic/ I can't afford that! / bring a little Paris to her / a good French restaurant / Take her out to dinner / Find a necklace she likes / Purchase her a new car

2. May I help you? / I had this coat cleaned / it still has spots on it / us to add some waterproofing / to be ready for the rain / this material can't be waterproofed / stains from the waterproofing liquid / You're kidding! / it can't be waterproofed on the label / I could have told you / but the clerk didn't know / I appreciate that / an explanation for the stains on her coat / the cleaners to buy her a new coat / get her coat waterproofed / pick up her coat from the cleaners

3. lodge a formal complaint with your company / we were treated extremely rudely / did no one make any effort to assist us / when we finally did ask for help / with disrespectful remarks and laughter / believe how we were treated / never be shopping in one of your stores again / shopping while on the clock / The woman's family was treated badly / surprisingly low quality / The other shoppers were disrespectful

Answer Keys

Part III 1. (a) 2. (d) 3. (a)

Part IV 4. (b) 5. (a)

1.

M: I don't know what to get my wife for her birthday.
W: How about jewelry?
M: I got a necklace for her last year. I need something new this year.
W: Does she like perfume? I saw some new ones at the store recently.
M: That's a good idea, but unfortunately, she's allergic.
W: I know a new car!
M: Ha! I can't afford that!
W: Well... does she like to travel? You could take her to Paris for the weekend.
M: No, but I can bring a little Paris to her. I'll take her to a good French restaurant!

Q: **What is the man going to do for his wife's birthday?**

(a) **Take her out to dinner**
(b) Buy her a bottle of perfume
(c) Find a necklace she likes
(d) Purchase her a new car

해석
M: 내 아내 생일에 무엇을 줘야 할지 모르겠어요.
W: 보석 류는 어때요?
M: 작년에 목걸이를 주었거든요. 올해는 무언가 새로운 것이 필요해요.
W: 향수 좋아해요? 최근에 상점에서 신상품을 몇 개 봤어요.
M: 좋은 생각이네요, 그렇지만 안타깝게도, 아내는 알레르기가 있어요.
W: 새 차를 알고 있어요!
M: 하! 그 정도는 감당할 수 없어요.
W: 글쎄요, 여행 좋아해요? 주말 동안 파리에 데려가세요.
M: 아니에요, 그렇지만 그녀에게 작은 파리를 선사할 수도 있겠네요. 좋은 프랑스식 레스토랑을 데려갈게요!

문제: 남자는 아내 생일에 무엇을 할 예정인가?

(a) 아내를 데리고 저녁식사 하기
(b) 향수 한 병을 사주기
(c) 아내가 좋아하는 목걸이를 발견하기
(d) 아내에게 새 차를 사주기

[Joseph's Solution]
남자의 마지막 말 'I'll take her to a good French restaurant!'에서 남자는 아내를 프랑스식 레스토랑에 데려가겠다고 말하고 있다. 따라서 남자가 여자의 생일날 할 것은 (a)이다. 'I can bring a little Paris to her'는 '파리의 분위기를 약간 느끼게 해줄 수 있다'는 의미이다.

[필수어휘]
allergic a. (~에 대해) 알레르기가 있는
afford v. (금전적·시간적) 여유[형편]가 되다
fill out 기입하다
jewelry n. 보석류
perfume n. 향수
unfortunately adv. 불행히도
purchase v. 구입하다

정답 **(a)**

2.

M: Good afternoon, I would like to return this gift.
W: Why do you want to return it?
M: I thought the store's policy was Easy returns no questions asked.
W: It is, but I still need to know whether the product is defective, or you just don't like it.
M: That makes sense. Well, it's much too small, and I don' like the color.
W: OK, that's fine. Now, would you like cash, or the refund on your credit card?
M: I think I'd like the cash. Unless you have something similar in a different size and color.
W: Yes, I believe we do. Follow me, I'll show them to you.

Q: What does the woman want to do?

(a) She wants to return a gift that she doesn't like.
(b) She wants to put the refund on her credit card.
(c) She wants to buy a gift for a friend.
(d) She wants to get the man item in a different size.

해석
M: 안녕하세요, 이 선물을 반품하고 싶습니다.
W: 왜 반품하고 싶으신가요?
M: 이 점포의 정책이 '여타의 질문 없는 손쉬운 반품'이라고 생각했는데요.
W: 그렇습니다만, 저는 그래도 제품에 결함이 있는지 아니면 그저 손님 마음에 들지 않으신 건지 알아야 할 필요가 있어서요.
M: 말 되네요. 제품이 너무 심하게 작고, 제가 좋아하는 색도 아니

네요.
W: 알겠습니다. 그러면 현금으로 드릴까요, 아니면 신용카드로 환불 받으시겠어요?
M: 현금이 좋겠습니다. 만약 다른 사이즈와 색의 유사한 제품이 없다면요.
W: 네, 저희가 구비하고 있을 것 같은데요. 저를 따라오세요. 제품들을 보여드릴게요.

문제: 여자는 무엇을 하고 싶은가?

(a) 여자는 마음에 들어하지 않는 선물을 환불하고 싶어한다.
(b) 여자는 신용카드로 환불을 받고 싶어한다.
(c) 여자는 친구의 선물을 사고 싶어한다.
(d) 여자는 남자에게 다른 사이즈의 아이템을 가져다 주려고 한다.

[Joseph's Solution]
남자는 상점에 반품을 하러 온 상황이며, 다른 사이즈와 색이 있냐고 묻고 있다. 이에 대해 점원은 다른 아이템을 보여주겠다고 하였으므로 (d)의 내용이 정답으로 적절하다.

[필수어휘]
policy n. 정책
return v. 돌려주다, 반납하다, 돌려보내다
defective a. 결함이 있는
refund n. 환불(금)
similar a. 비슷한
unless ~하지 않는다면
That makes sense. 말 되네요.

정답 **(d)**

3.

M: Welcome to Classy Cleaners. May I help you?
W: Yes, I had this coat cleaned last week, but it still has spots on it. Here is the receipt.
M: It says here, that you requested us to add some waterproofing.
W: Yes, I wanted to be ready for the rain.
M: I'm sorry, but this material can't be waterproofed. Those spots are probably stains from the waterproofing liquid.
W: You're kidding! It doesn't say that it can't be waterproofed on the label.
M: I could have told you if I had been here, but the clerk didn't know. I'll clean it again, no charge.
W: Thank you, I appreciate that.

Q: What does the woman want?

(a) She wants an explanation for the stains on her coat.
(b) She wants the cleaners to buy her a new coat.
(c) She wants to get her coat waterproofed.
(d) She wants to pick up her coat from the cleaners.

해석

M: Classy Cleaners에 오신 것을 환영합니다. 도와드릴까요?

W: 네, 지난 주에 이 코트를 세탁했는데요, 여전히 얼룩이 있네요. 여기 영수증 있습니다.

M: 여기에 손님께서 약간의 방수제를 더하도록 저희에게 요청하신 것으로 적혀있네요.

W: 네, 저는 비에 대비하고 싶었어요.

M: 죄송합니다만, 이 천은 방수처리를 할 수 없어요. 아마도 이 반점들은 방수처리 액으로 인해 생긴 얼룩인 것 같습니다.

W: 농담이시겠죠. 라벨에는 방수처리 할 수 없다고 써있지 않은데요!

M: 제가 이 자리에 있었다면 손님께 이야기해줄 수도 있었겠지만, 그 직원은 몰랐었어요. 제가 무료로 다시 세탁해 드릴게요.

W: 감사합니다.

문제: 여자는 무엇을 원하는가?

(a) 여자는 코트의 얼룩에 대한 설명을 원한다.

(b) 여자는 세탁소에서 그녀에게 새 코트를 사주기를 원한다.

(c) 여자는 코트가 방수처리 되기를 원한다.

(d) 여자는 세탁소에서 코트를 찾아가길 원한다.

[Joseph's Solution]

'I had this coat cleaned last week, but it still has spots on it'라는 여자의 말에서 세탁을 맡겼으나 얼룩이 남아있는 데 대해 남자가 설명해주기를 원한다는 것을 추측할 수 있다. 따라서, 여자가 바라는 것은 (a)이다. (c)는 사실이지만 최종적으로 여자가 원하는 것이 아니다.

[필수어휘]

stain n. 얼룩

waterproof v. 방수 처리[가공]을 하다

material n. 직물, 천

cleaners n. 세탁소

spot n. 점, 얼룩

receipt n. 영수증

liquid n. 액체

clerk n. 점원

charge n. 요금

explanation n. 설명

정답 (a)

4.

W: I'd like to lodge a formal complaint with your company. When my family and I visited one of your stores last Saturday, we were treated extremely rudely. Not only did no one make any effort to assist us as we browsed through your merchandise, but, when we finally did ask for help, we were met with disrespectful remarks and laughter. I absolutely could not believe how we were treated. We will never be shopping in one of your stores again.

Q: Why is the woman upset?

(a) The store employees were shopping while on the clock.

(b) The woman's family was treated badly by the employees.

(c) The store's merchandise was surprisingly low quality.

(d) The other shoppers were disrespectful towards her.

해석

W: 저는 귀사에 정식적으로 불만사항을 제출하고자 합니다. 지난 토요일, 귀사 점포 중 하나를 방문했을 때 제 가족과 저는 극도로 무례한 대접을 받았습니다. 저희들이 제품 구경할 때 그 누구도 도와줄 노력도 하지 않았을 뿐만 아니라 결국 저희가 도움을 요청했을 때는 무례한 말과 웃음으로 답했습니다. 저희가 어떤 대우를 당했는지 저는 절대로 믿을 수가 없습니다. 저희는 다시는 귀사의 점포 중 어떤 곳에서도 절대로 쇼핑하지 않을 것입니다.

문제: 여자는 왜 화가 났는가?

(a) 상점 점원들이 근무 중에 쇼핑했다.

(b) 여자의 가족은 직원들에게 안 좋은 대우를 받았다.

(c) 상점의 상품이 놀라울 정도로 낮은 품질이었다.

(d) 쇼핑하는 다른 사람들이 그녀에게 무례했다.

[Joseph's Solution]

'we were treated extremely rudely'에 정답의 힌트가 있다. 여자의 가족들은 상점 직원들에게 심지어 무례한 말과 비웃음까지 당했다고 불평을 전하고 있다. 따라서 여자가 화난 이유는 (b)직원들로부터 좋지 않은 대우를 받았기 때문이다.

[필수어휘]

lodge v. 제기[제출]하다

formal a. 공식적인, 정식의

complaint n. 불평 (거리); 고소

browse v. 둘러보다[훑어보다]

merchandise n. 상품, 물품

disrespectful a. 무례한, 실례되는, 경멸하는

assist v. 돕다

treat v. 취급하다, 다루다

extremely adv. 극도로

rudely adv. 무례하게

make an effort 노력하다

remark n. 발언, 말

on the clock 근무중

quality n. 품질

정답 (b)

5.

M: Good evening, class. Let's begin tonight by picking up where we left off last time. Karl Marx and Fredrick Engels are well known throughout the world as the pioneering thinkers behind communism. Their Communist Manifesto has been read in almost every part of the world, influencing later communists such as Vladimir Lenin, the leader of the Bolsheviks who took power in Russia in 1917. The Soviet Union, which lasted most of the 20th century, was the result.

Q: Why are Marx and Engels famous worldwide?

(a) They are the fathers of communism.
(b) They chose Lenin to lead the Soviet Union.
(c) They founded the Soviet Union.
(d) They led the Bolsheviks in 1917.

해석

남: 안녕하세요, 여러분. 지난 시간에 멈춘 부분에서부터 다시 시작하도록 합시다. Karl Marx와 Fredrick Engels는 공산주의 배후에 있는 선구적인 사상가로 전세계적으로 잘 알려져 있습니다. 그들의 공산당 선언은 전 세계 거의 모든 국가에서 읽혀져 왔으며 이후 1917년 러시아를 장악한 Bolsheviks당의 당수였던 Vladimir Lenin과 같은 공산주의자들에게도 영향을 미쳤습니다. 20세기 대다수의 기간을 유지했던 소비에트 연방은 이의 결과입니다.

문제: Marx와 Engels은 왜 세계적으로 유명한가?

(a) 그들은 공산주의의 아버지이다.
(b) 그들은 Lenin을 선택하여 소비에트 연방을 이끌도록 했다.
(c) 그들은 소비에트 연방을 창설했다.
(d) 그들은 1917에 Bolsheviks당을 이끌었다.

[Joseph's Solution]

'the pioneering thinkers behind communism'라는 말에 정답의 힌트가 있다. Bolsheviks당 당수였던 Lenin에게도 영향을 미쳤고, 소비에트 연방도 그 결과로 탄생되었다고 설명하고 있으므로, Marx와 Engels가 전세계적으로 유명한 궁극적인 이유는 (a)그들은 공산주의의 아버지 같은 역할을 했기 때문이다.

[필수어휘]

pioneering a. 개척[선구]적인
influence v. 영향을 미치다
thinker n. 사상가
communism n. 공산주의
Communist Manifesto 공산당 선언
leave off 중단하다, 멈추다
communist n. 공산주의자
last v. 지속되다
found v. 창설하다, 설립하다

정답 (a)

Dictation Practice

1. a poster for my living room / I've sold all my Picasso posters / prints of work from other artists / nice landscape posters / I actually prefer modern art. / Most of my customers don't like modern art. / I don't like any of these / I could order a Picasso print / I can order the one / it will be here in a few weeks / have the posters the woman requests / a landscape poster for the woman / a sale on modern art prints / famous paintings by great masters

2. In today's lecture / how to take the perfect photograph / to consider when taking a photograph / the background / and the composition of the frame / What is absolutely paramount / when setting up a photograph / either make or break your shot / to set up a proper shot in the dark / have the right lighting / not matter what the subject matter is

Answer Keys

Part III   1. **(b)**   2. **(a)**

Part IV   3. **(a)**   4. **(c)**

1.

W: Hello, sir. I think there's a problem with my bank statement.
M: Please have a seat. What's your question?
W: I don't understand this charge, here, on the 15th.
M: You mean this fee for $12.38?
W: Yes, what is that? I've never had it before.
M: I know what's wrong. It's for a different type of account. I'll take it off right now.
W: Thank you! I'm surprised it was so simple.

Q: What is correct according to this dialogue?

(a) The woman has one type of bank account.
(b) The man is willing to correct a bank mistake.
(c) The man doesn't know what the fee is for.
(d) The woman wants to open a new bank account.

해석

W: 안녕하세요. 제 입출금 내역서에 문제가 좀 있는거 같아요.
M: 앉아보세요. 무슨 말씀이시죠?
W: 이 요금을 모르겠어요. 15일에 있는거요.
M: 12달러 38센트에 대한 금액을 말씀하시는 건가요?
W: 네, 그것이 뭔가요? 전에는 없었는데요.

M: 어떻게 잘못됐는지 알겠군요. 다른 종류의 계좌에 해당되는 겁니다. 당장 빼드리겠습니다.
W: 고맙습니다! 이렇게 단단할줄 몰랐어요.

문제: 대화를 통해서 사실인 것은?

(a) 여자는 하나의 계좌만 갖고 있다.
(b) 남자는 은행의 잘못을 고치려고 한다.
(c) 남자는 그 요금이 무엇인지 모른다.
(d) 여자는 새 계좌를 열고 싶어한다.

[Joseph's Solution]
남자의 마지막 말인 'It's for a different type of account. I'll take it off right now'에서 오류를 지금 당장 처리하겠다고 이야기하고 있으므로 대화의 내용으로 옳은 것은 (b)이다.

[필수어휘]
bank statement 입출금 내역서
charge n. 요금
fee n. 요금, 수수료
account n. 계좌, 장부
take off (표시된 금액 등에서) ~을 빼다[깎다]
correct v. 고치다, 정정하다

정답 **(b)**

2.

W: I'm looking for a poster for my living room. Do you have anything from Pablo Picasso?
M: Well, I've sold all my Picasso posters. But I do have prints of work from other artists.
W: Can I see some?

M: Sure. I have some really nice landscape posters.
Perhaps you'd like to see those?

W: Well, I actually prefer modern art. Do you have
anything like that?

M: I have a few. Most of my customers don't like
modern art. Here's what I have.

W: No, I don't like any of these. Do you think I could
order a Picasso print?

M: Sure! I can order the one you want and it will be
here in a few weeks.

Q: What is correct according to this conversation?

**(a) The store does not have the posters the
woman requests.**

(b) The store orders a landscape poster for the
woman.

(c) The store is having a sale on modern art prints.

(d) The store sells famous paintings by great masters.

해석

W: 저는 거실에 걸 그림을 찾고 있는 중이에요. Pablo Picasso의
작품이 있나요?

M: 글쎄요, 제 Picasso 그림들은 모두 팔렸습니다. 그렇지만 다른
화가 작품의 복제화는 가지고 있어요.

W: 제가 좀 봐도 될까요?

M: 물론이죠. 저는 정말 좋은 풍경 그림을 몇 개 가지고 있어요. 그
것을 보시겠어요?

W: 사실은 현대 미술을 더 좋아하거든요. 그런 것은 있나요?

M: 몇 개 있습니다. 제 고객 분들의 대부분은 현대 미술을 좋아하지
않으시거든요. 여기 제가 가진 그림이 여기 있습니다.

W: 아니요, 전 이것들 중 어떤 것도 마음에 들지 않아요. 피카소의
복제화를 주문할 수 있을 거라 생각하세요?

M: 물론입니다. 원하시는 것을 주문할 수 있고, 몇 주 후에 이곳에
도착할 거에요.

문제: 이 대화에 대한 내용으로 옳은 것은?

(a) 이 상점은 여자가 요청하는 그림이 없다.

(b) 이 상점은 여자를 위해 풍경화 그림을 주문한다.

(c) 이 상점은 현대 미술 그림을 할인 판매 중이다.

(d) 이 상점은 거장들이 그린 유명한 그림들을 판매한다.

[Joseph's Solution]

'Do you think I could order a Picasso print?'라는 말에 정답의 힌
트가 있다. 상점은 현재 피카소 복사화가 없기 때문에, 여자는 그것
을 주문하려고 하고 있다. 따라서 옳은 내용은 (a)이다. 그리고 이
상점에서는 print(복사화)를 판매하고 있으므로 유명한 그림을 판매
한다는 (d)는 옳지 않다.

[필수어휘]

poster n. 대형 그림[사진]

landscape n. 풍경

print n. 판화; (사진으로 찍어 만든) 복제화

request v. 요청하다

prefer v. 선호하다, 더 좋아하다

order v.주문하다

great master 거장

정답 **(a)**

3.

M: GameStation is the next generation in video game
technology! With the advent of 3D televisions, a
2D gaming experience is simply unacceptable
these days. GameStation takes your gaming
experience to the next level with both 3D graphics
and stunning sound and picture quality. All new
GameStation systems also come with a 320 GB
hard drive, two controllers, and a free game of
your choice. Don't settle for an old gaming system.
Buy one that was produced specifically for 3D
televisions!

Q: What is correct according the advertisement?

**(a) The game system comes with a complimentary
game.**

(b) The new 3D televisions are more popular than 2D
televisions.

(c) The old game systems will not work with 2D
televisions.

(d) The game system requires accessories that are
sold separately.

해석

M: GameStation은 다음 세대의 비디오 게임 기술입니다! 3D 텔레
비전의 도래와 함께 요즈음 2D 게임 경험은 쉽게 받아들여질 수
없습니다. GameStation은 3D 그래픽과 놀라운 사운드, 그리고
화질을 갖춘 다음 단계 수준으로 여러분의 게임 경험을 끌어 드
립니다. 새로운 GameStation의 모든 시스템은 또한 320 GB 하
드 드라이브, 2개의 제어장치, 스스로 선택하는 무료 게임이 함
께 들어 있습니다. 구식 게임 시스템에 만족하지 마세요. 3D 텔
레비전에 맞게 특별히 생산된 제품을 구입하세요.

문제: 광고에 대한 내용으로 옳은 것은?

(a) 게임 시스템에는 무료 게임이 함께 제공된다.

(b) 새로운 3D 텔레비전은 2D 텔레비전보다 더 인기가 좋다.

(c) 오래된 게임 시스템은 2D 텔레비전과 호환되지 않을 것이다.

(d) 게임시스템은 별개로 판매되는 액세서리가 필요하다.

[Joseph's Solution]

'new GameStation systems also come with a 320 GB hard
drive, two controllers, and a free game of your choice'라는 말
을 통해 새로운 게임스테이션 시스템을 구매하면 자신이 선택한 무
료 게임이 함께 들어있다는 것을 알 수 있다. 따라서 광고 내용으로
옳은 것은 (a)이다.

[필수어휘]

advent n. 도래, 출현
stunning a. 굉장히 아름다운[멋진]
picture quality 화질
controller n. 조종[제어] 장치
settle for (꼭 원하는 건 아니지만) ~에 만족하다
specifically adv. 특히
come with …이 딸려 있다
complimentary a. 무료의
generation n. 세대
unacceptable a. 받아들일 수 없는
settle for ~에 만족하다
require v. 요구하다
separately adv. 별개로, 각각

정답 **(a)**

4.

M: Welcome, class. In today's lecture, we will be talking about how to take the perfect photograph. There are many things to consider when taking a photograph, including the subject matter, the background, and the composition of the frame. What is absolutely paramount, however, is light. Light is the most important thing to consider when setting up a photograph, as it can either make or break your shot.

Q: What is correct according to the lecture?

(a) It does not take much thought to take a good photo.
(b) It is impossible to set up a proper shot in the dark.
(c) It is important to have the right lighting for a good shot.
(d) It does not matter what the subject matter is.

해석

M: 환영합니다, 여러분. 오늘 강의에서 우리는 완벽한 사진을 찍는 방법에 대해 이야기할 것입니다. 사진을 찍을 때 고려해야 할 것은 주제 문제, 배경, 프레임 구성을 포함해 많은 것이 있습니다. 그러나 다른 무엇보다 절대적으로 중요한 것은 빛입니다. 빛은 촬영을 성공하게 하기도 하고 또는 망치기도 하기 때문에 사진을 찍을 때 고려해야 할 가장 중요한 사항입니다.

문제: 강의에 대한 내용으로 옳은 것은?

(a) 좋은 사진을 찍는 것은 많은 생각을 필요로 하지 않는다.
(b) 어둠 속에서 적절한 촬영을 설정하는 것은 중요하다.
(c) 좋은 촬영을 위해 적합한 빛을 취하는 것이 중요하다.
(d) 주제가 무엇이든지 그것은 중요하지 않다.

[Joseph's Solution]

'What is absolutely paramount ~ break your shot'까지 강의의 화자는 사진을 촬영할 때 빛의 중요함을 강조하고 있다. 따라서 강의 내용으로 옳은 것은 (c) 적절한 빛이 좋은 촬영에 중요하다는 점이다.

[필수어휘]

lecture n. 강의, 수업
consider v. 고려하다
set up 세우다, 설치하다
composition n. 구성 요소들, 구성
paramount a. 다른 무엇보다 중요한
photograph n. 사진
take a photograph 사진을 찍다
subject n. 주제
matter n. 문제, 일

정답 **(c)**

Dictation Practice

1. recommend the fresh water trout / our special imported asparagus / What's the market price of just the fish / the price of the whole dinner / with the fish entree and side dishes / Let me clarify, / more than the entrée / just the way the owner prices things / the restaurant is overcharging / the rice instead of the asparagus / unexplained charges on it.

2. had some issues with the flowers / the flower company that we contract with / those specific flowers any longer / unable to procure them / to make alternate arrangements / call us back at your convenience / cover the cost of any price difference / the inconvenience to you / planning a funeral for his father / know the flowers were unavailable / no longer doing business with the funeral home / planned many funerals with this funeral home

3. associated with this new computer design / have we seen numerous spontaneous fires / the outer casing melt / the cooling fans shutting down unexpectedly / Some fairly substantial changes / before they can be put on the market / not enough to prove the computers are unsafe / could be sold without being redesigned / designing the computers' safety features

Answer Keys

Part III 1. (d) 2. (a)

Part IV 3. (b) 4. (d) 5. (a)

1.

W: Pardon me, where is this bus going?

M: Downtown, ma'am.

W: But where downtown?

M: We go down Lomas and south on Fourth Street. We'll stop at the courthouse.

W: Where does it go from the courthouse?

M: It makes a big loop and goes back up Fourth to Lomas.

W: I'm meeting my friend at the Big Salad Bistro on Central. Do you stop near there?

M: Yes, there's a stop on the corner of Central and Lomas. The restaurant is nearby.

Q: Which of the following can be inferred from this conversation?

(a) The driver does not know his way around downtown.

(b) The woman intends to get off at the courthouse.

(c) The driver doesn't know where the restaurant is.

(d) The woman does not ride the bus often.

해석

W: 실례합니다. 이 버스는 어디로 가죠?

M: 시내로 갑니다, 부인.

W: 그런데 어느 시내요?

M: Lomas로 내려가서 4번가의 남쪽으로 갑니다. 주 정부 청사도 들릴 거에요.

W: 주 정부 청사에서 어디로 가죠?

M: 크게 돌아서 4번가로 되돌아가 Lomas로 갑니다.

W: Central가에 있는 빅 샐러드 비스트로에서 제 친구를 만날 거거든요. 그 근처에서 정차하나요?

M: 네, Central과 Lomas 모퉁이에 정거장이 있어요. 레스토랑은 근처에 있습니다.

문제: 대화에서 다음 중 추측할 수 있는 것은?

(a) 운전기사는 시내에 대해 모른다.

(b) 여자는 주 정부 청사에서 하차할 생각이다.

(c) 운전기사는 레스토랑이 어디에 있는 지 모른다.

(d) 여자는 버스를 자주 타지 않는다.

[Joseph's Solution]

대화에서 여자는 운전사에게 자세히 버스노선을 물어 보고 있다. 따라서 여자는 버스를 자주 타지 않는다는 (d)를 추측할 수 있다. 운전사의 설명에 따르면 여자는 Central과 Lomas 코너에 있는 정거장에서 하차할 예정이므로 (b)는 사실이 아니다.

[필수어휘]

downtown a. 시내에[로]

courthouse n. 주 정부 청사

make a loop 고리를 만들다, 돌다 (**loop** n. 고리)

know one's way around (장소 · 주제 등에 대해) 잘 알다

get off 하차하다

nearby a. 인근의, 가까운 곳의

정답 (d)

2.

M: Would you recommend the fresh water trout?

W: Yes, it's served with rice and our special imported asparagus.

M: That sounds good. What's the market price of just the fish today?

W: It's $10.95 a pound.

M: Not bad. What's the price of the whole dinner?

W: It's $25.95 with the fish entree and side dishes.

M: Let me clarify, the price of the side dishes is more than the entre? That's ridiculous!

W: I'm sorry, sir. That's just the way the owner prices things.

Q: What can be inferred from this conversation?

(a) The man thinks the restaurant is overcharging.
(b) The man's favorite dish is fresh water trout.
(c) The man wants the rice instead of the asparagus.
(d) The man's bill has unexplained charges on it.

해석

M: 민물 민어를 추천하시겠어요?

W: 네, 민어는 밥과 특별 수입된 아스파라거스와 함께 제공됩니다.

M: 맛있게 들리는데요. 오늘 생선의 시장가격은 얼마지요?

W: 1파운드 당 $10.95입니다.

M: 나쁘지 않군요. 전체 저녁식사는 가격이 얼마인가요?

W: 생선 앙트레와 곁들임 요리와 함께 총 $25.95입니다.

M: 정리하면, 곁들임 요리가 주요리보다 더 비싸다고요? 말도 안 돼요!

W: 죄송합니다만, 손님. 그것이 주인이 값을 매기는 방식이에요.

문제: 대화에서 추론할 수 있는 것은?

(a) 남자는 레스토랑이 바가지를 씌우고 있다고 생각한다.
(b) 남자가 좋아하는 요리는 민물 송어이다.
(c) 남자는 아스파라거스 대신 밥을 원한다.
(d) 남자의 요금청구서는 설명되지 않은 비용이 있다.

[Joseph's Solution]

남자는 'the price of the side dishes is more than the entre? That's ridiculous!'에서 그가 레스토랑이 부당 요금을 청구하고 있다고 생각하는 것으로 추측할 수 있다. 따라서 담화를 통해 추론할 수 있는 내용은 (a)남자가 레스토랑이 바가지를 씌운다고 생각한다는 점이다.

[필수어휘]

fresh water 민물

trout n. 송어

market price 시장가격

entree n. 앙트레, 주요리(서양요리의 정찬에서 식단의 중심이 되는 요리)

side dish 곁들임 요리

clarify v. 명확하게 하다, 분명히 말하다

overcharge v. 많이 청구하다, 바가지를 씌우다

recommend v. 추천하다

serve v. 제공하다

import v. 수입하다

ridiculous a. 웃기는, 말도 안되는

owner n. 주인

instead of ~대신에

charges n. 요금

bill n. 청구서

정답 (a)

3.

M: Hello, Mr. Jones. This is Ron Maser from Maser and Love Funeral Home. We have had some issues with the flowers that you ordered. Apparently, the flower company that we contract with does not carry those specific flowers any longer, so we will be unable to procure them. If you would like to make alternate arrangements, please call us back at your convenience. We will cover the cost of any price difference because of the inconvenience to you. Thank you.

Q: What can be inferred from the announcement?

(a) Mr. Jones is planning a funeral for his father who passed away.
(b) The funeral home did not know the flowers were unavailable.
(c) The flower company is no longer doing business with the funeral home.
(d) Mr. Jones has planned many funerals with this funeral home in the past.

해석

M: 안녕하세요, Jones씨. 저는 Maser and Love 장례식장의 Ron Maser입니다. 저희는 주문하신 꽃에 대해 몇 가지 문제가 있습니다. 듣자 하니 저희가 계약을 맺고 있는 화훼업체는 그러한 특정 꽃들을 더 이상 취급하지 않는다고 합니다. 그래서 저희는 그

꽃을 구할 수가 없을 것 같습니다. 만약 대체 방안을 만들고자 하신다면 편하신 시간에 전화를 다시 주세요. 손님께 불편을 끼쳐드린 바 가격 차액의 비용은 저희가 감당하겠습니다. 감사합니다.

문제: 안내에서 추론할 수 있는 것은?

(a) Jones씨는 돌아가신 아버지를 위한 장례를 계획 중이다.
(b) 장례식장은 꽃이 이용 가능하지 않다는 것을 알지 못했다.
(c) 화훼업체는 이 장례식장과 더 이상 사업을 함께 하지 않는다.
(d) Jones 씨는 과거에 이 장례식장에서 많은 장례식을 기획했다.

[Joseph's Solution]
'Apparently, the flower company ~ specific flowers any longer'라는 말에서 정답의 힌트가 있다. Jones 씨의 주문을 접수 한 이후 거래하는 화훼업체에 확인해 보니 주문 받은 꽃이 더 이상 입수할 수 없음을 알았다는 것으로 추측할 수 있다. 따라서 올바른 추론의 내용으로는 (b)그전에는 꽃이 수급 가능하지 않음을 몰랐다는 것이다.

[필수어휘]
funeral home 장례식장
apparently adv. 듣자[보아] 하니
procure v. 구하다[입수하다]
alternate arrangement 대체 방법
at somebody's convenience ~가 편리한 때에
pass away 사망하다, 돌아가시다
issue n. 주제, 사안
contract with ~와 계약을 맺다
specific a. 특정한
cover v. 보장하다, (비용을)대다

정답 (b)

4.

M: Good evening, ladies and gentlemen. The first order of business for tonight is the plan for the city's new water treatment plant. Due to the economic downturn, the city has not taken in as much tax revenue as we expected it would. As a result, there is not as much money in the city improvement account as we had planned for. There is, however, a way we can make up the difference and still build the new treatment plant.

Q: What is the speaker likely to talk about next?

(a) Why the treatment plant needs to be built
(b) Who should be in charge of the project
(c) Where the treatment plant should be built
(d) What the city can do to pay for the project

해석
M: 안녕하십니까, 신사 숙녀 여러분. 오늘 밤 첫 번째 처리해야 할 과제는 새로운 정수처리 공장을 위한 계획입니다. 경제 하락으로 인해 시는 우리가 예상한 것만큼의 세수입을 거둬 들이지 못

했습니다. 그 결과 시 개선 장부에 우리가 계획한 것만큼의 많은 돈이 들어 있지 않습니다. 그러나 우리는 그 차이를 메우고 새로운 정수처리 공장을 설계할 수 있는 방법이 있습니다.

문제: 다음에 화자가 이야기할 것 같은 내용은?

(a) 처리 공장이 세워져야 할 이유
(b) 프로젝트를 담당하는 사람
(c) 처리 공장이 세워져야 할 장소
(d) 프로젝트의 비용을 감당하기 위해 시가 할 수 있는 것

[Joseph's Solution]
화자의 마지막 말 'There is, however, a way we can make up the ~ treatment plant'를 통해 다음에 나올 말로 (d) 프로젝트-새 상수처리공장 건설-에 대한 비용을 충당할 수 있는 방법임을 추측할 수 있다.

[필수어휘]
order of business 의제의 순서, (처리해야 할) 문제, 과제
treatment plant 처리장
economic downturn 경기의 내리막
tax revenue 세수(입)
improvement n. 향상, 개선
account n. (회계) 장부
make up 채우다
due to ~때문에
difference n. 차이
be in charge of ~을 책임지다, 관장하다
pay for 대금을 지불하다

정답 (d)

5.

W: The safety issues associated with this new computer design are shocking. Not only have we seen numerous spontaneous fires during testing, but we have also seen the outer casing melt as a result of the cooling fans shutting down unexpectedly. We definitely couldn't sell these computers as they are. Some fairly substantial changes need to be made to their design before they can be put on the market.

Q: What is the speaker likely to talk about next?

(a) What changes are needed to make the computers safer
(b) Why the testing is not enough to prove the computers are unsafe
(c) Where the computers could be sold without being redesigned
(d) Who is in charge of designing the computers' safety features

해석

W: 새 컴퓨터 디자인과 연관된 안전상의 문제들은 놀라울 지경입니다. 테스트 기간 동안 우리는 수많은 자연발화를 보았을 뿐만 아니라 갑자기 멈춘 냉각팬으로 인해 외부 싸개가 녹는 것도 보았습니다. 우리는 이 컴퓨터를 지금 이 상태로는 절대로 판매할 수 없습니다. 시장에 내 놓기 전에 디자인에 매우 상당한 변화를 주어야 할 필요가 있습니다.

문제: 다음에 화자가 이야기할 것 같은 내용은?

(a) 컴퓨터를 더 안전하게 만들기 위해 필요한 변화들
(b) 테스트가 컴퓨터가 안전하지 않음을 증명하기에 충분하지 않은 이유
(c) 컴퓨터들이 디자인을 다시 하지 않고 판매될 수 있는 장소
(d) 컴퓨터의 안전 특성들을 디자인을 담당하는 사람

[Joseph's Solution]

화자는 'Some fairly substantial changes need to be made to their design'라고 언급하고 있는데, 디자인의 변화는 궁극적으로 컴퓨터의 안전성을 높이기 위함이다. 따라서 다음에 올 내용으로는 (a) 컴퓨터 안전을 위해 필요한 변화가 올 것을 짐작할 수 있다.

[필수어휘]

be associated with ~와 연관이 있다
numerous a. 많은
spontaneous a. 즉흥적인
casing n. 싸개, 포장
melt v. 녹다[녹이다]
cooling fan 냉각팬
unexpectedly adv. 갑자기, 돌연히
definitely adv. 분명히
substantial a. 상당한
in charge of ~를 맡아서, 대신해서
safety n. 안전
fire n. 화재
shut down (기계가)멈추다
fairly adv. 상당히, 꽤
prove v. 증명하다
feature n. 특징

정답 (a)

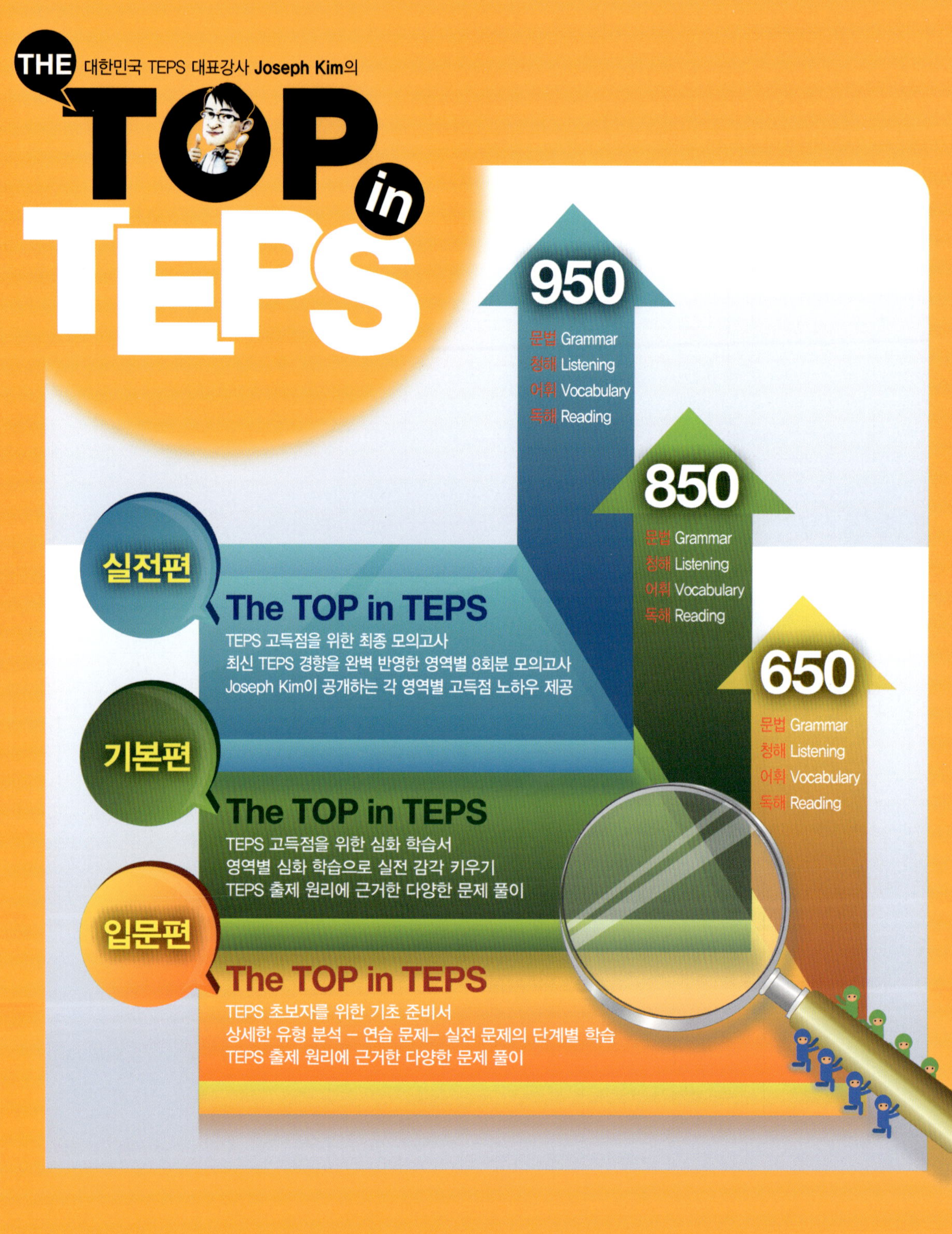

THE
대한민국 TEPS 대표강사 Joseph Kim의
TOP in
TEPS

950
문법 Grammar
청해 Listening
어휘 Vocabulary
독해 Reading

850
문법 Grammar
청해 Listening
어휘 Vocabulary
독해 Reading

650
문법 Grammar
청해 Listening
어휘 Vocabulary
독해 Reading

실전편
The TOP in TEPS
TEPS 고득점을 위한 최종 모의고사
최신 TEPS 경향을 완벽 반영한 영역별 8회분 모의고사
Joseph Kim이 공개하는 각 영역별 고득점 노하우 제공

기본편
The TOP in TEPS
TEPS 고득점을 위한 심화 학습서
영역별 심화 학습으로 실전 감각 키우기
TEPS 출제 원리에 근거한 다양한 문제 풀이

입문편
The TOP in TEPS
TEPS 초보자를 위한 기초 준비서
상세한 유형 분석 – 연습 문제 – 실전 문제의 단계별 학습
TEPS 출제 원리에 근거한 다양한 문제 풀이